Manfred G. Schmidt
Sozialpolitik

Grundwissen Politik
Herausgegeben von Ulrich von Alemann
und Leo Kißler

Band 2

Manfred G. Schmidt

Sozialpolitik

Historische Entwicklung und
internationaler Vergleich

Leske + Budrich, Opladen 1988

Über den Autor

Manfred G. *Schmidt*, geboren 1948; Studium der Politikwissenschaft und der Anglistik an der Universität Heidelberg; Forschung und Lehre an den Universitäten Tübingen, Konstanz, Mannheim, Berlin und Heidelberg; Gewinner des Stein-Rokkan Preises für International Vergleichende Sozialforschung 1981; seit 1985 geschäftsführender Redakteur der Politischen Vierteljahresschrift und seit 1987 Professor für Politische Wissenschaft an der Universität Heidelberg.

Veröffentlichungen u.a.: Staatsapparat und Rüstungspolitik in der Bundesrepublik Deutschland (1966 - 1973), (Lollar 1975); Empirische Politikwissenschaft (zusammen mit Ferdinand F. *Müller*, Stuttgart 1979); CDU und SPD an der Regierung. Ein Vergleich ihrer Politik in den Ländern (Frankfurt und New York 1980); Wohlfahrtsstaatliche Politik unter bürgerlichen und sozialdemokratischen Regierungen. Ein internationaler Vergleich (Frankfurt und New York 1982); Westliche Industriegesellschaften. Wirtschaft — Gesellschaft — Politik (Herausgeber; München und Zürich 1983); Der Schweizerische Weg zur Vollbeschäftigung (Frankfurt und New York, 1985); Policy and Politics in the Federal Republic of Germany (Herausgeber zusammen mit Klaus *von Beyme;* Aldershot, 1985); Politik in der Bundesrepublik Deutschland (Herausgeber zusammen mit Klaus *von Beyme,* Opladen 1988, im Erscheinen); Staatstätigkeit. Vergleichende Analysen (Herausgeber, Opladen 1988, im Erscheinen).

CIP-Kurztitelaufnahme der Deutschen Bibliothek

Schmidt, Manfred G.:
Sozialpolitik: Historische Entwicklung und internationaler Vergleich / Manfred G. Schmidt. — Opladen: Leske und Budrich, 1988.
(Grundwissen Politik; Bd. 2)

ISBN: 3-8100-0652-1

NE: GT

© 1988 by Leske + Budrich, Opladen
Satz: Leske + Budrich, Opladen
Druck und Verarbeitung: Druck Partner Rübelmann, Hemsbach
Printed in Germany

Vorwort

Mit diesem Band „Sozialpolitik im internationalen Vergleich" wird der zweite Band der neuen Schriftenreihe „Grundwissen Politik" eröffnet. Im Vorwort zum ersten Band „Organisierte Interessen in der Bundesrepublik" von Ulrich *von Alemann* wurde von uns Herausgebern bereits begründet, warum wir uns für den Reihentitel Grundwissen Politik statt z.B. Grundkurs Politikwissenschaft entschieden haben. Bei diesem Band zur Sozialpolitik von Manfred G. *Schmidt* wird es aus einem doppelten Grund plausibel, daß es uns auf die Verknüpfung von Politik und Politikwissenschaft ankommt.

Als erster Grund bleibt festzuhalten, daß gerade im Heranführen an Politikwissenschaft, zur Einführung von Studenten im Grundstudium genauso wie zum Interessewecken und Motivieren von allgemein an Politik und politischer Bildung interessierten Lesern, das eigentlich Politische nicht an den Rand definiert werden sollte. Der weitere Grund liegt in der Thematik dieses Buches. Sozialpolitik ist ein „Politikfeld", ein Bereich der „policy analysis", ein Gegenstandsbereich, der erst in den letzten Jahren nach angelsächsischen Vorarbeiten auch von der bundesrepublikanischen Politikwissenschaft zunehmend entdeckt wird. Politikfeldanalyse ergänzt die klassischen Bereiche der Politikwissenschaft — politische Theorie, Innen-, Außen- und internationale Politik sowie vergleichende Analyse politischer Institutionen und Prozesse — um eine spezifische Dimension. Umweltpolitik, Gesundheitspolitik, Technikpolitik, Bildungspolitik und eben auch Sozialpolitik sammeln für den Politikwissenschaftler wie ein Brennglas die historische und die aktuell politische Dimension, die ökonomischen und rechtlichen Bedingungen, die institutionellen und prozessualen Variablen politischer Entscheidung. Politikfeldanalyse ist deshalb eine notwendige Ergänzung, aber sicher kein Ersatz klassischer Politikwissenschaft.

Dieser zweite Band von „Grundwissen Politik" ist der Dimension „policy" des Politikbegriffes gewidmet. Der erste Band war stärker dem Bereich „politics" verbunden. Ein demnächst erscheinender dritter Band über Wahlen ist gewissermaßen der dritten Grunddimension, der politisch-institutionellen Ordnung („polity"), verbunden.

Die kommenden Bände haben allerdings keineswegs den Anspruch, eine systematische Enzyklopädie des politikwissenschaftlichen Wissens zu präsentieren. Aus der Praxis der Lehre an der Fernuniversität Hagen hervorgegangen, werden sie auch weiterhin in loser Folge gute ausgewählte Basistexte für Studium und wissenschaftliche Weiterbildung einem breiteren Leserkreis anbieten.

Das breite Echo, das der erste Band gefunden hat, ist uns eine Ermutigung.
Wir danken Manfred *Schmidt*, daß er sich auf das durchaus noch innovative Abenteuer eingelassen hat diesen Text zu verfassen. Die redaktionelle Bearbeitung lag bei Ralf *Kleinfeld*.

Wir freuen uns mit dem Autor, diesen Band einer, so hoffen wir, kritischen Leserschaft, die uns auf Verbesserungsmöglichkeiten aufmerksam machen möge, vorzulegen.

5800 Hagen, im Februar 1988

Ulrich *von Alemann*
Leo *Kißler*

Inhalt

Vorwort 5
Einleitung 11

Teil I: Sozialpolitik in Deutschland — Vom Kaiserreich zur Bundesrepublik 19

1   Die Anfänge staatlicher Sozialpolitik im Kaiserreich 21
2   Sozialpolitik im Kaiserreich (1890 - 1918) 32
3   Sozialpolitik in der Weimarer Republik 40
4   Sozialpolitik unter nationalsozialistischer Herrschaft 55
5   Sozialpolitik in der Bundesrepublik Deutschland 66
5.1 Aufbau der institutionellen Grundlagen des bundesrepublikanischen
    Sozialstaats (1949 - 1955) 69
5.2 Konsolidierung und Weiterentwicklung (1956 - 1966) 72
5.3 Die Große Koalition (1966 - 1969) 79
5.4 Die sozialliberale Koalition bis Mitte der 70er Jahre 82
5.5 Sozialpolitik unter wirtschaftlich widrigen Bedingungen (1975 - 1983) 85
5.6 Der Sozialstaat als politischer Machtfaktor 93
6   Struktur und Trends der Sozialpolitik in Deutschland 96
7   Bestimmungsfaktoren der Entwicklung der Sozialpolitik in Deutsch-
    land 103

Teil II: Sozialpolitik in westlichen Industrieländern — Historisch und international vergleichende Analyse 113

Einleitung 115
1   Die Anfänge staatlicher Sozialpolitik im internationalen Vergleich . 117
2   Die Expansion der sozialen Sicherung im 20. Jahrhundert 129
3   Sozialausgaben im internationalen Vergleich (1950 - 1973) 137
4   Sozialausgabenpolitik in einer Periode weltweiter Krisen 148
5   Typen des Sozialstaats in westlichen Industrieländern 158
6   Sozialpolitik im entwickelten Kapitalismus, im Sozialismus und in
    Dritte-Welt-Ländern 168

**Teil III: Politische, soziale und wirtschaftliche Wirkungen
der Sozialpolitik** 183

Einleitung 185
1   Wirtschaftliche Wirkungen 188
2   Soziale Wirkungen 194
3   Politische Wirkungen 205

Gesamtverzeichnis der zitierten und weiterführenden Literatur 212

Tabellenverzeichnis

1   Die Einführungstermine der Sozialversicherung in Westeuropa 118
2   Die Ausdehnung der Sozialversicherung in Westeuropa im 20. Jahrhundert 131
3   Sozialleistungsquoten in Westeuropa, 1950 - 1973 137
4   Sozialleistungsquoten in 18 Industrieländern, 1973 - 1981 150
5   ,,Liberaler", ,,konservativer" und ,,sozialdemokratischer Wohlfahrsstaat" im Vergleich 162
6   Politische Strukturdaten der westlichen Industrieländer 165
7   Sozialleistungsquote und wirtschaftliche und ökonomische Strukturmerkmale in westlichen, östlichen und Dritte-Welt-Ländern (1980)   170
8   Der Sozialstaat als ,,Problem-Bewältiger" und als ,,Problemerzeuger" — ein Überblick über die wichtigsten Argumente 187

Einleitung

Nach Angaben des Internationalen Arbeitsamtes werden in den entwickelten Gegenstand der Studie (Kurzübersicht) westlichen Ländern zu Beginn der 80er Jahre rund 20 Prozent des Bruttoinlandsproduktes für sozialstaatliche Programme aufgewendet (*ILO* 1985: 56 - 59). Diesen Statistiken liegt eine enge Definition staatlicher Sozialpolitik zugrunde. Wählt man eine weiter gefaßte Definition der Sozialpolitik — unter Einschluß des Wohnungs- und des Bildungswesens — so kommt man auf Werte, die rund ein Drittel über dem Niveau der ILO-Zahlen liegen (*OECD* 1985: 21). Wie der Sozialstaat auch immer definiert sein mag: unbestritten ist, daß er gewaltige Summen verschlingt und hierfür ein historisch ungewöhnlich hohes Maß an Schutz gegen ökonomische und soziale Unsicherheit bietet. Das ist das Ergebnis einer „stillen Revolution", die vor allem nach dem Zweiten Weltkrieg die westlichen Länder überzog, deren Wurzeln jedoch im 19. Jahrhundert liegen.

Die Entwicklung der Sozialpolitik in den westlichen Industrieländern, ihre Antriebskräfte und ihre Auswirkungen auf das politische, soziale und wirtschaftliche Gefüge dieser Länder sind Gegenstand dieser Studie. Sie ist aus einer historisch und international vergleichenden Perspektive geschrieben. Zunächst werden die wichtigsten Stationen und Entwicklungslinien der staatlichen Sozialpolitik in Deutschland — von ihren Anfängen im Kaiserreich bis zu den 80er Jahren des 20. Jahrhunderts — nachgezeichnet (Teil I). Anschließend wird die deutsche Sozialpolitik in eine historisch und international vergleichende Perspektive gerückt. Dieser Vergleich dient dazu, Gemeinsamkeiten und Unterschiede in der Sozialpolitik der westlichen Industrieländer und speziell auch Besonderheiten der deutschen Sozialpolitik zu beschreiben und zu erklären (Teil II). Gegenstand des dritten Teils sind die Auswirkungen der Sozialpolitik auf das wirtschaftliche, soziale und politische Gefüge der westlichen Industrieländer.

Die Sozialpolitik gehört in allen demokratischen Industrieländern zum Kernbereich staatlicher Aufgaben. Ein relativ weit ausgebauter Sozialstaat zählt — Bedeutung der Sozialpolitik zusammen mit der politischen Demokratie und der staatlich regulierten kapitalistischen Wirtschaft — zu den Charakteristika dieser Länder. Die Finanzierung des Sozialstaats ist freilich kostspielig. Nicht zuletzt aus diesem Grund streiten sich Politiker, Parteien, Verbände, Wähler, Sozialstaatsbürokratien und -klienten über die Sozialpolitik. Für Sozialpolitik wird mehr als für jeden anderen Umfang der Sozialausgaben Politikbereich ausgegeben. In der Bundesrepublik entfallen mehr als 50 Prozent aller öffentlichen Ausgaben (von Bund, Ländern, Gemeinden und Sozialversicherungen) auf sozialstaatliche Ausgaben. In Anteilen am Bruttoinlandsprodukt ausgedrückt belaufen sich die öffentlichen Sozialausgaben 1985 auf etwa 28 Prozent; rechnet man die betriebliche Altersversorgung und sonstige im Sozialbudget erfaßte Arbeitgeberleistungen (z.B. Lohnfortzahlung im Krankheitsfall) dazu, dann kommt man sogar auf 31 Prozent (*Brakel* 1986: 9; ähnlich *OECD* 1985a). In Mark und Pfennig ausgedrückt entspricht diese Sozialleistungsquote im Jahre 1985 rd. 570 Milliarden DM. Davon entfallen ein Drittel auf die Rentenversicherung und ein gutes Fünftel auf die Krankenversicherung. Mit weitem Abstand folgen die Arbeitslosenversicherung und Arbeitsförderung, die Beamtenpensionen, die Lohnfortzahlung im Krankheitsfall und die Sozialhilfe. Zusätzlichen Halt bieten im Netz der sozialen Sicherung zahlreiche andere Knoten und Maschen, die Kriegsopferversorgung beispielsweise, die Unfallversicherung, das Kindergeld, die Zusatzversorgung im öffentlichen Dienst, die Altershilfe für Landwirte, das Wohngeld und anderes mehr.

Nicht nur in finanzieller, sondern auch in unmittelbar politischer Hinsicht kommt der sozialen Sicherung zentrale Bedeutung zu. In der Bundesrepublik bestreiten 25 bis 30 Prozent der wahlberechtigten Bevölkerung ihren Lebensunterhalt überwiegend oder ausschließlich aus Sozialeinkommen (z.B. Renten, Lohnfortzahlung im Krankheitsfall, Arbeitslosengeld- und Sozialhilfe). Mit anderen Worten: etwa jeder vierte Wähler ist existentiell auf das Netz der sozialen Sicherung angewiesen. Allein aus diesem Grund spielen sozialpolitische Fragen im Wettbewerb der Parteien und insbesondere bei Wahlen eine große Rolle.

Einige weitere Zahlen verdeutlichen, in welchem Ausmaß die Sozialpolitik in die Lebens- und Arbeitswelt der Bürger eingreift. In der Bundesrepublik sind mehr als 80 Prozent der Erwerbspersonen (Erwerbstätige und Arbeitslose) Mitglied der Rentenversicherung und noch höher liegen die Anteilswerte in der Kranken- und Unfallversicherung. Auch die Arbeitslosenversicherung umfaßt nahezu alle Erwerbspersonen — mit Ausnahme der Selbständigen, der mithelfenden Familienangehörigen und der Beamten, die ohnehin bestens gegen Arbeitslosigkeit gesichert sind.

Daß etwa 90 Prozent der Erwerbspersonen gegen die Standardrisiken Alter, Arbeitslosigkeit, Invalidität und Krankheit zwangsversichert sind (und der Versicherungsschutz darüberhinaus in vielen Fällen auch Familienangehörige erfaßt), wird heutzutage oftmals als selbstverständlich angesehen. Das war jedoch nicht immer so. Die staatliche Sozialversicherungspolitik ist gerade etwas mehr als 100 Jahre alt, und das relativ hohe Niveau der sozialen Sicherung, das heutzutage erreicht wird, ist noch jüngeren Datums. Es ist vor allem Resultat von Weichenstellungen in der Zeit nach dem Zweiten Weltkrieg. Wie die Sozialpolitik zu dem wurde, was sie heute darstellt, das ist eine eingehendere Analyse wert. Sie steht im Zentrum des ersten Teils dieser Studie, in der die Entwicklung der Sozialpolitik in Deutschland beschrieben und erklärt wird. Dabei wird insbesondere gefragt, welche Faktoren die Einführung der Sozialpolitik und ihren zunächst gemächlich betriebenen, dann aber sich rasant beschleunigenden Ausbau bewirkten und inwieweit die weltweiten Wirtschaftsprobleme seit 1973 eine Trendwende in der Sozialpolitik nach sich zogen.

Mitgliederkreis der Sozialversicherung

Gegenstand des ersten Teils

12

So eindrucksvoll sich das Niveau der sozialen Sicherung ausnimmt, das heutzutage im Vergleich zu historisch früheren Phasen erreicht wurde, so offensichtlich ist andererseits, daß sich an der Sozialpolitik viel Unmut, Unzufriedenheit und Protest entzündet. Die einen betonen die Lücken im Netz der sozialen Sicherung (insbesondere bei der Alters- und der Arbeitslosenversicherung und bei der Sozialhilfe); andere sehen in mißbräuchlicher Inanspruchnahme von Sozialleistungen, dem finanziellen Aufwand („zu hohe Sozialabgaben", „Moloch Sozialstaat"), Ineffizienz (Mißverhältnis zwischen Kosten und Ertrag), Ineffektivität (Mißverhältnis zwischen Mitteln und Zielen) und Kontraproduktivität von Sozialleistungen („Untergrabung der Arbeitsbereitschaft", „Überlastung der Wirtschaft") das Hauptproblem. Die Kritik am Sozialstaat wird im dritten Teil aufgegriffen, im Zusammenhang mit der Frage, welche Wirkungen von der Sozialpolitik auf das wirtschaftliche, soziale und politische Gefüge der westlichen Industrieländer ausgingen. Gegenstand des zweiten Teils

Zuvor ist freilich ein Blick über die nationalen Grenzen hinweg hilfreich. Deutschland gehört in mancherlei Hinsicht zu den Vorreitern der Sozialpolitik, von denen andere Länder lernen konnten. Die ersten großen sozialpolitischen Reformen wurden in Deutschland eingeführt, andere Länder folgten später, mit unterschiedlichen Verzögerungen. Neben Deutschland gehören beispielsweise Österreich zu den „sozialpolitischen Frühstartern", die USA, Japan und mit Abstrichen die Schweiz hingegen zu den „sozialstaatlichen Spätkommern". Im 20. Jahrhundert v rlor Deutschland die Rolle eines Pioniers der Sozialpolitik. Andere Länder holten auf und überholten die früher gestarteten Nationen (z.B. Norwegen und Schweden, und in den 1 0er und 70er Jahren des 20. Jahrhunderts auch die Niederlande). Überblick: Teil II

Ein historischer und internationaler Vergleich verdeutlicht zweierlei: der Trend zum Sozialstaat kam in allen westlichen demokratischen Industrieländern zum Zuge. Freilich gibt es gewichtige Unterschiede zwischen den Ländern und zwischen den einzelnen historischen Etappen: zum Beispiel Unterschiede in den Terminen, zu denen sozialpolitische Programme eingeführt und ausgebaut wurden und Unterschiede im Niveau der Sozialleistungsquoten (Sozialausgaben in Prozent des Bruttoinlandsproduktes). Ferner unterscheiden sich die Dichte, die Strukturprinzipien und die Umverteilungskapazität der sozialen Sicherungssysteme der westlichen Länder erheblich voneinander. Warum? Wie sind die Gemeinsamkeiten und die Differenzen zu erklären? Welche Rolle haben dabei ökonomische, soziale und demographische Faktoren gespielt, und welche Bedeutung kommt den unterschiedlichen politischen Bedingungen zu, die die einzelnen Länder kennzeichnen? Welche Rolle spielen beispielsweise die Kräfte e hältnisse zwischen konkurrierenden Parteien und zwischen organisierter Arbeiterschaft und Unternehmerschaft, und in welchem Ausmaß machen sich parteipolitische Zusammensetzung und ideologische Orientierung der Regierungen in der Sozialpolitik spürbar? Diese Fragen stehen im zweiten Teil der Studie im Vordergrund. Sie ergänzen die Frage nach den Antriebskräften der Sozialpolitik in Deutschland, die den ersten Teil leitet, und sie sind zugleich eine Voraussetzung für die Analyse der Wirkungen der Sozialpolitik, die im dritten Teil präsentiert wird.

Untersuchungszeit-
raum und Auswahl
der untersuchten
Länder

Bei den folgenden Untersuchungen stehen Deutschland und zwölf andere westeuropäische Länder im Vordergrund: Belgien, Dänemark, Finnland, Frankreich, Großbritannien, Irland, Italien, die Niederlande, Norwegen, Österreich, Schweden und die Schweiz. Soweit vergleichbare Daten verfügbar sind, werden auch die Vereinigten Staaten von Amerika, Australien, Neu-Seeland und Japan in die Analyse einbezogen. Ein Blick über die Grenzen der westlichen Industrieländer auf die Sozialpolitik in ausgewählten sozialistischen Ländern und Dritte-Welt-Ländern rundet den Vergleich ab.

Für die Konzentration auf die westeuropäischen Länder waren inhaltliche und pragmatische Gesichtspunkte ausschlaggebend. Inhaltlich insofern, als es sich um Länder handelt, die einerseits im Hinblick auf politische und ökonomische Strukturen und kulturelle Traditionen ähnlich sind (stichwortartig: längere demokratische Tradition, jedenfalls nach 1945; überwiegend kapitalistisch organisierte Wirtschaft mit staatlicher Regulierung; ähnliche kulturelle, ideologische und religiöse Traditionen), andererseits in der Sozialpolitik jedoch erhebliche Unterschiede aufweisen.

Ein pragmatischer Gesichtspunkt kam hinzu: für diese Länder stehen Daten zur sozialpolitischen Entwicklung zur Verfügung, die international und intertemporal vergleichbar sind. Insbesondere die Datensammlungen des sogenannten HIWED-Projektes (HIWED = *H*istorical *I*ndicators of *W*esteuropean *D*evelopment) und die aus diesem und dem Folge-Projekt stammenden Analysen über die Entwicklung des Wohlfahrtsstaates in Westeuropa haben sich als unschätzbar wertvolle Quelle erwiesen (*Flora* u.a. 1977 und 1983; *Alber* 1982, 1986a, 1986b; *Flora* 1986a, 1986b, 1986c), die es freilich durch Analyse der Sozialpolitik in außereuropäischen Ländern zu ergänzen und bisweilen auch zu korrigieren gilt.

In Ergänzung zu den Studien aus dem HIWED-Projekt und dem Folge-Projekt, insbesondere den bahnbrechenden Beiträgen von Jens *Alber* (z.B. 1982; 1986a) Peter *Flora* (z.B. 1986a, 1986b), wurde ferner auf vergleichende Analysen aus einem von Francis *Castles* und dem Verfasser geleiteten Forschungsvorhaben über den Einfluß von Parteien auf die Regierungspolitik westlicher Länder (*Castles* 1982; *Schmidt* 1982 und 1983a), neuere vergleichende Studien von *Esping-Andersen* und *Korpi* (1984) sowie Materialien und Auswertungen des Internationalen Arbeitsamtes Genf und der Organisation für wirtschaftliche Entwicklung und Zusammenarbeit (OECD) in Paris zurückgegriffen. Nationale Statistiken und Studien über die Sozialpolitik einzelner Länder waren weitere unentbehrliche Hilfsmittel bei der Abfassung aller drei Teile dieser Studie. Verarbeitung fanden die Literatur und die statistischen Materialien, die bis zum Ende des Jahres 1986 veröffentlicht wurden.

Datenprobleme

Die Verfügbarkeit vergleichbarer Daten schränkte nicht nur die Zahl der untersuchten Länder, sondern auch die Zahl und Art der Dimensionen der Sozialpolitik ein, die beim gegenwärtigen Forschungsstand historisch und international vergleichend untersucht werden können. Nicht für alle Aspekte der Sozialpolitik sind gleich gute und gleich gut vergleichbare Daten erhältlich. Ganz pauschal läßt sich sagen, daß die Datenlage umso schlechter wird, je weiter die Sozialpolitik definiert wird, und umso besser, je mehr man sich der Sozialpolitik im engeren Sinne nähert.

Materialbasis

14

Hier ist eine Erläuterung zu unterschiedlichen Definitionen von Sozialpolitik angebracht. Zur Sozialpolitik im weiteren Sinne, dem deutschen Begriff des „Sozialstaates" nahekommend, zählt man die Sozialversicherungssysteme (Alters-, Krankheits- und Unfallversicherung), die Arbeitslosenversicherung, Sozialhilfe, Wohnungsbau- und Mietbeihilfen, Familienbeihilfen sowie das System des institutionalisierten sozialen Interessenausgleichs (im Sinne von „Gesellschaftspolitik"), wie z.B. Koalitionsfreiheit, Vereinsrecht, Tarifautonomie, Arbeitsschutz, Betriebsverfassung und Unternehmensmitbestimmung. Die Sozialpolitik im weiteren Sinne zielt auf die Verteilung und Stabilisierung individueller Lebenschancen — auf der Grundlage individueller Rechte und tendenziell zugunsten der gesamten Bevölkerung — und darüber hinaus auf die Institutionalisierung eines Kompromisses zwischen Arbeit und Kapital (vgl. z.B. *Lampert* 1985).

Begriff Sozialpolitik im weiteren Sinne

Im Gegensatz zur deutschen Tradition eines breit definierten Sozialstaates, der die soziale Sicherung und die „gesellschaftspolitische Steuerung" umfaßt, bezieht sich der — ebenfalls umfassend konzipierte — angloamerikanische Begriff welfare state (Wohlfahrtsstaat) auf den Satz staatlicher Interventionen in die Verteilung von Lebenschancen in den Bereichen Einkommen, Gesundheit, Wohnung und Bildung, der historisch in Reaktion auf Industrialisierung und Demokratisierung entstanden ist, auf individuellen Rechtsansprüchen basiert und auf Wahrung bzw. Mehrung von Sicherheit und Gleichheit zielt (v. 1. z.B. *Alber* 198: a; *Flora* 1986a und 1986b; noch weiter gefaßte, die Beschäftigungspolitik einschließende Wohlfahrtsstaats-Konzepte finden sich beispielsweise bei *Andrain* 1985, *Esping-Andersen* 1985a und *Schmidt* 1982).

Zum Begriff des Wohlfahrtsstaates

Im Unterschied zu den umfassend definierten Sozialstaats- und Wohlfahrtsstaats-Konzepten versteht man unter der Sozialpolitik im engeren Sinne das staatlich geregelte, auf der Grundlage von Rechtsansprüchen auf Geld-, Sach- oder Dienstleistungen abgegoltene System der sozialen Sicherung gegen diejenigen Risikobereiche einer Industriegesellschaft, die im Mindestnormen-Katalog der sozialen Sicherheit der ILO aufgeführt werden. Dazu zählen die traditionellen Risiken Alter, Arbeitslosigkeit, Invalidität, Krankheit und Unfall sowie die Risiken, die mittels Krankengeld, familienpolitischer Leistungen, Leistungen bei Mutterschaft und Hinterbliebenenrenten bewältigt werden. Die im engeren Sinne verstandene Sozialpolitik schließt die politische Regulierung der Arbeitsbeziehungen und der Arbeitsverhältnisse, des Wohnungswesens und der Beschäftigung aus.

Begriff der Sozialpolitik im engeren Sinne

In der folgenden Analyse wird — sofern nicht ausdrücklich anders erwähnt — die im engeren Sinne definierte Sozialpolitik untersucht. Für diese Einengung des Blickwinkels gibt es gute Gründe. Die im Mindestnormen-Katalog der sozialen Sicherheit genannten Risikobereiche bilden den Kern der sozialen Sicherung, zumindest in finanzieller, wirtschaftlicher, sozialer und politischer Hins cht. Auf diese Risikobereiche entfällt der Löwenanteil der Sozialausgaben und der größte Teil des Schutzes, der durch Sozialpolitik erzeugt wird. Für die Konzentration auf die enger definierte Sozialpolitik spricht ferner ein praktischer Gesichtspunkt: nur für diese Dimensionen der Sozialpolitik erlauben Datenlage und Forschungsstand einen historischen und internationalen Vergleich.

Nicht für alle Aspekte der Sozialpolitik, so wurde oben gesagt, stehen gut vergleichbare Daten zur Verfügung. Aus diesem Grund und aus Gründen der Konzentration wird das komplexe Feld der Sozialpolitik in der folgenden Untersuchung ausschnittartig erfaßt. Dabei finden insbesondere diejenigen Indikatoren (,,Anzeiger") der Sozialpolitik Verwendung, die in der vergleichenden Forschung bislang im Vordergrund standen:

— Zu allererst bietet es sich an, die ,,sozialstaatlichen Anstrengungen" (*Wilensky* 1975) eines Staates mit Hilfe der öffentlichen Sozialausgaben zu erfassen. Hierbei empfiehlt es sich, sowohl Niveau und Veränderung der Sozialausgaben pro Anspruchsberechtigtem, pro Empfänger von Sozialleistungen und pro Einwohner auf inflationsbereinigter Basis zu verwenden (Indikator für das Leistungsniveau pro Empfänger) als auch die Sozialleistungsquote heranziehen. Die Sozialleistungsquote wird hier definiert als Prozentanteil der öffentlichen Sozialausgaben am Bruttoinlandsprodukt (oder ähnlichen gesamtwirtschaftlichen Bezugsgrößen). Sie steht für das relative Gewicht, das der öffentlich besorgten sozialen Sicherung zugemessen wird. Die Sozialleistungsquote variiert von Land zu Land und von Periode zu Periode. Die nach Abgrenzung des Internationalen Arbeitsamtes ermittelte Sozialleistungsquote lag in Deutschland 1926 noch bei 9 Prozent, 1938 bei 8 Prozent, 1950 bei 14 Prozent — mit einer stark steigenden Tendenz ab den sechziger Jahren bis zu einem Wert von ca. 25 Prozent Mitte der siebziger Jahre (*Alber* 1986c: 34).

— Eine zweite Gruppe von Indikatoren erfaßt Breite und Tiefe der sozialen Sicherung. Hierbei geht es unter anderem um die Größe des versicherten Personenkreises und um dessen Anteil an der Gesamtzahl der Erwerbspersonen (Erwerbstätige und Erwerbslose) bzw. an der gesamten Bevölkerung. Für diesen Zweck wird auf den Index der Sozialversicherung zurückgegriffen, der in dem zuvor erwähnten HIWED-Projekt entwickelt wurde. Der Gesamtindex der Sozialversicherung (durchschnittlicher Anteil der erfaßten Personenkreise an der Zahl der Erwerbspersonen) variiert ebenfalls von Land zu Land und von Periode zu Periode. In Deutschland nahm er wie folgt zu: von 8,5 Prozent im Jahre 1885, über 41 Prozent um die Jahrhundertwende, 58 Prozent 1930, 67 Prozent im Jahre 1940, 65 im Jahr 1950, 76 im Jahr 1960 bis auf 82 Prozent 1975 (*Alber* 1982: 152).

— Eine dritte Gruppe von Indikatoren spiegelt qualitative Merkmale der Sozialpolitik wider. Ordnungspolitische Gliederungsprinzipien rücken hier ins Zentrum des Interesses, ferner der Umverteilungsgehalt, das Ausmaß, zu dem die Sozialpolitik Schutz gegenüber Marktkräften bietet und das Ausmaß, zu dem ein ,,liberales", ein ,,sozialdemokratisches" oder ein ,,konservatives" Sozialstaatsmodell entwickelt wurde.

Jede wissenschaftliche Analyse ist von dem ,,Ansatz" gefärbt, den der Analytiker gewählt hat, von der Perspektive, unter der die Untersuchungsgegenstände betrachtet werden und von der fachwissenschaftlichen ,,Brille", durch die er bei der Untersuchung der Fakten und der Interpretationen anderer Analytiker blickt. Wie sieht der ,,Ansatz" aus, der in dieser Studie gewählt wurde?

Er ist empirisch-analytischer Natur; ausführliche Belege, systematischer Vergleich, Vorrang des empirischen Materials vor der Theorie sind Trumpf! Er ist ferner international und historisch vergleichend ausgerichtet; es geht demnach nicht nur um Fall-Studien, sondern um Analysen mehrerer Fälle — mit dem ehrgeizigen Ziel, verallgemeinerungsfähige Aussagen über Grund-Folge-Verhältnisse oder zumindest Wahrscheinlichkeitsbeziehungen zu entwickeln. Er ist drittens empirisch, also nahe an dokumentiertem, beobachtbarem und nachprüfbarem Material, aber von globaleren Theorien des politischen Prozesses nicht losgelöst.

Die hier vorgelegte Studie ist aus der Perspektive eines erweiterten politisch-institutionalistischen Ansatzes geschrieben: zu seinen Schlüsselbegriffen gehören nicht nur politische Institutionen, Organisation und Entscheidungen, sondern auch sozialökonomische Probleme, kollektive politische Akteure, soziale Klassen und Gruppen, Machtverhältnisse und Ideologien. Hierdurch und zumindest teilweise durch die systematisch vergleichende Perspektive unterscheidet er sich von drei anderen Ansätzen der Sozialpolitik-Forschung: vom sozialökonomischen Ansatz, vom neomarxistischen Ansatz und vom makrosoziologisch-modernisierungstheoretischen Ansatz. Erweiterter poli-
tisch-institutionali-
stischer Ansatz

Diese Ansätze lassen sich — abkürzend und extrem vereinfachend — so charakterisieren: Beim sozialökonomischen Ansatz stehen ökonomische und sozialdemographische Bestimmungsfaktoren und Konsequenzen der Sozialpolitik im Vordergrund, beispielsweise Wirtschaftswachstum, Spannungsverhältnisse zwischen sozialer Sicherung und wirtschaftlicher Leistungsfähigkeit, und Anteil der älteren, im Rentenalter sich befindlichen Bevölkerung an der gesamten Wohnbevölkerung (vgl. z.B. *Zöllner* 1963; *Boye* 1977; ferner zum Teil zumindest *Wilensky* 1975 und *Castles* 1986b). Schlüsselbegriffe dieses Ansatzes sind wirtschaftliche Ressourcen (für sozialpolitische Zwecke) und gesellschaftlicher Bedarf an sozialer Sicherung. Von beiden Größen wird angenommen, daß sie in hohem Maße den Inhalt der Sozialpolitik prägen. Sozialökonomi-
scher Ansatz

Manches hat der sozialökonomische Ansatz mit dem neomarxistischen kapitalismustheoretischen Ansatz der Sozialpolitik-Forschung gemeinsam (vgl. z.B. *Marx* 1970, insbes. Kapitel 13); *Müller* und *Neusüß* 1970; *Lenhardt* und *Offe* 1977): beispielsweise die These vom Primat der Ökonomie gegenüber der Politik. Freilich kommen beim neomarxistischen Ansatz weitere Schlüsselbegriffe hinzu: Klassenkonflikt zwischen Kapital und Arbeit, legitimatorische und ökonomisch begründete Imperative und Handlungszwänge für den Staat, der zugleich für Massenloyalität und die Akkumulation des Kapitels sorgen muß, gehören zu den wichtigsten. Nicht selten argumentiert die neo-marxistische Sozialpolitik-Forschung mit der Kategorie der ,,Funktionsvakui", die durch die wirtschaftliche Entwicklung, die Verallgemeinerung von (proletarisierter) Lohnarbeit, und die Zerstörung älterer sozialer Sicherungsnetze (Gemeinden, kirchliche Armenpflege, Familien) geschaffen werden. Diese Funktionsvakui, so wird weiter argumentiert, könne nur einer füllen: der Staat. Neomarxistischer
Ansatz

Mit ,,Funktionsvakui" operiert auch ein vierter Ansatz der Sozialpolitik-Forschung. Er stammt aus der Tradition der Soziologie, die sich mit gesamtgesellschaftlichen Phänomenen beschäftigt, insbesondere die auf Emile *Durkheim* Modernisierungs-
theoretischer
Ansatz zurückgehende Makro-Soziologie. Dieser Sichtweise zufolge ist das Wachstum des Sozialstaates nicht nur eine Begleiterscheinung kapitalistischer Industrialisierung und Modernisierung, sondern — wie Jens *Alber* formulierte — „eine sehr viel generelle Begleiterscheinung der Schwächung intermediärer Strukturen im Modernisierungsprozeß. Zum einen befreit die mit zunehmender demographischer und beruflicher Mobilität einhergehende Lockerung der Verwandtschafts- und Nachbarschaftsbeziehungen… individuelle Ansprüche aus limitierenden und Halt gebenden Gruppenzwängen, so daß hedonistische Ansprüche geweckt werden. Zum anderen schrumpft mit der Lockerung sozialer Bindungen das Selbsthilfepotential der intermediären Gruppen, so daß Sicherungsbedürfnisse wachsen, die sich wegen der Funktionsschwäche gesellschaftlicher Gruppen an den Staat richten müssen" (*Alber* 1983a: 102).

Würdigung — Ob der Staat freilich in der gewünschten Weise antwortet oder nicht, läßt sich mit diesem Ansatz nicht mehr erklären. Überdies hat er, ähnlich wie der marxistische und neomarxistische Ansatz der Sozialpolitik-Forschung, größte Schwierigkeiten, die erheblichen internationalen Unterschiede in der Sozialpolitik zureichend zu erklären. Seine Stärke liegt — ebenso wie die des marxistischen und neomarxistischen Ansatzes — im Aufzeigen großer funktionaler Abhängigkeiten und großer historischer Trends. Die Schwäche beider Ansätze liegt bei der Identifizierung politischer Determinanten konkreter Sozialpolitik und bei der Erklärung internationaler Unterschiede in der Sozialpolitik.

Der erweiterte politisch-institutionalistische Ansatz — Die Analyse der konkreten Sozialpolitik und ihrer historischen und internationalen Variationen ist das eigentliche Metier des erweiterten politisch-institutionalistischen Ansatzes der Sozialpolitik-Forschung. Er baut auf den Grundlagen auf, die vom sozialökonomischen Ansatz und von Autoren geschaffen wurden, die der neomarxistischen Perspektive anhängen, und solchen, die sich der Durkheimianischen Schule der Sozialpolitik-Analyse verschrieben haben. Der erweiterte politisch-institutionalistische Ansatz fügt den anderen drei Ansätzen jedoch etwas Neues hinzu: die Analyse der Art und Weise, wie sich soziale und wirtschaftliche Zwänge und sozialer und wirtschaftlicher Druck zusammen mit genuin politischen Bestimmungsfaktoren auf die Inhalte sozialpolitischer Entscheidungsprozesse auswirken und wie die beträchtlichen internationalen Unterschiede im Niveau und in der Veränderung der Sozialpolitik zu erklären sind. Aufgrund dieser komparativen Vorteile wird der folgenden Analyse der politisch-institutionalistische Ansatz zugrundegelegt.

Ziel: Einführung in internationalen Vergleich — Die hier vorgelegte Untersuchung versteht sich als Einführung in die international vergleichende politikwissenschaftliche Analyse von Sozialpolitik in Deutschland bzw. in der Bundesrepublik Deutschland und in anderen Ländern. Weiterführende Hilfestellungen zur Einarbeitung in Theorie und Praxis des internationalen und historischen Politik-Vergleichs finden sich in folgenden — im Gesamtliteraturverzeichnis aufgeführten — Werken: *Alber* 1982 und 1983a; *Flora* u.a. 1977; *Flora* 1985 und 1986c und *Schmidt* 1980 und 1982.

Teil I: Sozialpolitik in Deutschland — Vom Kaiserreich zur Bundesrepublik

1 Die Anfänge staatlicher Sozialpolitik im Deutschen Kaiserreich

Die Entstehung der staatlichen Sozialversicherungspolitik ist auf die frühen 80er Jahre des 19. Jahrhunderts zu datieren. Deutschland war in dieser Hinsicht eine Pioniernation. Hier wurden früher als in anderen westlichen Ländern — und überdies auf einem niedrigerem Niveau der wirtschaftlichen Entwicklung als in England oder Frankreich — die ersten großen Sozialversicherungssysteme eingeführt: 1883 die Krankenversicherung, ein Jahr später die Unfallversicherung und 1889 die Alters- und Invalidenversicherung. Die maßgeblichen Initiatoren der Sozialreform waren alles andere als Revolutionäre. Es waren vorausschauende konservative Politiker, die mit der Sozialpolitik Dämme gegen soziale und politische Folgeprobleme der stürmisch voranschreitenden Industrialisierung Deutschland zu errichten trachteten.

Deutschland als Pioniernation der Sozialpolitik

Die staatliche Sozialpolitik griff einen älteren Ordnungsgedanken auf. Der Gedanke, daß ein in Bedrängnis geratenes Individuum auf den Schutz der Gemeinschaft, der es angehörte, rechnen kann, war schon eine feste Tradition, bevor es den Begriff Sozialpolitik überhaupt gab. Beispielsweise boten Familien, Verwandtschaftsverbände, das Dorf oder die Stadt und genossenschaftliche Vorsorgeeinrichtungen des Handwerks einen gewissen sozialen Schutz gegen die Risiken von Krankheit, Invalidität, Arbeitslosigkeit und Alter.

Historisch ältere Formen der sozialen Sicherung

Schon lange bevor der kaiserliche Erlaß von 1881 reichsweite Sozialversicherungssysteme ankündigte, existierten in Deutschland zahlreiche Sozialfürsorge- und Versicherungseinrichtungen auf genossenschaftlicher, kommunaler und betrieblicher Basis. Allein in Preußen waren zehn Jahre vor Beginn der reichsweiten Krankenversicherung (1883) rund eine Million Arbeitnehmer gegen Krankheit und teilweise auch gegen Unfall und Invalidität versichert (*Fischer* 1985: 435f.).

Freilich gewährten die älteren Systeme der sozialen Sicherung nur wenigen ausreichend großen Schutz. Soziale Sicherung blieb in der Regel auf ein Beiwerk beschränkt, das die größten Lücken zu stopfen half. Noch kärglicher ging es bei der Fürsorge und Armenpflege zu. Sie erfaßten nur einen Teil der Hilfebedürftigen und auch dies nur mit Leistungen, die in aller Regel nur die ärgste Not linderten und obendrein prinzipiell jederzeit widerrufbar waren.

Die Armen in den deutschen Städten des Mittelalters beispielsweise wurden in ,,berechtigte" und ,,nichtberechtigte" Arme eingeteilt.

,,Heimat und Arbeitsfähigkeit waren die Kriterien: nur wer in der Stadt beheimatet und arbeitsunfähig oder unverschuldet arbeitslos war, konnte Unterstützung beanspruchen"(*Sachsse* und *Tennstedt* 1986: 15).

Darüber hinaus beinhalteten die älteren Netze der sozialen Sicherung niedrige Leistungen. Sie reichten gerade zur Linderung der ärgsten Not. Obendrein war die Fürsorge nicht selten an Auflagen und Verhaltensregeln geknüpft. Die Unterstützungsempfänger ,,sollten sich ordentlich, mäßig und sittsam führen" (*Sachsse* und *Tennstedt* 1986: 15).

Traditionelle Armenpolitik versus moderne Sozialpolitik

Im Unterschied zur traditionellen Armen-Politik schuf die Sozialpolitik, die im ausgehenden 19. Jahrhundert aufgebaut wurde, die Grundlagen für ein neues Modell der sozialen Sicherung: Sie sah einen dauerhaften, institutionalisierten und durch Rechtsansprüche abgesicherten effektiveren Schutz gegen die Risiken einer arbeitsteiligen Industriegesellschaft vor.

Erste Schritte der staatlichen Sozialpolitik

In sozialpolitischer Hinsicht wurden die maßgeblichen Politiker schon vor den 80er Jahren des 19. Jahrhunderts aktiv. Freilich galt zunächst ihre Aufmerksamkeit nicht der staatlichen, sondern der dezentralisierten privaten, genossenschaftlichen oder kommunalen Hilfe — von wenigen Ausnahmen abgesehen, wie z.B. dem Unterstützungskassengesetz von 1854 und dem preußischen Knappschaftsgesetz von 1854, das den Bergleuten mehr soziale Sicherung brachte. Die staatliche Sozialpolitik der 60er Jahre des vorherigen Jahrhunderts zielte noch auf die Stärkung der sozialen Selbsthilfe der Arbeiter- und Handwerkervereinigungen, die Einrichtung von Produktivgenossenschaften mit Hilfe des Staates und die Errichtung von Altersversorgungsanstalten auf staatlicher Grundlage.

Anfänge der Sozialversicherungspolitik

Im folgenden Jahrzehnt mehrten sich jedoch die Anzeichen für eine Wende zur zentralstaatlich besorgten bzw. zentralstaatlich auferlegten nationalen Sozialversicherung. Die eigentliche Politikwende kam in den 80er Jahren. 1881 kündigte eine Botschaft von Kaiser *Wilhelm I.* an den Reichstag eine Gesetzesinitiative zur Sozialversicherung an. Bedingt durch parlamentarische Auseinandersetzungen zwischen Reichsleitung und den Parteien des Kaiserreichs verzögerte sich die Verwirklichung des Gesetzgebungsvorhabens. 1883 war es dann so weit. Die Krankenversicherungsgesetzgebung sah die Einrichtung einer Zwangsversicherung für Arbeitnehmer der gewerblichen Wirtschaft vor; 1884 folgte die Unfallversicherung (nachdem man sich im Reichstag darauf einigte, die Unfallversicherung durch Unternehmerbeiträge zu finanzieren und auf einen Reichszuschuß, von dem man eine zu zentralistische Lösung befürchtete, zu verzichten). 1889 wurde die Alters- und Invaliditätsversicherung für alle Arbeitnehmer (einschließlich der Land- und Forstarbeiter) eingeführt, die älter als 16 Jahre waren und deren Verdienst unter einer jährlichen Einkommensgrenze von zunächst 2000 Mark blieb.

Zielgruppe

Anders als bei den uns heute vertrauten sozialen Sicherungssystemen, die nahe an den Typus einer ,,Volksversicherung" kommen, richtete sich die Sozialpolitik im Kaiserreich zunächst nur auf eine politisch strategische Zielgruppe. Adressat der Sozialpolitik war in erster Linie die Arbeiterschaft, insbesondere im industriellen Sektor beschäftigte und in den städtischen Zusammenballungen wohnhafte Arbeitnehmer. Im Gegensatz zur ,,Volksversicherung", die im Idealfall die gesamte Wohnbevölkerung umfaßt, handelte es sich hier um eine „selektive Arbeitnehmer-Versicherung". Für die Sozialpolitik waren demnach zunächst nicht die Bedürftigen schlechthin die wichtigste Zielgruppe, sondern die politisch „bedrohlichen Bedürftigen" (*Hentschel* 1983: 12) — die organisations- und konfliktfähigen Industriearbeiter. „Selektive Arbeitnehmer-Versicherung"

Bald kamen jedoch auch andere, weniger „bedrohliche" Arbeitnehmergruppen in den Einzugsbereich der Sozialversicherung, nicht nur materiell besser gestellte Arbeiter oder Angestellte, sondern auch Hausgewerbetreibende. Ihre Aufnahme in die Sozialversicherung sollte verhindern, daß Unternehmer, um Sozialbeiträge zu sparen, die Produktion aus der Fabrik in das Hausgewerbe verlagerten und womöglich obendrein den Staatssäckel um Steuern prellten.

Mit der Sozialversicherungspolitik der 80er Jahre des 19. Jahrhunderts wurden Weichen für die weitere Entwicklung der Sozialpolitik in Deutschland gestellt. Neben dem bereits erwähnten Merkmal der „Arbeitnehmer-Versicherung" prägten sechs andere Organisationsprinzipien die sozialpolitische Praxis im 20. Jahrhundert: Organisationsprinzipien

— Erstens das Prinzip der öffentlich-rechtlichen, aus Beiträgen von Arbeitnehmern und/oder Arbeitgebern finanzierten Zwangsversicherung gegen Alters-, Invaliditäts-, Krankheits- und Unfallrisiken. Nicht der Staat selbst erfüllt demnach die Aufgaben sozialer Sicherung, auch nicht eine privatrechtliche Versicherung, sondern eigene Versicherungsinstitutionen in mittelbarer Staatsverwaltung. „Nur keine private (Anstalt) mit Dividende und Konkurs" — so hatte *von Bismarck* einen Entwurf des Unfallversicherungsgesetzes kommentiert (zitiert nach *Haverkarte* 1985: 456); aber auch keine Sozialpolitik in direkter Regie des Staates — so hieß die Devise. öffentlich-rechtliche Zwangsversicherung in mittelbarer Staatsverwaltung

— Zweitens ist die Sozialpolitik des Deutschen Reiches vom Gedanken der nachträglichen sozialen Sicherung durchdrungen. Gesichtspunkte der Prävention kommen entschieden zu kurz, wie insbesondere an der Gesetzgebung zur Unfallversicherung abzulesen ist (*Machtan* 1985). Dahinter steht Methode: im Gegensatz zur Ministerialbürokratie im preußischen Handelsministerium setzt *von Bismarck* auf die Karte der Nachsorge, der nachträglichen Bekämpfung von Schadensfällen. Hinter dieser Leitlinie kommt eine wirtschaftspolitische Leitlinie zum Vorschein, die *von Bismarck* 1877 bündig so charakterisierte: „Jede weitere Hemmung und künstliche Beschränkung im Fabrikbetrieb vermindert die Fähigkeit des Arbeitgebers zur Lohnzahlung" (zitiert nach *Machtan* und *von Berlepsch* 1986: 266), und deshalb möge die Ministerialbürokratie doch absehen von allen präventionspolitisch ausgerichteten Arbeitsschutzbestimmungen. Nachträgliche soziale Sicherung

— Drittens ist in der Sozialpolitik im Deutschland des ausgehenden 19. Jahrhunderts der Grundsatz maßgebend, daß Sozialleistungen nach Maßgabe rechtlich normierter Anspruchsursachen bemessen werden — und nicht nach Maßgabe individuell und ad hoc entscheidbarer Leistungszwecke. Rechtsanspruch

— Viertens ist das Prinzip der Beitragsfinanzierung zu erwähnen. Nicht aus Steuern wird die Sozialversicherung finanziert, sondern aus Beiträgen der versicherten Arbeitnehmer und Unternehmer. (Auf die Unternehmer entfal- Beitragsfinanzierung

len ein Drittel der Krankenversicherungsbeiträge, die Hälfte der Alters- und Invalidenversicherungsbeiträge und 100 Prozent der Unfallversicherungsbeiträge).

Selbstverwaltung

— Fünftens kommt hinzu das Prinzip der sozialen Selbstverwaltung der Versicherten jeweils durch Vertreter der beitragszahlenden Arbeitgeber bzw. der beitragspflichtigen Arbeitnehmer.

Pflichtversicherung und organisatorische Vielfalt

— Sechstens gilt die Kombination aus staatlich auferlegter Pflichtversicherung und organisatorischer Vielfalt der Sozialversicherungsträger (bei der beispielsweise neugegründete öffentliche Versicherungskassen ergänzend oder konkurrierend zu bereits bestehenden Versicherungen auf lokaler oder genossenschaftlicher Basis treten). Die Gesetzgebung zur Krankenversicherung beispielsweise sah Zwangsversicherungen für Arbeitnehmer vor, jedoch blieb die Konkurrenz zu bestehenden Kassen gewährleistet. Nur wo alternative Einrichtungen fehlten, wurden Ortskrankenkassen gegründet, die den Status von Selbstverwaltungskörperschaften erhielten.

Erfaßter Personenkreis

In den ersten Jahren der Sozialreform war der Kreis der versicherten Personen noch sehr klein und das Niveau der Versicherungsleistungen gering. Kranken- und Unfallversicherung erfaßten zunächst nur rund ein Fünftel der Erwerbstätigen (aber nicht ihre Angehörigen) und weniger als ein Zehntel der gesamten Bevölkerung. Auch die Invaliditäts- und Alterssicherung von 1889 bot zunächst zwar jedem zweiten Erwerbstätigen, aber nur einem Viertel der Wohnbevölkerung, einen gewissen Schutz (*Alber* 1982: 147). Hinzu kam, daß die Leistungen der sozialen Sicherungssysteme — im Gegensatz etwa zu den Pensionen, die an Staatsbeamte ausbezahlt wurden — von vornherein so berechnet waren, daß einer davon allein nicht leben konnte (für Details *Hentschel* 1983: 21 - 29; *Saul* 1980: 190 - 195). Beispielsweise sah die Alterssicherung nach 30 Beitragsjahren die Auszahlung einer bescheidenen Altersrente vor, die das noch vorhandene Arbeitseinkommen ergänzen sollte. Im Regelfall machten die Altersrenten ein Sechstel bis ein Fünftel des durchschnittlichen Jahresverdienstes eines Arbeitnehmers in Industrie, Handel und Verkehr aus (*Ritter* 1983a: 33). Für Alleinstehende mochten die Beiträge gerade ausreichen, um eine kümmerliche Existenz zu fristen. Schätzungen von Hans *Rosenberg* zufolge, konnte ein Bezieher einer durchschnittlichen Invalidenversicherung einschließlich der Hinterbliebenenrente, seinen Lebensunterhalt nur bestreiten,

Höhe der Sozialleistungen

> ,,wenn er sich mit einem Mansardenzimmer oder einer Kellerbehausung begnügte oder sich einen Winkel bei einem Bauern mietete oder gar kostenlos bei ihm wohnte, indem er ihm bei der Arbeit ein wenig zur Hand ging, wie es bei den ‚Einliegern‘ in der ‚guten, alten Zeit‘, insbesondere nach den Agrarreformen, ja allgemein üblich war‘‘ (*Rosenberg* 1976: 212, Anm. 200).

Die Altersrente, die heute immerhin einem Großteil der mehr als 10 Millionen Rentner ein leidliches Auskommen sichert, reichte damals kaum zur Existenzsicherung. Im Grunde war sie nur ein ,,dekoratives Beiwerk‘‘ zu anderen Einkommensquellen und zur Versicherung gegen Invalidität (im Sinne des Verlustes von zwei Dritteln der Erwerbsfähigkeit); sie war ,,gedacht für die wenigen Glücklichen, die in Rüstigkeit 70 Jahre alt wurden‘‘ (*Hockerts* 1983: 299) und dazu zählten 1891 nur rund 120.000 Personen (*Fischer* 1985: 436). Zu einer echten Alterssicherung wurde die Invaliditäts- und Alterssicherung erst später, unter anderem bedingt durch dramatische Veränderungen in der Altersstruktur der Bevölkerung. 1871 waren gerade 5 Prozent der Bevölkerung älter als 65 Jahre, 1950 waren es hingegen 10 Prozent und Ende der 70er Jahre schon etwa 15 Prozent, bei zunehmender Tendenz.

Natürlich konnte man von dem Einstieg des Staates in die Sozialpolitik nicht von heute auf morgen die Errichtung eines vollentwickelten Systems erwarten, das zugleich sozial ausgeglichen war und umfassende Sicherung bot. Und dennoch: gegenüber dem geringen Maß an sozialem Schutz, den die alten lokalen, privaten und genossenschaftlichen Sicherungsnetze boten, war die neue Sozialpolitik ein bedeutender Fortschritt. Im Inland traf sie zunächst jedoch auf Widerstand. Den Unternehmern, den bürgerlichen Parteien, den Liberalen und teilweise auch dem Zentrum ging sie zu weit; sie sahen in der Sozialreform Ansätze zum ,,Staatssozialismus". Den Sozialdemokraten hingegen ging die Reform nicht weit genug (*Trennstedt* 1976: 233 und 184). Doch die Zahl der Befürworter der Sozialpolitik nahm zu, im Inland und im Ausland. Im kaiserlichen Deutschland wurde unter konservativer Führung eine Sozialreform geschaffen, die früher als in anderen Ländern Weichen für eine Politik stellte, die später für eine echte soziale Sicherung sorgte. In ihrer ,,Fernwirkung" war die Sozialversicherungspolitik des Kaiserreichs segensreich. Darin stimmen auch Experten überein, die der Innenpolitik des Kaiserreichs unter *von Bismarck* ansonsten kritisch gegenüberstehen (z.B. *Rosenberg* 1976: 198).

,,Das Deutschland des 19. Jahrhunderts hat einen bedeutsamen und bleibenden Beitrag zur Entwicklung des Staats- und Gesellschaftstypus beigesteuert, den man als ,westliche Demokratie' zu bezeichnen pflegt: den Gedanken der sozialen Geborgenheit"

— so hat Ernst *Fraenkel* (1979: 33) die historische Bedeutung der Anfänge der Sozialpolitik in Deutschland gewürdigt.

Warum wurde der Staat in der Sozialpolitik aktiv? Und warum zählte ausgerechnet das konservativ regierte deutsche Kaiserreich zu den Pioniernationen in der Sozialpolitik, obwohl Deutschland wirtschaftlich noch nicht so weit entwickelt war wie etwa die Rivalen Frankreich und England?

Anlässe für eine aktive Sozialpolitik des Staates gab es in Deutschland (und in den anderen sich industrialisierenden Ländern) genug. Die neugeschaffenen wirtschaftlichen Freiheiten des 19. Jahrhunderts hatte neue soziale Probleme erzeugt. Der ,,preußische Weg" der Reform Anfang des 19. Jahrhunderts — Agrarreform, Gewerbereform und Reform der Stadtverfassungen — war erfolgreich; er schuf jedoch zugleich neue Probleme. Der Bauernbefreiung folgte das Bauernlegen auf dem Fuße. Aus Gewerbefreiheit und rapide voranschreitender Industrialisierung ging ein lohnabhängiges Proletariat hervor, das vor allem in den rasch wachsenen Städten unter erbärmlichen Bedingungen lebte. Die industrielle Revolution hatte zudem in zunehmendem Maße die alten sozialen Sicherungsnetze auf familiärer, lokaler, zünftiger und genossenschaftlicher Ebene überlastet. Hinzu kamen neue Belastungen im Arbeitsprozeß. In zahlreichen Betrieben wurden die Arbeitskräfte — infolge langer Arbeitszeiten, schlechter Entlohnung, unzureichender Wohn- und Lebensbedingungen —

übermäßig belastet und frühzeitig regelrecht verschlissen. Ferner kam Ende der 70er Jahre des 19. Jahrhunderts eine weitere Teuerungswelle auf die Arbeiterschaft und die nichtbeschäftigten Armen zu. Die Schutzzollpolitik von 1879, von der die Industrie und insbesondere die Landwirtschaft infolge einer Verfünffachung der Getreidepreise profitierte, hatte die Lebenshaltung erheblich verteuert.

Soziale und politische Hintergründe   So groß das soziale Elend war, so lag hierin nicht der wichtigste Grund für die Einführung der Sozialversicherungssysteme im kaiserlichen Deutschland. Wichtiger als soziales Elend waren handfeste politische Probleme. Die Industrialisierung und Verstädterung ließen ein Proletariat entstehen, dessen Stärke — gemessen am Mitgliederanhang von Gewerkschaften und Sozialdemokratie — langsam aber stetig zunahm und das als bedrohlicher Gegner der Monarchie wahrgenommen wurde. Bei dieser Wahrnehmung kamen rationale Ängste und pathologische Furcht zusammen. Begründet war die Angst vor der politischen Instabilität, die die Industrialisierung mit sich brachte.

> ,,Die Fabriken bereichern den einzelnen", so hatte *von Bismarck* 1849 formuliert, ,,erziehen uns aber die Masse von Proletariern, von schlecht genährten, durch die Unsicherheit ihrer Existenz dem Staate gefährlichen Arbeitern" (zitiert nach *Tennstedt* 1981: 146).

SAPD   Die Angst vor der Gefährdung des Staates erhielt zusätzlich Nahrung durch die radikale Programmatik und Rhetorik der Sozialistischen Arbeiterpartei Deutschlands. Immerhin hat einer ihrer führenden Köpfe, *August Bebel,* im Reichstag die Vorgänge beim Pariser Kommuneaufstand von 1871 als ein schwaches Vorspiel dessen bezeichnet, was Deutschland bevorstehe. Natürlich bestärkte die radikale Sprache der Sozialisten bei den führenden Männern des Kaiserreichs die Angst vor dem ,,Umsturz". ,,Mit dieser Hypothek", so schrieb der Historiker E. *Born* (1957: 3), ,,war nun einmal die gesamte Innenpolitik vor 1914 belastet".

Pathologische Aspekte   Dennoch kann der Angst der politisch Herrschenden ein pathologischer Zug nicht abgesprochen werden. Nach allen erdenklichen Maßstäben zu urteilen, waren die Gewerkschaften und die Sozialdemokratie in den 70er Jahren des 19. Jahrhunderts schwach. Nicht mehr als etwa einer von hundert Arbeitern war in den 70er Jahren in einer Gewerkschaft organisiert, und die Sozialdemokratie erzielte in den Reichstagswahlen der 70er und 80er Jahre niemals mehr als 10 Prozent der Stimmen. Erst in den 90er Jahren, also nach Einführung der Sozialpolitik, kletterte der Stimmenanteil der Sozialdemokratie über die 20 Prozent-Marke bis auf 35 Prozent im Jahre 1912 (*Hohorst* u.a. 1975: 173ff., 135, 66f.).

Konfliktwahrnehmung   Wahrnehmungen können verzerrt sein. Im Kaiserreich des ausgehenden 19. Jahrhunderts jedenfalls wurde der Konflikt zwischen Arbeiterschaft einerseits und Bürgertum und Staat andererseits von den politisch herrschenden Gruppen auf eine Art und Weise wahrgenommen, die ihrerseits den Konflikt schürte. Das kam nicht von ungefähr. Zum einen spielte der Traditionalismus der politischen Eliten mit, die an den sozialen Folgen der Industrialisierung Anstoß nahmen, und zum anderen hatte sich in Deutschland die proletarische Demokratie getrennt und sich — zumindest verbal — radikalisiert, während in anderen Ländern Arbeiterparteien erst später gegründet wurden — wie in Großbritannien (1900) — oder eben gar nicht — wie in den USA (*Kocka* 1983).

So wie die politischen Bedingungen im Kaiserreich beschaffen waren, eskalierte jedoch die Auseinandersetzung zwischen monarchisch-konstitutionellem Staat und sozialistischer Arbeiterbewegung. Sie wurde zu einem der grundlegenden Konflikte in der politischen Geschichte des Kaiserreichs. Die Angst vor dem „Vierten Stand" — die Arbeiterschaft — war eines der zentralen Momente der Innenpolitik vor 1914. Hier setzte die Politik des Reichskanzlers *von Bismarck* an.

Die Sozialpolitik sollte das Nichtstun beim Arbeitsschutz und beim Koalitionsrecht kompensieren. Man geht ferner nicht fehl, wenn man die soziale Sicherung als Ausgleich für Teuerungen interpretiert, die von der Erhöhung der indirekten Steuern und der Schutzzollpolitik verursacht wurden, die Ende der 70er Jahre an die Stelle der liberalen Freihandelspolitik trat — zugunsten der Schwerindustrie und der Großlandwirtschaft.

Kompensation für Nicht-Entscheidungen

Überdies verfolgte Reichskanzler *von Bismarck* eine Doppelstrategie: zur Peitsche kam das Zuckerbrot. Die Peitsche war das „Gesetz wider die gemeingefährlichen Bestrebungen der Sozialdemokratie" von 1878 (Sozialistengesetz), das Zuckerbrot die Sozialpolitik. Das Sozialistengesetz sollte die aufsteigende sozialdemokratische Arbeiterbewegung zerschlagen. Aufgrund dieses Gesetzes wurde die Organisation der Sozialistischen Arbeiterpartei Deutschlands aufgelöst und ihre Presse sowie die von ihr aufgebauten Gewerkschaften verboten. Nur die parlamentarische Tätigkeit der sozialistischen Reichstagsfraktion blieb unbehindert.

Zuckerbrot und Peitsche

Die Peitsche sollte die Arbeiter*bewegung* zerschlagen, das Zuckerbrot — die Sozialpolitik — jedoch die Arbeiter*schaft* an den monarchischen Staat binden (*Wehler* 1973; *Rosenberg* 1976).

„Die Heilung der sozialen Schäden", so hieß es in der kaiserlichen Botschaft am 17. November 1881, sei „nicht ausschlieslich im Wege der Repression sozialdemokratischer Ausschreitungen, sondern gleichmässig auf dem der positiven Förderung des Wohles der Arbeiter zu suchen" (zitiert nach *Diehl/Mombart* 1984: 185).

Der Sozialpolitik war die Funktion eines Kampfmittels „im Dienste der Befestigung des aristokratisch — militärisch — bürokratischen Grundcharakters der Hohenzollernmonarchie auf modernisierten Grundlagen" zugedacht, so urteilte der Historiker Hans *Rosenberg* (1976: 195). Noch härter gingen andere Kritiker mit der politischen Führung des Wilhelminischen Reiches ins Gericht: Die Sozialpolitik war nichts anderes als „ein Instrument zur Sicherung des Staates" (*Saul* 1980: 183); es ging um „Staatspolitik" in konservativer Absicht und nicht primär um „Sozialpolitik" (*Haverkarte* 1985: 456).

Die Kritiker haben den sozialdefensiven Charakter der Sozialpolitik jedoch überbewertet und das in der Sozialpolitik sichtbar werdende paternalistische Herrschaftsmodell unterbewertet. Die Sozialpolitik war aufs engste mit althergebrachten Traditionen politischer Führung verbunden. Sie sollte nämlich den Staat dem „gemeinen Mann" als „wohltätige Institution" erscheinen lassen, so formulierte es Reichskanzler *von Bismarck* in einer Reichstagsrede vom 18. 5. 1889 (zitiert nach *Saul* 1980: 185). Die Sozialversicherung sollte aus den Arbeitern „Staatsrentner" machen, und sie sollte, so hieß es im Gesetzentwurf des Unfallversicherungsgesetzes von 1881,

Staat als „wohltätige Institution"

,,auch in den besitzlosen Klassen der Bevölkerung... die Anschauung... pflegen, daß der Staat nicht bloß eine notwendige, sondern auch eine wohlthätige Einrichtung sei. Zu dem Ende müssen sie durch erkennbare direkte Vorteile, welche ihnen durch gesetzgeberische Maßnahmen zu Theil werden, dahin geführt werden, den Staat nicht als eine lediglich zum Schutz der besser situirten Klassen der Gesellschaft erfundene, sondern als eine auch ihren Bedürfnissen und Interessen dienende Institution aufzufassen" (zitiert nach *Saul* 1980: 183).

Konfliktregulierung und Paternalismus

Hierin spiegelte sich die Sorge der Reichsführung, daß die sozialen Verhältnisse in dem Maße explosiver werden könnten, in dem sich die Arbeiterbewegung mobilisierte, und gleichzeitig scheint an dieser Stelle die Tradition einer aus agrarisch-feudalen Verhältnissen stammenden paternalistischen Herrschaftsordnung durch, die Zwang und Fürsorge kombinierte. Der Reichskanzler Otto *von Bismarck* beispielsweise stand in der Tradition des feudalherrschaftlich paternalistischen Führungsstils, und er knüpfte sozialpolitisch im übrigen an der ständisch-merkantilistischen Armenpolitik an. *Von Bismarck* hatte — wie Henry Ernest *Sigerist* einmal schrieb —

Feudalherrschaftlich-paternalistischer Führungsstil

,,eine Abneigung gegen große Städte und eine noch größere gegen Bankiers und Industrielle. Er fühlte sich unwohl in der Welt des rücksichtslosen Konkurrenzkampfes, die sich um ihn herum entwickelt hatte. Er und seine Freunde in der konservativen Partei vertraten den feudalherrschaftlichen Standpunkt der Armut gegenüber. Ihrer Meinung nach war es die Pflicht des Magnaten, den Armen zu helfen, und da sie in ihrer philosophischen und politischen Einstellung auch dem Protestantismus verbunden waren, nannten sie dies die christliche Haltung. Sie identifizierten sich mit dem Staat — der Monarch gehörte ihrer Klasse an — und unterstützten daher Bestrebungen, daß der Staat Macht anwenden sollte, um den wirtschaftlich Schwachen soziale Sicherheit zu geben" (zitiert nach *Trennstedt* 1981: 144).

Schwäche liberalistischer Staats- und Wirtschafts-,,Philosophie"

Daß die politischen Eliten des Deutschen Kaiserreiches so frühzeitig zur Sozialpolitik und zu einer präventiven Strategie gegenüber der Arbeiterbewegung griffen, läßt sich zureichend nur erklären, wenn man den Charakter der staats- und wirtschaftspolitischen ,,Philosophie" berücksichtigt, die zum ideellen Gemeingut der politischen Führung des Kaiserreiches gehörte und die in Verwaltung und Recht institutionalisiert war. Hier war die oben bereits erwähnte Tradition einer paternalistischen Herrschaftsordnung wichtig *und* ferner der Umstand, daß Deutschland leichter als andere westliche Länder mit dem gesellschafts- und wirtschaftspolitischen Liberalismus brechen konnte:

,,Der Liberalismus war (in Deutschland — der Verf.) herrschende Doktrin nur von den fünfziger Jahren bis etwa 1873, also eine weit geringere Zeit als etwa in Frankreich oder England" (*Stolleis* 1980: 158).

Darüber hinaus war in weiten Bereichen des öffentlichen Lebens die Stärke absolutistischer und merkantilistischer Traditionen ungebrochen. Die Verwaltung verfügte über eine Fülle von nicht-liberalen Rechtsmaterien feudaler, obrigkeits- und wohlfahrtsstaatlicher Natur, der Staat engagierte sich in großem Umfang bei der Industrialisierung und die Nationalökonomen schrieben *Adam Smiths* Lehre der bürgerlichen Marktwirtschaft in eine staatswirtschaftliche Richtung um (*Stolleis* 1980: 158). Die Schwäche liberalistischer Wirtschafts- und Staats-,,Philosophien" erleichterte auch in sozialpolitischen Fragen den raschen Zugriff des Staates.

Protestantismus

Ferner spielte das politische und kulturelle Übergewicht des Protestantismus eine Rolle. Insbesondere die protestantische Fusion von Staat und Kirche ist in diesem Zusammenhang zu erwähnen. Sie brachte den Gedanken eines Wohlfahrtsstaates als Bürgerpflicht mit sich, und zugleich weichte sie von vornherein politisch-kulturelle Widerstände gegen sozialstaatliche Politik auf.

Schließlich kamen im Kaiserreich spezielle politische Bedingungen hinzu, die die Durchsetzung der Reformen erleichterten (*Flora* u.a. 1977). Zum einen erwies sich die Existenz einer effektiv arbeitenden Staatsbürokratie als vorteilhaft. Sie war in der Lage, die Sozialpolitik vergleichsweise kompetent, effizient und effektiv zu gestalten und praktisch umzusetzen. Hinzu kam die Verteilung der durch die Sozialreform erzeugten finanziellen Lasten. Die Kosten der Sozialreform wurden auf die Schultern der städtischen Mittel- und Oberschicht bzw. auf die Arbeiterschaft selbst abgewälzt und nicht auf die politisch dominierenden Landbesitzinteressen. Die städtischen Mittel- und Oberschichten und speziell die Industrieunternehmer waren der Sozialgesetzgebung gegenüber zwar skeptisch bis ablehnend eingestellt, sie tolerierten sie jedoch, wenn nicht aus Dankbarkeit gegenüber dem Reichskanzler für die 1878/79 gewährten Schutzzölle, so doch aus Furcht, diese mächtige Stütze der Handels- und Wirtschaftspolitik zu verlieren.

Wir haben es im Deutschland des ausgehenden 19. Jahrhunderts demnach mit einer einzigartigen Kombination von besonderen politischen Bedingungen zu tun. Diese einzigartige Kombination erklärt zu einem erheblichen Teil den Sonderweg der deutschen Sozialpolitik und speziell ihre frühe Einführung: ein stark politisierter Konflikt zwischen radikaler Arbeiterbewegung und einer sozialdefensiven konservativen politischen Elite, die in der Tradition absolutistischer Interventionsbereitschaft und paternalistischer Führungsstile steht, die Schwäche einer liberalistischen Wirtschafts- und Staatsphilosophie, ferner die der Sozialpolitik zuträgliche Fusion von Protestantismus und Staat und schließlich die günstigen politisch-administrativen Bedingungen der Durchsetzung der Sozialreform — das waren wesentliche politische Determinanten der Sozialgesetzgebung im Kaiserreich.

Freilich waren nicht alle politischen Bedingungen so günstig für das sozialreformerische Projekt wie die eben genannten. In den langen und hart geführten Auseinandersetzungen über die Gesetzesentwürfe zu den Sozialversicherungen mußte die Reichsleitung manche Niederlage einstecken. Vor allem die Liberalen und das Zentrum widersetzten sich einer stärkeren Beteiligung des Zentralstaates bei der Erbringung sozialer Leistungen. Die Liberalen befürchteten, hierüber werde ein Weg zum Staatssozialismus eingeschlagen, das Zentrum trug sich zudem mit der Sorge, das Reich könne die Staatsgewalt in unitarischer Richtung erweitern.

In den parlamentarischen Aushandlungsprozessen wurde der direkte Einfluß des Reiches auf die Sozialversicherung zurückgedrängt. Die vom Kanzler *von Bismarck* für die Unfall- und Krankenversicherungen vorgesehene Reichsversicherungsanstalt und die Reichszuschüsse wurden abgelehnt. Der Arbeiter sollte „Mit Ehren Pensionär der Industrie" und nicht Staatsrentner sein, so formulierte der sozialpolitische Sprecher des Zentrums, Georg *von Hertling* (zitiert nach *Roos* 1984: 209). Die Zurückdrängung des Reiches blieb nicht folgenlos. Für die Empfänger von Sozialversicherungsleistungen trat das Reich gar nicht

Günstige politische Bedingungen für Durchsetzung der Reform

Bürokratische Effektivität

Verteilung der Kosten

Politische Widerstände

so stark in Erscheinung, wie das die Konstrukteure der Sozialpolitik gehofft hatten.

Wirkungen der Sozialpolitik im Kaiserreich

Man kann hierin einen Grund für die ambivalenten Wirkungen der Sozialpolitik im kaiserlichen Deutschland sehen. So wichtig die Linderung der sozialen Not war, die mit der Sozialpolitik erreicht wurde, so wenig trug sie zur Linderung der „politischen Not" bei, die das Reich mit der Arbeiterbewegung hatte. Die Arbeiterschaft schloß trotz Sozialpolitik nicht Frieden mit dem monarchischen Staat. Vielmehr bewegte sie sich stärker als zuvor auf die Sozialdemokratie zu. Die Mischung aus Repressions- und Sozialpolitik, die gegenüber der Arbeiterschaft praktiziert wurde, erwies sich als Fehlschlag. Das tatsächliche Ergebnis bestand darin,

> „daß das deutsche Kaiserreich unter den führenden drei Industrieländern der Welt vor 1914 das einzige war, in dem eine große sozialistische Massenpartei sich entwickelte, deren Mitglieder sich noch dazu auf lange Zeit hinaus in der Volksgemeinschaft als Parias fühlten und entsprechend von Verwaltung, Polizei und Gerichten und nicht selten auch von Unternehmern wie ‚Proleten' und ‚vaterlandslose Gesellen' behandelt wurden" (*Rosenberg* 1976: 198).

Aber nicht nur die Konterproduktivität der repressiven Politik gegenüber der Arbeiterbewegung und nicht nur die mangelnde Sichtbarkeit des Reiches in der Praxis der Sozialversicherung waren für die geringe politische Wirksamkeit der Sozialpolitik verantwortlich. Ein dritter Grund trat hinzu: Wie oben bereits erwähnt, war der von der Sozialversicherung erfaßte Personenkreis zunächst klein, und außerdem blieben die Sozialleistungen auf einem niedrigen Niveau. Politisch brisant wirkte sich ferner die Opposition gegen die Lücken in der Sozialpolitik aus. Nicht selten galt sie in der Arbeiterbewegung als ein

Defizite der Sozialpolitik

> „notdürftiger, symbolhafter Ersatz für das dem Unternehmertum meist so hochwillkommene staatliche Nichtstun auf dem Gebiet des positiven Arbeiterschutzes im eigentlichen Sinne, des Betriebs-, Arbeitszeits- und Arbeitslohnschutzes wie des regulierenden Eingreifens in die Arbeitsverfassung (Mitbestimmungsrecht!)" (*Rosenberg* 1976: 213).

Schließlich spielte die relative Wirtschaftsblüte der 80er Jahre gegen die Ziele der konservativen Sozialreformer. Die eigentliche Sozialreform der 80er Jahre sei, so eine These von Hans *Rosenberg*, weniger in der staatlichen Sozialpolitik als vielmehr in der weit sinnfälligeren „anonymen Sozialpolitik des Marktes" zu suchen:

Die „anonyme Sozialpolitik des Marktes"

> „Die Realkaufkraft der durchschnittlichen Bruttoeinkommen voll beschäftigter Lohnarbeiter stieg seit dem Ende der 1870er Jahre erheblich an" (*Rosenberg* 1976: 217).

Das war kurzfristig vielleicht spürbarer und bedeutender als die bescheidenen Leistungen aus der neuen obligatorischen Sozialversicherung.

Zu guter Letzt verdient eine paradoxe politische Wirkung der Sozialversicherungsgesetzgebung hervorgehoben zu werden. Gerhard *Ritter* hat sie eindringlich beschrieben: Entgegen *von Bismarcks* Absichten stärkten die Sozialversicherungsgesetze die Arbeiterorganisationen und verbesserten deren Agitationsmöglichkeiten:

Unbeabsichtigte Stärkung der Arbeiterschaft

> „Die durch das Krankenversicherungsgesetz zugelassenen freien Hilfskassen, die allein von den Versicherten finanziert und verwaltet wurden, boten Chancen eines legalen Einflusses der

Arbeiter und dienten vielfach als Ersatz für die verbotene Parteiorganisation, aber auch als Ausgangspunkt für den bereits in den 1880er Jahren vorgenommenen Wiederaufbau zentraler gewerkschaftlicher Verbände. Die Diskussion der Gesetzentwürfe und Gesetze wurde von den Sozialdemokraten zur Wiederbelebung der unter dem Sozialistengesetz zunächst völlig unterbundenen Versammlungstätigkeit genutzt. Schließlich wurden die Ortskrankenkassen noch im Kaiserreich zu Hochburgen der sozialdemokratischen Arbeiterbewegung, die Tausenden von Sozialdemokraten und Gewerkschaftlern eine sichere Stellung und mehreren hunderttausend Arbeitern Erfahrungen in der Selbstverwaltung gaben" (*Ritter 1983a: 34; vgl. Tennstedt 1976: 390*).

Die Gesetzliche Krankenversicherung wurde demnach zu einer „Unteroffiziersschule der Sozialdemokratie" (*Tennstedt* 1981: 172). Die historische Bedeutung der Sozialpolitik der 80er Jahre liegt somit nicht nur in der sozialen und rechtlichen Besserstellung der Arbeiter und nicht nur darin, daß die organisatorischen, rechtlichen und politischen Grundlagen für den späteren Aufbau eines echten Sozialstaates geschaffen wurden, sondern auch darin, daß sie — politisch gänzlich unerwünscht und überraschend — „den Korpsgeist der Betroffenen stärkte" (*Ritter* 1983a: 34).

Von den politischen Intentionen der Sozialpolitik-Konstrukteure aus betrachtet — so kann man im Vorgriff auf die Analyse der Sozialpolitik in den Jahren zwischen 1890 und 1918 sagen — erwies sich die Sozialpolitik im Deutschen Kaiserreich als ein Fehlschlag. Nahezu alles, was sich *von Bismarck* mit Hilfe der Sozialpolitik zu erringen hoffte, war nicht eingetreten. Mehr noch: seine Gegner wurden durch die Sozialpolitik letztendlich gestärkt. Eine Reform hatte sich verselbständigt und ihren Urhebern geschadet. Das galt sowohl im Hinblick auf die Arbeiterbewegung, die rasch an Stärke gewann, als auch hinsichtlich des Besitzbürgertums, das Otto *von Bismarcks* Sozialpolitik wenig Verständnis entgegenbrachte. Das Besitzbürgertum sah den Unternehmensgeist durch den Staat bevormundet und bedrängt; man behauptete, die Wirtschaft könne die Last der Sozialpolitik nicht tragen, und man befürchtete, daß sich bei den Arbeitern ein „Pensionsspekulantentum" ausbreiten würde (*Tennstedt* 1976: 449).

Die Sozialpolitik als ein politischer Fehlschlag

2 Sozialpolitik im Kaiserreich (1890 - 1918)

Sozialpolitik nach 1890. Fragestellungen In den 80er Jahren des 19. Jahrhunderts wurden, wie das letzte Kapitel zeigte, Grundlagen für die soziale Sicherung gegen Risiken geschaffen, die mit Alter, Krankheit, Invalidität und Unfall verbunden sind. Welche Entwicklung nahm die Sozialpolitik in den folgenden Jahrzehnten? Welchen Einfluß hatten dabei die dramatischen Veränderungen der politischen Ordnung, die Deutschland im 20. Jahrhundert kennzeichnen sollten, auf die Sozialpolitik? 1918/1919 wurde das Kaiserreich durch die Weimarer Republik abgelöst und 1933 die Demokratie durch die nationalsozialistische Diktatur. Das „Tausendjährige Reich" währte 12 Jahre. Es führte in den Zweiten Weltkrieg und 1945 in den Zusammenbruch. Welche Veränderungen macht die Sozialpolitik in diesen Jahrzehnten durch?

Antworten auf diese Fragen steuern die folgenden drei Kapitel bei. Gemessen an einigen quantitativen Indikatoren der Sozialpolitik, wie z.B. die Ausdeh-Kontinuität nungsquote der Sozialversicherung (Versicherte in Prozent der Erwerbspersonen) zeigt sich zunächst ein verblüffendes Ergebnis: der Ausbau der sozialen Sicherung beginnt noch im Kaiserreich nach 1890, und er wird in der Weimarer Republik und unter der nationalsozialistischen Diktatur fortgesetzt.

Dieser Indikator stützt die Kontinuitäts-These: der Ausbau der sozialen Sicherung verläuft kontinuierlich — weitgehend unabhängig vom Typ des politischen Regimes. Freilich bedarf die Kontinuitäts-These einer zweifachen Diffe-Kontinuität und Brüche renzierung: Erstens gibt es periodenspezifische Abweichungen vom Wachstumstrend. Während des Ersten und während des Zweiten Weltkrieges kommt die Expansion der Sozialpolitik weitgehend zum Stillstand und in der Endphase der Weimarer Republik wird das Netz der sozialen Sicherung infolge der Weltwirtschaftskrise und der Sparpolitik überlastet. Zweitens verdeckt die Ausdehnungsquote der Sozialversicherung qualitative Weichenstellungen in der Sozialpolitik. Beispielsweise sagt sie nichts über die Höhe der Sozialleistungen und ihre gruppenspezifischen Verteilungen aus; überdies erfaßt sie nicht Veränderungen in den Organisationsprinzipien der Sozialversicherung. Bei diesen Indikatoren lassen sich jedoch deutliche Brüche nachweisen — die zum Teil durch wirtschaftliche Faktoren bedingt sind, zu einem erheblichen Teil jedoch auch durch regimespezifische politische Faktoren. Hierüber wird in diesem und den beiden folgenden Kapiteln ausführlicher zu berichten sein.

Stationen der Sozialpolitik nach Verfolgen wir zunächst die wichtigsten Stationen der Sozialpolitik im Kaiserreich nach 1890. Die Sozialpolitik, die zwischen 1883 und 1889 eingeführt wurde, entfaltete rasch eigendynamische Wirkungen. Der Versicherungsschutz wurde zügig auf weitere Arbeitnehmergruppen ausgedehnt. Auf diese Weise milderte man den ,,selektiven'' Charakter der Arbeitnehmerversicherung. War die Krankenversicherung 1883 nur auf Arbeitnehmer der gewerblichen Wirtschaft beschränkt, so wurden nunmehr land- und forstwirtschaftliche Arbeiter, Seeleute, Handelsgehilfen und Lehrlinge sowie Landarbeiter in den versicherten Personenkreis aufgenommen. Um die Jahrhundertwende waren in Deutschland knapp 40 Prozent der Erwerbsbevölkerung Mitglieder einer gesetzlichen Krankenversicherung (*Alber* 1982: 237). Das ist wenig — nach unseren heutigen Maßstäben — aber viel, gemessen an den kleinen Mitgliederkreisen der vorangehenden Jahrzehnte, und gemessen an den riesigen Löchern, die in den Krankenversicherungen anderer Länder sichtbar waren. Noch deutlichere Spuren hinterließen das Wachstum der Rentenversicherung und der Unfallversicherung. Die Unfallversicherung erfaßte im Jahre 1900 über 70 Prozent der Erwerbsbevölkerung — im wirtschaftlich weitaus stärker entwickelten Großbritannien waren es jedoch nur knapp 40 Prozent —, und zur Rentenversicherung zählte in Deutschland zur Jahrhundertwende mehr als die Hälfte der Erwerbsbevölkerung. Auch mit diesem Wert lag das Deutsche Kaiserreich unangefochten an der Spitze der westlichen Industrieländer (*Alber* 1982: 236 - 238).

1890: Ausdehnung des versicherten Kreises

Die Expansion der Sozialpolitik machte sich darüberhinaus in Leistungsverbesserungen spürbar. Beispielsweise wurden die Sozialleistungen erhöht und der Versicherungsschutz auch in zeitlicher Hinsicht ausgebaut.

So wurde der Versicherungsschutz im Krankheitsfall von 13 auf 26 Wochen verlängert (1903), und 1911 im Rahmen der Reichsversicherungsordnung, die die Rechtsquellen vereinheitlichte und zusammenfaßte, die Hinterbliebenenversicherung als Ergänzung zur Alters- und Invalidenversicherung eingeführt.

Für den Ausbau der Sozialversicherung war eine Reihe von Gründen verantwortlich. Die stürmische wirtschaftliche Entwicklung ist an vorderster Stelle zu nennen. Das Kaiserreich bewegte sich rasch auf eine ,,Arbeitnehmergesellschaft'' zu: der Anteil der Selbständigen und der landwirtschaftlich Beschäftigten an den Erwerbstätigen nahm ab, die Zahl und der Anteil der lohn- und gehaltsabhängigen Arbeitnehmer nahmen jedoch stark zu. Der Trend zur ,,Arbeitnehmergesellschaft'', die zunehmende Zahl der regulär Erwerbstätigen, die steigenden Löhne und die hierdurch bedingten wachsenden Einnahmen der Sozialversicherungen begünstigten den Ausbau des sozialen Sicherungsnetzes.

Gründe für Ausbau der Sozialversicherung

Dabei sollte man zwischen zwei Antriebskräften sorgfältig unterscheiden: automatisch wirkende Kräfte und solche, die erst durch planvolles Handeln entstehen oder aufrechterhalten werden. Zu den automatisch wirkenden Antriebsmomenten zählt der sozialstrukturelle Wandel und insbesondere die zunehmende Zahl der Versicherungsfälle, die gleichsam automatisch, auf der Basis der bestehenden sozialgesetzlichen Grundlage, zum Kreis der Pflichtversicherten aufrückten. Ein Beispiel wäre der Bauer oder der Selbständige, der proletarisiert wird und nunmehr seine Existenz aus abhängiger sozialversicherungspflichtiger Arbeit bestreiten muß. Der wirtschaftliche Strukturwandel und der hierdurch vorangetriebene sozialstrukturelle Wandel vergrößert die ,,Kundschaft'' der Sozialpolitik und dezimiert zugleich die Zahl ihrer ,,natürlichen

Zwei unterschiedliche Antriebskräfte

Gegner" unter dem Adel, dem Bürgertum und dem alten selbständigen Mittelstand (*Flora* 1985 und 1986a). Aber nicht nur Automatismen treiben die Sozialpolitik an. Planvolles politisches Handeln kommt hinzu, zum Beispiel die Ausdehnung des Sozialschutzes auf neue Personen-Kategorien und neue Sachverhalte oder die Erhöhung von Leistungen.

Mit zunehmend größer werdendem Mitgliederkreis und zunehmender Höhe der Sozialleistungen erfreute sich die Sozialpolitik wachsender Beliebtheit bei den Sozialleistungsempfängern und bei den politischen Organisationen der Arbeiterbewegungen, die anfänglich dem Reformprojekt skeptisch bis ablehnend gegenüberstanden. Und schließlich waren auch bei Regierung und Verwaltung die Fürsprecher der Sozialpolitik zahlreicher und ihre Gegner schwächer geworden.

Freilich blieb auf Seiten der Reichsregierung der Sozialisten-Komplex ein Begleiter der Sozialpolitik. Das gilt auch für die Zeit nach dem Rücktritt des „Eisernen Kanzlers" Otto *von Bismarck* (20. 3. 1890) und nach dem Außerkraftsetzen des Sozialistengesetzes (30. 9. 1890) (*Born* 1957). Wenn sich auch die Hoffnungen der politischen Machthaber, daß die Sozialpolitik einen Keil zwischen Sozialdemokratie und Arbeiterschaft treibe, als trügerisch erwiesen hatten, so galt ihr Interesse immer noch der Frage, wie der Nutzen der Sozialpolitik für die Sozialistische Arbeiterpartei Deutschlands minimiert werden könnte.

„Teile und herrsche" als Strategie oder Sozialpolitik

Eine der ältesten Herrschaftsformeln lautet: teile und herrsche. Sie wurde in der Sozialpolitik im Kaiserreich ausgiebig praktiziert (und sie stellte im übrigen Weichen für die Sozialpolitik späterer Phasen der deutschen Geschichte). Die „Teile und herrsche"-Strategie läßt sich an zwei Strukturmerkmalen der Sozialversicherung erläutern. Zum einen ist die Differenzierung der Sozialleistungen nach Einkommen, Beitragsdauer und Höhe der Versicherungsbeiträge wichtig. Hierdurch wird die arbeitsmarktlich bedingte interne Differenzierung der Arbeitnehmerschaft auf die Verteilung der Sozialleistungen übertragen. Zum zweiten ist die Differenzierung der Sozialversicherungssysteme nach der Zugehörigkeit der Versicherten zur Arbeiter-, Angestellten- oder Beamtenschaft zu nennen. Sie baut ein ständisches Prinzip in die Arbeitnehmerschaft ein und teilt auf diese Weise die Arbeitnehmer in sozial, wirtschaftlich und politisch voneinander abgegrenzte Segmente.

Schichtungsprinzipien in der Sozialpolitik

Die Sozialversicherungspolitik, die gegenüber der Angestelltenschaft praktiziert wurde, läßt sich zur Illustration anführen. Bis in die 90er Jahre des 19. Jahrhunderts hatte die Sozialpolitik die Mehrheit der Angestellten mit einem Jahreseinkommen bis zur Höhe von 2000 Mark einbezogen. Vom Versicherungsschutz ausgeschlossen blieb jedoch die zahlenmäßig rasch zunehmende Gruppe der höherqualifizierten und besser verdienenden Angestellten. Diese Angestellten wurden seit der Jahrhundertwende von einem lebhaft agitierenden und letztendlich erfolgreichen Verband vertreten, der 1901 mit dem Hauptziel gegründet worden war, den Angestellten eine Alters- und Invaliden-Pflichtversicherung zu verschaffen. 1911, unter Kanzler *von Bethmann Hollweg* war es soweit. Der Reichstag verabschiedete ein Versicherungsgesetz für Angestellte. Hierdurch wurde — in Abgrenzung zur Arbeiter-Rentenversicherung — eine

Sozialpolitik und Angestelltenschaft

Versicherungsgesetz für Angestellte

34

Sonderversicherung für Angestellte ins Leben gerufen. Die Rentenversicherung der Angestellten basierte auf erheblich höheren Beitragssätzen der Versicherten als bei der Arbeiter-Rentenversicherung, andererseits jedoch auch auf höheren Leistungen.

Die Vorzüge der Angestelltenversicherung waren mit Händen greifbar. Erstens lag die Altersgrenze bei 65 Jahren und damit 5 Jahre unter der Altersgrenze der Arbeiterrentenversicherung (und das bei einer Lebenserwartung, die bei den Arbeitern unter der durchschnittlichen Lebenserwartung der Angestellten lag). Zweitens konnte man in der Angestelltenversicherung höhere Renten erzielen als in der Altersversicherung für Arbeiter. Drittens waren die Regelungen für den Fall der Invalidität bei den Angestellten deutlich versichertenfreundlicher. Und viertens schließlich waren die Witwenrenten in der Angestelltenversicherung an weniger rigide Vorbedingungen geknüpft als in der Arbeiterrentenversicherung. Die Sozialgesetzgebung von 1911 schuf ,,Versicherte erster Klasse" und ,,Versicherte zweiter Klasse". Die Unterschiede zwischen beiden Versicherungssystemen waren groß. Freilich will es die Ironie der Geschichte, daß genau diese Unterschiede die Begehrlichkeiten der schlechter Versicherten und ihrer Versicherungsvertreter stärkten — langfristig mit Erfolg, wie man später sehen wird: Allmählich, während der Weimarer Republik und insbesondere in der Bundesrepublik, rückte das Leistungsniveau der Arbeiterrentenversicherungen an dasjenige der Angestelltenversicherung heran. Das Sozialkonsumniveau der Angestellten wurde zum Leitbild der Arbeiterschaft!

Vorzüge der Angestelltenversicherung

Zurück ins Kaiserreich des Jahres 1911! Für die Wahl einer Sonderversicherung für Angestellte waren finanzielle und vor allem politische Gründe verantwortlich. Eine Einbeziehung der Angestellten in die Arbeiter-Rentenversicherung hätte höhere Reichszuschüsse erfordert. Hiergegen wurden finanzpolitische Einwände erhoben, und hiergegen sprach die politische Opposition im Parlament, auf die eine zunehmende sozialpolitische Bedeutung des Zentralstaates gestoßen war. Hinzu kam ein weiteres politisches Motiv: die Angestellten sollten aus der breiten Masse der Arbeitnehmerschaft herausgehoben werden, man wollte ihren Sonderstatus nach außen und innen dokumentieren, den bei den Angestellten vorgezeichneten ,,Hang zur Anschichtung an bürgerliche Gruppen" (*Henning* 1979: 96) stärken, und die Angestellten als ,,Privatbeamte" den Staatsbeamten näherbringen. Das Ziel bestand aus der Schaffung bzw. der Stärkung eines ,,Angestelltenklassengefühls" (*Tennstedt* 1976: 452).

Finanzielle und politische Gründe der Sonderversicherung für Angestellte

Die Spaltung der Arbeitnehmerschaft in Arbeiter und Angestellte — ganz abgesehen von den pensionsberechtigten Staatsbeamten — liegt einer weiteren bedeutenden Neuerung der Sozialpolitik im Kaiserreich zugrunde. Die Reichsversicherungsordnung von 1911 ergänzte die Alters- und Invalidenversicherung durch eine Hinterbliebenenrente. Bis zu diesem Zeitpunkt waren Rentenzahlungen an Hinterbliebene eines verstorbenen Versicherungsmitgliedes nur in der Unfallversicherung, jedoch nicht in der Invaliden- und Altersversicherung vorgesehen. Dafür waren zunächst knappe finanzielle Ressourcen maßgebend gewesen. Die Einführung einer Hinterbliebenenrente im Jahre 1911 geht auf einen politischen Kompromiß aus dem Jahre 1902 zurück: Die Zolltarifgesetzgebung

Sozialpolitik für Arbeiter und Sozialpolitik für Angestellte

wurde zum ,,Sauerteig" der Hinterbliebenenversicherung (*Kleeis* 1928: 185).
Das kam so: die Abgeordneten des Zentrums, der Freisinnigen und der Sozialdemokratie hatten im Tausch gegen die Zustimmung zur ungeliebten Anhebung
der Agrar- und Industriezölle eine sozialpolitische Konzession durchgesetzt.
Die den Durchschnitt der Jahre 1898 bis 1903 übersteigenden Erträge aus bestimmten Agrarzöllen sollten zum Zweck der Finanzierung einer Hinterbliebenenversicherung gesammelt und diese Versicherung sollte bis zum Anfang des
Jahres 1910 geschaffen werden (*Zöllner* 1981: 65).

Hinterbliebenen-
renten in der Ren-
tenversicherung für
Arbeiter und in der
Rentenversicherung
für Angestellte

1911 wurde die Hinterbliebenenversicherung Gesetz. Witwen aus Arbeiter-
haushalten wurden freilich anders behandelt als Witwen aus Angestelltenhaus-
halten. Voraussetzung für den Bezug einer Witwenrente war die Erwerbsunfähigkeit der Witwe. Arbeiter-Witwen wurde in der Regel eine Erwerbstätigkeit
zugemutet, selbst wenn sie Kinder zu erziehen hatten und vorher nicht beruflich
tätig waren. Von Angestellten-Witwen wurde das nicht erwartet. Die Begründung für die Ungleichbehandlung läßt erahnen, wie tief der Graben zwischen
der Angestelltenschaft und der Arbeiterschaft war. Hinterbliebenenbezüge für
Angestellten-Witwen waren nicht auf invalide Witwen beschränkt, weil — so
hieß es in einer Reichstags-Drucksache — die Ehefrauen verstorbener Ange-
stellter ,,wegen mangelnder Ausbildung... in vielen Fällen schwer eine geeignete Berufstätigkeit finden oder sich beliebigen Erwerbsformen nicht so leicht an-
passen können wie Arbeiterwitwen. Hinzu kommt", so ist dort zu lesen, ,,daß
die höheren Aufwendungen für die Ausbildung und Erziehung der Kinder gegenüber dem Arbeiterstande die Notlage (der Angestellten — der Verf.) noch
verschlimmern" (Reichstags-Drucksache 1909/11, Nr. 1033, S. 68).

Ob die Begründung stichhaltig war oder nicht, ob sie akzeptabel oder als in-
akzeptabel erscheint, das Angestelltenversicherungsgesetz von 1911 bestimmte
jedenfalls, daß Angestellten-Witwen besser zu behandeln seien als Arbeiter-
Witwen. Sie erhielten immerhin ca. 40 Prozent dessen, was ihr Ehemann be-
kommen hätte, die Arbeiter-Witwen jedoch weniger — sofern sie überhaupt die
rigiden Anspruchsvoraussetzungen für den Bezug von Hinterbliebenenrenten
erfüllten (*Hentschel* 1983: 27).

Gewiß spiegeln bevorzugte Behandlung der Angestellten in der Sozialversicherungspolitik und relative Benachteiligung der Arbeiter ,,Teile und herrsche"-Führungstechniken wider, die von der politischen Führung im Kaiserreich gezielt eingesetzt wurden. Für die Wirksamkeit dieser Herrschaftstechnik
waren jedoch auch tiefsitzende Konkurrenz- und Abgrenzungsbeziehungen innerhalb der abhängigen Beschäftigten verantwortlich. Die Privilegierung der
Angestelltenversicherung ist ,,ein Spiegelbild der damals... stark entwickelten
gesellschaftlichen Schichtung der abhängige Arbeit Leistenden in Arbeiter und
Angestellte" (*Bogs* 1981: 34).

Stillstand der So-
zialpolitik
1911 - 1914

Im großen und ganzen war der Ausbau der Sozialversicherung im Kaiserreich
mit der Gesetzgebung von 1911 für einige Jahre zum Stillstand gekommen. Der
weiteren Expansion der Sozialpolitik standen massive Barrieren im Wege. Da
war zum einen der stärker werdende Widerstand aus Kreisen des alten Mittelstandes, der Unternehmerschaft und der Landwirtschaft. Zweitens verunmög-
lichten die Finanzprobleme des Reiches eine Fortsetzung des Expansionskurses

in der Sozialpolitik. Das Reich war hochverschuldet und der steuerfinanzierte Weg aus der Verschuldung war aus politischen Gründen versperrt. Der Sperrhebel lag namentlich bei den Konservativen, an deren Opposition eine grundlegende Steuerreform 1909 scheiterte. Die Ablehnung der Steuerreform — und infolgedessen auch die Stagnationsphase in der Sozialpolitik — hatte der Parteiführer der Deutsch-Konservativen Partei, Ernst *von Heydebrand und der Lasa*, in der Reichstagsrede vom 10. Juni 1909, die zum Sturz des Reichskanzlers *Bülow* und zum Zusammenbruch des konservativ-liberalen Bülow-Blocks führte, in aller Deutlichkeit so begründet:

> „Das, was uns im letzten Grunde und schließlich maßgebend bestimmt hat, unsere Zustimmung dazu [zur Erbschaftssteuer] zu verweigern, war das Moment, daß wir in einer solchen Steuer nichts anderes sahen und sehen konnten als eine allgemeine Besitzsteuer, und daß wir eine solche allgemeine Besitzbesteuerung, wie ich hier offen bekenne, nicht in die Hände einer auf dem gleichen Wahlrecht beruhenden parlamentarischen Körperschaft legen wollten... weil es kein Mittel gibt, mit dem auf die Dauer und wirksam es verhindert werden kann, daß die Sätze und Bestimmungen, die jetzt in der Vorlage stehen, eine Verschärfung erfahren, die schließlich im letzten Ende zur Expropriation des Besitzes führt" (Stenographische Berichte über die Verhandlungen des Reichstages, XII. Legislaturperiode, I. Session, Bd. 237, S. 9323, zitiert nach *Ritter* 1985: 80).

Der zügige Ausbau der Sozialpolitik war demnach zunächst einmal blockiert. Aber ganz richtig ist die These vom Stillstand der Sozialpolitik doch nicht. Denn immerhin kamen zwischen 1914 und 1916 — unter wirtschaftlich widrigsten Umständen: es war Krieg! — zahlreiche sozialpolitische Anordnungen und Verordnungen zum Zuge. Die meisten Verordnungen und Anordnungen der Kriegsjahre waren „lediglich Anpassungen an die besonderen Verhältnisse des Krieges", wie Ludwig *Preller* in seiner bahnbrechenden Studie schrieb (*Preller* 1978: 59). Beispielsweise wurden die Soldaten des Deutschen Reiches umgehend vor nachteiligen Folgen ihrer vorübergehenden Ausschaltung aus dem Wirtschaftsleben geschützt. Ihre Dienstzeit wurde bei der Berechnung von Wartezeiten und von Versicherungsleistungen anerkannt (*Bogs* 1981: 38f.). Das war Politik an der Heimatfront, aufs engste gekoppelt an die Erfordernisse der Kriegsführung an der militärischen Front, und insofern handelte es sich hierbei tatsächlich nur um Anpassungen an die besonderen Bedingungen, die der Krieg stellte, ähnlich wie bei den übrigen etwa einhundert Anordnungen und Verordnungen. *(Anpassungen und Neuerungen in der Sozialpolitik in den Kriegsjahren; Anpassungen der Sozialpolitik an die besonderen Verhältnisse des Krieges)*

Jedoch müssen drei Veränderungen in der Sozialpolitik der Kriegsjahre besonders hervorgehoben werden. Die eine hat mit der Arbeitslosigkeit zu tun, für die es bislang keine staatliche Verantwortlichkeit gab. Im Krieg änderte sich das. Das Reich übernahm „zum ersten Mal eine Mitverantwortung für die Beseitigung der Not der Arbeitslosen" (*Bogs* 1981: 39). Ein Nachtrag zum Reichshaushaltsgesetz, der am 2.12.1914 vom Reichstag angenommen wurde, stellte den Gemeinden 200 Millionen Mark für die Unterstützung der Erwerbslosen zur Verfügung. Man kann hierin die Vorboten des staatlichen Engagements in der Arbeitslosenversicherung erkennen. *(Veränderungen der Sozialpolitik in den Kriegsjahren: — Unterstützung der Erwerbslosen)*

Nicht unwesentlich war ferner die sogenannte Wochenhilfe, die 1914 und 1915 in der Krankenversicherung eingeführt wurde. Auch hier ging es um „Kriegs- *(— Wochenhilfe)*

37

politik" (*Born* 1957: 248) — und zugleich um mehr: um die Grundlage eines systematischen Mutterschaftsschutzes und einer familienfreundlichen Politik. Die Wochenhilfe beinhaltete eine bessere Mutterschaftshilfe für Ehefrauen von Kriegsteilnehmern, die in der Krankenversicherung versichert sind oder versichert waren und für nichtkrankenversicherte Ehefrauen, die Kriegsunterstützung bezogen (während, so sollte der Vollständigkeit halber hinzugefügt werden, die krankenversicherten Frauen erst nach dem Krieg in die Wochenhilfe aufgenommen wurden) (*Kleeis* 1928: 221 - 225).

— Herabsetzung der Alters- grenze

Eine dritte sozialpolitische Neuerung der Kriegsjahre war langfristig ebenfalls spektakulär. In der Rentenversicherung der Arbeiter wurde 1916 die Altersgrenze von 70 Jahre auf 65 herabgesetzt und damit auf ein Niveau gedrückt, das dem der Angestelltenversicherung rechnerisch gleichkam. Ein erstes Anzeichen, daß die Pazifizierungspolitik, die im Innern eines Landes in Kriegszeiten praktiziert wird, oftmals größere Neuerungen einleitet, als es einer Reformpolitik beschieden ist, die in friedlichen Zeiten entworfen wird!

,,Krisenfeste" So- zialpolitik

Im übrigen verdient ein weiteres an der Sozialpolitik der Kriegsjahre 1914 bis 1918 hervorgehoben zu werden: Im großen und ganze funktionierte die Sozialpolitik auch unter den erschwerten Bedingungen der Kriegsjahre. Sie erwies sich als ,,krisenfest" (*Bogs* 1981: 37). Sie erfüllte ihre Aufgaben — so schlecht und recht wie es nach Maßgabe der Ressourcen und der Anspruchsvoraussetzungen eben möglich war (*Zöllner* 1981: 68). Freilich wäre es übertrieben, den Krieg als den großen Schrittmacher der Sozialpolitik zu bezeichnen. Eine Schrittmacher-Funktion kam ihm sicherlich in einigen gesellschaftspolitischen Fragen zu — insbesondere die Anerkennung und Integration der Gewerkschaften ist hier zu erwähnen (*Abelshauser* 1987)— aber nicht in der Sozialpolitik im engeren Sinn.

Bedeutung der So- zialpolitik im Deut- schen Kaiserreich

Zweifellos hält die Sozialpolitik des Kaiserreichs in keiner Weise den Maßstäben stand, die wir heute in entwickelten Industrieländern an die sozialen Sicherungsnetze legen. Jedoch passen diese Maßstäbe nicht zu den zwei Jahrzehnten vor und nach der Jahrhundertwende. Schließlich war die Ökonomie des Deutschen Kaiserreichs auf einem Stand, der dem eines sich industrialisierenden Schwellenlandes der heutigen Dritten Welt ähnelt. Legt man realistischere und zeitbezogene Maßstäbe an, dann wird man im Auf- und Ausbau der Sozialversicherung im Deutschen Kaiserreich eine bemerkenswerte Reform und eine bemerkenswerte Errungenschaft sehen. Früher als andere Nationen und meist auch zügiger als anderswo wurde die Sozialversicherung in Deutschland eingeführt und von unten nach oben erweitert. Ihre Expansion nahm demnach einen anderen Verlauf als die Ausdehnung des Wahlrechtes. Während das Wahlrecht von oben nach unten ausgeweitet wurde, zunächst nur die besitzenden und wohlhabenden

Ausdehnung der Sozialversicherung im Vergleich zur Ausdehnung des Wahlrechts

Klassen erfaßte und erst später die unteren sozialen Klassen, bezog sich der Sozialversicherungsschutz zunächst auf einkommensschwächere lohnabhängige Industriearbeiter und erst allmählich auch auf besser gestellte Lohn- und Gehaltsabhängige (die Selbständigen kamen noch später in den Schutz der sozialen Sicherung — im Nationalsozialismus und in der Bundesrepublik).

Bilanz der Sozial- politik im Kai- serreich

Die sozialversicherungspolitische Bilanz des Kaiserreiches konnte sich sehen lassen: 1915 waren 57 Prozent der Erwerbspersonen Mitglieder der Alters- und

Invalidenversicherung, weit mehr als in jedem anderen westlichen Land in dieser Zeit; 43 Prozent der Erwerbspersonen wurden durch die Krankenversicherung erfaßt. Hiermit stand das Deutsche Kaiserreich zusammen mit Dänemark und Großbritannien in der Spitzengruppe der Industrieländer. 71 Prozent waren gegen Unfall versichert (*Flora* u.a. 1983: 460f.; *Alber* 1982). Die große Lücke im sozialen Sicherungsnetz bestand jedoch im Fehlen einer kollektiven, obligatorischen Arbeitslosenversicherung. Hier spielte nicht Deutschland, sondern Großbritannien die Rolle des Vorreiters in der Sozialpolitik. Die britische Arbeitslosenversicherung wurde schon 1911, die deutsche erst in der Weimarer Republik 1927 eingeführt (*Heclo* 1974; *Ashford* 1986). — Erfolge

— Lücken

Immerhin ist das Ausmaß, zu dem das autoritäre Regime des Kaiserreichs sich in der Sozialpolitik engagierte, beachtlich. Die ,,von oben`` betriebene Sozialpolitik, vorangetrieben durch obrigkeitsstaatliche und paternalistisch-fürsorgliche Motive der Herrschaftsausübung, hatte mehr soziale Sicherung für die Arbeitnehmerschaft erzeugt als in anderen Ländern mit demokratischeren politischen Verhältnissen. Zur Sozialversicherung kamen im Kaiserreich, zumindest nach dem Rücktritt des Reichskanzlers *von Bismarck* (1890), auch einige Erfolge auf dem Gebiet der Sozialpolitik im weiteren Sinn hinzu. Der Arbeitsschutz, das Arbeitsrecht und das — für die politischen Organisationen der Arbeiterbewegung besonders wichtige — Vereinsrecht wurden, wenn auch zögernd, in Richtung auf eine bessere soziale Eingliederung der Arbeiterschaft vorangetrieben. Hiermit war einiges erreicht worden. Andererseits ließen sich jedoch die Grenzen der politischen Öffnung gegenüber der Arbeiterbewegung nicht übersehen. Sozialpolitik im engeren und im weiteren Sinne

Grenzen der politischen Öffnung zur Arbeiterschaft

In der Bilanz sind Erfolge und Mißerfolge gegeneinander abzuwägen. Das Resultat läßt sich so zusammenfassen:

> ,,Ohne Zweifel war die Kluft zwischen der Arbeiterschaft und der bestehenden Staatsform kleiner geworden. Der Staat verhalf den Arbeitern zu materieller Sicherung, erkannte ihre Organisationen durch Zusammenarbeit de facto an und verzichtete darauf, vorhandene Rechtsmittel gegen sie einzusetzen. Daher fanden radikale Forderungen in der Sozialdemokratie immer weniger Widerhall. Die 1912 gewählte Reichstagsfraktion (der Sozialdemokratie — M.S.) bestand zu einem Drittel aus Gewerkschaftlern: das versprach eine pragmatische Politik. Dennoch hatte der Staat den letzten Schritt zur Beseitigung jeglicher Diskriminierung der Arbeiterschaft und zu ihrer vollständigen Integration in Verfassung und Gesellschaft des Kaiserreiches nicht getan. Das ist der Mißerfolg der staatlichen Sozialpolitik des Kaiserreiches. Ebensowenig ist jedoch zu bezweifeln, daß sie die Grundlagen des modernen, einer Industriegesellschaft adäquaten Sozialstaates gelegt hat`` (*Henning* 1979: 99f.).

3 Sozialpolitik in der Weimarer Republik

Der Zusammenbruch des Deutschen Kaiserreiches (1918) und die Gründung der Weimarer Republik ließ politische Bedingungen entstehen, die für den Ausbau der Sozialpolitik günstig waren. Von der Monarchie hatte die neugegründete Republik einen ansehnlichen Bestand an administrativen, finanziellen, motivationalen und rechtlichen Ressourcen geerbt, die sich für sozialpolitische Zwecke einsetzen ließen. Hinzu kam nun das Gewicht, das die politisch gestärkte Gewerkschaftsbewegung und die Links-Parteien (Mehrheitssozialdemokratie, USPD und später die KPD) in die Waagschale werfen konnten. Ferner war die Sozialdemokratie, die nunmehr im Gegensatz zur Bismarck-Zeit die staatliche Sozialpolitik uneingeschränkt befürwortete, in den Jahren 1919 - 1920, 1921 - 1922, 1923 und 1928 bis März 1930 an der Führung der Regierungsgeschäfte beteiligt, zunächst in der sogenannten Weimarer Koalition zusammen mit dem Zentrum und der Deutschen Demokratischen Partei und ab 1928 in einer Koalition mit dem Zentrum, der Bayrischen Volkspartei, der Deutschen Volkspartei und der Deutschen Demokratischen Partei. Außerdem zeigten sich nun nicht-sozialistische Parteien stärker als zuvor an der Sozialpolitik interessiert, nicht zuletzt auf Grund von parteiwettbewerblichen und wahlpolitischen Erwägungen. Namentlich das Zentrum spielte in dieser Hinsicht eine große Rolle. Das Zentrum stellte mit Heinrich *Brauns* in den Jahren zwischen 1920 und 1928 den für die Sozialpolitik zuständigen Reicharbeitsminister.

Günstige politische Bedinungungen für den Ausbau der Sozialpolitik

In politischer Hinsicht waren die Weichen auf Ausbau der Sozialpolitik gestellt. In wirtschaftlicher Hinsicht jedoch blieb der Spielraum für die Sozialpolitik klein (vgl. *Abelshauser* 1987). Im Vergleich zur Vorkriegszeit stagnierte die deutsche Wirtschaft der Zwischenkriegszeit. Der Index der Industrieproduktion und das reale Sozialprodukt pro Kopf der Bevölkerung schwankten bis Mitte der 30er Jahre um das Niveau, das vor dem Beginn des Ersten Weltkrieges erreicht worden war (*Abelshauser* und *Petzina* 1981). Zur stagnativen Tendenz gesellten sich konjunkturelle krisenhafte Zuspitzungen. Die wirtschaftlichen Probleme der Nachkriegsperiode 1919 - 1923, insbesondere die Belastungen, die mit Demobilisierung, Arbeitslosigkeit, Reparationsforderungen der Siegermächte, Inflation und Ruhrbesetzung von 1923 verbunden waren, brachten die Sozialpolitik finanziell in größte Bedrängnis. Bis 1923/24 wurde vor allem die Rentenversicherung von der galoppierenden und letztlich in eine Hyperinflation mündenden Geldentwertung in den Grundfesten erschüttert (*Preller* 1978: 325ff.; *Hockerts* 1983: 303f.). Man versuchte zunächst, dem Kaufkraftverfall

Ungünstige wirtschaftliche Bedingungen

Finanzkrise der Sozialversicherung

der Renten durch Teuerungszulagen Herr zu werden, jedoch ohne Erfolg. Notgedrungen wurde der Ausweg in die Fürsorge gewählt: die Sozialrentner wurden zunehmend aus dem Fürsorgesystem finanziert, wenngleich mit günstigeren Anrechnungsbestimmungen und höheren Leistungsrichtsätzen als sie für den Normalempfänger von Fürsorgeleistungen galten. Aber dennoch: ,,1923 hatte die Rente praktische Bedeutung nur noch als Berechtigungsnachweis für diese Sonderfürsorge", so schrieb Hans Günther *Hockerts* (1983: 303) zurecht.

Im übrigen war auch das Deckungskapital der Invalidenversicherung und der Angestelltenversicherung von der Geldentwertung aufgesogen (*Preller* 1978: 325ff.), während andererseits die Zahl der Anspruchsberechtigten stark angestiegen war, bedingt vor allem durch die große Zahl der Witwen und Waisen der Kriegsteilnehmer. Immerhin hatte sich der sogenannte Rentenbestand von 1924/25 gegenüber dem Jahre 1913 verdoppelt (*Hockerts* 1983: 303). Die Sozialpolitik stand mithin 1923/24 kurz vor dem Ruin, und sie sollte knapp sieben Jahre später erneut in eine tiefe Krise geraten — diesmal verursacht durch eine rigorose Sparpolitik, die im Zeichen einer weltweiten Wirtschaftskrise praktiziert wurde. Aber immerhin lagen zwischen den beiden Krisenphasen Jahre der wirtschaftlichen Erholung und der relativen Prosperität. Und selbst in den Krisenjahren von 1918 - 1923 versuchte man, den geerbten Bestand an Sozialpolitik — so gut es eben ging — zu sichern und überdies durch einige neue Programme zu ergänzen.

Der Versuch der Sozialpolitiker, bis Ende der 20er Jahre einen expansiven Kurs in der sozialen Sicherung zu halten, spiegelt sich am deutlichsten in quantitativen Meßwertreihen. Die Daten über den Mitgliederkreis der Sozialversicherungen vermitteln hiervon ein Bild: der Anteil der Erwerbspersonen, die den Schutz der Sozialversicherung genossen, nahm weiter zu, insgesamt in einem durchaus ansehnlichen Tempo. Beispielsweise waren 1919 rd. 48 Prozent aller Erwerbspersonen Mitglieder in der Krankenversicherung, 1929 hingegen schon 61 Prozent; bei der Altersversicherung stiegen die Quoten von 57 auf 69 und bei der Unfallversicherung von 69 auf 74 Prozent. Der Gesamt-Index der Sozialversicherung (berechnet aus dem durchschnittlichen Anteil versicherter Erwerbspersonen in allen vier Sozialversicherungen, einschließlich der Arbeitslosenversicherung) nahm stark zu: er stieg von 45,5 Prozent (1920) auf 62 Prozent (1929) (*Alber* 1982: 152; *Flora* u.a. 1983: 501f.). *Erweiterung der Sozialpolitik in den 20er Jahren*

Auch die Sozialausgaben vermitteln ein deutliches Bild vom Ausbau der sozialen Sicherung in der Weimarer Republik. Ende der 20er Jahre machten die Beiträge zu den Sozialversicherungen einen weitaus höheren Anteil an den Arbeitskosten und Arbeitseinkommen aus als in den Jahren vor dem Ersten Weltkrieg. Noch stärker nahmen die Sozialausgaben relativ zu volkswirtschaftlichen Größen zu. Vor 1914 beliefen sich die Versicherungsbeiträge auf etwa acht Prozent des Lohnes, nunmehr auf knapp 16 Prozent. Und gemessen am Volkseinkommen (das sich aus der Summe der Löhne, Gehälter, Gewinne, Zinsen und Pachten zusammensetzt) wurde Ende der 20er Jahre für alle Bereiche der sozialen Sicherung viermal so viel aufgewendet wie vor dem Krieg (*Hentschel* 1983: 128f.); 1929 waren es — nach *Zöllners* Schätzung — knapp 13 Prozent (im Vergleich dazu lag die von *Zöllner* ermittelte Sozialleistungsquote in den 50er Jahren mit 15 bis 16 Prozent nicht wesentlich höher (*Zöllner* 1963: 21)). *Sozialausgaben*

Versicherter Personenkreis

Zu einem Teil spiegeln die höheren Sozialausgaben Leistungsverbesserungen bzw. Leistungsanpassungen im Rahmen von bestehenden Programmen wider. In allen Zweigen der Sozialversicherung wurden die Geldleistungen wiederholt erhöht. Einschränkend ist jedoch hinzuzufügen, daß die Sozialleistungen auf diese Weise zwischen 1918 und 1924 oftmals nur an gestiegene Preise und Löhne angepaßt wurden (*Zöllner* 1981: 73) und erst in der zweiten Hälfte der 20er Jahre spürbare reale Verbesserungen für die Rentner brachten (*Tennstedt* 1976: 462f.). Ein Teil der zunehmenden Sozialausgaben ging jedoch auf das Konto des vergrößerten Kreises der Anspruchsberechtigten und ein weiterer Teil auf das neugeschaffener Sozialprogramme. Insbesondere die Kriegsopferversorgung, die Wochenhilfe, Berufsfürsorgemaßnahmen, Reformen der Altersrenten und der Sozialfürsorge sowie der Aufbau einer kollektiven obligatorischen Arbeitslosenversicherung sind dabei zu nennen (*Preller* 1978: 328ff.):

— 1920 wurden Sozialleistungen zugunsten der 1,5 Millionen Kriegsgeschädigten und 2,5 Millionen Kriegs-Waisen und Kriegs-Witwen in das System der sozialen Sicherung eingeführt.

— Noch im Jahre 1919 verbesserte das Gesetz über die Wochenhilfe und Wochenfürsorge die Krankenversicherungsleistungen für erwerbstätige Frauen (Unterstützungen im Fall der Schwangerschaft und der Geburt).

— 1922 folgte eine bedeutende Reform der Altersversicherung. Die Altersversicherung hatte bis zu diesem Zeitpunkt niedrige, auf einen Zuverdienst hin angelegte Leistungen vorgesehen. Mit der Reform von 1922 wurde die überkommene Form der Altersrente abgeschafft und den Versicherten ein Anspruch auf volle Invalidenrenten bei Vollendung des 65. Lebensjahres gesetzlich garantiert. Die Früchte dieser Reform reiften freilich erst nach Überwindung der Hyperinflation von 1923.

— Bei den Sach- und Dienstleistungen kam 1925 eine neue Sozialleistung hinzu: die Berufsfürsorge in der Unfallversicherung. Das war der Einstieg in die berufliche Rehabilitation. Ausbildungs- und Fortbildungsmaßnahmen wurden hierdurch nicht mehr nur zur Wiedergewinnung der Erwerbsfähigkeit im alten Beruf, sondern auch für die Qualifizierung zu einem neuen Beruf vorgesehen (*Zöllner* 1981: 73).

— Weiterhin sind eine Reihe von neu definierten Leistungsvoraussetzungen erwähnenswert. Die Ausdehnung des Unfallversicherungsschutzes auf Berufskrankheiten und Wegeunfälle zählt hierzu (*Bogs* 1981: 66), ferner die Gewährung von Witwenrenten in der Arbeiterrentenversicherung bei Vollendung des 65. Lebensjahres, unabhängig vom Tatbestand der Invalidität (1927) — ein Beitrag zur Angleichung der Sozialleistungen aus der Arbeiterrentenversicherung an die der Angestelltenversicherung.

— Darüber hinaus wurde das Sozialfürsorgerecht grundlegend geändert. Bis 1918 war die Unterstützung der Armen weitgehend Sache der Kommunen und des Reiches. Sie legten Art und Maß der Sozialfürsorge fest. Die Empfänger von Sozialfürsorgeleistungen waren vielfach doppelt benachteiligt. Die Leistungen flossen spärlich, man erhielt sie fallweise, und nicht selten wurde den Fürsorgebedürftigen das Wahlrecht entzogen. Die Reichsversicherungsordnung über die Fürsorgepflicht von 1924 machte einen ersten Schritt weg vom obrigkeitsstaatlichen Fürsorge-Konzept und hin zum sozialstaatlich verbrieften Recht auf Fürsorge. Sie überwand dadurch in gewisser Weise „das sozialpolitische Mittelalter" (*Hentschel* 1983: 127): „Sie setzte Armut nicht mehr mit Ehrlosigkeit gleich; sie war nicht mehr nur Ausdruck humanitären Besorgens und Beliebens, sondern Ausdruck politischer Verpflichtung; sie bezweckte nicht mehr nur physischen Erhalt, sondern soziale Restitution" (*Hentschel* 1983: 127). Freilich sollte die Lobrede nicht übertreiben: die Sozialfürsorgeleistungen blieben auf einem überaus bescheidenen Niveau und konnten in der Regel dem hohen gesetzlichen Anspruch nur schwer Genüge tun (*Hentschel* 1983: 127f.). Recht auf Fürsorge

— Ferner bekam der Grundsatz der präventiven Sozialpolitik mehr Gewicht als zuvor. Zum alten Grundsatz der Entschädigung im Schadensfall trat nunmehr der Gesichtspunkt der Schadensverhütung. Am deutlichsten manifestierte sich diese Politikwende in der Unfallversicherung, insbesondere im Gesetz vom Juli 1925 und zuvor schon in der Invaliden- und Angestelltenversicherung sowie in der Krankenversicherung. Vorbeugende Heilverfahren waren per Gesetz 1923 zu Pflichtaufgaben der Krankenkassen erklärt worden. „Dieser Vorgang war umso bedeutungsvoller", so kommentierte Ludwig *Preller* in seiner Schrift über die Sozialpolitik in der Weimarer Republik diesen Wandel, „als sich die Familienfürsorge nach der Inflation als freiwillige Mehrleistung in der überwiegenden Zahl der Kassen eingebürgert hatte, so daß auch ein großer Teil der für die vorbeugende Heilung so wichtigen Gruppen der Kinder, Jugendlichen und Mütter von ihr erfaßt werden konnte" (*Preller* 1978: 381). Vor allem die Bekämpfung der Tuberkulose profitierte von diesem Wandel erheblich. Präventive Sozialpolitik

Im Artikel 161 der Weimarer Reichsverfassung von 1919 wurde viel versprochen. Der Artikel 161 lautet: „Zur Erhaltung der Gesundheit und Arbeitsfähigkeit, zum Schutz der Mutterschaft und zur Vorsorge gegen die wirtschaftlichen Folgen von Alter, Schwäche und Wechselfällen des Lebens schafft das Reich ein umfassendes Versicherungswesen unter maßgeblicher Beteiligung der Versicherten." Trotz ungünstiger wirtschaftlicher Umstände haben die Sozialpolitiker der Weimarer Republik einiges zur Verwirklichung der Ziele von Artikel 161 getan, überraschend viel sogar, wenn es in Beziehung zu den widrigen ökonomischen und soziodemographischen Bedingungen gesetzt wird. Zur wichtigsten sozialpolitischen Neuerung der Weimarer Republik (im Sinne des eng definierten Konzeptes der Sozialpolitik), ist der Aufbau eines vierten Sozialversicherungssystems zu rechnen: 1927 wurde mit dem Gesetz über die Arbeitsvermittlung und Arbeitslosenversicherung die größte Lücke im sozialen Sicherungsnetz geschlossen. Zum ersten Mal erklärte sich der Staat in vollem Umfang zuständig für den sozialen Ausgleich von Folgeproblemen des Marktversagens. Die konjunkturell und strukturell bedingte Freisetzung von Arbeitskräften sollte durch eine reichsweite staatliche Arbeitsvermittlung und Leistungen aus der Arbeitslosenversicherung, die durch Beiträge der Arbeitnehmer und der Arbeitgeber hälftig zu finanzieren waren, aufgefangen werden. Artikel 161 der WRV Arbeitslosenversicherung und Arbeitsvermittlung

In sozialpolitischer Hinsicht war diese Reform seit langem überfällig. Die Massenarbeitslosigkeit im Gefolge der Demobilisierung nach dem Ersten Weltkrieg und die wirtschaftlichen Probleme der 20er Jahre hatten die Arbeitslosigkeit zu einem politischen Problem werden lassen, von dem die staatliche Sozialpolitik überfordert war. Die bis dahin praktizierte Erwerbslosenfürsorge und Arbeitsvermittlung auf lokaler Basis — als Auffangbecken für die arbeitsmarktlichen Folgen der Demobilisierung geschaffen und durch Reich, Länder und Kommunen finanziert —, erwies sich als löchriges, ineffektives und ineffizientes Sicherungsnetz (*Lederer* 1927:360; *Preller* 1978; *Lohr* 1982).

Pläne zur Neuordnung und Zentralisierung der Arbeitslosenversicherung, verbunden mit der Einrichtung einer zentralen Arbeitsvermittlung, prallten jedoch mit Eigeninteressen der Länder und der Gemeinden zusammen. Ihr Widerstand wurde nach langen Auseinandersetzungen überwunden, unterstützt durch die Sorge um die in den Jahren zwischen 1923 und 1926 stark ansteigende Arbeitslosigkeit (*Maddison* 1982: 206) und bedingt durch einen Schachzug, der vom Reichsarbeitsministerium und den Regierungsparteien (Bayrische Volkspartei, Deutsche Volkspartei, Deutschnationale Volkspartei und Zentrum) entworfen wurde. Ein neuer Entwurf des Arbeitsvermittlungs- und Arbeitslosenversicherungsgesetzes wurde mittels eines Initiativantrages der Regierungsparteien in den Reichstag eingebracht und nicht mittels einer Regierungsvorlage, die erst den Reichswirtschaftsrat und den Reichsrat, wo mit schärfstem Widerstand der Gemeinden und Länder zu rechnen gewesen wäre, hätte passieren müssen. Der Gesetzentwurf fand im Reichstag eine breite Mehrheit — bei Gegenstimmen der Deutschnationalen, der Nationalsozialisten und der Kommunisten. Er stieß überdies in der breiten Öffentlichkeit auf Anklang und beides trug schließlich zur Zustimmung des Reichsrates bei (*Preller* 1978: 363 - 375; *Leibfried* 1977a).

Am 1. 10. 1927 trat das von der Arbeiterbewegung seit langem geforderte Gesetz über die Arbeitsvermittlung und Arbeitslosenversicherung in Kraft. Seine Hauptmerkmale waren die folgenden:

— Für die Aufgaben der Arbeitsvermittlung und Arbeitslosenversicherung wurde eine Reichsanstalt als Körperschaft des öffentlichen Rechts, in Selbstverwaltung (Arbeitgeber- und Arbeitnehmervertreter und öffentliche Hand) und mit einem eigenen Behördenunterbau (Landesarbeitsämter und lokale Arbeitsämter) eingerichtet.

— An Stelle der Erwerbslosenfürsorge, die Bedürftigkeitsprüfungen vorsah, trat für die versicherten Arbeitnehmer ein Rechtsanspruch auf Arbeitslosengeld. Als Höchstbezugsdauer waren in der Regel 26 Wochen vorgesehen. Nach Ablauf dieser Frist sollte die sogenannte Krisenunterstützung zum Zuge kommen, die ebenfalls zum Aufgabenbereich der Reichsanstalt für Arbeit zählte.

— Der Versicherungsschutz erstreckte sich auf alle Mitglieder der Kranken- und der Angestelltenversicherung.

— Die Finanzierung der Arbeitslosenversicherung erfolgte je zur Häfte durch Beiträge der Arbeitgeber und Arbeitnehmer.

44

Die Errichtung der Arbeitslosenversicherung gilt als einer der bedeutendsten Erfolge der Arbeiterbewegung der Weimarer Republik. So bedeutend diese Reform war, so schnell wurde jedoch ein Konstruktionsproblem des Gesetzgebungswerkes sichtbar. Die Versicherungs- und Arbeitsvermittlungsleistungen waren auf Arbeitsmarktprobleme zugeschnitten, die sich in Prosperitätsphasen (Arbeitskräftemangel) oder in milderen Rezessionen ergeben (konjunkturelle Beschäftigungskrisen). Die Arbeitslosenversicherung und Arbeitsvermittlung konnte mit Mühe 800.000 Arbeitslose laufend und weitere 600.000 vorübergehend finanzieren (*Weisbrod* 1982:201). Sie war jedoch gänzlich ungeeignet, die Folgen einer Wirtschaftskrise konjunkturellen und strukturellen Charakters aufzufangen (*Leibfried* 1977a). Und genau dies sollte alsbald das Geschehen auf dem Arbeitsmarkt in Deutschland bestimmen.

Probleme der Arbeitslosenversicherung

Der überaus harte Winter von 1928/29 und die seit 1929 mit voller Wucht auf Deutschland zurollende Weltwirtschaftskrise ließ die Arbeitslosenquoten nach oben schnellen, nach konservativen Schätzungen von 3,8 Prozent 1928 auf 17,2 Prozent 1932 (*Maddison* 1982:206). Die Reichsanstalt für Arbeitsvermittlung und Arbeitslosenversicherung geriet in den Strudel einer Wirtschaftskrise, in dem sie (und im übrigen auch die anderen Zweige der Sozialversicherung) unterzugehen drohte. Darüberhinaus geriet sie politisch in größte Bedrängnis. Sie rückte ins Zentrum eines unauflöslichen Konfliktes: Gewerkschaften und Sozialdemokratie, die beide für Beibehaltung bzw. Ausbau der Arbeitslosenversicherung eintraten, gerieten in unversöhnlichen Gegensatz zu den rechten Parteien und den Unternehmerverbänden, die auf Kürzung der Sozialleistungen setzten, Beitragserhöhungen in der Arbeitslosenversicherung verhinderten und für die Bildung einer rechten Regierung und mithin für die Verdrängung der SPD aus der Regierung eintraten (*Weisbrod* 1982). Am 27. März 1930 war es soweit: an diesem Tag zerbrach die letzte parlamentarische Regierung der Weimarer Republik. Die Parteien der Großen Koalition konnten sich in der Arbeitslosenversicherungspolitik nicht mehr einigen: Die SPD wollte keine weiteren — über die 1929 vereinbarten Kürzungen hinausgehenden — Leistungsverschlechterungen in der Arbeitslosenversicherung akzeptieren, und die übrigen Regierungsparteien sperrten sich unnachgiebig gegen weitere Beitragserhöhungen oder Defizitfinanzierung (*Preller* 1978:428f.; *Weisbrod* 1982).

Zusammenbruch der Koalitionsregierung

Doch bleiben wir noch einen Moment in den ausgehenden 20er Jahren. Wie sah die Struktur des Sozialstaates der Weimarer Republik kurz vor Beginn der großen Wirtschaftskrise aus? Mehr als zwei Drittel der Erwerbspersonen waren Mitglieder der Alterssicherungssysteme, fast 60 Prozent der Erwerbspersonen gehörten zum Mitgliederkreis der Krankenversicherung, 75 Prozent zur Unfallversicherung und knapp jede zweite Erwerbsperson war gegen das Risiko Arbeitslosigkeit versichert. Das waren ansehnliche Werte — vor allem im Vergleich zu den meisten anderen westlichen Ländern der 20er Jahre (*Flora* 1983: 490f.). Auch die Sozialleistungsquoten der Weimarer Republik gehörten im internationalen Vergleich zur Spitzengruppe: 1928 belief sich das Volkseinkommen des Deutschen Reiches auf 75 Milliarden Reichsmark. 11,1 Prozent davon wurden für die Sozialleistungen insgesamt ausgegeben. Der größte Teil entfiel auf die Krankenversicherung (2,7 Prozent), gefolgt von der Kriegsopferversor-

Struktur des Weimarer Sozialstaats Ende der 20er Jahre

gung, deren Kosten sich auf 2,4 Prozent des Volkseinkommens summierten. Die Sozialfürsorge rangierte an dritter Stelle mit 2,1 Prozent. Erst an vierter Stelle kam die Rentenversicherung (2,0 Prozent). Die Arbeitslosenversicherung und Arbeitslosenhilfe nahmen den vorletzten Platz ein (1,4 Prozent) und die Unfallversicherung den letzten (0,5 Prozent des Volkseinkommens) (*Zöllner* 1963: 21).

Leistungsverbesserungen: die Invalidenrenten im Vergleich zur Vorkriegszeit
Die pro Sozialleistungsempfänger berechneten Leistungsniveaus der Sozialversicherungssysteme waren Ende der 20er Jahre deutlich höher als je zuvor. Florian *Tennstedt* berichtet in seiner Studie über die Sozialgeschichte der Sozialversicherung (1976: 462f.) über Leistungsverbesserungen am Beispiel der Invalidenrenten: ,,1929 betrug die Invalidenrente nahezu das Zweieinhalbfache, die Witwenrente das Dreieinhalbfache und die Waisenrente das Fünffache der Vorkriegszeit. Diese Leistungssteigerung war zum größten Teil real...''; sie lag mithin weit über dem Anstieg des Lebenshaltungskostenindex. Freilich ist nicht alles Gold was glänzt. Trotz realer Leistungsverbesserungen in dem schwächsten Sozialversicherungszweig — die Invalidenversicherung — waren 1928 noch rund 70 Prozent der Invalidenrentner gleichzeitig Empfänger von Fürsorgeunterstützung und ferner blieb die Invalidenversicherung, wie *Tennstedt* hinzufügt, ,,weithin die unpopulärste Sozialversicherung'' (1976: 463).

Mit der Sozialversicherung der Weimarer Republik vor dem Beginn der weltweiten Wirtschaftsdepression ließe sich heute kein Staat machen, und auch damals ging das nur in bescheidenem Maße. Aber dennoch: die Verbesserungen waren für die Empfänger spürbar und wichtig. Und mehr noch: die Leistungsverbesserungen in der Sozialversicherung übertrafen die allgemeine Lohneinkommensentwicklung (*Tennstedt* 1976:463). Sie trugen demnach zur Umverteilung bei. Sie machten die Weimarer Republik egalitärer.

,,Kampf um den Sozialetat''
Das war viel zu wenig, sagten die einen, insbesondere die Sozialleistungsempfänger mit niedrigen Sozialeinkommen und die sozialpolitisch aktiven Parteien, insbesondere die Sozialdemokratie. Das war viel zu viel, sagten andere. In Weimar gehörten die liberalen und konservativen Parteien, die liberal oder konservativ gesinnten Bürger und insbesondere die Unternehmer zu dieser Gruppe. Sie klagten über die Löhne und die Sozialabgaben. Beide seien zu hoch und in den letzten Jahren zu rasch gewachsen.

Was sich zunächst als reines Interessen-Argument im ,,Kampf um den Sozialetat'' (*Preller* 1978: 388) ausnimmt, erweist sich bei näherem Hinsehen als bedingt richtig. Zwar ist die These falsch, daß sich die Löhne zu weit vom Produktivitätswachstum entfernt hätten; de facto erreichte nämlich das Wachstum der Arbeitsproduktivität je Arbeitsstunde nahezu das hohe Niveau, das auch in den 50er Jahren der Bundesrepublik erreicht wurde, und ferner lag die Zunahme der realen Stunden-Arbeitslöhne kaum über dem jeweiligen Niveau der Produktivität.

Andererseits spricht einiges für die These der ,,zu hohen Sozialausgaben''. Die Überforderung der öffentlichen Haushalte durch Transferzahlungen — im wesentlichen die Sozialleistungen — und die Personalkosten für die öffentlichen ,,Krise vor der Krise'' Bediensteten ist eines der tragfähigsten Argumente in der These von der ,,Krise vor der Krise'', die der Historiker Knut *Borchardt* (1982) in die Debatte um den

Untergang der Weimarer Republik geworfen hat. Die Weimarer Republik sei schon vor der Depression der 30er Jahre in die Krise geraten, bedingt durch erbittert ausgetragene Verteilungskonflikte und bedingt durch Sozial- und Subventionspolitiken, die die eigenen Kräfte überstiegen und ihrerseits den Kampf der Wirtschaft gegen die ,,kalte Sozialisierung'' (*Böhret* 1966) des Weimarer ,,Sozialinterventionismus'' angeheizt hätten. Die ,,Krise vor der Krise'' engte den Handlungsspielraum ein, der der Regierung in der Weltwirtschaftskrise offenstand. Hohe und in der zweiten Hälfte der 20er Jahre rasch wachsende Personalkosten und Transferzahlungen, insbesondere Sozialtransferleistungen, waren für den von 1930 bis 1932 amtierenden Reichskanzler *Brüning* zum Trauma geworden, das in seiner Deflationspolitik der 30er Jahre nachwirkte.

Ob der Weimarer Staat mit seiner Subventions- und Umverteilungspolitik über seine Verhältnisse gelebt hat oder nicht, läßt sich nicht zwingend beantworten. Entscheidend ist jedoch dies: in den Augen der maßgebenden Wirtschafts- und Finanzpolitiker der frühen 30er Jahre hatte der politisch labile Weimarer Staat sich Loyalität mittels Sozial- und Subventionspolitik zu verschaffen versucht und sich dabei übernommen. Und diesem Surplus an Sozial- und Subventionsstaatlichkeit galt es nun zu Leibe zu rücken — so die Folgerung — mittels einer harten Deflationspolitik, die zugleich das Ausland von Reparationsforderungen Abstand nehmen lasse. Weimarer ,,Sozial-interventionismus'' und Deflations-politik

Die sozialpolitische Bedeutung dieser Sichtweise ist leicht zu erkennen: ihr zufolge gehört das zu hohe Sozialstaatsniveau der Weimarer Republik zu den Faktoren, die indirekt zum Zusammenbruch der Weimarer Republik beitrugen.

Ende der 20er und zu Beginn der 30er Jahre geriet die gesamte Sozialpolitik der Weimarer Republik in eine politisch-ökonomische Klemme. Da war zum einen die Weltwirtschaftskrise. Sie überrollte Deutschland mit voller Wucht. 1929 war das Sozialprodukt real um -0,8 Prozent gegenüber dem Vorjahr gesunken und im folgenden Jahr um weitere -1,9 Prozent. Das war noch vergleichsweise erträglich gegenüber den dramatischen Konjunkturzusammenbrüchen in den beiden folgenden Jahren. Das reale Sozialprodukt schrumpfte 1931 um 8,5 Prozent und 1932 um weitere 8,6 Prozent. Im Zuge dieser Krise stieg die Zahl der Arbeitslosen steil an — von 1,4 Millionen im Jahr 1928 auf 5,6 Millionen im Jahr 1932. Dies entsprach einer Arbeitslosenrate (hier gemessen als Arbeitslose in Prozent der abhängigen Erwerbspersonen) von sage und schreibe 30 Prozent (*Petzina* u.a. 1978: 119f.). Das schrumpfende Sozialprodukt und die nach oben schnellende Zahl der Arbeitslosen beinhaltete unzählige ökonomische, soziale und psychische Katastrophen. Sie erschütterten die Gesellschaftsstruktur der Weimarer Republik in ihren Grundfesten. Die Sozialpolitik gehörte notwendigerweise ebenfalls zu den Leidtragenden. Zunehmende Arbeitslosigkeit und sinkende Löhne der noch Beschäftigten schlugen sich in rapide abnehmenden Beitragsvolumen nieder. Zur selben Zeit nahm jedoch der Bedarf an Sozialleistungen zu. Wirtschaftskrise 1929 - 1932 Arbeitslosigkeit

Das Heer der Anspruchsberechtigten wuchs. Hinzu kam die strukturelle, finanzierungsbedingte Verletzlichkeit der Invaliden- und Angestelltenversicherung (*Teppe* 1977: 199f.). Sie basierte seit der Inflationskrise von 1923 auf dem sogenannten Umlageverfahren, das an die Stelle des bis dahin praktizierten An- Strukturelle Verletzlichkeit der Alterssicherung wartschaftsdeckungsverfahrens getreten war. Dem Umlageverfahren zufolge werden laufende Aufwendungen aus laufenden Einnahmen finanziert; das Anwartschaftsdeckungsverfahren hingegen basiert auf der versicherungstechnischen Abstimmung von Beiträgen, Staatszuschüssen und Leistungen; es setzt die Ansammlung von Kapital voraus, dessen Zinsen zusammen mit den Beiträgen der Versicherten die Versicherungsleistungen finanzieren. Das Umlageverfahren ist in hohem Maße krisenanfällig. Der Not der Krise gehorchend, hatte das Reichsarbeitsministerium sich für das krisenanfällige Verfahren entschieden. Bei alternativer Deckungsquote wäre man um unerwünschte rigorose Leistungskürzungen nicht herum gekommen. Darüber hinaus tröstete man sich mit optimistischen Annahmen über den Verlauf der wirtschaftlichen Entwicklung. Bei günstiger Wirtschaftentwicklung hätte man binnen 12 Jahren neue Rücklagen angespart gehabt und überdies die Ausgaben in Deckung mit den Einnahmen gehalten.

Die Träume des Reichsarbeitsministeriums erwiesen sich jedoch alsbald als Schäume. Die Wirtschaftskrise der Jahre 1929 bis 1932/33 zog einen Strich durch die Rechnung der Sozialpolitiker. Besonders hart wurde die Arbeiterrentenversicherung getroffen, weil sich die Arbeitslosigkeits-Risiken insbesondere bei den Industriearbeiterinnen und Industriearbeitern konzentrierte (*Petzina* u.a. 1977: 120; *Tennstedt* 1976: 465f.).

Aber nicht nur von der wirtschaftlichen Seite her kam die Sozialpolitik unter stärksten Druck. Zur Wirkung der Wirtschaftskrise kam der Würgegriff der staatlichen Sozial- und Wirtschaftspolitik. Die Präsidialkabinette unter *Brüning, von Papen* und *von Schleicher*, die seit März des Jahres 1930 — zusammen mit der Notverordnungspraxis des Reichspräsidenten — den Übergang von der Weimarer Republik zum autoritären Staat, und später zur Diktatur markieren, schnitten tiefe Löcher in die Netze der sozialen Sicherung. Der Auf- und Ausbauphase der Sozialpolitik folgte nun ein „Umschlag in eine Periode forcierten Abbaus staatlicher Sozialsicherung" (*Gladen* 1974: 103; *Preller* 1978). Die Präsidialkabinette unter dem Zentrums-Politiker *Brüning* praktizierten eine prozyklisch wirkende Deflationspolitik. Sie verstärkte die Wirtschaftskrise, verkürzte aber wohl auch ihre Dauer. Die Staatseinnahmen sollten erhöht und die Staatsausgaben gekürzt werden — zur Sicherung eines ausgeglichenen Staatshaushaltes. Im Visier der Sparpolitik standen insbesondere Personalausgaben und die sogenannten „Soziallasten" der Weimarer Republik.

Die Deflationspolitik ließ die Sozialversicherung demnach nicht ungeschoren. Um die Sozialausgaben an die — krisenbedingt — geringeren Einnahmen anzupassen und in der Absicht, das Niveau des Weimarer „Sozialinterventionismus" zurückzuschrauben, reduzierte man die Mehrzahl der Sozialleistungen in einer verwirrenden Vielfalt von Einsparungsmaßnahmen (*Zöllner* 1981: 74f. für Details).

Die Sparpolitik erfolgte ohne sozialpolitisches Konzept. Notgeborene, ad hoc entworfene „Augenblicksentscheidungen" (*Hentschel* 1983: 131) bedingten den Sparkurs. Er belastete insbesondere die Arbeitslosenversicherung, die Krisenfürsorge und die Krankenversicherung. Im Gegensatz dazu blieben die Unfall- und die Altersversicherung zunächst von den drastischen Sparmaßnahmen ver-

Sozialpolitik der Präsidialkabinette

Sparpolitik und ihre Ergebnisse

schont, fielen aber im Dezember 1931 und 1932 doch unter die Kürzungsmaßnahmen der Regierung *Brünings* bzw. unter von *Papens* Notverordnungen vom
Juni 1932. Im Ergebnis gingen die Leistungen der Rentenversicherung 1932 um
15 Prozent zurück (*Hentschel* 1983: 134f.).

Beispielsweise wurde in der Invalidenversicherung drastisch gekürzt (vgl.
zum folgenden *Teppe* 1977: 203f.). Die Notverordnung vom Dezember 1931 be-
willigte Kinderzuschüsse und Waisenrenten nur noch bis zum 15. Lebensjahr;
ferner erhöhte sie die Wartezeiten. Im Ergebnis wurden 130.000 Witwen und
190.000 Waisen aus der Rentenversicherungsleistung ausgesteuert. Die Notverordnung vom Juni 1932 richtete die Höhe der Renten an den Beiträgen aus und
verfügte eine Senkung der Rentensätze. Das Ergebnis: große Rentnergruppen
erreichten das Existenzminimum; sie waren nunmehr auf Fürsorge angewiesen.
Das Versicherungsprinzip wurde demnach zunehmend vom Fürsorgeprinzip
überlagert. Aber nicht nur von Fürsorge-Komponenten wurde das dünn gewor-
dene Sozialversicherungsnetz nun durchzogen, sondern zunehmend auch von
Versorgungs-Komponenten, bedingt durch die zunehmenden Reichszuschüsse
an die finanziell vom Ruin bedrohten Sozialversicherungen.

Die Sparpolitik hinterließ tiefe Spuren. Zwischen 1930 und 1932 nahmen die
Gesamtausgaben der Sozialversicherungen um ein ganzes Viertel ab — nachdem sie in den Jahren bis 1930 in der Regel kontinuierlich zugenommen hatten
(*Zöllner* 1981: 75). Wie oben erwähnt nahmen die Sozialaufwendungen der Rentenversicherung 1932 um 15 Prozent ab. Die Kürzungen waren zweifellos
schmerzhaft für die Betroffenen, und sie wurden von vielen Versicherten auch
zunehmend als Rechtsbruch interpretiert.

Wahrnehmung und Realität decken sich freilich nicht immer. Man muß auch
die Daten über den Sozialabbau der letzten vier Jahre der Weimarer Republik
vorurteilsfrei analysieren. Zu einer vorurteilsfreien Analyse gehört die Berücksichtigung der Preisentwicklung bei den Sozialleistungen. Und genau an dieser
Stelle werden die oben präsentierten Daten zur Sparpolitik im Sozialbereich erheblich relativiert. Warum? Der Grund ist einfach: die rigide Deflationspolitik
senkte das Preisniveau. Zwischen 1930 und 1932 beispielsweise ging das Preisniveau für Lebenshaltungskosten um knapp 20 Prozent zurück (*Petzina* u.a.
1977: 84). Eine Kürzung der nominalen Aufwendungen, also der Aufwendungen, die ohne Berücksichtigung von Preisniveauveränderungen in Geld ausgedrückt werden, muß demnach nicht notwendigerweise eine Verschlechterung
der realen Aufwendungen, d.h. der preisbereinigten Aufwendungen, beinhalten. Eine drastische Kürzung der nominalen Sozialausgaben um 15 Prozent
kann deshalb in einer realen Verbesserung der Sozialleistungen resultieren,
wenn der Inflationsindex im selben Zeitraum um mehr als 15 Prozent abnimmt.

Diese Überlegung spielt eine große Rolle in einer Bilanz der Weimarer Sozialpolitik. Der Sozialabbau der Jahre 1929 bis 1932 läßt sich nicht ohne weiteres als Politik der materiellen Verelendung interpretieren. Volker *Hentschel*
(1983: 135) beispielsweise zeigte, daß die Kaufkraft des gesamten Rentenbestan-
des im Jahre 1932 immer noch um 18 Prozent größer als 1929 war, trotz der Einsparungen. Der Schlüssel zur Erklärung sind die Lebenshaltungskosten: sie
sanken, zum Teil bedingt durch die rigide Deflationspolitik, und stützten auf

Relativierung der
These vom
Sozialabbau

diese Weise die Kaufkraft der geschrumpften Sozialeinkommen. Volker *Hentschels'* Analyse läßt den Schluß zu, daß die gängigen Ansichten über die Sparpolitik der frühen 30er Jahre korrekturbedürftig sind.

Die oben zitierte These vom forcierten Sozialabbau (*Gladen* 1974: 105) wird der tatsächlichen Lage nicht gerecht. Die Rentner beispielsweise — so *Hentschel* — waren trotz aller Streichungen, Einschränkungen und Einsparungen ,,die einzige umfassende soziale Schicht im Deutschen Reich, die dank stärker sinkender Lebenshaltungskosten in der großen Krise insgesamt wohlhabender wurde" (*Hentschel* 1983: 135). Freilich muß man diesen Befund vor dem Hintergrund eines niedrigen Rentenniveaus interpretieren, das oftmals nicht ausreichte, das Überleben leidlich zu sichern. Dennoch weist die Beobachtung, daß die Rentner gleichsam zu den Krisengewinnern gehören, auf den zentralen Sachverhalt hin,

> ,,daß die Krisenpolitik, so beklagenswert ihre sozialpolitischen Maßnahmen und Wirkungen waren, als sozialpolitischer Kahlschlag, der die Lasten des wirtschaftlichen Desasters zuerst und vornehmlich den Schwächsten und Wehrlosesten aufhalse, mißdeutet wäre. Manche hätten sicherlich gerne gesehen, daß man die Krise zum Anlaß nahm, die soziale Sicherung wieder auf kaiserliches Niveau herabzudrücken. Aber es ist nicht geschehen. Der Anteil der Ausgaben für soziale Sicherung am Volkseinkommen und der Anteil der Sozialausgaben an den Staatsausgaben sind in der Krise *gestiegen*: die soziale Sicherung kostete 1932 etwa 15 % des Volkseinkommens (1929 = 11%), die drei Gebietskörperschaften wendeten über ein Viertel (1929 = 20 %), das Reich allein 40 % (1929 = ein Drittel) ihrer Ausgaben sozialen Zwecken zu" (*Hentschel* 1983: 135).

These der Bewährung der Sozialpolitik

Die soziale Sicherung habe insofern — so folgert *Hentschel* — unter der wirtschaftlichen Krise und der Sparpolitik zwar schwer gelitten, sie habe jedoch nicht versagt und sei den politischen Anfechtungen nicht zum Opfer gefallen. Eigentlich habe sie sich ,,gegen beides auf fast verblüffende Weise bewährt" (*Hentschel* 1983: 135).

Diskussion der Bewährungsthese

So sehr diese Analyse geeignet ist, vorschnelle Urteile über die Deflationspolitik der frühen 30er Jahre zurechtzurücken, so sehr bedarf sie ihrerseits einer Korrektur. Die Veränderungen der Sozialausgabenquoten — relativ zum Volkseinkommen — sind insofern irreführend, als die zu verteilende Einkommensmasse weder konstant blieb noch zunahm, sondern vielmehr schrumpfte. Die Sozialausgabenquoten zeigen demnach zutreffend auf ein höheres relatives Gewicht der Sozialausgaben (weil der Zähler weniger stark schrumpft als der Nenner), sie können jedoch nicht ohne weiteres als Beleg für die ,,Bewährung" der Sozialpolitik gewertet werden, weil sie das jeweilige Niveau der preisbereinigten Sozialausgaben und den — krisenbedingt — zunehmenden Bedarf an Sozialleistungen nicht in Rechnung stellen. Stellt man beide in Rechnung, dann zeigt sich, daß die realen Sozialausgaben zwischen 1930 und 1933 sogar leicht zunehmen, jedoch in einem Ausmaß, das weit hinter dem — krisenbedingt stark zunehmenden — Bedarf zurückbleibt.

Überprüfung der Bewährungs-These: versicherter Personenkreis

Korrekturbedürftig ist die ,,Bewährungs"-These von Volker *Hentschel* in einer zweiten Hinsicht. Die Daten über die Entwicklung der Mitgliedschaft der Sozialversicherung zeigen eindeutig einen Abbau der sozialen Sicherung an. Eine Auswertung der vom HIWED-Projekt veröffentlichten Daten (*Flora* u.a.

1983: 501) mag das veranschaulichen. Zwischen 1929 und 1933 sinkt der Ausdehnungsgrad der Sozialversicherungen in Deutschland (gemessen als Zahl der versicherten Mitglieder in Prozent aller Erwerbspersonen): in der Unfallversicherung waren 1929 74 Prozent aller Erwerbspersonen versichert, 1933 jedoch nur 68 Prozent. In der Krankenversicherung sinkt die Quote von 61 auf 47 Prozent, in der Arbeitslosenversicherung von 44 (1930) auf 31 Prozent. Am geringsten fällt die Schrumpfung bei der Altersversicherung aus. Hier schrumpfen die Deckungsquoten von 69 Prozent auf 66 Prozent. Der Mantel der sozialen Sicherung wird löchriger. Zum ersten Mal in der Geschichte der deutschen Sozialpolitik verschlechtert sich der soziale Schutz gegenüber der vorangehenden Periode!

Die Gründe hierfür sind nicht nur in bewußten politischen Entscheidungen (Deflationspolitik!), sondern auch in gleichsam automatisch sich ergebenden Wirkungsketten zu suchen. Die Massenarbeitslosigkeit schlägt hier zu Buche. Sie reißt eine zunehmende Zahl an Arbeitsfähigen und Arbeitswilligen aus dem Erwerbsleben und damit aus dem Status, an den die soziale Sicherung in Deutschland gekoppelt ist (Arbeitnehmerversicherung!). Die Wirtschaftskrise legt somit — wenn man so will — einen Konstruktionsfehler der Sozialversicherung bloß. Sie setzt etwas als gegeben voraus, was nicht jedermann jederzeit beschert ist: eine gesicherte Erwerbstätigkeit.

Wirkungen der Arbeitslosigkeit auf Größe des versicherten Personenkreises

Drittens steht der Bewährungs-These das eklatante Versagen der Arbeitslosenversicherung im Wege. Wie erwähnt, war die Arbeitslosenversicherung, das sozialpolitische Schmuckstück der Weimarer Demokratie, nicht für Krisen ausgerüstet, die konjunkturelle und strukturelle Massenarbeitslosigkeit produzierte. Sie versagte, als die Zahl der Arbeitslosen über die 1,5 Millionen-Grenze kletterte. Ein dürrer Zahlenvergleich mag zur Illustrierung dienen. Zwischen 1929 und 1932 nahmen die realen Leistungen der Arbeitslosenversicherung und Arbeitslosenhilfe um den Faktor 1,5 zu; die Zahl der Arbeitslosen hingegen vervielfachte sich im selben Zeitraum um den Faktor 2,5 (berechnet aus *Zöllner* 1963: 18; *Petzina* u.a. 1978: 84 und 119). Hinter diesen Zahlen verbergen sich ein drastischer Sozialabbau in der Arbeitslosenversicherung und die Abwälzung anfallender Kosten auf private oder kommunale Netze der sozialen Sicherung (*Preller* 1978: 399ff.).

Versagen der Arbeitslosenversicherung

Viertens ist die These der Bewährung der Sozialpolitik in den Jahren 1929 - 1932 zwar rechnerisch plausibel und für einige hochaggregierte Daten zutreffend. Jedoch überdeckt sie gruppenspezifische Benachteiligungen und Privilegierungen. Überdies geht sie völlig an dem Faktum vorbei, daß die Absichten der Sozialpolitiker und die Wahrnehmungen der Absichten und ihrer Folgen bei den Betroffenen — wie falsch oder richtig diese Wahrnehmungen auch immer sein mögen — ebenfalls zu den Faktoren gehören, die für die mittel- und langfristige Bewährung der Sozialpolitik ausschlaggebend sind. Speziell in diesem Sinne hat die Sozialpolitik der letzten Jahre der Weimarer Republik eine katastrophal schlechte Figur abgegeben. Die Notverordnungspraxis zerstörte das Vertrauen in die Berechenbarkeit der Sozialpolitik. An die Stelle von Berechenbarkeit und Verläßlichkeit setzte sie systematische Unberechenbarkeit und Unverläßlichkeit und untergrub somit die Basis des Tausches zwischen den Versi-

Gruppenspezifische Bewertungen

Öffentliche Wahrnehmung der Sozialpolitik

cherten und der Versicherung. Die Notverordnungspraxis in der Sozialpolitik wurde zunehmend als Rechtsbruch interpretiert, als Rechtsbruch im juristischen Sinne oder im alltagsweltlichen-moralischen Sinne (*Teppe* 1977). Die Kürzungen bei den Sozialleistungen wurden von vielen Versicherten nicht mehr als Krisenopfer wahrgenommen, das man unter Umständen vorübergehend in Kauf zu nehmen bereit war, sondern als Krisenpolitik, die ihren moralischen Kredit bereits verspielt hat. Damit war in der Sozialversicherungspolitik eine nahezu ausweglose Lage erzeugt worden. Karl *Teppe* hat sie so beschrieben: Spätestens 1932 war für alle politisch Verantwortlichen unstrittig,

> ,,daß eine Sanierung der Sozialversicherung die Inkaufnahme einer sozialpolitischen Durststrecke voraussetzte. Ihre Überwindung wiederum konnte nur bei einem ausreichenden Vertrauensbonus in der Bevölkerung gelingen. Doch war dieser eben durch die Politik der Notverordnungen in entscheidendem Maße verspielt worden" (*Teppe* 1977: 205).

Überprüfung der Bewährungs-These im internationalen Vergleich

Schließlich wird die These der Bewährung der Sozialpolitik in den Jahren 1929 bis 1933 durch ein Weiteres relativiert. Ein internationaler Vergleich des Ausdehnungsgrades der Sozialversicherungen (Versicherte in Prozent der Erwerbspersonen) in westeuropäischen Ländern zeigt für die Jahre 1929 bis 1933 folgendes Bild (eigene Berechnungen auf der Basis von *Flora* u.a. 1983: 466 - 552):

— Am stärksten nahm der Ausdehnungsgrad der Sozialversicherung in Deutschland ab, dicht gefolgt von Österreich. Nun könnte man beiden Ländern zugutehalten, daß sie mehr als andere Nationen unter der Massenarbeitslosigkeit der Weltwirtschaftskrise gelitten haben. Das ist nicht falsch. Jedoch hatten Dänemark und Großbritannien ähnlich hohe Arbeitslosenquoten wie Deutschland und Österreich (*Maddison* 1982: 206) und dennoch eine weitaus sozialere Politik. Der dänische Sozialstaat wurde in den Jahren 1929 bis 1933 weiter ausgebaut, und Großbritannien hatte immerhin einen Ausbau der Arbeitslosenversicherung zu verzeichnen, während die Krankenversicherung stagnierte und die Unfallversicherung in geringerem Umfang schrumpfte.

— In allen anderen westeuropäischen Staaten sank der Ausdehnungsgrad der Sozialversicherung im schlimmsten Fall in einem Bereich (in der Regel in der Unfallversicherung), während der Schutz, den die übrigen Zweige der Sozialversicherung gewährten, entweder stagnierte oder erweitert wurde. Einige Länder wurden bei ihren sozialpolitischen Bemühungen zweifellos durch niedrige Arbeitslosenquoten begünstigt, z.B. die Schweiz, in der die Arbeitslosenquote nie über 5 Prozent stieg. Aber auch diejenigen Länder, in denen die Arbeitslosenquote um die 10-Prozent-Marke herum schwankte, verfolgten in ihrer Sozialpolitik einen weitaus ,,weicheren" Kurs als die Präsidialkabinette in Deutschland.

Bilanz: politische Regime-Veränderungen und Kurswechsel in der Sozialpolitik

Der allmähliche Übergang zum autoritären Staat, der sich Anfang der 30er Jahre in Deutschland abzeichnet, macht sich demnach in der Sozialpolitik stark spürbar. Sie wird erheblich restriktiver als in den demokratischen Ländern Westeuropas gehandhabt (und im übrigen auch am kürzeren Zügel geführt als im faschistischen Italien dieser Zeit). Man kann demnach die Finanz- und Sozialpolitiker der Endphase der Weimarer Republik nicht durch das Argument entlasten, daß die Weltwirtschaftskrise auf Deutschland eine besonders große Bürde gewälzt habe. Die soziale Sicherung wurde nicht nur durch die Krise unterminiert, sondern auch durch die hausgemachte restriktive Sozial- und Wirtschaftspolitik, die orthodoxer und härter als in allen anderen westeuropäischen Ländern ausfiel.

Eine Bilanz der Sozialpolitik in der Weimarer Republik fällt demnach gemischt aus (vgl. *Abelshauser* 1987). Auf der einen Seite steht ein starker Zug in Richtung auf einen entwickelten Wohlfahrtsstaat. Trotz großer wirtschaftlicher Probleme hatten die Sozialpolitiker der 20er Jahre ein kräftiges Tempo vorgelegt. Sie behielten die vom Kaiserreich geerbten Bausteine zum Sozialstaat bei, besserten sie aus, verstärkten die Mauern und fügten dem alten Grundriß neue Anbauten hinzu, solange sie Zugriff auf Baumaterial hatten. Auf den hierzu entworfenen Plänen ist die Handschrift der Arbeiterbewegung unverkennbar, nicht nur die der sozialdemokratischen, sondern auch die der katholischen Arbeiterschaft, die sich um das Zentrum gruppierte. Am deutlichsten läßt sich der Zusammenhang zwischen Stärke der Arbeiterbewegung und Sozialpolitik an der Arbeitslosenversicherung, der Verbesserung der Hinterbliebenenrenten für Arbeiter-Witwen und dem allmählichen Übergang zu einer modernisierten Sozialfürsorge nachweisen.

Wäre die Weltwirtschaftskrise und die vor allem seit Ende der 20er Jahre zunehmende Macht der nicht-sozialistischen Parteien und gesellschaftlichen Kräfte nicht gewesen — so ließe sich spekulieren —, dann wäre die Weimarer Republik vermutlich frühzeitiger als andere Länder auf einen voll entwickelten Wohlfahrts-Kapitalismus zugesteuert. So wie die Dinge tatsächlich lagen, war dieser Weg jedoch verbaut. Die politische Polarisierung zwischen Rechts und Links und die heftigen Konflikte innerhalb der jeweiligen Lager sowie spätestens die Weltwirtschaftskrise und die Präsidialkabinette der frühen 30er Jahre geboten dem Trend zum Wohlfahrtsstaat Einhalt. Mehr noch: in wichtigen sozialpolitischen Bereichen ging es nunmehr zwei Schritte zurück. Wie der oben vorgestellte internationale Vergleich zeigt, läßt sich die Stärke und Schnelligkeit des Sozialabbaus Anfang der 30er Jahre nicht allein auf das Konto der Weltwirtschaftskrise schreiben (wenngleich Deutschland von dieser Krise überaus hart getroffen wurde). Vielmehr spiegelt die restriktive Sozial- und Wirtschaftspolitik auch hausgemachte politische Weichenstellungen wider. Die herrschende Wirtschaftspolitik- und Staatshaushalts-,,Philosophie" spielte eine katastrophale Rolle. Sie richtete das Finanzgebaren der öffentlichen Haushalte am Ziel des Budgetausgleichs aus — und das in einer Phase, in der die Arbeitslosigkeit alleine schon für eine große Nachfrage-Lücke sorgte. Zur orthodoxen Wirtschaftspolitik gesellten sich machtpolitische Konstellationen, die sich zu Lasten der Sozialpolitik auswirkten. Dem deutlich gewachsenen Gewicht der nicht-sozialistischen Kräfte im Parteiensystem, in der Wirtschaft und im Regierungs- und Verwaltungsapparat stand eine Arbeiterbewegung gegenüber, die durch Flügelkämpfe und Arbeitslosigkeit geschwächt, obendrein ideologisch zutiefst zerstritten und organisatorisch in das sozialdemokratische und das kommunistische Lager gespalten war. Ihr wurde nun — mittels der ,,anonymen" Macht der Krise und mittels bewußter politischer Eingriffe im Rahmen der Notverordnungs-Regime — die Rechnung für die sozial- und wirtschaftspolitischen Erfolge präsentiert, die sie seit Kriegsende errungen hatte.

4 Sozialpolitik unter nationalsozialistischer Herrschaft

1933 übernimmt die Nationalsozialistische Arbeiterpartei Deutschlands
(NSDAP) die Macht. Hinter dem neuen Regime stehen 43,9 Prozent der Wähler, nach den auf die NSDAP entfallenden Wählerstimmen bei der Wahl vom
5. März 1933 zu urteilen. Seine Macht sichert das neue Regime durch Terror,
Peitsche, Ideologie und Zuckerbrot. Terror und Peitsche treffen zunächst die
Gewerkschaften und Parteien. Sie werden verboten, und viele ihrer aktiven
Mitglieder werden in Konzentrationslager gesperrt. Terror und Peitsche treffen
zunächst insbesondere die zum ,,Feind" erklärten politischen Gegner des Nationalsozialismus und in zunehmendem Maße, bis zur millionenfachen physischen Vernichtung, die jüdische Bevölkerung Deutschlands und der im Krieg
besetzten Gebiete und andere von der NS-Rassenideologie als ,,nicht-arisch"
bezeichnete ethnische Gruppen.

Terror, Peitsche, Ideologie und Zuckerbrot

    Die nationalsozialistische Herrschaft stützte sich auf mehr als nur auf offene
Gewalt. Zum Terror und zur Peitsche kam die Ideologie. Die ,,Volksgemein-
schaft" der ,,schaffenden Deutschen", so eine Formulierung nationalsozialistischer Sozialpolitiker, fand zumindest in den Vorkriegsjahren breiten Anklang
bei der Mehrheit der deutschen Bevölkerung, um so mehr als die neuen Machthaber bald mit wirtschafts- und sozialpolitischen Erfolgen aufwarten konnten
(*Mai* 1986).

,,Volksgemein-schaft der schaf-fenden Deutschen"

    Die Nationalsozialisten wußten, wie man den Kampf um ,,die Herzen der
Massen" (*Spree* 1985: 410) erfolgreich führt: Arbeit, Brot, Spiele und inner-
staatliche Feinderklärungen gehörten zu den wichtigsten Mitteln, aber auch zusätzliche soziale Sicherheit — für die ,,schaffenden Deutschen". Die NSDAP
hatte sich seit der Endphase der Weimarer Republik eine breite soziale Basis
erkämpft. Jedoch fand die Nationalsozialistische Arbeiterpartei Deutschlands
nicht bei allen sozialen Gruppen gleichermaßen Beifall. Beispielsweise stand
die gewerkschaftlich organisierte Arbeiterschaft mehrheitlich in Distanz zur
NSDAP. Das war für das neue Regime nicht ungefährlich, zählten doch Wohlverhalten und Arbeitsdisziplin der Arbeiterschaft zu den zentralen Voraussetzungen des Machterhalts und der Verwirklichung der wirtschaftlichen, politischen und militärischen Pläne der Machthaber. Wohlverhalten und Disziplin
der Arbeiterschaft mußten auf irgendeine Weise gesichert werden. Terror allein
reichte auf die Dauer nicht aus. Man kann die Arbeiter ,,eine zeitlang unter-
drücken und tyrannisieren, aber man kann nicht Millionen nunmehr schon sie-

,,Kampf um die Herzen der Massen"

ben Jahre lang zu einer Leistungssteigerung ohnegleichen zwingen, zur Durchführung ungeheurer Arbeiten, ... ohne die wirkliche Bereitschaft und Zustimmung dieser Millionen" — so hieß es stolz in der 1940 veröffentlichten Schrift „Warum steht der deutsche Arbeiter zu Hitler?" (*Munter* 1940, zitiert nach *Mai* 1986: 212).

Bei der Integration der Arbeiterschaft in den nationalsozialistischen Staat spielten — neben dem Terror — zwei weitere Politikbereiche eine überragende Rolle: Die Wirtschaftspolitik, speziell die Wiedergewinnung der Vollbeschäftigung, die in einem atemberaubenden Tempo verwirklicht wurde, und die Sozialpolitik.

Fragestellung   Welchen Kurs schlugen die neuen Machthaber in der Sozialpolitik ein? Dieser Frage wollen wir uns in diesem Kapitel zuwenden und uns dabei wiederum auf die Sozialpolitik im engeren Sinne beschränken.

Kontroversen über die nationalsozialistische Sozialpolitik   In der fachwissenschaftlichen Literatur wird die Sozialpolitik der Nationalsozialisten kontrovers diskutiert. Dabei lassen sich zwei gegensätzliche Positionen unterscheiden. Einer Sichtweise zufolge läuft die nationalsozialistische Machtergreifung in allen gesellschaftlichen Bereichen, einschließlich der Sozialpolitik, auf eine fundamentale Wende hinaus. Vertreter dieser Position argumentieren folgendermaßen: die Sozialpolitik wurde als Instrument zur sozialen und politischen Kontrolle der Bevölkerung eingesetzt und zahlreiche Leistungsverschlechterungen (relativ zu den steigenden Einnahmen der Sozialversicherungen und/oder relativ zu den Sozialleistungen der Weimarer Republik) treten an die Stelle einer stabilen und am Wirtschaftsaufschwung teilhabenden sozialen Sicherung (vgl. z.B. *Petzina* u.a. 1978: 143; *Tappe* 1977). Einer anderen Sichtweise zufolge zeichnet sich die nationalsozialistische Sozialpolitik durch ein hohes Maß an Kontinuität aus. Hier wird insbesondere darauf verwiesen, daß die Grundstruktur der sozialen Sicherungssysteme weitgehend unangetastet blieb (*Gladen* 1974: 108), der versicherte Personenkreis zunahm, die Leistungsbeschränkungen aus den frühen 30er Jahren zögernd zurückgenommen wurden (*Zöllner* 1981: 86) und daß bei den NSDAP-Sozialpolitikern eine große Lücke zwischen Deklamieren und Handeln klaffte (*Hentschel* 1983: 139; vgl. *Prinz* 1985: 234f.; *Scheur* 1967: 10f.).

Diskontinuitäts-These versus Kontinuitäts-These

Inwieweit halten die unterschiedlichen Sichtweisen der im Nationalsozialismus praktizierten Sozialpolitik einer empirischen Überprüfung stand? Inwieweit haben wir es in der Sozialpolitik der Jahre 1933 - 1945 mit einer radikalen Politikwende zu tun, und inwieweit handelt es sich eher um Kontinuität in der Sozialpolitik, im Sinne der Fortschreibung älterer Trends und im Sinne der Beibehaltung der Strukturen der Sozialleistungssysteme?

Scheitern radikaler nationalsozialistischer Reformprojekte   Für die Kontinuitäts-These spricht zunächst das Scheitern radikaler nationalsozialistischer Reformprojekte in der Sozialpolitik. Von der Nationalsozialistischen Betriebszellenorganisation war der Plan einer einheitlichen Staatsbürgerversorgung auf der Basis des Fürsorgeprinzips entwickelt worden. Dieser Plan scheiterte ebenso wie der später — in den ersten Kriegsjahren — vorgelegte Plan der Deutschen Arbeitsfront, die gegliederte Sozialversicherung durch ein „Versorgungswerk des deutschen Volkes" zu ersetzen (*Teppe* 1977; *Recker* 1986: 98ff.).

56

Das von Robert *Ley,* dem Leiter der Deutschen Arbeitsfront, entwickelte „Versorgungswerk des deutschen Volkes" wies manche Parallelen mit dem *Beveridge-Plan* auf, der zur Grundlage des britischen Wohlfahrtsstaates wurde. Die Parallelen und Unterschiede zwischen beiden Sozialpolitikentwürfen wurden von dem Sozialhistoriker Hans Günter *Hockerts* so skizziert:

> „Wie Beveridge wollte Ley die *gesamte* Bevölkerung in ein *einheitliches* Sicherungssystem einbeziehen, also sowohl die traditionelle gruppenspezifische Organisation wie auch die Begrenzung auf „Schutzbedürftige" überwinden. Dabei war in einer Variante — wie bei Beveridge — eine die basic needs (Grundbedürfnisse — der Verf.) deckende Einheitsrente für alle vorgesehen... Das „Versorgungswerk" sollte aus der Einkommenssteuer finanziert werden, was eine stärkere vertikale Umverteilung ergeben hätte als der Beveridge-Plan, in dem die Einheitsrente einem Einheitsbetrag (zuzüglich Staatszuschuß) entsprach" (*Hockerts* 1983: 308).

Freilich erwies sich das überkommene Sozialversicherungssystem und seine Fürsprecher als stärker als die — politisch durchaus einflußreichen — Befürworter einer nationalsozialistischen Reform der Sozialpolitik. Insbesondere der Einfluß der Ministerialbürokratie hielt die Rentenversicherung in den überlieferten Bahnen. Die polykratische Struktur des nationalsozialistischen Regimes, die Koexistenz mehrerer Machtzentren mit jeweils eigenen Hoheitsbereichen (*Neumann* 1978), war eine günstige Bedingung für die Behauptung der konservativen Ministerialbürokratie. Hinzu kam, daß die Nationalsozialisten nicht über eine eigene fachlich geschulte Elite in sozialpolitischen Fragen verfügten und demnach lange Zeit auf nicht-nationalsozialistische Experten angewiesen waren (*Prinz* 1985: 235).

Eine weitere Beobachtung stützt die These der Kontinuität der Sozialpolitik im Nationalsozialismus. Zu einem nicht geringen Teil knüpften die Sozialpolitiker nach 1933 an die Traditionen der Sozialpolitik an, die bis Ende der 20er Jahre prägend waren und erst unter den Präsidialkabinetten der frühen 30er Jahre zu einem vorläufigen Ende gebracht worden waren. Beispielsweise kehrte das neue Regime den Trend zur Schrumpfung des Mitgliederkreises der Sozialversicherungen um, der die Jahre von 1929 bis 1933 charakterisierte. Die Expansion der sozialen Sicherung, gemessen an Veränderungen des Anteils der sozialversicherten Erwerbspersonen in den ersten fünf Jahren nach der Machtergreifung, kann sich sehen lassen. Der Zuwachs ist respektabel, auch im Vergleich zu anderen Ländern. Er ist beispielsweise ähnlich groß wie im demokratisch regierten Großbritannien. In Deutschland nimmt der Mitgliederkreis der Unfallversicherung (in Prozent aller Erwerbspersonen) von 68 Prozent (1933) auf 88 Prozent (1938) zu, derjenige der Arbeitslosenversicherung von 31 auf 43 Prozent. Auch in der Kranken- und in der Altersversicherung werden die Quoten der versicherten Erwerbspersonen vergrößert: von 47 auf 56 Prozent bzw. von 66 auf 72 Prozent (berechnet aus *Flora* u.a. 1983: 501). Für die Zeit des Zweiten Weltkrieges sind keine direkt vergleichbaren Daten verfügbar, jedoch ist bekannt, daß der Versicherungsschutz weiter ausgedehnt wird und insbesondere den selbständigen Mittelstand erfaßt. 1938 werden die selbständigen Handwerker von der Angestellten-Versicherung aufgenommen, 1939 die landwirtschaftlichen Unternehmer und ihre Ehefrauen von der Unfallversicherung und 1941 die Selbständigen von der Krankenversicherung.

Expansion der Sozialpolitik

Der traditionelle Arbeitnehmercharakter der deutschen Sozialversicherung wird hier zum ersten Mal durchbrochen. Elemente der Staatsbürgerversicherung finden Eingang in die Arbeitnehmer-Sozialversicherung. Pikanterweise verbindet sich hiermit eine Umverteilung, die von den Arbeitnehmern zu den neuversicherten Selbständigen läuft. Die Altersversicherung für Handwerker beispielsweise wurde zum Teil aus Geldern der Angestelltenversicherung subventioniert.

Zeitlich gezielt plazierte Verbesserungen
In der Tradition einer expansiven Sozialpolitik steht auch die Politik gezielter Erhöhungen von Sozialleistungen. Die spektakulärsten Fälle ereigneten sich 1939 und in den folgenden Kriegsjahren. Bis zu diesem Zeitpunkt war man sparsam mit Sozialleistungen umgegangen. 1939 wurde dieser Kurs korrigiert. Die Sozialleistungen wurden verbessert. Hierfür gab es vor allem zwei Gründe: angesichts des bevorstehenden Kriegsausbruches ging es um Sicherung von Massenloyalität und ferner war der 50. Geburtstag Adolf *Hitlers* zu feiern. Ihm zu Ehren wurden Kürzungen rückgängig gemacht oder zumindest gemildert, die mittels Notverordnungen in den frühen 30er Jahren beschlossen worden waren. Während des Krieges kamen Leistungsverbesserungen hinzu. Sie standen im Zeichen der kriegswirtschaftlichen Mobilisierung des Arbeitskräfte- und Militärpotentials und der „prophylaktischen Krisenpolitik des Regimes" (*Teppe* 1977: 236). Man wollte kriegsbedingtem Popularitätsverlust ebenso zuvorkommen wie dem Ausbruch gesellschaftlich-politischer Konflikte nach dem Muster der November-Ereignisse von 1918. Im Juli 1941 beispielsweise wurden die Rentenkürzungen von 1932 beseitigt. Die höheren Rentenbezüge wurden bei Fürsorgeleistungen nicht angerechnet und blieben demnach dem Rentner in voller Höhe erhalten. Ferner wurden die Rentner in die Krankenversicherung aufgenommen. Die Kosten wurden überwiegend von der Rentenversicherung getragen. Zuvor hatten die Rentner selbst für die Krankenversicherungskosten aufzukommen, sofern sie nicht aus der Fürsorge finanziert wurden. 1942 schließlich wurden die Kinderzuschüsse erhöht — unter anderem mit der Begründung, „daß zur sieghaften Kriegsführung ein Volk gehört, das trotz aller Kriegslasten und Opfer unverwüstlich bleibt" (*H. Engel* zitiert nach *Tennstedt* 1976: 478). Die Änderungen in der Sozialversicherungspolitik in den Kriegsjahren waren nicht so dramatisch wie die Kurswechsel in der Lohn- und Arbeitseinsatzpolitik (*Recker* 1986), aber spürbar waren sie dennoch.

Neuerungen der Sozialpolitik im NS-Regime
Im übrigen wartete das NS-Regime mit einigen Akzentsetzungen in der Sozialpolitik auf. Die Erhöhung der Kinderzuschüsse von 1942 setzte eine familienpolitische Leitlinie fort, die 1935/36 gelegt wurde. Seit diesen Jahren wurden Kinderbeihilfen ausgezahlt. Das war eine der Neuerungen, die zur Bilanz der expansiven Komponenten der Sozialpolitik hinzuzurechnen sind. Eine weitere Neuerung betrifft die Arbeitnehmer in saisonabhängigen Betrieben: ihnen wird Anspruch auf Schlechtwettergeld gewährt. Schließlich kommt ein Drittes hinzu: die nationalsozialistische Sozialversicherungspolitik setzt den Kurs der Angleichung der Arbeiter-Sozialversicherung an die Angestellten-Altersversicherung fort. In gewisser Weise verfolgten die Nationalsozialisten, allen voran die Deutsche Arbeitsfront, sogar eine Politik der forcierten Einebnung von arbeits- und sozialpolitischen Unterschieden zwischen Arbeitern und Ange-

stellten. An der propagandistischen Aufwertung von Arbeit überhaupt und körperlicher Arbeit der „schaffenden Deutschen" im besonderen, war das deutlich ablesbar. „Ich will versuchen", so propagierte Robert *Ley*, der Führer der Deutschen Arbeitsfront auf einer Veranstaltung im Jahre 1937, „dem Volk ein Arbeitsethos zu geben, das heißt etwas Heiliges, etwas Schönes in der Arbeit sehen. Ich will versuchen, daß unsere Fabriken Gottes Tempel werden, und ich will versuchen, daß der Arbeiter der geachtetste Mensch in ganz Deutschland ist" (zitiert nach *Teppe* 1977: 212). Das war Propaganda — und obendrein in holprigem Deutsch verfaßt — aber nicht nur Propaganda, sondern auch ernstgemeintes Anliegen. Die Nationalsozialisten werteten die Arbeit und die Arbeiterschaft auf (sofern es sich um die nach NS-Kriterien „richtige" Rasse handelte). Auch andere Beispiele lassen sich anführen: In der Deutschen Arbeitsfront war beispielsweise eine Differenzierung nach Arbeitern und Angestellten nicht zugelassen und in der betrieblichen Sozialpolitik wurden Erholungsheime von Firmen, die bislang häufig nur den Angestellten vorbehalten waren, für Arbeiter geöffnet. Ferner machte die Nivellierungspolitik der Arbeitsfront vor den Toren der staatlichen Sozialpolitik nicht halt, wenngleich sich das Gewicht traditioneller Institutionen als beträchtlich erwies, wie insbesondere das oben erwähnte Scheitern der Pläne für ein „Versorgungswerk" verdeutlicht (*Prinz* 1985: 238f.; *Teppe* 1977). Im Bereich des Reichsarbeitsministeriums hielten sich die „Zentrumstraditionen dieses Hauses" (*Tennstedt* 1986: 23) erstaunlich gut; sie überwinterten sogar die gesamte NS-Zeit.

In der Sozialpolitik wurde demnach wieder auf Expansion geschaltet — wenngleich verbunden mit einem bescheidenen Niveau der Sozialleistungen pro Empfänger. Man hat Grund zu der Annahme, daß diese Politik sich einiger Beliebtheit erfreute (*Mai* 1986). Sie machte einen Teil des Kitts aus, der die nationalsozialistische Gesellschafts- und Herrschaftsordnung zusammenhielt.

In wirtschaftlicher Hinsicht kam eine entscheidende Trendwende erleichternd hinzu. Der Wirtschaftsaufschwung, der sich bereits Anfang des Jahres 1933 abzeichnete und dann, gestärkt durch niedrige Lohnkosten und durch die aktive staatliche Wirtschaftspolitik, voll in Fahrt kam und im Durchschnitt der Jahre 1933 - 39 zu realen Sozialprodukt-Wachstumsraten von mehr als 10 Prozent führte, ließ die Zahl der Beschäftigten innerhalb von vier Jahren um mehr als 6,5 Millionen (!) zunehmen und die Zahl der Arbeitslosen um vier Millionen (!) sinken (*Petzina* u.a. 1978: 119). Anders ausgedrückt: die Arbeitslosenquote (Arbeitslose in Prozent der abhängigen Erwerbspersonen) stand 1932 bei 30 Prozent und 1933 immer noch bei 26 Prozent. Sie sank dann mit atemberaubendem Tempo: 1934 auf knapp 14 Prozent, im folgenden Jahr auf 10 Prozent. 1936 waren es nur noch sieben Prozent, 1937 vier, 1938 zwei und 1939 0,5 Prozent. Im Nationalsozialismus war in kürzester Zeit aus Massenarbeitslosigkeit Vollbeschäftigung gemacht worden. Das war in der westlichen Welt einmalig, und dies wertete den ohnehin schon spektakulären Erfolg weiter auf. Die rasche Erreichung der Vollbeschäftigung verschaffte der nationalsozialistischen Diktatur einen kaum zu überschätzenden Gewinn an Popularität. Die Wiedergewinnung der Vollbeschäftigung und der Zuwachs im Niveau der Beschäftigung lösten im übrigen — ohne weiteres Zutun der Politiker — einige der Probleme der Sozial-

Wiedergewinnung der Vollbeschäftigung

Das NS-Vollbeschäftigungswunder

versicherungen: Wirtschaftswachstum, zunehmende Zahl der Beschäftigten (und Beitragszahler) und Abbau der Arbeitslosigkeit füllten den Steuersäckel des Staates und die Kassen der Sozialversicherungen. Dies um so mehr, als man die hohen Sozialabgaben aus der Endphase der Weimarer Republik beibehielt und andererseits die pro Kopf bezogenen Leistungen nur zögernd erhöhte.

Politikwenden in der Sozialpolitik Freilich wäre es verfehlt, die Sozialpolitik der nationalsozialistischen Diktatur nur aus der Perspektive der Kontinuität und der zunehmenden sozialen Sicherung zu beschreiben, denn in fünf Bereichen fanden fundamentale Politikwenden gegen überlieferte Traditionen statt.

Die erste Wende betrifft das relative Gewicht der Sozialpolitik innerhalb der Staatstätigkeiten. Die Entwicklung der Staatsfinanzen vermittelt einige interessante Aufschlüsse. Die Sozialleistungsquote (hier definiert als öffentliche Sozialausgaben in Prozent des Volkseinkommens) liegt 1939 mit 8,7 Prozent etwas unter dem Niveau von 1927 (10,4 %) und erheblich unter dem von 1932 (20,7 %) (*Zöllner* 1981: 83). Freilich muß man sich vergegenwärtigen, daß die hohe Sozialleistungsquote von 1932 durch die Wirtschaftskrise der frühen 30er Jahre und die niedrigeren Sozialleistungsquoten in den Jahren 1933 bis 1939 durch das Wirtschaftswunder dieser Phase relativiert werden. Außerdem sind Veränderungen des Preisniveaus zu berücksichtigen, was in zahlreichen Analysen leider unterlassen wird (z.B. *Petzina* u.a. 1978: 143). Berücksichtigt man Veränderungen im Preisniveau, dann läßt sich nachweisen, daß die realen Sozialleistungen (1939) — in absoluten Größen ausgedrückt — deutlich über dem Niveau von 1927/28 liegen (berechnet aus *Petzina* u.a. 1978: 167 und *Zöllner* 1963: Tabelle 1).

Ferner muß man sorgfältig nach Versicherungszweigen differenzieren. Im Vergleich zu den letzten Prosperitäts-Jahren der Weimarer Republik bleibt die Sozialleistungsquote der Krankenversicherung in etwa konstant. Bei der Unfallversicherung nimmt die Sozialleistungsquote sogar geringfügig zu. Wirklich spürbar sinkende Quoten gab es vor allem bei den konjunkturabhängigen Versicherungen: Die Sozialleistungsquote der Arbeitslosenversicherung nimmt rapide ab, hauptsächlich als Folge der Wiedergewinnung von Vollbeschäftigung. Ähnlich verläuft der Trend bei der Fürsorge. Aus primär demographischen Gründen nimmt auch die Kriegsopferversorgung zunehmend geringere Sozialleistungsquoten in Anspruch (berechnet aus *Zöllner* 1963: 21).

Gründe für das niedrige Niveau der Sozialleistungsquote im NS-Staat Zum Teil geht das niedrige Niveau der Sozialleistungsquote in der nationalsozialistischen Ära demnach auf das Konto der erfolgreichen Wirtschafts- und Beschäftigungspolitik. Der Wirtschaftsaufschwung lindert viel Not oder beseitigt sie gar gänzlich. Deshalb werden weniger Sozialleistungen nachgefragt. Zum Teil reflektiert die niedrige Sozialleistungsquote jedoch auch gezielte staatsfinanzpolitische Weichenstellungen. Der Wirtschaftsaufschwung wird *nicht* für die Ausdehnung der Sozialleistungsquote verwendet — wie das vor allem nach dem 2. Weltkrieg der Fall war — sondern für andere Zwecke. Die Diktatur setzt bei den Staatsausgaben andere Prioritäten als die Demokratie. Man schichtet die Staatsfinanzen gezielt um — zugunsten von rüstungspolitischen, wirtschaftspolitischen, gesundheits- und bevölkerungspolitischen Programmen. Viele Ressourcen fließen in die Rüstung, insbesondere ab 1936, und viel Geld fließt auch in den Jahren vor und nach 1936 in Programme zur Verbesserung der Infrastruktur (Elektrifizierung, Autobahnen, Städtebau und anderes mehr) (vgl. *Petzina* u.a. 1978: 140, 149; *Kohl* 1985: 191; *Overy* 1982: 46 - 50).

Die Sozialversicherungspolitik jedoch wird am kurzen Zügel geführt. Hierfür sind eine Fülle von wirtschaftspolitischen Gründen verantwortlich. Vor allem das Reichsfinanzministerium und das Reichswirtschaftsministerium sprechen sich gegen Erhöhungen der Sozialleistungen aus. Die Begründung der Absage, die beide Ministerien im Mai und Juni 1938 einem gemäßigten Vorschlag zur Rentenerhöhung erteilen, steht für andere Beispiele: Die Verbesserungen belasteten Unternehmer zu stark und führten zu Lohneinbußen der Arbeitnehmer (deren Löhne ohnehin knapp bemessen waren und nur zögernd zunahmen — was politisch viel Zündstoff beinhaltete).

Ferner käme durch neue Belastungen von Unternehmen und Arbeitnehmern das Preisgefüge ins Wanken — was sich angesichts traumatischer Erfahrungen mit der Hyperinflation von 1923 als brisant erweisen könnte. Und schließlich kam das Argument der angespannten Arbeitsmarktlage zum Zuge: die Mobilisierung aller ökonomischer Ressourcen hatte Vorfahrt. Von einer Erhöhung der Renten und einer hierdurch geringer werdenden Spanne zwischen Renteneinkommen und Arbeitseinkommen ,,wird der Zwang zur Weiterarbeit vermindert" — so hieß es in einem Schreiben des Reichsfinanz- und des Reichswirtschaftsministeriums (zitiert bei *Teppe* 1977: 235).

Die zweite Wende in der nationalsozialistischen Sozialpolitik betrifft die aus politischen und rassischen Gründen erfolgende Repression (*Leibfried* und *Tennstedt* 1986). Auf der Basis des Gesetzes zur Wiederherstellung des Berufsbeamtentums, das sinngemäß auch auf Arbeiter und Angestellte des öffentlichen Dienstes angewendet wurde, entließ man aus politischen und rassischen Gründen etwa 30 Prozent der Angestellten der Ortskrankenkassen, in der AOK Berlin wurde sogar 95 von Hundert des Personals gekündigt (*Tennstedt* 1976: 405). Entlassungsgründe waren beispielsweise die ,,Betätigung im sozialdemokratischen oder kommunistischen Sinne", ,,nicht-arische Abstammung" und die Vermutung, der Stelleninhaber biete ,,keine Gewähr für ein rückhaltloses Eintreten für den nationalen Staat". Es ging darum, so legitimierte ein NSDAP-Funktionär später die Entlassungen von 1933,

,,daß nach der Machtergreifung durch den Führer auch in den Ortskrankenkassen Wandel geschaffen werden mußte. Es ging darum, die Ortskrankenkassen, die damals zum größten Teil in den Händen der Marxisten und Juden waren, zurückzugewinnen für ihren eigentlichen Zweck, eine Versicherung der schaffenden Deutschen zu sein" (zitiert nach *Tennstedt* und *Leibfried* 1979: 137f.).

Die Repression traf auch Kassenärzte, insbesondere jüdische Kassenärzte. Vom Zeitpunkt der nationalsozialistischen Machtergreifung bis zum Ende des Jahres 1933 wurden schätzungsweise 2.800 oder 8 Prozent aller Ärzte aus politischen oder rassischen Gründen von kassenärztlichen Tätigkeiten ausgeschlossen. Der Ausschluß kam praktisch der Vernichtung der beruflichen Existenz dieser Ärzte gleich (*Tennstedt* 1976: 405f.).

Existentiell bedrohlich wurde die Sozialpolitik des nationalsozialistischen

Repression aus politischen und rassischen Gründen

Staates auch für diejenigen Bürger, die gemäß der herrschenden Ideologie nicht zur „Volksgemeinschaft" gehörten. „Wen die Volksgemeinschaft nicht umschließt, dem können auch keine sozialpolitischen Hilfen angeboten werden", so war in der Schrift „Deutsche Sozialwirtschaft" zu lesen, die 1943 immerhin schon in der zweiten Auflage erschien (der Verfasser war Theodor *Bühler;* das Zitat stammt aus *Teppe* 1977: 232). Die gesetzliche Grundlage für den Ausschluß aus der Sozialversicherung — ein krasser Bruch mit dem Prinzip berechenbarer Sozial- und Wirtschaftsbeziehungen — war 1936 geschaffen worden. Das Gesetz über die Änderung einiger Vorschriften der Reichsversicherung vom 23. 12. 1936 sah die Möglichkeit vor, eine Rente auszusetzen, „wenn der Berechtigte sich nach dem 30. 1. 1933 im staatsfeindlichen Sinne betätigt" hatte (zitiert nach *Teppe* 1977: 232).

Ähnliche Ergebnisse folgen aus dem Kurswechsel in der Fürsorgepolitik der Nationalsozialisten. Sie brechen mit der humanistischen Vorstellung, jedem ein menschenwürdiges Leben zu sichern. Der Bruch erfolgt zunächst in der Theorie und später in der Praxis. Er trifft vor allem — so der Originalton — „rassisch Minderwertige" und Erbkranke und — insbesondere seit 1938 jüdische Sozialhilfebedürftige (*Kramer* 1983: 180f.).

An dieser Stelle zeigt sich der zweischneidige Charakter der nationalsozialistischen Formel für die Sozialpolitik „Gemeinnutz vor Eigennutz". Was dem deutschen Volk nützt, ist Recht, was ihm schadet, Unrecht; so lautete die — auf den ersten Blick eingängige — Argumentation. Aber wer bewertet Nutzen und Schaden? Die Ideologen der nationalsozialistischen Bewegung! „Was vom nationalsozialistischen Standpunkt aus richtig ist, ist auch juristisch richtig", so formulierte ein Vertreter der neuen Lehre 1936 in der Schrift „Wege zur neuen Sozialpolitik" (zitiert nach *Scheur,* 1967: 235). Man weiß mittlerweile, welche Ungeheuerlichkeiten hierdurch bemäntelt und gerechtfertigt wurden: der Marsch in den Krieg, der Massenmord an Menschen, die aus rassischen und politischen Gründen zum Feind des nationalsozialistischen Staates erklärt wurden, aber auch Ungeheuerlichkeiten im Gesundheitswesen, wie zum Beispiel die Tötung von kranken und geistig behinderten Patienten (*Kudlien* 1985: 175ff.).

Unterminierung der Selbstverwaltung Ein dritter Kurswechsel der nationalsozialistischen Sozialpolitik hängt mit dem zweiten eng zusammen. Seit ihrer Geburtsstunde im Kaiserreich wurde die Sozialversicherung durch Vertreter der Arbeitnehmer und Arbeitgeber selbstverwaltet. Die Sparpolitik der Kabinette *Brüning* und *von Papen* hatte jedoch die Selbstverwaltung der Sozialversicherung unterhöhlt. Die Nationalsozialisten gingen auf diesem Weg 1933 einen großen Schritt weiter, den Volker *Hentschel* so beschrieb:

> „Sie hoben die sachliche Bestimmtheit und Begrenzung der staatlichen Befugnisse und Rechte auf und dehnten sie auf alle rechtlichen, administrativen und wirtschaftlichen Belange der Versicherungen aus. Es gab die Selbstverwaltungsgremien danach zwar noch, sie waren aber vollends ihrer Gestaltungsmöglichkeiten beraubt" *Hentschel* 1983: 136).

Wenig später wurde die personelle Zusammensetzung der Gremien geändert. Hier spielten das oben bereits erwähnte „Gesetz zur Wiederherstellung des Berufsbeamtentums" und das „Gesetz über Ehrenmämter in der Sozialversicherung und der Reichsversorgung" vom Mai 1933 eine zentrale Rolle. Beide Gesetze lieferten die Rechtsgrundlage für die Entfernung mißliebiger Mitglieder der Selbstverwaltungsgremien aus dem Dienst. Formal beseitigt wurde die Selbstverwaltung im Juli 1934. An ihre Stelle trat ein Leiter mit einem Beirat, dem ein ähnliches Schattendasein zukam wie den betrieblichen Vertrauensleuten.

Eine weitere Wende betraf die enge Verklammerung von Sozial- und Wirtschaftspolitik. Stärker als je zuvor wurde die Sozialpolitik auf das Ziel ausgerichtet, Arbeitskräfte zu mobilisieren und die Produktion und Arbeitsleistung zu steigern. Die Sozialpolitik verband hohe Beiträge mit vergleichsweise niedrigen Leistungen. Hiermit war ein Anreiz- und ein Abschreckungseffekt beabsichtigt. Die Aufnahme einer Erwerbstätigkeit sollte gefördert und die Bestreitung des Lebensunterhaltes aus Sozialeinkommen eingeschränkt werden. Diesem Programm fügt sich die relative Bevor- bzw. Benachteiligung einzelner Sozialversicherungszweige ein. Auf Sparflamme wurden diejenigen Sozialleistungen gehalten, die der „Arbeitsschlacht" des Dritten Reiches, der Vollbeschäftigung und der Mobilisierung aller Resourcen für Wirtschaftskraft und Rüstung im Wege standen. Die Arbeitslosenversicherung beispielsweise wurde durch die Verordnung über die Arbeitslosenhilfe vom 5. 9. 1939 beseitigt. An ihre Stelle trat die Arbeitslosenfürsorge, die an Bedürftigkeitstests und Arbeitseinsatzunfähigkeit gebunden war. Aus politischen Gründen war hiermit eine sozialpolitische Errungenschaft der Weimarer Republik beseitigt worden.

Verklammerung von Sozial- und Wirtschaftspolitik zur „Mobilisierung der schaffenden Deutschen"

Die Bevorzugung einzelner Sozialprogramme und die Benachteiligungen anderer wird auch in der Politik im Krankenversicherungs- und im Rentenversicherungswesen deutlich. Die „Pflicht zur Gesundheit" (Horst *Baier*) und „die Wiederherstellung der Gesundheit und Arbeitskraft hat sich die soziale Sicherung im nationalsozialistischen Staat stärker angelegen sein lassen als die Sorge um die Alten und die Arbeitsunfähigen" (*Hentschel* 1983: 142). Das war das erwünschte Ergebnis einer gezielten Politik: die wirtschaftliche Mobilisierung der „schaffenden Deutschen" und die maximale Steigerung der Produktion waren unverzichtbare Voraussetzungen für die gesellschaftspolitischen, wirtschaftlichen und militärischen Pläne des Dritten Reiches.

Schließlich läßt sich an Hand der Unfallversicherung verdeutlichen, wie stark die Sozialpolitik auf die Mobilisierung des Arbeitskräftepotentials ausgerichtet war. Die restriktive Definition von Invalidität war ein Hebel, der für diesen Zweck in Bewegung gesetzt wurde. Aus der Statistik der betrieblichen Unfälle und Berufskrankheiten ist bekannt, daß die Zahl der Unfälle zwischen 1932 und 1938 drastisch zunahm (*Neumann* 1978: 258). Ein Teil dieser Zunahme ist auf das Konto der stark zunehmenden Zahl der Beschäftigten zu schreiben, der größere Teil jedoch einem zunehmenden Unfallrisiko pro Beschäftigten geschuldet.

Unfallversicherung und Unfallhäufigkeit

Die Sozialleistungen der Unfallversicherung halten jedoch nicht Schritt mit der zunehmenden Unfallhäufigkeit. Während die Betriebsunfälle und Berufskrankheiten zwischen 1932 und 1938 um 143 Prozent zunahmen, wurden die Sozialleistungen der Unfallversicherung nur um 17 Prozent erhöht. Darüber hinaus nahm der Anteil der Fälle, für die Kompensationszahlungen entrichtet wurden innerhalb von sechs Jahren von 77 Prozent (1932) auf 33 Prozent (1938) ab. Die Zahlen spiegeln die Wirkungen einer politischen Vorgabe wider. Ihr zufolge werden Unfälle nur bei ganz schwerer Schädigung als Invaliditätsfälle anerkannt. Die Definition der Invalidität wird dem Ziel der Mobilisierung von Arbeitskräften untergeordnet. In der Arbeitslosenversicherung kam diese Politik ebenfalls zum Zuge. Die niedrigen Leistungen sollten einen Anreiz zur Arbeitsaufnahme auch unter ungünstigen Entlohnungsbedingungen schaffen. Wie bereits erwähnt, trat 1939 per Verordnung eine weitere Verschärfung hinzu: Die Leistungen der Arbeitslosenversicherung wurden von einer Bedürftigkeitsprüfung abhängig gemacht.

Fünftens schließlich zeichneten sich in der Wohlfahrtspflege NS-spezifische Trendbrüche ab. Innerhalb der NSDAP entstanden Institutionen, die mit Sozialpolitik beauftragt waren (*Scheur* 1967: 173ff.). Ähnlich wie beim Aufbau der partei-eigenen ,,Hermann Göring-Werke" in der Wirtschaft waren auch bei der Sozialfürsorgepolitik Tendenzen der ,,Verparteilichung" — nicht: Verstaatlichung — zu verzeichnen. Die NS-Volkswohlfahrt war in den 20er Jahren als eine Institution gegründet worden, die zunächst Hilfsdienste für SA- und Parteigenossen vorsah. Das Winterhilfswerk wurde 1933 ins Leben gerufen. Beiden Organisationen war unter anderem die Aufgabe zugedacht, die kirchlichen Wohlfahrtsverbände zu verdrängen. Beide gaben sich einen volkstümlichen Anstrich, beide griffen jedoch auch zu aktivistischer Propaganda und zu aufdringlichen Sammlungen (*Tennstedt* 1987). Aber dennoch scheint beiden Organisationen auch Anerkennung zuteil geworden zu sein, insbesondere für die Noteinsätze bei Flüchtlings- und Verwundetentransporten und die Einsätze nach Bombenangriffen (*Vorländer* 1986).

,,Partei-Sozialpolitik"

Welcher Kurs wurde in der Sozialpolitik des NS-Staates eingeschlagen? So wurde am Anfang dieses Kapitels gefragt. Insgesamt betrachtet lassen sich Elemente der Kontinuität und der Expansion der sozialen Sicherung, aber auch Trendwenden nachweisen. Insoweit schließen sich die eingangs vorgestellten gegensätzlichen Sichtweisen der nationalsozialistischen Sozialpolitik gegenseitig nicht aus. Die Kontinuitäts- und Expansions-These gilt für einige Bereiche der sozialen Sicherung, die These der fundamentalen Wende für andere. Die Struktur der Sozialversicherung wurde (abgesehen von der Zerschlagung der Selbstverwaltung) nicht angetastet. Pläne zur umfassenden Reform der Sozialversicherung wurden Makulatur. Ihre Verwirklichung scheiterte an den auseinanderdriftenden Interessen von Parteifraktionen und Staatsbürokratie sowie an der Befürchtung, man würde Anlaß zu Unruhen auf seiten der Arbeiterschaft geben. Weiterhin wurde der Mitgliederkreis der Sozialversicherung ausgedehnt, sowohl in absoluten Zahlen als auch in relativen Größen (als Anteil an allen Erwerbspersonen) gerechnet. Ferner kamen neue Sozialleistungen zu den alten hinzu, z.B. Kinderbeihilfen und Mutterschaftsgeld. Jedoch blieb das Niveau der Sozialleistungen relativ niedrig, sowohl im Verhältnis zu den zunehmenden Einnahmen der Sozialversicherungen als auch im Verhältnis zum Volkseinkommen. Freilich ist der sparsame Umgang mit den Sozialausgaben

Bilanz: Kontinuität und Diskontinuität

vor dem Hintergrund des größten wirtschaftspolitischen Erfolges zu sehen, den das NS-Regime vorweisen konnte: die Wiedergewinnung der Vollbeschäftigung in knapp vier Jahren. Dies und die bescheiden dosierten Sozialleistungen pro Empfänger reichten jedoch aus, um das Niveau der materiellen Sicherheit für die große Mehrheit der ,,schaffenden Deutschen" und ihrer Angehörigen sichtbar zu verbessern. Besonders auffällig war die Verbesserung der sozialen Lage im Vergleich zur Endphase der Weimarer Republik.

Das Gesamtbild der Sozialpolitik im NS-Staat ist jedoch schillernd: es gab beispielsweise Leistungsverbesserungen *und* Freiheitsbeschränkungen, knauserige *und* großzügige Sozialleistungen, repressiv-reaktionäre *und* progressive Sozialpolitik, Ausbau des sozialen Schutzes *und* Entzug des sozialen Schutzschildes, effizienz-orientierte Sozialpolitik *und* effizienz-vermindernde Personalpolitik im Bereich der sozialen Sicherung. Und neben Elementen der Kontinuität gab es NS-spezifische Trendbrüche in der Sozialpolitik.

Die meisten Trendbrüche erzeugten mehr Ungleichheit. Aber mindestens zwei Ausnahmen hiervon sind erwähnenswert: die Aufwertung der Arbeit und die Politik der Einebnung von Unterschieden zwischen Arbeitern und Angestellten. Hierdurch wurde eine Tendenz verschärft, die in der Weimarer Republik angelegt und nach 1949 in der Bundesrepublik Deutschland weitergeführt wurde. Bei den anderen nationalsozialistischen Politikwenden im Bereich der Sozialpolitik ging es jedoch gegen überlieferte Trends.

Die Sozialpolitik wurde der totalen Mobilisierung aller wirtschaftlichen Ressourcen untergeordnet. Sozialpolitik wurde stärker als je zuvor als Instrument zur Mobilisierung von Arbeitskräften, zur Steigerung der Produktivität und zur politischen Disziplinierung eingesetzt. Weitere Trendbrüche kamen hinzu: die politisch und rassisch motivierte Repression gegen ,,Marxisten und Juden" machte vor den Toren der Sozialversicherung der der Sozialverwaltung nicht halt und in der Wohlfahrtspflege machten sich NSDAP-eigene Institutionen breit.

Die nationalsozialistische Sozialpolitik für die ,,schaffenden Deutschen", wie es in der offiziellen Propaganda hieß, hatte demnach einen Doppelcharakter. Für die meisten brachte sie etwas mehr soziale Sicherung, aber auch mehr Kontrolle und für die zum ,,Feind" erklärten Gruppen mehr Repression, wenn nicht gar Ausschluß vom Sozialschutz. Aber auch die Mehrheit der nationalsozialistischen ,,Volksgemeinschaft" konnte der Früchte der NS-Sozialpolitik nicht froh werden. Der nationalsozialistische Staat steuerte in einen Krieg, der die leidlich gesicherte soziale Existenz der ,,schaffenden Deutschen" zertrümmerte.

5 Sozialpolitik in der Bundesrepublik Deutschland

Zusammenbruch
des ,,Dritten
Reiches"
Zwölf Jahre lang herrschte das nationalsozialistische Regime in Deutschland. 1945 brach es zusammen, nicht aus innenpolitischen Gründen, sondern infolge der militärischen Übermacht der Alliierten. Die staatliche Ordnung des Dritten Reiches fiel in sich zusammen, die legislative, die exekutive und die judikative Gewalt gingen an die Militärbehörden der Siegermächte über. Was an deutschen Behörden auf lokaler Ebene weiterarbeitete, tat dies unter Kontrolle der Alliierten.

Wirtschaftlicher
und sozialer Zu-
sammenbruch
Der Untergang des nationalsozialistischen Regimes beinhaltete mehr als den Zusammenbruch der alten staatlichen Ordnung. Zum politischen Zusammenbruch kam eine wirtschaftliche und soziale Katastrophe. Statistiken vermitteln nur ein blasses Bild von dem massenhaften Elend, das als Ergebnis des ,,Tausendjährigen Reiches" und des von ihm eingeleiteten Weltkrieges übrig blieb. Die Produktionskapazitäten der Wirtschaft waren auf 70 bis 80 Prozent des Standes von 1937 gesunken, in der Industrie gar auf 30 bis 35 Prozent. Große Teile der Bevölkerung konnten sich nur unzureichend ernähren. Wohnungsnot war weit verbreitet.

Die ,,Stunde Null", von der man in dieser Zeit sprach, signalisierte auch das Ende, oder zumindest die fundamentale Infragestellung des sozialen Gefüges. Der Historiker Jürgen *Kocka* hat die soziale Desintegration so beschrieben:

Soziale Desinte-
gration
,,Viele der Überlebenden hatten Gewalt und massenhaften Tod kennengelernt, an der Front, in den Konzentrationslagern, im Bombenkrieg..., bei den Vertreibungen. Dies bedeutet viel für Mitglieder einer Zivilisation, die den Tod in der Regel ganz an den Rand ihres Erfahrungsbereiches abdrängt. 1946 standen für 14 Millionen Haushaltungen nur acht Millionen Wohnungen zur Verfügung, von diesen viele beschädigt. In den Großstädten war mehr als die Hälfte des Wohnraumbestandes zerstört. Obdachlosigkeit wurde zum Massenphänomen. 1946 zählte man in den vier Besatzungszonen fast zehn Millionen Vertriebene; jeder achte Einwohner der Westzonen hatte dieses Schicksal hinter sich. Vertreibung und Flucht warfen viele aus ihrer Bahn, führten zu sozialen Abstieg, manchmal aber auch zum Aufstieg in einem Ausmaß, das ansonsten unwahrscheinlich gewesen wäre. Zwei Millionen waren in Gefangenschaft, 1,6 Millionen vermißt. Im Oktober 1946 lagen beim Roten Kreuz und bei ähnlichen Stellen fast zehn Millionen Suchanträge. Individuen wurden aus ihren sozialen Bezügen gelöst, aus Betrieben, Gemeinden, Vereinen, Verwandtschaften; am ehesten blieb die Familie, obwohl auch sie oft zerriß. Die Sozialbeziehungen wurden kleinräumiger, Naturaltausch ersetzte zum Teil die Geldwirtschaft, Informationen waren knapp; man plante nur noch über kurze Zeiträume. Man lebte in einer Art Ausnahmesituation" (*Kocka* 1979; 143f.).

Soziale Hypotheken
des NS-Staates und
des Weltkrieges
Der Nationalsozialismus und der zweite Weltkrieg hatten soziale Hypotheken von einer Größenordnung hinterlassen, die heute kaum mehr vorstellbar ist. Bis

1950 waren mehr als neun Millionen Flüchtlinge und Vertriebene aus den früheren deutschen Ostgebieten und aus der Sowjetischen Besatzungszone bzw. aus der DDR in den westlichen Teil Deutschlands geströmt. Das waren etwa 20 Prozent der Bevölkerung der Bundesrepublik. Hinzu kamen die Opfer nationalsozialistischer Verfolgung — sofern sie diese überlebt hatten, ferner 4,1 Millionen Kriegsopfer, die der Weltkrieg als Witwen, Waisen und Invaliden hinterlassen hatte, zahllose Evakuierte, etwa sechs Millionen Zwangsarbeiter und Flüchtlinge fremder Nationalität sowie 3,4 Millionen sog. Kriegssachgeschädigte, d.h. Einheimische, denen im Krieg der Haus- oder Wohnbesitz oder das Betriebsvermögen zerstört worden war (alle Angaben nach *Hockerts* 1986: 25f.).

Unter diesen Bedingungen war an eine kontinuierliche soziale Sicherung nicht zu denken. Die regelungsbedürftigen Probleme wären auch für intakte, finanziell und personell gut ausgestattete Sozialverwaltungen zu groß gewesen. So wie die Dinge standen, hatte die Not, die durch Krieg und Nachkriegsjahre erzeugt wurde, auch vor den Toren der Sozialversicherung nicht haltgemacht. Ihr Vermögen war verloren, ihre zentralen Entscheidungsinstanzen auf staatlicher und verbandlicher Ebene weggefallen. Freilich schloß der totale Zusammenbruch des Deutschen Reiches nicht den vollständigen Zusammenbruch der Sozialversicherung ein. Auf örtlicher Ebene funktionierte die Sozialversicherung weiter, wenngleich mit kargen Mitteln ausgestattet. Im Gegensatz zur sowjetischen Besatzungszone, in der eine Einheitsversicherung das aus dem Kaiserreich überlieferte gegliederte System der sozialen Sicherung ersetzte, ließen die Militärbehörden der westlichen Zonen die organisatorische Struktur der Sozialversicherungen intakt.

Freilich wurden zahlreiche genuin nationalsozialistische Elemente des Sozialversicherungsrechtes beseitigt. Das Kontrollratsgesetz Nr. 1, das unmittelbar nach Einmarsch der Besatzungsmächte von den Militärregierungen erlassen wurde, bestimmte die Aufhebung von Gesetzen nationalsozialistisch-politischer Natur, einschließlich aller zusätzlichen Gesetze, Durchführungsbestimmungen, Verordnungen und Erlasse. Hierzu gehörten u.a. das „Gesetz zur Wiederherstellung des Berufsbeamtentums" von 1933 sowie das „Gesetz zum Schutze des deutschen Blutes und der deutschen Ehre" von 1935. Hierdurch und durch Rücknahme anderer Gesetze wurde die rechtliche Grundlage für die nationalsozialistische Ausrichtung des Beamtentums, der Familienpolitik und der Rassen-Politik des Nationalsozialismus zerstört.

In Ergänzung zur Ausschaltung nationalsozialistischer Gesetze und nationalsozialistischen Gedankenguts kam das Kontrollratsgesetz Nr. 2 zum Zuge. Es verordnete die Auflösung und Liquidierung von NS-Organisationen, unter ihnen auch die NSDAP-internen sozialpolitischen Organisationen Winterhilfswerk und NS-Volkswohlfahrt, ferner das Hauptamt für Volksgesundheit, das Rassepolitische Amt der NSDAP und den Sachverständigenbeirat für Bevölkerungs- und Rassepolitik. Hierdurch wurden organisatorische Grundlagen der nationalsozialistisch ausgerichteten Familien-, Bevölkerungs- und Fürsorgepolitik beseitigt. Ferner wurde durch den Nationalsozialismus belastetes Personal aus den Sozialverwaltungen entlassen (*Scheur* 1967: 241ff.).

Sozialversicherung nach dem Zusammenbruch des „Dritten Reiches"

Reformen und Vertagung der Neuordnung

Beseitigung von NS-spezifischem Sozialrecht

Kontrollratsgesetz Nr. 2

Eine Reform der Sozialversicherung wurde den deutschen Politikern überlassen. Man schob die Verantwortung dem Wirtschaftsrat der Bizone und den Gesetzgebern der noch zu gründenden Bundesrepublik zu (*Hockerts* 1980; Kapitel 1). Im übrigen arbeiteten die Sozialversicherungen, von lokalen Ausnahmen abgesehen, weiter. Freilich erforderte die mißliche finanzielle Lage — die Reichszuschüsse waren weggefallen und die Einnahmen aus Beiträgen auf Grund der wirtschaftlichen Not niedrig — vielfältige Leistungskürzungen.

Lücken im Netz der sozialen Sicherung Hiermit ist eine zweite soziale Zeitbombe — neben der oben erwähnten sozialen Hypothek des NS-Regimes und des Weltkrieges — angesprochen: die riesigen Lücken im Netz der sozialen Sicherung produzierten zusätzliche Existenzunsicherheiten (vgl. zum folgenden insbesondere *Hockerts*, 1980 und 1986: 27 - 29):

— Anfang der 50er Jahre waren die Mehrzahl der Rentenbezieher — 1950 waren es allein 3,9 Millionen und fünf Jahre später schon 5,5 Millionen — „buchstäblich verelendet" (*Hockerts* 1986: 28). In der Arbeiter- und Angestelltenschaft herrschte eine fast panische Angst vor dem Rentenalter (*Hockerts* 1983: 311).
— Einen systematischen Familienausgleich gab es Anfang der 50er Jahre nicht. Die Konseqeunz: Familien mit vielen Kindern lebten kümmerlich, wenn nicht gar in Armut.

Wirtschaftsaufschwung als ein Problemlöser in der Sozialversicherung Die Wende zu Besserem kam nach vier bis fünf Jahren mit dem Wirtschaftsaufschwung, der sich zur Zeit der Währungsreform von 1948 andeutete und in den frühen 50er Jahren sich stürmisch Bahn brach. Die bundesrepublikanische Wirtschaft steuerte seit diesem Zeitpunkt in eine langanhaltende Prosperitätsphase. Die dürren Jahre wurden von den fetten abgelöst. Bis Mitte der 60er Jahre und — mit Ausnahme der Rezession von 1966/67 — bis Mitte der 70er Jahre wurde die große Mehrzahl der Arbeitnehmer, Unternehmer und Nicht-Erwerbspersonen für Entbehrungen entschädigt, die sie in der Kriegs- und Nachkriegszeit erleiden mußten. Die Wachstumsraten des Bruttosozialproduktes waren hoch, Krisen blieben bis auf die Rezession von 1966/67 weitgehend aus, die Inflationsraten waren niedrig, der Lebensstandard nahm stetig zu, und seit Ende der 50er Jahre war die Vollbeschäftigung erreicht.

Das „Wirtschaftswunder" war ein Fundament für den Wiederaufbau und den Ausbau der Sozialpolitik. Bedingt durch zunehmende Zahl der Beschäftigten und steigende Löhne nahmen die Einnahmen der Sozialversicherungen unerwartet stark zu. Der Wirtschaftsaufschwung vergrößerte nicht nur das Volumen der Sozialabgaben, sondern auch — angesichts hoher Steuersätze und inflationsbedingter zusätzlicher Steuereinnahmen — das Steueraufkommen. Hierdurch wurden zusätzliche Mittel frei, die zumindest teilweise der Sozialpolitik zukamen.

Politische Rahmenbedingungen der Sozialpolitik Die Rahmenbedingungen für Wiederaufbau und Ausbau der Sozialpolitik waren auch in politischer Hinsicht entscheidend verbessert. 1949 wurde in den Westzonen die Bundesrepublik Deutschland gegründet. Zwei Strukturmerkmale der neugegründeten Republik erwiesen sich als starke Antriebskräfte für die Sozialpolitik: Das Prinzip einer lieberaldemokratischen, auf Verbandspluralismus, Parteienwettbewerb und demokratischen Wahlen aufbauenden parlamentarischen Demokratie ist zum einen zu nennen. Zweitens kam die verfassungsrechtliche Verpflichtung der Gesetzgeber zur Gestaltung einer sozial- und rechtsstaatlichen Demokratie sowie — vielleicht noch wichtiger — entsprechendes Wollen, Können und Handeln hinzu (siehe für eine ausführliche Darstellung der Determinanten der Sozialpolitik das Kapitel 7).

Die Bundesrepublik Deutschland entwickelte sich allmählich zu einem echten Sozialstaat, der seinen Bürgern einen weitreichenden Schutz bot. Verfolgen wir zunächst im Zeitrafferverfahren die wichtigsten Weichenstellungen. In der Sozialpolitik der Nachkriegszeit lassen sich fünf Phasen unterscheiden:

(1) Zwischen 1949 und 1955 wurden die institutionellen Grundlagen für den Sozialstaat geschaffen.

Phasen der Sozialpolitik in der Bundesrepublik

(2) Hierauf folgte die Phase der Konsolidierung und Weiterentwicklung. Sie reichte bis 1966. In dieser und der vorangehenden Phase waren die von der Christdemokratischen Union geführten Regierungen in Bonn die wichtigsten Weichensteller in der Sozialpolitik.

(3) Zwischen 1966 und 1969 wurde die Sozialpolitik durch Sanierungs- und Neuordnungsbemühungen gekennzeichnet, die von der, aus CDU/CSU und SPD bestehenden, Großen Koalition getragen wurden.

(4) Unter der seit Ende 1969 amtierenden sozialliberalen Koalition aus SPD und FDP erfolgte bis 1975 eine neue Phase der sozialstaatlichen Expansion, die erheblich erweiterte Sozialleistungen mit sich brachte.

(5) Die weltweiten Rezessionen der 70er und frühen 80er Jahre verknappten den Spielraum für die Sozialpolitik aller Regierungsparteien, unabhängig von ihrer politischen Färbung. Ab 1976 zeichnete sich eine neue Phase in der Sozialpolitik ab, die zunächst die Sicherung und Konsolidierung, allmählich jedoch auch schmerzhafte Kürzungen ins Netz der sozialen Sicherung beinhaltete. Das galt sowohl für die bis 1982 amtierende SPD/FDP-Koalitionsregierung als auch für die CDU/CSU/FDP-Regierung, die nach dem Partnerwechsel der FDP die Regierungsgeschäfte übernahm.

5.1 Aufbau der institutionellen Grundlagen des bundesrepublikanischen Sozialstaats (1949 - 1955)

Im Vordergrund der Sozialpolitik, die in den beiden ersten Legislaturperioden des Deutschen Bundestages (1949-1953 und 1953-1957) praktiziert wurde, standen der Wiederaufbau der Sozialversicherung und die Linderung der dringlichsten Notlagen.

Wiederaufbau und Linderung der Not

Der Bewältigung der Kriegs- und Nachkriegsfolgen dienten vor allem die Gesetze zur Versorgung der Kriegsopfer (Bundesversorgungsgesetz von 1950) und ein umfangreiches Programm zur Förderung des Wohnungsbaus sowie das Lastenausgleichsgesetz von 1952, das die Grundlagen für eine der größten Leistungen der Innenpolitik in den 50er Jahren schuf: die Eingliederung von mehr als 10 Millionen Vertriebenen und Flüchtlingen aus den Ostgebieten des ehemaligen Deutschen Reiches.

Bewältigung der Kriegs- und Nachkriegsfolgen

Die Richtlinien der Regierungspolitik waren eindeutig definiert: die vom Nationalsozialismus und vom Krieg hinterlassenen sozialen „Zeitbomben" sollten entschärft und die Geschädigten entschädigt werden. Im Kabinett galt die Maxime, daß „der innere soziale Frieden auf jeden Fall gesichert werden müsse". Die prinzipiell denkbare Alternative — nämlich bewußtes Offenhalten einer sozial und politisch explosiven Lage, um von den Alliierten unter Umständen die Rückgabe der Ostgebiete zu erzwingen — ist „nie auch nur erwogen worden", so schrieb der Bundesfinanzminister am 26. Mai 1952 an seinen Staatssekretär im Bundeskanzleramt (zitiert nach *Hockerts* 1980: 193).

Beibehaltung der gegliederten Struktur der Sozialversicherung

Wiedereinsetzung der Selbstverwaltung

Ferner wurde die Sozialversicherung wiederaufgebaut und dabei die ursprüngliche Gliederung beibehalten (Trennung von Arbeiter- und Angestelltenrentenversicherung, organisatorische Vielfalt der Krankenkassen, Bundesanstalt für Arbeitsvermittlung und Arbeitslosenversicherung). Darüber hinaus führte man wieder die Selbstverwaltung ein, freilich in einer gegenüber der Weimarer Republik und dem Kaiserreich veränderten Form. Die unionsgeführte Bundesregierung setzte nun in allen Sozialversicherungszweigen (außer der Knappschaftsversicherung) die Parität von Arbeitnehmer- und Arbeitgebervertretern durch, gegen die Opposition von Gewerkschaften und SPD, die das Modell der Arbeitnehmermajorität favorisierten. Mit der paritätischen Beteiligung von Arbeitnehmern und Arbeitgebern hatte man die Wiedereinsetzung der Arbeitnehmermajorität in der Krankenkassenverwaltung verhindert, die von 1883 bis 1934 gesetzlich verankert gewesen war.

Außerdem knüpfte man mit dem Selbstverwaltungsgesetz von 1951 an einer Tradition an, die aus der Weimarer Republik stammte: die verbandliche Selbstverwaltung (*Zöllner* 1981: 95; vgl. *Bogs* 1981).

Quantitative Aspekte der Sozialgesetzgebung

Mangelnden Fleiß kann man den Sozialgesetzgebern des Deutschen Bundestages der ersten Legislaturperiode nicht nachsagen. Detlev *Zöllner* hat folgende Bilanz gezogen:

> „In der ersten Legislaturperiode wurden 52 die Sozialversicherung betreffende Gesetze verabschiedet, eine Zahl, die in keiner späteren Legislaturperiode auch nur annähernd erreicht wurde. Zunächst bestand die Notwendigkeit, die nach 1945 eingetretene Rechtszersplitterung zu beheben, was im wesentlichen während der ersten Legislaturperiode abgeschlossen werden konnte. Ferner mußten die Einkommensgrenzen für die Bemessung der von Beiträgen und Leistungen an veränderte Verhältnisse angepaßt werden. Einer Anpassung bedurften auch die Geldleistungen, weil die Durchschnittslöhne sich in dem Jahrfünft 1948 - 1953 um mehr als 80 v.H. erhöhten" (*Zöllner* 1981: 93).

Neben den oben bereits erwähnten Gesetzen kamen Gesetze hinzu, mittels derer die sozialrechtliche Stellung besonderer Sozialgruppen geregelt wurde. Das Heimkehrergesetz von 1950, das Häftlingsgesetz für politische Häftlinge (1955) und das Schwerbehindertengesetz von 1953 sind hier zu nennen (*Hockerts* 1986).

Erweiterung des versicherten Personenkreises

In dieser Phase der bundesrepublikanischen Sozialpolitik wurde der soziale Sicherungsschutz erheblich ausgeweitet. In Jahresdurchschnitten gerechnet, schritt die Erweiterung der sozialen Sicherung in dieser Phase sogar schneller als in späteren Phasen voran. Im Durchschnitt der Jahre und im Durchschnitt der vier Sozialversicherungszweige stieg der Anteil der Versicherten an den Erwerbspersonen in der ersten Phase um 1,8 Prozentpunkte. An zweiter Stelle rangiert die Phase der sozialliberalen Reformpolitik zwischen 1969 und 1975 (1,2 Prozentpunkte), gefolgt von der Phase der Großen Koalition mit 0,9 Prozentpunkten Zuwachs. Weit abgeschlagen rangiert die Phase zwischen 1955 und 1966 auf dem letzten Platz (0,0 Prozentpunkte) (berechnet aus *Flora* u.a. 1983: 501).

Der Ausdehnungsgrad der Sozialversicherung zeigte jedoch nur einen Teil der Wahrheit. Nach anderen Meßlatten zu urteilen, war die Sozialpolitik in ihrer ersten Phase noch vergleichsweise schwach dosiert. Die Sozialleistungsquoten (öffentliche Sozialausgaben in Prozent des Bruttoinlandsproduktes) beispielsweise zeigen ein anderes Bild. Sie bleiben im großen und ganzen konstant bei 14 bis 15 Prozent (*Flora* u.a., 1983: 456; für breiter definierte Sozialausgaben vgl. *Alber* 1986b: 16f.). Im Vergleich zu anderen westlichen Ländern war das ein hohes Niveau, jedoch muß man den Kontext berücksichtigen: In Deutschland war die Zahl der Sozialleistungsempfänger hoch, bedingt durch die hohen Kriegsfolgen und das Bruttosozialprodukt noch vergleichsweise niedrig. Dennoch ist die relative Größe des Sozialhaushaltes eindrucksvoll, zumal die Sozialleistungsquote nun doppelt so hoch wie im Nationalsozialismus der Jahre 1934 - 1939 ist (*Zöllner* 1963: 21).

Entwicklung der Sozialleistungsquote

Diese Daten provozieren eine Reihe von Fragen. Warum nahm die Sozialleistungsquote gegenüber der nationalsozialistischen Ära so stark zu? Hier spielt der „Demokratie-Faktor" eine zentrale Rolle. Liberaldemokratische, verbandspluralistische Systeme haben — aufgrund ihrer relativen Offenheit gegenüber Konflikten, Interessensäußerungen und Öffentlichkeit — einen „natürlichen Trend" zur Sozialpolitik, der in der Regel stärker und egalitärer ist als der Hang zur Sozialpolitik in autoritären Regimes. Die höhere Sozialleistungsquote in der Bundesrepublik hat außerdem mit sozialen und demographischen Veränderungen zu tun: Der höhere Stand der Sozialleistungsquote geht in erster Linie aufs Konto eines starken Anstieges der Rentenversicherungs-Leistungen; mit Abstand folgt die Krankenversicherung und auf dem dritten Rang kommt die Kriegsopferversorgung, gefolgt von den Aufwendungen für den Lastenausgleich für Vertriebene und Flüchtlinge (vgl. *Zöllner* 1963: 21). Und schließlich kommt die Differenz zwischen dem hochgradig militarisierten Nationalsozialismus und der entmilitarisierten Bundesrepublik Deutschland der frühen 50er Jahre hinzu: Im Nationalsozialismus waren die Militärausgaben zunehmend in Konkurrenz zu Sozialausgaben getreten — *Petzina* u.a. sprechen in diesem Zusammenhang davon, daß noch in den 30er Jahren der „militärische Interventionismus" die Stelle des „sozialen Interventionismus" eingenommen hätte (*Petzina* u.a. 1978: 140). In der Bundesrepublik Deutschland hingegen fielen zwar ebenfalls Militärausgaben an — in Form der sogenannten Besatzungskosten — jedoch handelt es sich um Größenordnungen, die weit unter dem Niveau der NS-Zeit lagen und weit unter der Schwelle, an der die ernsthafte Konkurrenz mit den Sozialausgaben beginnt.

Gründe für die höhere Sozialleistungsquote in der BRD im Vergleich zum Nationalsozialismus

Es gibt demnach einige plausible Gründe für die — gegenüber dem Nationalsozialismus — stark erhöhte Sozialleistungsquote der Bundesrepublik Deutschland. Aber warum nahm die Sozialleistungsquote in den 50er Jahren nicht we-

Gründe für die konstante Sozialleistungsquote der 50er Jahre

sentlich zu, warum blieb sie nahezu konstant — im Gegensatz zu den 60er und 70er Jahren? Eine Antwort liegt auf der Hand: trotz geringerer Militärausgaben waren die Staatsfinanzen knapp, und obendrein konkurrierten eine Fülle anderer Aufgabenbereiche mit der Sozialpolitik. Das Argument ist einleuchtend, es reicht jedoch nicht aus.

Bestimmungsfaktoren der konstanten Sozialleistungsquote Die nahezu konstante Sozialleistungsquote der 50er Jahre spiegelte nämlich bewußte gesellschafts- und wirtschaftspolitische Weichenstellungen wider. Soziale Sicherung galt den Regierungen in Bonn als unverzichtbare Voraussetzung politischer Stabilität im Inneren und Abwehrkraft nach außen. Freilich waren dabei die Grenzen klar markiert. Die staatliche soziale Sicherung sollte nur dort zum Zuge kommen, wo der Sozialschutz nicht durch Erwerbstätigkeit oder familiäre Sicherungsnetze gewährleistet war (Subsidiaritäts-Prinzip). Ferner durfte die Sozialpolitik nicht ,,die Grundlage aller sozialen Sicherheit, die Währungsstabilität'' gefährden, so die Regierungserklärung von 1961 (*Behn* 1981: 97). Außerdem fand die Sozialpolitik ihre Grenze vor der Schwelle zum ,,totalen Versorgungsstaat, der früher oder später den Wohlstand vernichten würde'', so eine Formulierung des Bundeskanzlers Konrad *Adenauer* in der Regierungserklärung vom 29. 1. 1957 (zitiert nach *Behn* 1971: 68). Überdies setzte die Sozialpolitik-Konzeption der CDU/CSU-geführten Bundesregierungen der 50er Jahre in ganz starkem Maße auf die gleichsam ,,anonyme Sozialpolitik des Marktes'' (*Rosenberg* 1976: 217) und die Wahrung von Preisstabilität. ,,Die beste Sozialpolitik'', so sagte Konrad *Adenauer* in der Regierungserklärung von 1949, ist ,,eine gesunde Wirtschaftspolitik..., die möglichst vielen Arbeit und Brot gibt'' (zitiert nach *von Beyme* 1979: 64).

Unter diesen Bedingungen gab es zwar Spielraum für ansehnliche Sozialleistungen, jedoch stieß die Expansionsdynamik der Sozialleistungsquote schnell an harte obere Grenzen. Hierdurch erklärt sich das nahezu konstante Niveau der Sozialleistungsquote in den 50er Jahren. Im übrigen funktionierte die stille Sozialpolitik des Marktes sehr gut. In wirtschaftspolitischen und wirtschaftlichen Fragen konnte sich die Bilanz der Regierungspolitik der 50er Jahre tatsächlich sehen lassen. Zwischen 1951 und 1960 wuchs die Wirtschaft im Durchschnitt der Jahre real um mehr als 6 Prozent. Die Arbeitslosenquoten wurden rasch vermindert, und binnen 10 Jahre wurde aus Massenarbeitslosigkeit Vollbeschäftigung gemacht — und das bei stark zunehmender Zahl der Erwerbssuchenden. In gewisser Weise wiederholte das Wirtschaftswunder der Bundesrepublik das Wirtschaftswunder des Nationalsozialismus der Jahre 1933 bis 1939 — jedoch mit zwei fundamental wichtigen Unterschieden: diesmal fand die Wiedergewinnung von Vollbeschäftigung auf demokratischer *und* friedenswirtschaftlicher Grundlage statt (*Abelshauser* 1981) — und das war mindestens ebenso sensationell wie das Wirtschaftswunder der Jahre 1933-39.

5.2 Konsolidierung und Weiterentwicklung (1956 - 1966)

Lücken der sozialen Sicherung und Freilich kamen die Früchte des Wirtschaftswunders nicht allen Bürgern gleichermaßen und gleich schnell zugute. Zwar nahm der durchschnittliche, pro-

Kopf berechnete Wohlstand enorm stark zu, und zweifellos profitierte die große Handlungsbedarf in Mehrzahl der Erwerbstätigen und Erwerbssuchenden von dem rasanten Wirt- der Sozialpolitik schaftsaufschwung der 50er Jahre. Jedoch blieben sozial und ökonomisch schwächere Gruppen im Hintertreffen.

Ein Vergleich der Altersrenten und der Löhne verdeutlicht das. In den 50er Jahren entsprach die Höhe der durchschnittlichen Altersrenten etwa 30 Prozent der vergleichbaren Löhne und Gehälter. Das war sehr wenig und das war beson- ders brisant, wenn man es in Relation setzte zu den Lebenshaltungskosten und dem sichtbar werdenden Wohlstand der besser gestellten Einkommensbezieher. Hier staute sich ein Handlungsbedarf für die Sozialpolitik. Er wurde von den Politikern der Regierungsparteien anerkannt, bestand doch eines ihrer Ziele in der Verhinderung oder zumindest dem Abbau sozialer Spannungen, die sich aus innen- oder außenpolitischen Gründen als gefährlich erweisen könnten (vgl. z.B. die Regierungserklärung von 1953, *Behn* 1971: 40). Hier standen traumati- sche Erfahrungen aus dem Zusammenbruch der Weimarer Republik mit der Sorge um den Wettbewerbsvorsprung vor der Opposition und der Systemkon- kurrenz zwischen Ost und West Pate. Hierin liegen auch einige Motive für die Rentenreform von 1957 und weitere soziale Reformen.

1957 wurde eine der bedeutendsten sozialpolitischen Reformen der deutschen Rentenreform 1957: Geschichte auf den Weg gebracht: die Rentenreform (vgl. *Hockerts* 1980). Sie beinhaltete drei fundamentale Änderungen der Alterssicherung:

— Durch die Reform wurden die laufenden Renten um 65 Prozent (Arbeiter- — Rentenerhöhung rentenversicherung) bzw. um 72 Prozent (Angestelltenversicherung) erhöht. Damit wurde die Lebenslage vieler Rentner entscheidend verbessert, die bislang im Schatten des Wirtschaftsbooms standen.

— Zweitens verankerte der Gesetzgeber das Prinzip der beitragsäquivalenten, — Beitragsäquiva- lente, einkom- mensbezogene Rente einkommensbezogenen Rente. Hiermit sollte der Einkommens- und Lebens- standard und Sozialstatus der Beitragszahler im Alter annähernd aufrechter- halten werden. In Zahlen ausgedrückt: einem Arbeitnehmer, der vierzig Jahre lang Beiträge in die Rentenversicherung einbezahlte und dessen Lohn in all diesen Jahren dem Durchschnittslohn aller Versicherten entsprach, stand eine Rente in Höhe von 60 Prozent der durchschnittlichen Bruttolöhne der versicherungspflichtigen Arbeitnehmer zu.

— Damit ist ein drittes Merkmal der Rentenreform angesprochen: die soge- — Dynamisierung der Rentenan- passung nannte Dynamisierung der Renten. Ihr Ziel war es, die Rentner am wachsen- den Sozialprodukt teilhaben zu lassen.

Die Höhe der Renten wurde nunmehr aus vier multiplikativ miteinander ver- knüpften Faktoren berechnet: Da ist zunächst die *allgemeine Bemessungs- grundlage.* Sie koppelt das Niveau der Altersrenten an das Bruttoarbeitsentgelt Rentenformel aller Versicherten; sie läßt — vereinfacht gesagt — mit einer gewissen zeitlichen Verzögerung die Rentner am steigenden Lebensstandard teilhaben. Die allge- meine Bemessungsgrundlage wird durch Rentenanpassungsgesetze jährlich neu festgelegt. Man orientiert sich — zumindest bis zu den Sparmaßnahmen, die seit 1977 zum Zuge kamen — an der Entwicklung des Bruttoarbeitsentgelts aller Versicherten in den drei Kalenderjahren (bzw. seit 1984 im Kalenderjahr) vor dem Jahr, für das die allgemeine Bemessungsgrundlage ermittelt wird. 1960 beispielweise lag die allgemeine Bemessungsgrundlage bei DM 5.072 (und damit um rund 1.000 DM unter dem durchschnittlichen Bruttojahresarbeitsentgelt dieses Jahres), und 1984 bei DM 26.310 (und damit rund ein Viertel unter dem Niveau des durchschnittlichen Bruttojahresarbeitsentgelts dieses Jahres) (vgl. *Statistisches Jahrbuch der Bundesrepublik Deutschland* 1986: 403).

Die zweite Komponente in der Rentenformel ist der *durchschnittliche persönliche Prozentsatz*. Er setzt sich wie folgt zusammen: Summe der jahresdurchschnittlichen Anteile des Bruttojahresarbeitsentgelts des Versicherten am Bruttojahresarbeitsentgelt aller Versicherten (Arbeiter und Angestellte) — dividiert durch die Anzahl der beitragspflichtigen Jahre. Der persönliche Prozentsatz bildet die Position ab, die der Versicherte während seines Arbeitslebens in der Einkommenspyramide eingenommen hat. Er überträgt diese Position auf die Höhe der Altersrente. Vereinfacht gesagt: höheres Arbeitseinkommen im Arbeitsleben führt zu höheren Renten und niedriges Arbeitseinkommen zu niedrigen Renten. Aus der Multiplikation der allgemeinen Bemessungsgrundlage mit dem durchschnittlichen persönlichen Prozentsatz ergibt sich die sog. *individuelle Bemessungsgrundlage*.

Der dritte Faktor in der Rentenformel ist die *Versicherungsdauer*. Hierzu zählen die Jahre, in denen Versicherungsbeiträge entrichtet wurden sowie — nach Maßgabe von Sondervorschriften — Ersatzzeiten (Wehrdienst, Kriegsgefangenschaft) und Ausfallzeiten (z.B. wegen Krankheit, Unfall, Arbeitslosigkeit und Ausbildungszeit).

Als vierter Faktor kommt der sogenannte *Steigerungssatz* ins Spiel. Er liegt bei 1 Prozent für Berufsunfähigkeitsrenten und bei 1,5 Prozent für Erwerbsunfähigkeitsrenten und Altersruhegehälter, d.h. der Jahresbetrag der Rente wegen Berufsunfähigkeit ist für jedes anrechnungsfähige Versicherungsjahr 1 v.H. der individuellen Bemessungsgrundlage, bei der Rente wegen Erwerbsunfähigkeit und beim Altersruhegeld 1,5 v.H.

Rentenformel   Die Rentenberechnung erfolgt nach der Rentenformel R = r * n * p * B, wobei „R" für Renten in DM (Jahresrente), „r" für Steigerungssatz, „n" für Versicherungsdauer, „p" für durchschnittlicher persönlicher Prozentsatz und „B" für allgemeine Bemessungsgrundlage stehen. Dieser Formel zufolge erzielt ein Versicherter mit 35 anrechnungsfähigen Versicherungsjahren und einem individuellen Bruttojahresarbeitsentgelt, das immer um 10 % über dem durchschnittlichen Bruttoarbeitsentgelt aller Versicherten lag, am Ende des Jahres 1984, für das die allgemeine Bemessungsgrundlage auf DM 26.310 festgesetzt wurde, ein Altersruhegeld (ohne Höherversicherung und Kinderzuschüsse) von

R = 1,5 % * 35 Jahre * 110 % * DM 26.310
  = 0,015 * 35 * 1,1 * 26 310
  = DM 15.194,03.

Das entspricht 58 Prozent der allgemeinen Bemessungsgrundlage und 44 Prozent des durchschnittlichen Bruttojahresarbeitsentgelts von 1984, wobei letzteres freilich vollständig zu versteuern und obendrein sozialabgabenpflichtig ist).

Die „innere Logik" der Rentenformel ist einleuchtend: die Renten sind umso höher, je höher der Steigerungssatz, je länger die Versicherungsdauer, je überdurchschnittlicher das Arbeitseinkommen im Arbeitsleben und je höher das Wohlstandsniveau in den Jahren vor Ermittlung der Jahresrente; und umgekehrt gilt: die Renten sind niedrig, wenn der Steigerungssatz niedrig ist (wie bei Berufsunfähigkeit), wenn zugleich die Versicherungsdauer klein ist, das Arbeitseinkommen unter dem Durchschnitt lag und die wirtschaftliche Entwicklung der letzten Jahre durch Krisen und Einkommenseinbußen gekennzeichnet war.

Bei der Rentenreform von 1957 handelte es sich nach dem beinahe übereinstimmenden Urteil der Fachwelt um eine große Reform, und nur wenige waren über die finanzierungspolitische Brisanz der Rentenreform besorgt. Nicht alles was die Fachwelt erfreut, findet Anklang bei der Bevölkerung. Die Rentenreform jedoch war überaus populär; nach Umfragen des Allensbacher Instituts für Demoskopie zu urteilen, war sie sogar das bis dahin populärste politische Ereignis in der achtjährigen Geschichte der Bundesrepublik Deutschland (vgl. *Hockerts* 1980: 424f. und 1981: 329).

In gesellschaftspolitischer Hinsicht trug die Rentenreform von 1957 die Handschrift einer bürgerlich-christlich-sozialreformerischen Regierung. Sie war eine Alternative zu konkurrierenden Modellen der Sozialpolitik. Sie unterschied sich beispielsweise fundamental vom Modell einer Sozialpolitik, die selektiv und nach Maßgabe von Bedürftigkeitstests eingreift (liberales, marktorientiertes Modell der Sozialpolitik). Sie unterschied sich jedoch auch markant vom Modell einer auf Rechtsansprüche basierenden Staatsbürgerversorgung (wohlfahrtsstaatliches Modell der Sozialpolitik), wie es z.B. annäherungsweise im Plan des britischen Sozialpolitikers *Beveridge* entwickelt und unter anderem in der schwedischen Volksversicherung von 1957 verwirklicht worden war.

Einen „mittleren Weg" kann man der Rentenreform von 1957 auch im Hinblick auf ihre Wirkung auf die Einkommensverteilung bescheinigen. Wie erwähnt, verbesserte sie die Einkommenslage vieler Rentner erheblich. Andererseits trug sie zu einer größeren Differenzierung der Renten bei. Hierdurch entstand mehr Ungleichheit. Sie resultiert aus der Streichung fester, für alle Altersrentenempfänger geltender Rentenbestandteile und ferner aus dem Umstand, daß die neue Rentenberechnungsformel die persönliche Leistung im bezahlten Arbeitsleben stärker gewichtete (Versicherungsdauer und Höhe des individuellen Arbeitsverdienstes sind zwei maßgebende Komponenten).

Die Rentenreform brachte somit unterschiedliche Verteilungswirkungen mit sich. Zwischen den Generationen wurde viel umverteilt, innerhalb der Generationen und zwischen sozialen Gruppen jedoch wenig (vgl. *Hockerts* 1980: 424). Wer höhere Arbeitseinkommen erworben hat, wird von der Reform langfristig am meisten belohnt, andererseits wurden Gruppen, die geringere Einkommen erzielten und/oder nicht dauernd vollzeitbeschäftigt waren, eher benachteiligt. Leer gingen demgegenüber diejenigen aus, die — aus welchen Gründen auch immer — nicht oder unregelmäßig in einem bezahlten, beitragspflichtigen Beschäftigungsverhältnis standen.

Die Rentenreform von 1957 war, auch nach Abwägung aller Vor- und Nachteile, eine soziale Leistung erster Ordnung. An diesem Urteil vermag auch der berechtigte Einwand nicht zu rütteln, daß die Bundesregierung zunächst ehrgeizigere Pläne verfolgt hatte (*Hockerts* 1980). Eigentich wollte man eine umfassende und nicht nur eine auf die Alterssicherung beschränkte Reform der Sozialversicherung. So wurde es beispielsweise in der Regierungserklärung von 1953 angekündigt. Die ganz große Neuordnung scheiterte jedoch an politischen und bürokratischen Barrieren innerhalb der Regierungsparteien und der Ministerialbürokratie. Immerhin blieb eine Reform übrig, die im In- und Ausland viel Beachtung fand (*Hockerts* 1981: 321).

Kosten der Rentenreform von 1957

Freilich war die Reform nicht zum Nulltarif zu haben. Ihre Kosten waren erheblich, und später sollte die bruttolohnbezogene Dynamisierung der Renten noch manchem Sozial- und Finanzminister schlaflose Stunden bereiten. Nur wenige hatten das 1957 vorausgesehen — was durchaus verständlich ist, wenn man sich das hohe Wachstum der 50er Jahre vergegenwärtigt. Aber immerhin gab es schon damals kritische Stimmen: Ludwig *Ehrhard* beispielsweise sprach vom „Gift der Dynamisierung", das die Reform in die Rentenversicherung geträufelt habe (zitiert nach *Merklein* 1986: 137).

Ferner kam eine rapide zunehmende Nachfrage nach Renten hinzu. Die Zahl der Personen im Rentenalter nahm zu. Unter den Bedingungen des Wirtschaftswunders waren die Kosten der Reform freilich leichter zu verkraften als in Phasen wirtschaftlicher Krisen. Zweifellos kam jedoch ein Kostenschub auf Arbeitgeber und Arbeitnehmer zu. Die von ihnen zu entrichtenden Beiträge zur Rentenversicherung stiegen von 11 Prozent des beitragspflichtigen Bruttolohnes auf 14 Prozent. Zur Entlastung wurden die Beitragssätze für die Arbeitslosenversicherung (die ebenfalls jeweils zur Hälfte von Arbeitgebern und Arbeitnehmern zu zahlen waren) von drei auf zwei Prozent gesenkt. Das war aus arbeitsmarktlichen Gründen gut zu vertreten: die Wirtschaft steuerte in diesen Jahren auf die Vollbeschäftigung zu.

Weitere sozialpolitische Aktivitäten

Die ausführlichere Beschäftigung mit der Rentenreform von 1957 könnte den Eindruck erwecken, daß die Sozialpolitik der 50er und frühen 60er Jahre sich in der Rentenpolitik erschöpft habe. In diese Richtung könnte auch der weiter oben präsentierte Befund interpretiert werden, demzufolge der von der Sozialversicherung erfaßte Personenkreis nahezu konstant blieb. Und immerhin gelten bei führenden Experten der Sozialpolitik-Forschung die Jahre zwischen 1957 und 1966 als die sozialpolitisch konservativste Periode, konservativer als die Sozialpolitik vor 1955 und nach 1966 (*Michalsky* 1984a: 142).

Reform des Kindergeldes

Und dennoch blieben die Sozialpolitiker auch weiterhin recht rührig, insbesondere in Bereichen, die über die Sozialversicherung hinausweisen. Beispielsweise wurde 1961 das Kindergeld reformiert. Seit sieben Jahren war eine Regelung in Kraft, derzufolge Kindergeld erst ab dem dritten (!) Kind gewährt wurde. Gemäß der Reform von 1961 bestand nunmehr immerhin für das zweite Kind Anspruch auf Kindergeld (erst 1975 wurde das Kindergeld für das erste Kind eingeführt). Hinzu kamen zwei Gesetzgebungswerke, die für die schwächsten Sozialgruppen wichtig wurden.

Wohngeld

Da war zum einen die Einführung des Wohngeldes als flankierende Maßnahme zur zunehmenden Liberalisierung des Wohnungsmarktes. Das Wohngeld sollte soziale Härten mildern, die sich für einkommensschwächere Mieter aus dem Abbau der bis dahin geltenden Wohnraum-Zwangsbewirtschaftung, und der hierdurch bedingten Mietpreissteigerung ergaben.

Eine weitere wichtige Station im Ausbau des Sozialstaats wird durch die Verabschiedung des Bundessozialhilfegesetzes (1961) markiert. Der Gesetzgeber vervollständigte hierdurch die für das Sozialrecht der Bundesrepublik charakteristische Unterscheidung zwischen Versicherungsprinzip, Versorgungsprinzip und Fürsorge:

Bundessozialhilfegesetz 1961

Das *Versicherungsprinzip* orientierte sich an Grundsätzen einer privatwirtschaftenden Versicherung; Ansprüche auf Leistungen entstehen ausschließlich durch vorherige Beitragszahlungen (in modifizierter Form in der Renten-, Kranken- und Unfallversicherung gültig).

Versicherungsprinzip, Versorgungsprinzip, Fürsorgeprinzip

Sozialleistungen nach dem *Versorgungsprinzip* werden nach Maßgabe gesetzlich fixierter Rechtsansprüche aus Steuermitteln finanziert (Beispiel: Entschädigung für Opfer und Benachteiligungen).

Beim *Fürsorgeprinzip* gilt die über öffentliche Haushaltsmittel finanzierte und an Bedürftigkeitstests gebundene Bedarfsdeckung (Beispiel: Sozialhilfe).

Das Bundessozialhilfegesetz von 1961 stellte die rechtliche Grundlage für das unterste soziale Sicherungsnetz. Es sollte für den Fall Schutz bieten, daß andere Sicherungssysteme — staatlicher oder privat-familiärer Natur — versagen. Die Gesetzgebung von 1961 schuf einen einklagbaren Rechtsanspruch auf Sozialhilfe. Sozialhilfe sollte, so der Anspruch, Hilfe zur Lebensbewältigung und zum Führen eines menschenwürdigen Lebens geben.

Man geht nicht zu weit, wenn man hierin ein wohlmeinendes Postulat sieht, das oftmals frommer Wunsch bleibt (*Hentschel* 1983: 196; *Leibfried/Tennstedt* 1985). Die Regelsätze der Sozialhilfe waren und sind so knapp bemessen und die Inanspruchnahme von Sozialhilfe ist mit so hohen administrativen und sozialen Hürden verbunden (Bedürftigkeitsprüfung, Abwehrverhalten auf seiten der Sozialadministration, soziale Ächtung), daß die Zahl der Personen, die trotz Anspruchsberechtigung Sozialhilfe nicht beantragen, sehr groß ist. Diejenigen, die Sozialhilfe empfingen, hatten oftmals nicht mehr, als zur Sicherung einer dürftigen Existenz notwendig war. Aber auch hier wird die Bewertung durch einen Blick in die Geschichte relativiert: obgleich die Leistungen knapp bemessen sind, so war mit dem Bundessozialhilfegesetz gegenüber früher viel erreicht, im Hinblick auf höhergesteckte eigene Ziele jedoch noch recht wenig (*Alber* 1986b: 57f.).

Anspruch und Realität der Sozialhilfe

Einer verbreiteten Sichtweise zufolge haben die von der Christdemokratie geführten Regierungen der 50er und 60er Jahre dem Markt mehr und dem Staat weniger Spielraum verschafft. Ferner wurden die Regierungen unter Konrad *Adenauer* und Ludwig *Erhard* ob ihrer Zurückhaltung in Sachen Investitionslenkung und Strukturpolitik gelobt oder kritisiert — je nach politischem Standpunkt der Kommentatoren. Diese Sichtweise der christdemokratischen Regierungspolitik wird der Realität nicht ganz gerecht. De facto gab es sehr viel mehr indirekte und direkte Lenkung, als das die offizielle Rhetorik nahelegte. Diese These läßt sich insbesondere an der Wirtschaftspolitik (vgl. *Shonfield* 1969), aber auch an der Sozialpolitik verdeutlichen. Die Sozialleistungsquoten der 50er und 60er Jahre zählten zu den höchsten in der ganzen Welt (*Alber* 1983a: 94).

Verhältnis von Markt und Staat in der Politik der CDU/CSU-geführten Regierungen

Aber auch weniger großkalibrige Beispiele lassen sich unschwer finden. Die Sozialpolitik für Landwirte bietet gutes Anschauungsmaterial. Sie wurde eng mit strukturpolitischen Korrekturen der Landwirtschaft verknüpft. Der Hintergrund war folgender: Die Diskussion um die Alterssicherung, die in den 50er Jahren aufgeflammt war, führte bei den Sozialpolitikern zur Erkenntnis, daß die Mehrzahl der kleineren Selbständigen aus ihren Einkommen keine eigenständige Alterssicherung erwirtschaften konnten. Im Agrarsektor war mit diesem Problem ein wirtschaftsstrukturelles Problem verknüpft. Hier ergab sich zunehmend, wie Detlev *Zöllner* (1981: 104f.) beschrieben hat,

> ,,das Bedürfnis, einen über den naturalen Altenteilanspruch hinausgehenden Ausgleich zwischen der alten und der jungen Generation zu schaffen. Die vorwiegend kleinbäuerlich geprägte Betriebsstruktur... machte die Bargeldversorgung der alten Generation schwierig und hatte eine verzögerte Hofabgabe zur Folge. Dies wiederum stand dem damals sehr populären Ziel einer Verbesserung der Agrarstruktur entgegen".

Hier setzte das Gesetz über die Altershilfe für Landwirte (1957) an. Es bot neuartige Lösungen für die Bewältigung des sozialen und des wirtschaftsstrukturellen Strukturproblems. Die Gewährung des Altersgeldes gemäß dem Gesetz von 1957 wurde an die Voraussetzung der Hofabgabe geknüpft, gleichviel ob es sich um eine Übergabe des Hofes an Erben, um Veräußerung oder Verpachtung handelte. Das Gesetz tat seine Wirkung. Die Hofabgabe wurde beschleunigt, und das Durchschnittsalter der Betriebsinhaber sank deutlich. Um diese Wirkung, aber auch den gewünschten sozialpolitischen Effekt zu erhalten, wurde die gesamte ,,alte Last" in die Leistungsberechtigung einbezogen:

> ,,für ältere Landwirte genügt der Nachweis einer Tätigkeit als landwirtschaftlicher Unternehmer anstelle der für die Zukunft erforderlichen Beitragsentrichtung. Sie wurden behandelt, als ob sie früher Beiträge entrichtet hätten" (*Zöllner* 1981: 105).

Widerstände gegen
Neuordnung der
Sozialpolitik: der
Fall der Kranken-
versicherungs-
reform Nicht in allen Bereichen war die Sozialpolitik der Bundesregierungen der 50er und frühen 60er Jahre erfolgreich. Einige Projekte scheiterten an politischen Widerständen. Der spektakulärste Fall war wohl der Versuch, die Krankenversicherung zu reformieren. Er sah unter anderem vor, Ärzte nach Einzelleistungen zu vergüten und die Patienten an ärztlichen Leistungen finanziell selbst zu beteiligen, um somit die Versicherungsleistungen von den leichten Krankheitsfällen auf die schweren, langwierigen Fälle zu übertragen.

Hier materialisierte sich ein Programm, das in der Regierungserklärung von Bundeskanzler Konrad *Adenauer* am 19. 10. 1957 so skizziert wurde:

> ,,Die Sozialreform wird fortgeführt werden... Die Sozialreform wird sich jedoch nicht in... dem Ausbau solidarischer Sicherungseinrichtungen erschöpfen können. ...Die Bundesregierung ist entschlossen, den Gedanken der Selbsthilfe und privaten Initiative in jeder Weise zu fördern und das Abgleiten in den totalen Versorgungsstaat... zu verhindern" (zitiert nach *Zöllner* 1981: 107).

Was die Krankenversicherungsreform betrifft, so scheiterte der Versuch, private Initiative zu fördern und die Patienten finanziell selbst zu beteiligen an einer eigentümlich zusammengesetzten Koalition. Die Reformer stießen auf heftige Opposition — innerhalb des Parlaments bei Arbeitnehmervertretern von SPD und CDU und außerhalb des Bundestages bei den Gewerkschaften und — noch wichtiger — den Standesorganisationen der Ärzte (vgl. *Naschold* 1967; *Alber* 1986b: 107ff.). Sozialdemokratie, CDU-Arbeitnehmerflügel und Ge werkschaften befürchteten die Einschränkung ärztlicher Leistungen, die Ärzte-verbände wandten sich gegen den Eingriff in ihre Autonomie und gegen die ih-nen zugedachte „Inkasso-Funktion". An dieser Opposition scheiterte die an-sonsten durchaus durchsetzungsfähige Regierung *Adenauer*.

5.3 Große Koalition (1966 — 1969)

Über kaum eine andere Phase der Sozialpolitik wurden so viele Fehlurteile gefällt wie über die Phase der Großen Koalition von 1966 bis 1969. Helga *Michalsky* beispielsweise sprach von einer „vollkommene(n) Vernachlässigung der Sozialpolitik zugunsten von Finanz- und Wirtschaftspolitik" (1984a: 148) — ob-wohl sie anschließend auf einige fundamentale Weichenstellungen der Sozialpo-litik hinweist. Ähnlich inkonsistent fallen die Urteile in Erich *Standfest*s Schrift über Sozialpolitik als Reformpolitik aus: Unterschiedliche
Beurteilungen der
Sozialpolitik der
Großen Koalition

> „Die Große Koalition, die zusammengezwungen (sic!) wurde, um die Probleme der ersten Nachkriegsrezession und die politischen Folgen zu bewältigen, brachte in der sozialpolitischen Programmatik verständlicherweise nichts zustande" (*Standfest* 1979: 41f.),

obwohl der Autor im nächsten Satz von „drei bemerkenswerte(n), gesetzgeberi-che(n) Durchbrüche(n)" spricht (*Standfest* 1979: 42).

In einer ansonsten hervorragenden Studie über die Gesetzgebung zwischen 1966 und 1969 werden die Erhöhungen der Beitragssätze zur Rentenversiche-rung zusammen mit einer Ergänzungsabgabe, die vor allem höhere Einkom-mensgruppen traf, und der Mehrwertsteuererhöhung von 1968 schlankweg un-ter der Rubrik „eindeutige Verschlechterungen der materiellen Lebensstellung der Bevölkerung" (*Nahamowitz* 1978: 206) eingeordnet. Und auch in der mate-rialreichen Analyse von Detlev *Zöllner* über ein Jahrhundert Sozialversiche-rung in Deutschland wird die Charakterisierung der Sozialpolitik der Großen Koalition als „Ökonomisierung und Anpassung" (*Zöllner* 1981: 109) dem vom Verfasser ausgebreiteten Material nicht gerecht.

Man kann derartige Fehlurteile verstehen. Sie erklären sich aus sachlichen Gründen — in manchen Bereichen der Sozialversicherung griff die Koalitions-regierung zu Einsparungsmaßnahmen —, aber auch aus politischen Gründen: die Große Koalition war bei zahlreichen Beobachtern des politischen Gesche-hens nicht sonderlich beliebt. Das erklärt vielleicht auch, warum die Sozialpo-litik der Großen Koalition bislang noch nicht in dem Maße wissenschaftlich un-tersucht wurde, wie sie das eigentlich verdient hätte und warum demgemäß auch die Wahrscheinlichkeit von Fehlurteilen größer ist.

Die Große Koalition war als Antwort auf eine politische und eine ökonomi-sche Krise entstanden. Die FDP trat im November 1966 aus der Koalition mit der CDU/CSU aus. Ausschlaggebend hierfür waren große Differenzen über den Kurs der Wirtschafts- und Sozialpolitik sowie die Sorge, bei anstehenden Wahlen Stimmen zu verlieren (*Hildebrand* 1984). Die Auseinandersetzungen waren von der ersten größeren Rezession gezeichnet, die 1966 auf die Bundesre-publik hereinbrach. Die Rezession war ungleich milder als die Krisen der 70er und 80er Jahre, sie alarmierten jedoch die vom Wirtschaftswunder verwöhnten Entstehung der
Großen Koalition

79

Wähler und Politiker in einem hohen Maße. So ist verständlich, warum die Politiker der regierenden Christdemokratie und der oppositionellen SPD zu großen Änderungen ihres politischen Kurses bereit waren. Beide Parteien gingen in Bonn im Dezember 1966 in Große Koalition ein. Die Abwehr und Bewältigung der Wirtschaftskrise war ein großer Punkt auf der Tagesordnung der neuen Regierung — neben einer Reihe von Verfassungsänderungen in sicherheits-, finanz- und wirtschaftspolitischen Fragen (z.B. Notstandsverfassung, Stabilitätsgesetz, Neuordnung der föderalistischen Finanzverfassung).

Sozialpolitische Neuerungen:

— Sanierung der Rentenfinanzen

In der Sozialpolitik schien tatsächlich zunächst nur eine Politik der „Ökonomisierung und Anpassung" (*Zöllner* 1981: 109) ins Haus zu stehen. De facto wurde jedoch mehr daraus: Zunächst einigte man sich auf eine Strategie der Sanierung der finanziell in Probleme geratenen Rentenversicherung. Sie wurde in zwei Schritten realisiert: Man reduzierte die Bundeszuschüsse zur Rentenversicherung und erhöhte die Beitragssätze auf 15 Prozent ab 1968, 16 Prozent ab 1969 und 17 Prozent ab Anfang des Jahres 1970. Finanzielle Gründe standen auch einer weiteren Neuregelung Pate, die zugleich als sozialpolitisch erwünscht angesehen wurde: die Beseitigung der Versicherungspflichtgrenze in der Rentenversicherung für Angestellte. Sie hatte zum Ergebnis, daß alle Angestellten (die Bezieher hoher Gehaltseinkommen eingeschlossen) beitragszahlende Mitglieder der Rentenversicherungen wurden (wobei freilich die Belastung der höheren Verdienstgruppen durch die Beitragsbemessungsgrenze gemildert wurde; sie gibt die Höhe des Einkommens an, bis zu der der einkommensbezogene Prozentanteil der Rentenversicherungsbeiträge berechnet wird). Infolge der Ausweitung des Versichertenkreises flossen der Rentenversicherung, deren Kassen insbesondere auf Grund der Rentendynamisierung von 1957 und infolge der zunehmenden Zahl der Rentner strapaziert worden waren, neue Mittel zu.

— Finanzausgleich zwischen den Rentenversicherungen

Zum Ende der Legislaturperiode (1969) kam eine zweite versicherungstechnisch (und politisch) bedeutsame Veränderung hinzu. Der Gesetzgeber führte einen Finanzausgleich zwischen den Rentenversicherungen der Arbeiter und der Angestelltenversicherung ein. Hierdurch sollte die ungleiche Finanzentwicklung in diesen Versicherungszweigen behoben werden, die ihrerseits unterschiedliche Entwicklungen im Zahlenverhältnis zwischen Beitragszahlern und Rentnern widerspiegelte. Dieses Zahlenverhältnis lag in der Rentenversicherung für Angestellte viel günstiger als in der Arbeiterrentenversicherung.

Um die bei gleichen Leistungen und finanzieller Unabhängigkeit beider Versicherungen erforderliche Konsequenz zu vermeiden, die darin bestanden hätte, unterschiedliche Beitragssätze einzuführen, war zunächst ein Ausgleich über eine entsprechende Verteilung von Bundeszuschüssen gesucht worden (1964). Der unter der Großen Koalition eingerichtete finanzielle Verbund sah hingegen unmittelbare Ausgleichszahlungen vor, sobald das Vermögen eines Versicherungszweiges ein bestimmtes Verhältnis zu den Ausgaben unterschreitet und dasjenige des anderen Versicherungszweiges ein bestimmtes Verhältnis überschreitet. Ferner wurden beiden Versicherungen eine gegenseitige Liquiditätshilfe vorgeschrieben (*Zöllner* 1981: 111).

Das mag technisch, abstrakt und trocken klingen. Die politische Bedeutung der versicherungstechnischen Reform erschließt sich einem nicht ohne weiteres: Sie liegt in der Angleichung der Arbeiterrentenversicherung an die Angestelltenversicherung. Der Finanzausgleich zwischen der Arbeiter- und Angestelltenversicherung war lange Zeit umstritten. Vor allem die Vertreter der Angestellten liefen gegen ihn Sturm. Er galt als „Enteignung der Angestellten" (*Muhr* 1977: 482).

Auch bei einem dritten sozialpolitischen Eingriff der Großen Koalition wurde die Privilegierung der Angestelltenschaft angetastet: Die Große Koalition löste die seit langem schwelende Streitfrage der Lohnfortzahlung im Krankheitsfall. Nachdem sie bisher nur den Angestellten zugestanden war, galt die sechswöchige Lohnfortzahlung im Krankheitsfall samt Sozialversicherung nunmehr auch für Arbeiter. Für Betriebe mit weniger als 20 Beschäftigten wurde, um die Belastung zu vermindern, ein durch Umlagebeiträge gespeister Ausgleichsfond errichtet.

— Lohnfortzahlung im Krankheitsfall

Die Gleichstellung der Arbeiter mit den Angestellten war nicht nur sozialpolitisch, sondern zugleich auch gewerkschaftspolitisch von großer Bedeutung. Immerhin waren die Gewerkschaften für die Lohnfortzahlung für Arbeiter 1955 in einen wochenlangen Streik gezogen (Metallarbeiterstreik in Schleswig-Holstein). Die endgültige Beilegung des alten Konfliktes war zweifellos ein großes — von den Gewerkschaften willkommen geheißenes — Kooperations-Signal an die Arbeiterbewegung.

Allen drei genannten sozialpolitischen Reformprojekten der Großen Koalition — Wegfall der Versicherungspflichtgrenze für Angestellte, Finanzausgleich zwischen Arbeiter- und Angestelltenversicherung und sozialversicherungsrechtliche Ergänzung der Lohnfortzahlung im Krankheitsfall — war eines gemeinsam: sie verbesserten die soziale Lage der Arbeiterschaft bzw. ihrer Versicherung gegenüber den Angestellten und ihrer Versicherung.

Angleichung der Arbeiter-Sozialversicherung an die Sozialversicherung der Angestellten

Anders formuliert: die relative Privilegierung der Angestelltenschaft, die so lange charakteristisch für die deutsche Sozialpolitik war, wurde abgebaut. Das war eine politisch sensationelle Entwicklung. Sie läßt sich durch die parteipolitische Zusammensetzung der Regierung gut erklären. Bis zum Amtsantritt der Großen Koalition verteidigte die Angestelltenschaft ihren Sonderstatus in der sozialen Sicherung einigermaßen erfolgreich. Im Parlament und in der Regierung waren ihr insbesondere die FDP und die CDU/CSU wohlgesonnen. Infolge des Austritts der FDP aus der Koalition mit der CDU und der CSU und infolge des Eintritts der SPD in die Bonner Regierung verschob sich jedoch das politische Kräfteverhältnis. Von Bonn her konnten die Angestellten nicht mehr jederzeit und überall auf Flankenschutz hoffen. Vielmehr band die Bonner Politik nunmehr auch die Angestellten stärker in einen Sozialpakt ein, der bemerkenswert große Umverteilungen zwischen den großen Arbeitnehmergruppen mit sich brachte. Insoweit erfüllte sich ein Teil der Hoffnungen, die der Arbeitnehmerflügel der Union und Sozialpolitiker der SPD mit der Großen Koalition verbunden hatten: die Aufwertung des Arbeitnehmerflügels in der Union und die Aufwertung von Arbeitnehmerinteressen in der Regierungspolitik.

Freilich war diese Aufwertung nicht zum Nulltarif zu haben. Man mußte sich auf „Paketlösungen" einlassen. Kompromisse in der Sozialpolitik mußten mit Zugeständnissen in der Wirtschaftspolitik erkauft werden, die dem Mittelstand

Kompromisse und „Paketlösungen"

und den Arbeitgebern zugute kamen. Bisweilen wurde auch Sozialpolitik gegen Sozialpolitik getauscht: Für das Zugeständnis der Lohnfortzahlung im Krankheitsfall für Arbeiter mußte die SPD der Einführung einer Gebühr für Krankenschein und ärztliches Rezept zustimmen.

Bilanz der Sozial-
politik der Großen
Koalition

Und dennoch: in sozialpolitischer Hinsicht steht die Große Koalition besser dar, als es ihr Ruf vermuten läßt. Den Einsparungen standen sozialpolitische Innovationen gegenüber, die langfristig von größerer Bedeutung sein sollten als die vorübergehenden Sparmaßnahmen. Selbst bei einer kurz- und mittelfristigen Zeitperspektive mußte auffallen, daß die Sozialpolitik im engeren Sinne (und vielleicht mehr noch die Sozialpolitik im weiteren Sinne; vgl. dazu *Hartwich* 1977 und *Nahamowitz* 1978) eher in Richtung auf ,,mehr soziale Sicherheit und mehr soziale Gleichheit" marschierte als irgendwo anders hin.

Quantitative
Aspekte der Sozial-
politik unter der
Großen Koalition

Im übrigen verdeutlichen auch die quantitativen Meßlatten, daß die Sozialpolitik der Großen Koalition nicht zur schlechtesten Phase der Sozialpolitik zu zählen ist. Das Arbeitslosengeld eines Ledigen wurde von 55 auf 62,5 Prozent des früheren Nettoentgeltes erhöht, die Arbeitslosenhilfe von 45 auf 52,5 Prozent. Ferner nahm der Anteil der Erwerbspersonen, die Mitglieder der Sozialversicherung sind, im Jahresdurchschnitt zwischen 1966 und 1969 schneller zu als im Durchschnitt der zehn Jahre zuvor (vgl. *Alber* 1986b: 44). Auch bei den Sozialausgaben (gemessen am Sozialbudget) hielt sich die Große Koalition nicht schlecht — gemessen am nach oben zeigenden Trend der Sozialleistungsquote. Sie stand 1966 bei 25,9 Prozent und drei Jahre später (in einer Phase der Hochkonjunktur) immerhin schon bei 27,0 Prozent des Bruttosozialproduktes — ein Zuwachs, der im Jahresdurchschnitt gerechnet mit 0,36 Prozentpunkten fast ebenso groß ist wie der jahresdurchschnittliche Zuwachs des Sozialbudgets (in Prozent des BIP) in der gesamten Ära der SPD/FDP-Koalition (0,45 Prozentpunkte) (*Brakel* 1986: 9).

5.4 Die sozialliberale Koalition bis Mitte der 70er Jahre

Nach der Bundestagswahl von 1969 verschob sich das politische Kräfteverhältnis in Bonn erneut. Die Große Koalition wurde nicht fortgesetzt. An ihre Stelle trat die sozialliberale Koalition aus SPD und FDP. In sozialpolitischen Fragen war die ideologische Distanz zwischen SPD und FDP größer als zwischen SPD und CDU/CSU. Um so bemerkenswerter ist die Kompromißbereitschaft, die beide Koalitionsparteien in den frühen 70er Jahren in der Sozialpolitik im engeren Sinne, insbesondere in der Sozialversicherungspolitik, an den Tag legten. (Man muß hinzufügen, daß die Differenzen in der Sozialpolitik im weiteren Sinne, insbesondere in mitbestimmungspolitischen und arbeitsmarktpolitischen Fragen, oftmals unüberwindbare Hindernisse darstellten).

Sozialpolitisches
Programm der
SPD/FDP-Re-
gierung

Das sozialpolitische Programm der Regierungserklärung von Bundeskanzler Willy *Brandt* von 1969 sah den Ausbau der sozialen Sicherung in Richtung Volksversicherung sowie die Förderung der vorsorgenden Sozialpolitik vor (z.B. beim Arbeits- und Unfallschutz und im Gesundheitswesen). Das waren traditionelle Programmpunkte der SPD und der Gewerkschaften.

Die Zustimmung der FDP wurde vor allem durch zweierlei gewonnen. An der Organisation des gegliederten Sozialversicherungssystemes sollte nicht gerüttelt werden. Darüber hinaus sollten in der Sozialpolitik auch gruppenspezifische Interessen der FDP stärker als zuvor zum Zuge kommen. Die Krankenversicherung und der Ausbau der Altersversicherung für Landwirte und die Öffnung der Sozialversicherung für Selbständige sind hier unter anderem zu nennen, ganz abgesehen von der Zurückhaltung, die die SPD in Sachen Mitbestimmung und anderen gewerkschaftlichen Themen üben mußte (vgl. *Michalsky* 1984a: 138f.).

In den Jahren von 1970 bis 1975 war die sozialpolitische Bilanz der sozialliberalen Koalition eindrucksvoll. Sowohl die Sozialpolitik im engeren Sinne (auf die sich diese Analyse konzentriert) als auch die im weiteren Sinne verstandene Sozialpolitik liefen auf die sozialpolitische Modernisierung der bundesrepublikanischen Gesellschaft hinaus (vgl. *Schmidt* 1978a; *Standfest* 1979). Sozialpolitik auf Expansions- und Modernisierungskurs (1970 - 1975)

Quantitative und qualitative Indikatoren vermitteln ein ähnliches Bild: eine expansive Tendenz beherrschte die Politik der sozialen Sicherung. Beispielsweise nahm die Sozialleistungsquote zu — je nach Berechnungsmethode auf unterschiedlichem Ausgangsniveau und mit unterschiedlichem Tempo. Den öffentlichen Sozialleistungen nach der Definition des Internationalen Arbeitsamtes zufolge kletterte die Sozialleistungsquote von 17,8 Prozent im Jahre 1969 auf 18,9 Prozent im Jahre 1973 und — bedingt durch die Wirtschaftskrise in den beiden folgenden Jahren — 1974 auf 20,3 und 1975 auf 23,5 Prozent (*Alber* 1983a: 94). Freilich sind diese Daten — wie auch viele anderen bis 1985 publizierten Daten (z.B. *Michalsky* 1985: 58) — aufgrund von Brüchen in der Berechnungsmethodik nicht über die ganze Periode hinweg voll miteinander vergleichbar. Die neuesten voll vergleichbaren Daten wurden 1986 im Bundesarbeitsblatt veröffentlicht (*Brakel* 1986). Freilich beziehen sie sich auf das gesamte Sozialbudget und schließen beispielsweise sozialpolitisch motivierte Steuermäßigungen und Ausbildungsförderung, Vermögensbildung und betriebliche Altersversorgung ein. Der Trend dieser Daten vermittelt jedoch ein ähnliches Bild wie die älteren ILO-Daten. Der Anteil des Sozialbudgets am Bruttosozialprodukt nimmt von 27,0 (1969) auf 28,6 (1973) zu und steigt in den beiden folgenden Rezessionsjahren auf 30,6 (1974) und 33,7 (1975). Expansion der Sozialleistungsquote

Zweifellos handelt es sich hierbei um eine substantielle Erhöhung der Sozialleistungsquote, obendrein um eine in kürzester Zeit erfolgende Expansion. Freilich spiegelt der steile Anstieg der Sozialleistungsquote teilweise die Wirkung der Wirtschaftskrise von 1974/75. In diesen Jahren schrumpft das Sozialprodukt, und somit vergrößert sich die Sozialleistungsquote alleine aus rechnerischen Gründen — konstante oder wachsende reale Sozialausgaben unterstellt. Hinzu treten übliche Begleiterscheinungen von Wirtschaftskrisen: zunehmende Arbeitslosigkeit und zunehmende Inanspruchnahme von Sozialhilfe sowie sozialpolitisch gemilderter Beschäftigungsabbau (beispielsweise mittels der Frühverrentung älterer Arbeitnehmer) erhöhen die Sozialausgaben.

Aber nicht die ganze Zunahme der Sozialleistungsquote ist der Wirtschaftskrise zuzuschreiben. Andere Determinanten kamen hinzu: die zunehmende Zahl der Personen im Rentenalter beispielsweise und — nicht zuletzt — die Wirkung der Reformpolitik der sozialliberalen Koalition. Die Sozialpolitik-Reformer der SPD/FDP-Regierung gingen von extrem optimistischen Annahmen über die finanzielle Ausstattung und Entwicklung der Sozialversicherung aus. Entsprechend großzügig dosierte man die Sozialreformen.

Rentenreformen 1972: Besonders spektakulär waren die Reformen der Rentenversicherung von 1972. Sie lassen sich in vier Punkten zusammenfassen:

— Erstens wurde die flexible Altersgrenze eingeführt. Sie ermöglichte Arbeitnehmern einen vorzeitigen Eintritt in das Rentenalter. Diese Maßnahme erfreute sich hoher Beliebtheit und erwies sich später — im Zusammenhang mit der Arbeitslosigkeit — auch als ein arbeitsmarktpolitisch willkommenes Instrument zur Verringerung des Arbeitskräfteangebots.
— Zweitens wurde die sogenannte ,,Rente nach Mindesteinkommen" eingeführt. Bei 25jähriger versicherungspflichtiger Tätigkeit wird demnach die Rente nicht nach dem tatsächlichen, sondern nach dem höherliegenden fiktiven Einkommen in Höhe von 75 v.H. des jeweiligen Durchschnittseinkommens gewährt.
— Drittens zog der Gesetzgeber den Termin der Anpassung der Renten an das Durchschnittseinkommen der jeweils letzten drei Jahre zeitlich vor.
— Viertens öffnete der Gesetzgeber die Rentenversicherung auch für nicht-abhängig beschäftigte Gruppen; eine Maßnahme, die insbesondere Selbständigen (FDP-Klientel!) und wirtschaftlich schwächeren, arbeitsmarktfernen Gruppen, wie z.B. Hausfrauen, Studenten und Behinderte (zum Teil SPD-Klientel) zugute kam.

Allparteien-Konsens in der Sozialpolitik Interessanterweise wurden die großen sozialpolitischen Gesetzgebungswerke der 70er Jahre letztendlich von allen Bundestagsparteien mitgetragen, obwohl die Polarisierung zwischen Sozialdemokratie und Christdemokraten zugenommen hatte. Die Rentenreform von 1972 ist sogar ein Beispiel dafür, wie sich Regierungs- und Oppositionsparteien einander wechselseitig erfolgreich überbieten können.

Sozial-Wettlauf zwischen den Parteien Die flexible Altersgrenze (1972) ging auf eine traditionelle Forderung der Gewerkschaften zurück. Für sie setzte sich der damalige Bundesminister für Arbeit und Soziales, Walter *Arendt* (SPD), persönlich aktiv ein. Mit der Rente nach Mindesteinkommen kamen die Regierungsparteien der Opposition entgegen, die auf eine Anhebung der Kleinstrenten drängte. Die Öffnung der Rentenversicherung für Selbständige war Teil eines Tauschhandels zwischen SPD und FDP. Die vorzeitige Anpassung der Renten schließlich ist auf das Konto der CDU/CSU-Opposition im Bundestag zu schreiben. Die Opposition besaß bei der dritten Lesung der Rentenreformgesetze von 1972 — infolge des Zerfalls der Regierungsmehrheit — inzwischen die Mehrheit der Stimmen im Bundestag. Während sie die Regierungsvorstellungen aus der zweiten Lesung weitgehend übernahm, sorgte sie mit ihrer Stimmenmehrheit dafür, daß anstelle des von den Regierungsparteien favorisierten vorgezogenen Babyjahrs (Anrechnung eines zusätzlichen Versicherungsjahres je Kind für weibliche Versicherte und Rentenempfängerinnen) eine vorgezogene Rentenanpassung trat. Letztlich stimmten auch die Regierungsparteien dem Rentengesetzgebungspaket zu (mit Ausnahme einer FDP-Stimme), um auf diese Weise die eigenen Reformprojekte zu retten (*Michalsky* 1984a: 139).

Die Rentenreform von 1972 hatte eine ähnliche große Bedeutung wie diejenige von 1957. Wie 15 Jahre zuvor begünstigten auch diesmal volle Kassen die Sozialreform. Die Sanierung der Rentenfinanzen durch die Große Koalition hatte Überschüsse in den Kassen der Rentenversicherungen entstehen lassen. Ferner war die wirtschaftliche Lage Anfang der 70er Jahre gut, und man rechnete auch für die Zukunft mit hohen durchschnittlichen Wachstumsraten. Schließlich stand die vorgezogene Bundestagswahl von 1972 auf dem Terminplan, und bekanntlich profilieren sich alle Parteien in solchen Zeiten gerne in besonders wählerwirksamer Weise.

Bedeutung der Rentenreform von 1972

Wenig später veränderten sich freilich die wirtschaftlichen Rahmenbedingungen fundamental. 1974/75 und 1980/82 geriet die Bundesrepublik in den Sog einer weltweiten Rezession. Die Wachstumsraten des Bruttoinlandproduktes gingen zurück, und — was für die Sozialversicherung stärker zu Buche schlug — die Zahl der Beschäftigten nahm ab (und damit auch die Zahl der Beitragszahler). Ferner schrumpften die Lohnzuwächse (und entsprechend langsamer wuchs das Beitragsaufkommen der Sozialversicherungen), während die Arbeitslosenquote auf Rekordhöhen anstieg und auch in Phasen wirtschaftlicher Erholung auf einem hohen Niveau verharrte.

Sozialpolitik im Zeichen der wirtschaftlichen Trendwende

Die Sozialversicherungen waren nunmehr mit einer Lage konfrontiert, für die sie gar nicht gerüstet waren. Das soziale Sicherungsnetz ist in gewisser Weise ein ,,Schön-Wetter-Netz" — abhängig vom laufend zunehmendem Einnahmevolumen, das seinerseits direkt an beitragspflichtige abhängige Erwerbstätigkeit gebunden ist. Nunmehr standen aber längeranhaltende Krisen an. Die Zahl der Beitragszahler sank, die der Leistungsempfänger nahm jedoch zur gleichen Zeit zu (insbesondere in der Alters- und Arbeitslosenversicherung sowie bei der Sozialhilfe). Eine Finanzkrise der Sozialpolitik stand somit auf der Tagesordnung.

Die Sozialpolitiker aller Parteien reagierten auf die neue Problemlage zunächst mit Verzögerung. Dafür waren zwei Gründe verantwortlich. Zum einen die Vermutung, man habe es mit einer rasch vorübergehenden Rezession zu tun und zum anderen die Eigendynamik der in Planung befindlichen Projekte (z.B. die 1974 erfolgte Umstellung des Familiengeldes auf das Prinzip eines einheitlichen, auch das erste Kind einer Familie berücksichtigenden Kindergeldes). Parallel zur Ausweitung von Sozialprogrammen wurden jedoch Mitte der 70er Jahre erste Kürzungen am Sozialhaushalt vorgenommen. Sie zeichneten eine Linie vor, die in der zweiten Hälfte der 70er und insbesondere Anfang der 80er Jahre kräftig nachgezogen wurde.

Verzögerte Reaktion der Sozialpolitiker

5.5 Sozialpolitik unter wirtschaftlich widrigen Bedingungen (1975 - 1983)

1975 wurde die Phase der ,,Sozialpolitik der mageren Jahre" (*Windhoff-Héritier* 1983) eingeleitet. Im Dezember dieses Jahres schnitten die Haushalts

Anfänge der ,,Sozialpolitik der mageren Jahre"

politiker zum ersten Mal seit der Rezession von 1966/67 wieder in das Netz der sozialen Sicherung. Das Haushaltsstrukturgesetz von 1975 sollte der Entlastung des Bundeshaushaltes dienen, der durch die Wirtschaftskrise von 1974/75 von der Einnahmenseite her und infolge der Konjunkturprogramme von 1974/75 von der Ausgabenseite her besonders stark in Bedrängnis geraten war. Die Kürzungen im Sozialhaushalt, die gegen heftige Opposition der Gewerkschaften durchgesetzt wurden, betrafen unter anderem finanzielle Aufwendungen für aktive Arbeitsmarktpolitik (Umschulung und Weiterqualifikation) und Arbeitslosenunterstützung sowie Leistungseinschränkungen bei der Ausbildungsförderung.

Aufschub der weitergehenden Sparpolitik
Weitergehende Schritte ins Netz der sozialen Sicherung wurden zunächst aufgeschoben. Immerhin standen 1976 Bundestagswahlen ins Haus und überdies stießen die Kürzungen in der SPD auf Widerstand. Andererseits mehrten sich die Anzeichen für eine Finanzkrise bei der Kranken- und der Rentenversicherung, die durch die Kostenexplosion im Gesundheitswesen bzw. durch abnehmende Zahl der Beitragszahler bei gleichzeitig zunehmender Zahl der Rentner in Schwierigkeiten kamen.

Einem möglichen Ausweg aus der Finanzierungskrise, nämlich die Verbesserung der Finanzierungsbasis der Sozialversicherungen, standen politische Barrieren im Wege. Die Staatsausgaben und insbesondere die Steuer- und Sozialab-
Konflikte zwischen Regierungsparteien
gaben sollten aus wirtschaftlichen Gründen im Zaum gehalten werden. Hinzu kamen gesellschaftspolitische Konflikte innerhalb der sozialliberalen Koalition. Die FDP wollte mögliche Belastungen der eigenen Wähler-Klientel abwehren; sie zog die Grenze dort, wo die von Gewerkschaften und SPD favorisierten Programme anfingen: bei Beitragserhöhungen in der Sozialversicherung, Arbeitsmarktabgaben von Beamten, erhöhten Beitragsbemessungsgrenzen in der Renten- und der Krankenversicherung und bei der Anhebung der Versicherungspflichtgrenze in der gesetzlichen Krankenversicherung (vgl. *Michalsky* 1984a; *Murswieck* 1985).

,,Konsolidierung" der Sozialpolitik als Kompromißgrundlage
Bis Anfang der 80er Jahre erwiesen sich die Koalitionspartner SPD und FDP noch als kompromißfähig, wenngleich die Kompromißkosten für beide mit zunehmender Dauer stiegen. Beide Parteien mußten größere Abstriche an ihren sozial- und wirtschaftspolitischen Vorstellungen hinnehmen; beide trafen sich zunächst noch auf einem Nenner, der die ,,Konsolidierung" der Sozialpolitik — einschließlich gewichtiger Kürzungen einzelner Leistungen — beinhaltete.

Nach der Wahl von 1976 betrafen die Einsparungsmaßnahmen sukzessive alle größeren Sozialversicherungen: in der Rentenversicherung wurde 1977, 1982 und 1983 die Rentenformel restriktiver definiert. Die Verminderung der allgemeinen Bemessungsgrundlage (1977, 1982 und 1983) und verzögerte Anpassungen der Renten an die Löhne der vergangenen Jahre (1977 und 1982) waren die zwei wichtigsten Instrumente. Bei der Krankenversicherung kamen private Kostenbeteiligungen (1977) und Bemühungen um eine kostensenkende konzertierte Aktion zwischen Staat, Pharmaindustrie, Krankenkassen und Ärzteverbänden hinzu. In der Arbeitslosenversicherung fielen die Einschnitte ins Sicherungsnetz besonders drastisch aus. Hier wurden wiederholt (1977, 1981, 1982, 1983) die Bezugsbedingungen für Arbeitslosengeld und -hilfe verschärft und die Höhe der Leistungen vermindert (vgl. *Alber* 1986c für einen detaillierten Überblick sowie *Michalsky* 1984a).

Bei diesen Kürzungsmaßnahmen mußten die Sozialpolitiker und die Klientel der SPD mehr Federn lassen als die FDP und ihre Wählerschaft. Andererseits trug die FDP Kompromisse mit, die dem eigenen wirtschaftsliberalen Selbstverständnis zuwiderliefen. Insbesondere die Erhöhungen der Beitragssätze für die Sozialversicherungen sind hierbei zu nennen, auf die sich zunehmend die Kritik des Wirtschaftsflügels der Liberalen richtete.

Verteilung der Kosten der Sparpolitik

Des weiteren versuchten Finanz- und Sozialpolitiker durch Abbau von Rücklagen der Sozialversicherung und Umschichtungen der Lasten zwischen einzelnen Versicherungszweigen die großen konfliktträchtigen Entscheidungen zu verhindern oder zumindest zeitlich zu verzögern. So wurden den Rentenversicherungen Mittel aus der Bundesanstalt für Arbeit zugeführt. Sie mußte für die Empfänger von Arbeitslosengeld und Arbeitlosenhilfe Beiträge an die Rentenversicherung entrichten.

Problemverschiebung zwischen Sozialversicherungszweigen

Hierdurch wurden die einzelnen Zweige der Sozialversicherung zu einer Art Problemverschiebe-Bahnhof. Beispielsweise schraubte der Bund, der für die Defizite im Haushalt der Bundesanstalt für Arbeit aufkommen mußte, die durch die Abführung von Beiträgen an die Rentenversicherung zugenommen hatten, seine finanziellen Verpflichtungen drastisch zurück. Die Konsequenz bestand unter anderem darin, daß die Bundesanstalt für Arbeit häufig gerade an denjenigen Programmen sparte, die aus arbeitsmarktpolitischen Gründen sinnvoll gewesen wären (Maßnahmen der ,,aktiven" Arbeitsmarktpolitik wie z.B. Umschulung, Weiterqualifikation und Arbeitsbeschaffungsmaßnahmen (vgl. hierzu *Bruche* und *Reissert* 1985)).

Die Sparpolitik, die in der Weimarer Republik zwischen 1930 und 1932 praktiziert worden war, erfolgte ohne Plan. Wie sah demgegenüber der Kurs der Sozialpolitik aus, der von der sozialliberalen Koalition zwischen 1975 und 1982 eingeschlagen wurde?

Soziale Systematik der Sparpolitik

Eine gewisse Systematik läßt sich der Sparpolitik nicht absprechen, jedoch gilt dies weniger in dem Sinne einer rationalen, problembezogenen Systematik als vielmehr im Sinne einer Logik des geringsten politischen Widerstandes und der größten finanziellen Entlastung. Man sparte in erster Linie dort, wo der Staatshaushalt direkt entlastet wurde und der geringste politische Widerstand zu erwarten war.

,,Unter diesem Gesichtspunkt hatte die Sparpolitik zwei Schwerpunkte: erstens Kürzungen und Kostenentlastungen (durch Verlagerung) in den Bereichen, in denen eine Zuschußpflicht des Bundes für Haushaltslücken besteht, d.h. vor allem in den Haushalten der Bundesanstalt für Arbeit und der Rentenversicherung; zweitens Einsparungen in Bereichen, die ausschließlich aus Haushaltmitteln (Bund 65 v.H.; Ländern 35 v.H.) finanziert werden. Hier hatte die Bundesregierung schon sehr früh die Ausbildungsförderung als geeignet ausgemacht" (*Michalsky* 1984a: 141).

In der Summe, so heißt es in einer Bilanz der SPD/FDP-Sozialpolitik zwischen 1975 und 1982 weiter, haben die Kürzungen zwei Wirkungen gehabt:

,,Einmal wurden die von der sozialliberalen Koalition mit Unterstützung der Oppositionsparteien eingeführten Instrumente der individuellen Förderung schrittweise wieder abgebaut (Beispiel: Ausbildungsförderung — der Verfasser). In anderen Bereichen wurde das Leistungsniveau... gesenkt und die Leistungsvoraussetzungen verschärft" (*Michalsky* 1984a: 141).

Dies galt insbesondere in der Arbeitslosenversicherung und — weniger dramatisch — in der Rentenversicherung (*Alber* 1986c; *Bieback* 1984).

Konsensbildungs-
schwierigkeiten in
der SPD/FDP-
Koalition

In den letzten Jahren der sozialliberalen Koalition entzündeten sich Koalitionskonflikte immer häufiger an sozialpolitischen Fragen. Die Kompromisse in der Sparpolitik trafen auf zunehmende innerparteiliche Opposition. Mit einer erneuten Zunahme der Arbeitslosenzahlen seit 1979/1980 sammelte sich zusätzlicher Konfliktstoff im Lager der Regierungsparteien an. Zugleich wurde der Druck auf die öffentlichen Sozialausgaben stärker. Die gegensätzlichen

Bruch der SPD-
FDP-Koalition

Auffassungen, die die SPD und die FDP in sozial- und wirtschaftspolitischen Fragen immer schon hatten, nunmehr aber schärfer artikulierten, erwiesen sich letztendlich als unüberbrückbar. Sie waren einer der Anlässe für den Bruch der sozialliberalen Koalition im Jahre 1982 und für die Bildung einer neuen Regierung aus CDU/CSU und FDP.

Zeitliche Datierung
der „Politik-
Wende" im Sozial-
bereich

In der politischen und politikwissenschaftlichen Diskussion wird häufig die Ansicht vertreten, daß die eigentliche Sparpolitik im Sozialsektor erst unter der christdemokratisch-liberalen Koalition eingesetzt hätte (z.B. *Reinhard* 1983). Das ist irreführend. Der eigentliche Wendepunkt in der Sozialpolitik — im Sinne des Übergangs vom Expansions- auf den Stagnations- und/oder Kürzungskurs — setzte bereits unter der sozialliberalen Koalition Mitte und Ende der 70er Jahre und insbesondere nach der Bundestagswahl von 1980 ein.

Gemeinsamkeiten
und Differenzen
zwischen alter und
neuer Regierung

Die neue Koalition schrieb im großen und ganzen den Trend der restriktiven Sozialpolitik bis 1984 fort. Der Unterschied liegt darin, daß die CDU/CSU/ FDP-Koalition schneller etwas größere Löcher ins Netz der sozialen Sicherung schnitt und dabei bisweilen weniger sensibel für Gesichtspunkte des sozialen Ausgleichs war als die Vorgänger (*Bieback* 1984: 259; *Bäcker* 1984: 250ff.).

Sozialpolitik im
Zeichen der „Kon-
solidierung der
Staatsfinanzen"

Insbesondere die Haushaltsbegleitgesetze von 1983 und 1984 standen im Zeichen der sogenannten „Konsolidierung der Staatsfinanzen" (die genau besehen auf eine Verminderung des Tempos der Staatsverschuldung hinauslief). Beide Gesetze trafen die Sozialpolitik zweifellos hart. Einige Beispiele können das illustrieren. Die Ausbildungsförderung für Schüler, die bei ihren Eltern wohnen, wurde gestrichen, diejenige für Studenten auf Darlehensbasis umgestellt. Die Sozialhilfesätze wurden langsamer und in geringerem Maße als zuvor an die Inflation angepaßt. Am Arbeitslosengeld und an der Arbeitlosenhilfe wurde gekürzt, und verschärfte Leistungsvoraussetzungen rissen die Löcher weiter auf, die ohnehin schon die Arbeitslosenversicherung verunstalteten (1984 erhielten beispielsweise nur noch 40 Prozent der registrierten Arbeitslosen Arbeitslosengeld und 26 Prozent Arbeitslosenhilfe. Jeder dritte Arbeitslose, ganz zu schweigen von den nicht-registrierten Arbeitssuchenden, ging leer aus (*Bruche* und *Reissert* 1985)). Auch die Rentner kamen nicht ungeschoren davon. Sie wurden mittels der beschleunigten Einführung des Krankenversicherungsbeitrages der Altersrentenbezieher, durch die zweite Verschiebung der Rentenanpassung und eingeschränkte Berufs- und Erwerbsfähigkeitsrenten in die Sparpolitik einbezogen.

Programmatik und
realer Inhalt der
„Wende"

Kritiker der christdemokratischen-freidemokratischen Koalition haben deren „Wende"-Philosophie bisweilen zu ernst genommen. Man unterstellte der Koalition oftmals vorschnell einen ausgefeilten Plan und die Fähigkeit zur bruchlosen Durchsetzung dieses Planes. In Wirklichkeit bestand die Programmatik aus einer Mischung aus wirtschaftsliberalen Konzepten, populistischen Motiven und tagespolitisch an Popularitätskurven, Wählerstimmen, koalitionsinternen und innerparteilichen Streitigkeiten orientierten diffusen Leitlinien. Aus diesem Grunde ist es nicht verwunderlich, daß sich zu schmerzhaften Schnitten in der Sozialpolitik auch neue Sozialprogramme gesellten. Freilich war nicht zu übersehen, daß die CDU/CSU/FDP-Regierungen eine restriktive Finanzpolitik praktizierten. Für die Sozialpolitik hieß das in der Regel, daß sie zur Entlastung der Wirtschaft und zur Verhinderung mißbräuchlicher Inanspruchnahme von Sozialleistungen beitragen sowie den Wirtschaftsaufschwung und die Arbeitsbereitschaft von Sozialeinkommensempfängern, die sich im erwerbsfähigen Alter befinden, nicht behindern sollte.

Mit diesem Programm konnte die Koalitionsregierung auf Zustimmung zahlreicher Wähler rechnen. Insbesondere in den Jahren 1982 bis 1984 maßen die Wähler mehrheitlich der CDU/CSU/FDP die größere Kompetenz zur Bewältigung wirtschaftlicher Probleme zu. Hiervon erhoffte man sich auch die gleichsam automatische Bewältigung anstehender sozialer Probleme (z.B. *Krieger* 1983). Im übrigen konnte die christdemokratisch-liberale Koalition auf einen Meinungswandel bauen, den zahlreiche Umfragen aus den 70er und den frühen 80er Jahren nachgewiesen haben (vgl. *Alber* 1986c). Im Gegensatz zur Zeit vor 1978 war aus der ehemaligen Mehrheit der Sozialstaats-Verteidiger (Ablehnung von Kürzungen bei Sozialausgaben) eine Minderheit geworden. Die Mehrheit akzeptierte nunmehr Kürzungen im Sozialbereich. Akzeptanz der Sparpolitik im Sozialbereich

Freilich war die Grenze der Akzeptanz deutlich markiert: nur eine kleine Minderheit befürwortete einen tiefgreifenden Sozialabbau, und nur wenige befürworteten eine Umstellung des sozialen Sicherungssystems auf marktwirtschaftliche Basis. Die große Mehrheit trat für eine *Phase* restriktiver Sozialpolitik ein, war aber nicht bereit, einen echten Abbau des Sozialstaates mitzutragen. Meinungsumfragen ließen erkennen, daß die Befragten der Regierung nur ein zeitlich befristetes Mandat zur Kürzung am Sozialetat gaben. Weitere Kürzungen über die bis 1984 praktizierten hinaus wurden nur noch von einer kleinen Minderheit favorisiert. Die große Mehrheit optierte nun für die Aufrechterhaltung des status quo (vgl. *Alber* 1986c). Akzeptanzgrenzen gegenüber der Sparpolitik

Im großen und ganzen hielten sich die Regierungsparteien in den Jahren 1984 und 1985 an diese Grenze. Die schmerzhaftesten Sparmaßnahmen hatte man ohnehin auf die ersten zwei Jahre nach der Wende eingeplant. Nach Abschluß dieser Phase (und angesichts näherrückender Wahltermine auf Länder- und Bundesebene) sollte ohnehin mehr Spielraum für populärere Maßnahmen geschaffen werden. 1984 und 1985 folgten neue Sozialprogramme, die an die Tradition einer aktiven und expansiven Sozialpolitik anknüpften: Elemente einer expansiven Sozialpolitik

— Da war zum einen — vom Bundesverfassungsgericht seit längerem gefordert und von der vorangehenden Regierung vorbereitet — die Neuregelung der Hinterbliebenenversorgung. Ihr zufolge haben Witwen und Witwer gleichermaßen Anspruch auf Hinterbliebenenrenten, die sich aus den Renten-

Anwartschaften des verstorbenen Ehegatten ergeben.

— Eine zweite Neuerung ist die Anrechnung von Kindererziehungszeiten als rentenerhöhende Beitragszeiten. Das war ein historisch bedeutsamer Durchbruch. Hiermit wurde zum ersten Mal in der Geschichte der gesetzlichen Rentenversicherung die Tätigkeit in der Familie und bei der Kindererziehung der außerhäuslichen Erwerbstätigkeit gleichgestellt.

— Drittens kamen Reformen in der Familienpolitik hinzu, beispielsweise ein sozial- und arbeitsmarktpolitisch verbesserter Mutterschaftsschutz und die Einführung des Erziehungsurlaubes bzw. des Erziehungsgeldes für kindererziehende Mütter oder Väter (seit 1986 in Kraft).

— Viertens wurden 1985 einige Sozialleistungen erhöht, wie z.B. das Wohngeld und die Sozialhilfe, und die Berechtigung zum Bezug von Arbeitslosengeld für ältere Langfristarbeitslose zeitlich von 12 auf 18 Monate verlängert.

— Ferner erleichterte man den Zugang zum Bezug von Leistungen aus der Rentenversicherung: die Mindestversicherungszeit wurde von 15 auf 5 Jahre gesenkt, eine Maßnahme, die insbesondere weibliche Erwerbstätige mit kürzerer Lebensarbeitszeit begünstigte.

Wirkungen der Sozialpolitik in den „mageren Jahren":

Wie sahen die Wirkungen der Sozialpolitik der wirtschaftlich mageren Jahre aus? Dieser Frage wollen wir uns zum Abschluß dieses Kapitels zuwenden. In der Sozialpolitik wurde in den Jahren 1975-1985 zweifellos kräftig gekürzt. Nicht selten waren schwächere Gruppen die Leidtragenden. Gemessen an der Norm eines Wohlfahrtsstaates skandinavischer Prägung kamen beispielsweise die verzögerten Anpassungen der Sozialhilfesätze und Leistungsverschlechterungen in der Arbeitslosenversicherung (die dazu führten, daß 1984 etwa ein Drittel der Arbeitslosen weder Arbeitslosengeld noch Arbeitslosenhilfe erhielt) einem gesellschaftspolitischen Skandal gleich.

— Kürzungen ...

— ... aber kein allgemeiner Kahlschlag

Und dennoch: von einem allgemeinen Kahlschlag in der Sozialpolitik kann nicht die Rede sein. Mit Ausnahme der Arbeitslosenversicherung, die von der Sparpolitik tief gezeichnet wurde, blieben die Sozialversicherungssysteme im Kern intakt. Überdies zeigt die Sozialleistungsquote eine auf den ersten Blick vielleicht überraschende Entwicklung an: sie ist in den letzten zehn Jahren nicht gesunken, sondern in etwa konstant geblieben (bei insgesamt zunehmendem Volumen des Bruttosozialproduktes) und im Vergleich zu den letzten Jahren vor der weltweiten Rezession von 1974/75 sogar leicht gestiegen (*Brakel* 1986: 9). Legt man beispielsweise das Sozialbudget zugrunde, das Sozialversicherungen, andere sozialpolitisch motivierte Ausgaben und Steuererleichterungen umfaßt, so bewegt sich die in Prozentanteilen am Bruttosozialprodukt ausgedrückte Sozialleistungsquote wie folgt: 1973, im letzten Jahr vor der Rezession, hatte sie 28,6 Prozent erreicht. In den beiden folgenden Jahren — bei nahezu stagnierendem Sozialprodukt — stieg die Sozialleistungsquote bis auf 33,7 Prozent an. Mit zunehmender Besserung der Wirtschaftslage bis 1979 sank die Quote wieder auf 32 Prozent. 1980/81 nahm sie jedoch erneut zu, unter anderem bedingt durch die zweite Welle der weltweiten Rezession, von der alle westlichen Industrieländer erfaßt wurden. In den folgenden Jahren zeigt der Trend nach unten. Die Sozialleistungsquote sinkt seit 1982, wenngleich in ge-

Entwicklung der Sozialleistungsquote (nach Sozialbudget-Daten) 1973 - 1985

mäßigtem Tempo. 1985 stand sie bei 31 Prozent und somit auf einem niedrigeren Niveau als in der gesamten Phase zwischen 1974 und 1985. Andererseits war die Sozialleistungsquote von 1985 deutlich größer als diejenige der Periode vor Beginn der Krise 1973/74. Man kann den Daten demnach mit dem bloßen Auge ansehen, daß zwei unterschiedliche Impulse auf die Sozialausgaben wirkten: der konjunkturbedingte Impuls, der in der Regel in Rezessionszeiten stark antizyklische und in Zeiten relativer Prosperität gemäßigt antizyklische Reaktionen der Sozialleistungsquote hervorruft, sowie der kontraktive Effekt der Sparpolitik.

Die Sozialabbau-These hält den Daten nicht stand. Stimmiger und plausibler ist eine differenziertere These: Den Sozialleistungsquoten nach zu urteilen, waren die Jahre von 1974 - 1984 eine Periode der Konsolidierung des Sozialstaates auf dem Niveau von Mitte der 70er Jahre und nicht eine Periode des Sozialabbaus (*Alber* 1986c). Von der vielgescholtenen Austeritätspolitik in sozialen Fragen bleibt demnach, traut man diesen Zahlen, nur dies übrig: eine Sozialleistungsquote, die bisweilen geringfügig schrumpft, aber im Niveau höher als in der Periode vor Beginn der weltweiten Krise ist und ein Wachstum der Sozialausgaben, das nunmehr langsamer vonstatten geht als zuvor: die Sozialausgaben wachsen nunmehr entweder etwas langsamer oder in gleichem Tempo wie das Sozialprodukt.

Kritik der These vom drastischen Sozialabbau

,,Konsolidierung"

Der Rotstift markierte den Sozialetat nur in den ersten beiden Jahren nach Amtsantritt der christlich-liberalen Koalitionsregierung 1982. Spätestens aber seit Mitte der Legislaturperiode folgte die Sozialpolitik der Bonner Regierung ,,entschieden dem christlichen Grundsatz, daß Geben seliger denn Nehmen sei", so eine süffisante Formulierung in Wolfgang *Gehrmann's* Bilanz der CDU/CSU/FDP-Sozialpolitik kurz vor der Bundestagswahl von 1987 (Die Zeit Nr. 50/1986, S. 17). Stagnierende Sozialleistungsquoten und bisweilen sogar zusätzliche Sozialleistungen: mit dieser Erfahrung steht die christdemokratisch-liberal regierte Bundesrepublik nicht alleine. Ähnliche Tendenzen wurden in anderen Ländern mit explizit neokonservativen Regierungen beobachtet, wie zum Beispiel in den USA unter den *Reagan*-Administrationen und in Großbritannien unter den Regierungen der Premierministerin Margret *Thatcher*. Wie revolutionär die haushaltspolitischen Pläne, die wirtschaftspolitischen Philosophien und die sozialpolitischen Spar-Programme auch immer gewesen sein mögen, es waren Revolutionsversuche, die allesamt im Keim schon erstickt wurden. So lautet sinngemäß der Befund einer komparativen Studie des schwedischen Sozialwissenschaftlers G. *Therborn*. Die Kürzungen der Sozialausgaben in den USA, in Großbritannien und in der Bundesrepublik Deutschland, so fuhr er fort, waren oftmals hart für die Betroffenen, aber alles in allem berührten sie nur die Ränder und nicht den Kern der sozialen Sicherungssysteme (*Therborn* 1986: 3; vgl. *Hall* 1986: 115).

Staatsausgaben kann man als ein in Zahlen geronnenes Regierungsprogramm lesen, aber eben nur dies: ein in Zahlen geronnenes, aus hochaggregierten Daten bestehendes Programm. Wie sieht demgegenüber die Bilanz unterhalb der Ebene der Sozialausgaben und ihrer Anteile am BIP aus? Die bislang umfassendste Analyse zu diesem Thema stammt aus der Feder von Jens *Alber*

(1986c), auf die in diesem Abschnitt bereits mehrfach Bezug genommen wurde.

Entwicklung der
Sozialeinkommen
nach Gruppen von
Sozialleistungs-
empfängern
Alber kommt für die Jahre zwischen 1975 und 1983 zu folgendem Ergebnis: Der Lebensstandard einzelner abhängiger Sozialgruppen (gemessen durch das reale, preisbereinigte Einkommen vor und nach Abzug der Steuer) hat sich unterschiedlich entwickelt. Am besten kamen die Arbeitsplatzbesitzer weg, obwohl auch sie in den 80er Jahren Kaufkraftverluste hinnehmen mußten. Unter den Sozialleistungsempfängern konnten am ehesten noch die Rentner mit den abhängig Beschäftigten Schritt halten. Immerhin war 1982 die Kaufkraft einer durchschnittlichen Rente um 2,5 Prozent höher als im Jahre 1975. Recht günstig kamen im übrigen auch die Empfänger von staatlichen Pensionen über die Krisenjahre — so ist Jens *Alber* (1986c) zu ergänzen: ihr Sozialeinkommen wurde von der Sparpolitik nicht in der Substanz berührt.

Im Unterschied dazu erlitten die Empfänger von Arbeitslosenunterstützung oder Sozialhilfe größere finanzielle Einbußen. Ihr Einkommen sank deutlich unter das Niveau, das 1975 erreicht wurde. Ferner muß berücksichtigt werden, daß die sparpolitisch bedingten Verschlechterungen der Leistungen aus der Arbeitslosenversicherung den Schutz der Sicherungsnetze löchriger machte. Die soziale Sicherung gegen Arbeitslosigkeit nahm ab, insbesondere zu Lasten der sogenannten ,,schwachen Arbeitsmarktgruppen" (z.B. gering qualifizierte Arbeitskräfte mit unsteten Erwerbslebens-Karrieren, weibliche Arbeitskräfte und Jugendliche), wenngleich neuere Berechnungen nachweisen, daß die Lücken im Arbeitslosenversicherungswesen offensichtlich nicht so groß sind wie das zunächst in Studien gewerkschaftsnaher Wissenschaftler behauptet wurde (vgl. die differenzierte Bilanz bei *Büchtemann* 1985). Zweifellos ging es aber den Empfängern von Sozialleistungen aus der Arbeitslosenversicherung bzw. den Arbeitslosen insgesamt, gleichviel ob registriert und berechtigt zum Leistungsbezug oder nicht, im Durchschnitt schlechter als den Empfängern von Leistungen aus der Krankenversicherung, der Unfallversicherung und der Alterssicherungen. Die Rentner gehörten demnach — ähnlich wie in den frühen 30er Jahren (vgl. Kapitel 3) — zu der Gruppe der Sozialleistungsempfänger, die die relativ geringsten Opfer bei den Sparaktionen in der Sozialpolitik erbringen mußten.

Zweierlei muß dabei jedoch hervorgehoben werden: die Rentner als Gruppe sind gemeint und die Opfer, die diese Gruppe insgesamt — relativ zu anderen Gruppen von Sozialleistungsempfängern — erbringen mußte. Das schließt keineswegs aus, daß es innerhalb der Gruppe der Rentner große Unterschiede gibt, beispielsweise Unterschiede zwischen wohlhabenden Rentnern und solchen, die sich am Rande des Existenzminimums durchschlagen, oder zwischen Rentenempfängern, die in den Krisenjahren wohlhabender wurden, und solche, die in noch größere Bedrängnis als zuvor gerieten. Insbesondere alleinstehende ledige oder geschiedene Renterinnen waren dabei besonders gefährdet.

Als Zweites gilt es klarzustellen: ein ,,relativ geringes Opfer" schließt keineswegs aus, daß es sich um eine absolute Verschlechterung gegenüber dem vorherigen Stand handelt. Die Entwicklung der sogenannten Standardrente für Neurentner vor und nach den Sparbeschlüssen in der Rentenpolitik verdeutlicht, wie tief die Sparpolitik in die Sozialleistungen eingriff. 1978 beginnt die

Talfahrt der Standardrente (und sie währt bis 1984). Der Sparpolitik-Effekt beträgt im Jahr 1978 3,5 Prozent der vorher gültigen Standardrente. Mit anderen Worten: Neurentner erhielten nunmehr — sofern sie die Bedingungen für Erhalt einer Standardrente erfüllten, also: beispielsweise durchschnittliches Einkommen erzielt hatten und 40 Versicherungsjahre nachweisen konnten — eine Rente, die um 3,5 Prozent unter dem Niveau der bis 1977 gültigen Regelung lag. In den folgenden sechs Jahren häuften sich die Spareffekte im Vergleich zur Standardrente, die vor Beginn der Sparpolitik maßgebend war, auf -10 Prozent (1979), -12 Prozent (1980), -13 Prozent in den folgenden drei Jahren und knapp -15 Prozent im Jahr 1984 (berechnet aufgrund der Daten in *Alber* 1986c: 44).

Den Daten läßt sich zweierlei entnehmen: Erstens, ein Sparkurs wird nicht erst unter der bürgerlich-liberalen Regierung gefahren, die 1982 die Führung der Regierungsgeschäfte übernimmt, sondern bereits vier Jahre vorher unter der SPD/FDP-Regierung. Zweitens, obwohl die Einkommen der Rentner als Gruppe sich nicht viel ungünstiger als die der Beschäftigten entwickeln und obwohl die Rentner unter den Kürzungen weniger als andere Sozialleistungsempfängergruppen zu leiden haben, sind die Leistungskürzungen spürbar und für nicht wenige Rentner schmerzhaft.

Fairerweise wird man hinzufügen müssen, daß ein Sparkurs in der Rentenpolitik unumgänglich geworden war — sofern man sich nicht auf das riskante Geschäft der Beitragserhöhung verlegen wollte. Die Rentenversicherung funktioniert nur bei schönem Wetter einigermaßen reibungslos — sprich: bei hohem Beschäftigungsstand, hohem Wirtschaftswachstum und kräftig zunehmendem Beitragsvolumen. Außer Tritt geriet sie, als drei unterschiedliche Prozesse gleichzeitig auftraten und sich finanziell bemerkbar machten: die Leistungsverbesserungen und -ausweitungen der früheren Rentenreformen, die in Zeiten wirtschaftlicher Prosperität beschlossen worden waren; die zunehmende Zahl der Rentner und der zunehmende Anteil der Bevölkerung im Rentenalter an der Gesamtbevölkerung; ferner die Wirtschaftskrise und insbesondere die stark abnehmende Zahl der Beschäftigten, die stark zunehmende Zahl der Arbeitslosen und das zu langsam wachsende Beitragsvolumen der Rentenversicherungen.

Zwang zur Sozialpolitik

5.6 Der Sozialstaat als politischer Machtfaktor

Alles in allem verdeutlichen die hier präsentierten Materialien mindestens dies: Die Sozialpolitik hat unter den Kürzungen der 70er und 80er Jahre gelitten, aber sie hat den Belastungen der Wirtschaftskrise in den 70er und 80er Jahren weitaus besser und wirkungsvoller standgehalten als den der 30er Jahre. Dieser Unterschied ist wichtig. An ihm hängen Millionen von leidlich gesicherten sozialen Existenzen. Ein derartiger Unterschied ist zugleich erklärungsbedürftig. Warum ging es der Sozialpolitik und ihrer Klientel in den 70er und 80er Jahren besser als in den frühen 30er Jahren?

Zwei Faktoren bieten sich — nach den bisherigen Kapiteln zu urteilen — ohne weitere Diskussion an: Das Wohlstandsniveau in der Bundesrepublik ist um ein Vielfaches höher als dasjenige der frühen 30er Jahre. Zweitens spielen unter-

Vergleich der Sozialpolitik in Krisenzeiten

Wohlstandsniveau und Demokratie

93

schiedliche politische Rahmenbedingungen eine große Rolle: heutzutage eine liberaldemokratisch verfaßte Gesellschaft, damals der Übergang von der Republik zur Diktatur.

Sozialstaat als Machtfaktor

Freilich kommt ein Drittes hinzu. Der Sozialstaat ist in der Zeit nach dem 2. Weltkrieg selbst ein Machtfaktor geworden, und er steht aus diesem Grund nicht beliebig zur Disposition der Gesetzgeber bzw. der Exekutive. Die politische Macht des Sozialstaates gründet sich zum einen auf Beharrungsvermögen und Bindungskraft des Sozialrechts und zum anderen auf die ihm zugehörige außerordentlich breite soziale Basis. An seinen Bestand sind Millionen von Existenzen gekoppelt, deren Wählerstimmen ein großes Gewicht haben. Da sind zum einen die Beschäftigten in der Sozialverwaltung, in den sozialstaatlichen Dienstleistungsbereichen und in den Wohlfahrtsverbänden zu nennen. Ferner wurden die ,,natürlichen Feinde" (*Flora* 1986c: XXIX) des Wohlfahrtsstaates dezimiert. Die Selbständigen, die Bauern und die Masse der Gewerbetreibenden nahmen an Zahl und ökonomisch-politischer Bedeutung in allen westlichen Industrieländern ab. Zur selben Zeit wuchsen dem Wohlfahrtsstaat starke ,,natürliche Verteidiger" zu: die zuvor bereits erwähnten Beschäftigten der Sozialverwaltung und — zahlenmäßig und politisch gewichtiger — die wachsende Gruppe der Sozialstaats-Klienten, d.h. derjenigen Bürger, die ihren Lebensunterhalt vollständig oder überwiegend aus Sozialeinkommen bestreiten. Hierzu zählen in der Bundesrepublik Millionen wahlberechtigter Bürger: 1961 entfallen auf diese Gruppe 19 Prozent der Wahlberechtigten. 1972 war ihr Anteil auf 23 Prozent und 1983 auf 27 Prozent gestiegen (*Alber* 1984: 232 und 1986c). Die Sozialstaats-Klientel rückt damit in eine wahlpolitisch strategische Position auf, an der keine der größeren Parteien vorbeigehen kann.

Größe der Sozialstaats-Klientel und wahlpolitische Bedeutung

Die wahlpolitische Bedeutung der Sozialleistungsempfänger wächst mit der Größe der jeweiligen Gruppe. Sie ist bei den Rentnern am größten. Hierzu zählen im Jahre 1979 6,9 Millionen Bezieher von Altersrenten, 2,0 Millionen Bezieher von Invaliditätsrenten und 4,6 Millionen Bezieher von Hinterbliebenenrenten (wobei freilich zu berücksichtigen ist, daß sich die Empfängergruppen zum Teil überschneiden).

Zahlenmäßig und wahlpolitisch geringer fallen demgegenüber andere Sozialleistungsempfängergruppen ins Gewicht: die Bezieher von Unfallversicherungsrenten (1,0 Millionen), Empfänger von Krankengeld (1,1 Millionen), Sozialhilfeempfänger (1,3 Millionen), Bezieher von Arbeitslosengeld oder -hilfe (0,6 Millionen) und 0,3 bis 0,4 Millionen Studenten bzw. Schüler, die Ausbildungsförderung erhielten (alle Zahlen für 1979).

Schließlich sind die zahlreichen Haushalte bzw. Familien zu erwähnen, die durch Wohngeld (1,5 Millionen) oder Kindergeld (7,1 Millionen) unterstützt werden. Im Unterschied zu den oben genannten Sozialleistungsempfängern machen die Sozialleistungen bei diesen Empfängergruppen jedoch nur einen geringen Teil des verfügbaren Einkommens aus.

Sparpolitik und wahlpolitische Bedeutung von Sozialleistungsempfängergruppen

Die Größe und die wahlpolitische Bedeutung der Sozialleistungsempfängergruppen stehen in einem engen Zusammenhang mit der durch die Sozialpolitik erzeugten Vorteile und Nachteile. In Krisenzeiten, wie z.B. während der letzten zehn Jahre, werden vom Sparkurs die größten und wahlpolitisch bedeutsamsten

Gruppen am wenigsten (Rentner!) und die zahlenmäßig kleineren, wahlpolitisch weniger stark ins Gewicht fallenden (und nach sozialstrukturellen Merkmalen heterogener zusammengesetzten) Gruppen am stärksten getroffen (Arbeitslose und Sozialhilfe-Empfänger). Hier findet man, wie vor allem *Albers*-
Studien zeigen, die gruppensoziologisch und wahlsoziologisch untermauerte
Antwort auf die Frage, warum die ,,Sozialpolitik der mageren Jahre" (*Windhoff-Héritier* 1983: 77) den Sozialleistungsempfängern unterschiedliche Opfer
abverlangte.

6 Struktur und Trends der Sozialpolitik in Deutschland

Die Sozialpolitik in Deutschland ist mehr als hundert Jahre alt. Sie hat unterschiedliche politische Regimetypen überlebt — Kaiserreich, Weimarer Republik, Präsidialsystem, Nationalsozialismus und die demokratische Ordnung der Bundesrepublik. Aus den karg bemessenen Sozialversicherungssystemen im Kaiserreich hat sich allmählich und insbesondere nach 1949 ein reifer Wohlfahrtsstaat entwickelt.

Sozialbudget in Prozent des Sozialproduktes, nach Institutionen Mitte der 80er Jahre werden in der Bundesrepublik mehr als 500 Milliarden DM für die Sozialpolitik ausgegeben. Das offiziell ermittelte ,,Sozialbudget" beträgt 1984 527 Milliarden DM. Das entspricht einem Anteil am Bruttosozialprodukt (BSP) von 31,5 Prozent. Der größte Teil entfällt auf die sogenannten Allgemeinen Systeme der Sozialen Sicherung. Die Rentenversicherung mit knapp 10 Prozent des BSP (etwa 55 Prozent entfallen auf die Arbeiterrentenversicherung, die restlichen 45 Prozent auf die Angestelltenversicherung) und die Krankenversicherung (6,2 % des BSP) gehören zu den größten Posten der Allgemeinen Systeme der Sozialen Sicherung. Sehr viel geringer sind die Aufwendungen für Arbeitsförderung (2,18 % des BSP), Knappschaftliche Rentenversicherung, d.h. die Renten-, Invaliden- und Hinterbliebenenversicherung für Bergbau-Arbeitnehmer (0,84 % BSP), Unfallversicherung (0,65 % des BSP) und Kindergeld, dessen Kosten sich auf 0,85 % des Bruttosozialproduktes belaufen, also weniger als ein Zehntel des für die Alterssicherung aufgewendeten Beitrages.

Neben den ,,Allgemeinen Systemen der sozialen Sicherung" gibt es Sondersysteme — insbesondere die Altershilfe für Landwirte ist dabei zu nennen (0,18 % des BSP). Finanziell bedeutsamer sind die beamtenrechtlichen Sicherungssysteme (Pensionen, Familienzuschläge und Beihilfen für Krankenversicherung) (2,9 % des BSP). Nahezu gleiches finanzielles Gewicht kommt im übrigen den Arbeitgeberleistungen für Entgeltfortzahlung im Krankheitsfall, betriebliche Altersversorgung, Zusatzversorgung und sonstige Leistungen zu, die ebenfalls zum ,,Sozialbudget" gerechnet werden (2,72 % des BSP). Ein Prozent des BSP entfällt auf sogenannte Entschädigungen, insbesondere auf Lastenausgleich zugunsten der Heimatvertriebenen und Flüchtlinge, Wiedergutmachung für nationalsozialistische Gewalttaten und sog. Soziale Entschädigungen.

Ferner werden zum Sozialbudget ,,soziale Hilfe und Dienste" gerechnet. Hierzu zählen insbesondere Sozialhilfe, Jugendhilfe, Ausbildungsförderung, Wohngeld, öffentlicher Gesundheitsdienst und Vermögensbildung (zusammen

1984, 2,47 % des BSP). Schließlich werden zu den bisher aufgeführten sogenannten „direkten Sozialleistungen" auch die indirekten Leistungen addiert.
Sie enthalten sozialpolitisch motivierte Steuerermäßigungen und Vergünstigun-
gen im Wohnungswesen (2,7 % des BSP).

Gruppiert man die Ausgaben des Sozialbudgets nach Aufgabenbereichen, so
wird deutlich, daß der größte Teil des zu verteilenden Kuchens auf den Bereich
„Alter und Hinterbliebene" entfällt. Knapp 40 Prozent sind es Mitte der 80er
Jahre. Der Funktionsbereich Gesundheit verschlingt mit 183 Milliarden DM immerhin 33 Prozent. Ehe und Familie werden demgegenüber mit knapp 66 Milliarden vergleichsweise schwächer subventioniert. Auf diese „Funktion", wie es
die amtliche Sozialstatistik so familienunfreundlich nennt, entfallen 12 Prozent.
Auf die „Funktion Beschäftigung", um nochmals die Sprache der Sozialstatistik
zu übernehmen, entfallen etwa acht Prozent, und auch hier öffnen die Statistiker
den Sprachkritikern Tür und Tor. Der Funktionsbereich „Beschäftigung" müßte
genaugenommen „Arbeitslosigkeit und (bestenfalls) Vorbereitung auf Beschäftigung" heißen. Etwas mehr als sieben Prozent des Sozialbudgets schließlich entfallen auf die Kategorie „Sonstiges".

Wie wird das Sozialbudget finanziert? Die Finanzierungsarten des Sozialbud-
gets zeigen, daß die Sozialpolitik in der Bundesrepublik (und im übrigen auch
in früheren Phasen der deutschen Geschichte vor 1945) in hohem Maße auf dem
Prinzip der Sozial*versicherung* aufbaut. Beiträge der Versicherten stellen 27,2
Prozent der Aufwendungen des Sozialbudgets (1984). Der auf Arbeitgeber entfallende Anteil ist noch höher: er liegt 1984 bei 37 Prozent. Knapp 32 Prozent des
Sozialbudgets werden aus Zuweisungen aus öffentlichen Haushalten finanziert.
Man hat es mit einem Mischsystem zu tun: etwa zwei Drittel der Sozialbudgets
der Bundesrepublik werden von Arbeitnehmern und Arbeitgebern getragen und
ein Drittel wird letztlich aus Steuern finanziert (alle Daten aus *Brakel* 1986: 9f.
und Bundesarbeitsblatt Nr. 1/1986: 109).

Die heutige Sozialpolitik ist Ergebnis eines mehr als hundertjährigen Prozesses. Er umfaßte unterschiedliche wirtschaftliche und politische Bedingungen. Ihr
Zusammenwirken hat eine Reihe von markanten Trends hervorgerufen. Die
wichtigsten Entwicklungslinien der Sozialpolitik vom Kaiserreich bis zur Bundesrepublik der 80er Jahre lassen sich so kennzeichnen: In der Sozialpolitik
wurde ein Mittelweg zwischen liberaler, marktorientierter und egalitärer, wohlfahrtsstaatlicher Sozialpolitik eingeschlagen. Ihr Kern ist die staatliche Pflichtversicherung, die überwiegend aus Beiträgen der Versicherten (und ihrer Arbeitgeber) finanziert wird. Nicht die Staatsbürgerversorgung war der Kerngedanke
sondern die optimale Gestaltung der Arbeitnehmer-Versichertengemeinschaft.
Zugang zu dieser Gemeinschaft und Bezug von Leistungen aus der Versicherung
haben sich im historischen Verlauf stark verändert; sie sind aber nach wie vor
in hohem Maße an Erwerbstätigkeit der Versicherten gebunden und nicht primär
an Staatsbürgerschaft oder Zugehörigkeit zur Wohnbevölkerung. Nicht-Erwerbspersonen werden in den Kernbereichen der sozialen Sicherung als „Passagiere"
zweiter oder dritter Klasse angesehen, sofern sie überhaupt mitreisen dürfen.

Ferner spielt in der deutschen Sozialpolitik die Reproduktion des im Erwerbs-
lebens erreichten sozialen Status in der Hierarchie der Versicherungslei-

stungen eine große Rolle. Die Rentner beispielsweise erhalten eine Rente, die in etwa ihre frühere Stellung innerhalb der Einkommenspyramide im Arbeitsleben widerspiegelt.

Überdies kommt in der deutschen Sozialpolitik bis 1945 und in der bundesrepublikanischen Sozialpolitik die Differenzierung der Sozialleistungen nach Berufsgruppen hinzu. Das Ob und Wie des Bezugs von Sozialleistungen hängt in nicht geringem Maße davon ab, ob Versicherte als Arbeiter oder· Angestellte oder Beamte beschäftigt sind bzw. beschäftigt waren. Freilich muß man hinzu-

fügen, daß die inegalitären Züge der Sozialpolitik allmählich gemildert wurden. Die sozialversicherungspolitische Ungleichbehandlung von Arbeitern und Angestellten beispielsweise wurde — nach schüchternen Anfängen in der Weimarer Republik, etwas mutigeren Anläufen im Nationalsozialismus und substantiellen Gleichstellungspolitiken in der Bundesrepublik — spürbar verringert. Außerdem haben neuere Sozialleistungsprogramme außerhalb der Sozialversicherungen ihre Leistungen in erklecklichem Umfang egalitär ausgerichtet. Der Bezug von Wohngeld beispielsweise richtet sich unter anderem nach der Höhe des Einkommens der Antragsteller und zwar so, daß Ärmere begünstigt werden und Begütertere leer ausgehen.

Der Personenkreis, der durch die staatliche Sozialpolitik erfaßt wurde, nahm sehr stark zu. Was ursprünglich als Versicherung für Industriearbeiter konzipiert war, wandelte sich allmählich zur Arbeitnehmerversicherung und näherte sich in den 60er und 70er Jahren dem Typus der Volksversicherung (*Alber* 1982, 1986b).

Im Gegensatz zur Ausbreitung des allgemeinen Wahlrechts, das zunächst nur den besitzenden Klassen zustand und später auf untere soziale Klassen ausgeweitet wurde, erfaßte die Sozialversicherung zunächst nur die unteren Erwerbsklassen (vor allem die als politisch bedrohlich angesehenen gewerblichen Arbeiter). Der soziale Sicherungsschutz wurde von unten nach oben erweitert. Angestellte und Selbständige kamen erst später unter seine Obhut (Beamte sind die Ausnahme: Bedingt durch die Fürsorgepflicht des Staates kamen sie vor den Arbeitern in ein soziales Sicherungssystem). Zögerlich schritt im übrigen auch die Integration aller formell nicht erwerbstätigen, hauswirtschaftlich Tätigen, insbesondere der Hausfrauen, voran. Ihr Schicksal war lange Zeit nahezu ausschließlich an die Erwerbsklassen-Zugehörigkeit des Haushaltsvorstandes und an die hiermit gekoppelte Zugehörigkeit zu einer Sozialversicherung gebunden. Das war Folge der Entscheidung für das Prinzip der Arbeitnehmerversicherung und zugleich Folge von tiefverwurzelten patriarchalischen Herrschaftsverhältnissen.

Die Sozialpolitik bot zunächst nur lückenhaften Schutz gegen die Risikofälle Alter, Krankheit und Unfall. Erst in der Weimarer Republik kam der Schutz gegen Arbeitslosigkeit hinzu. Ergänzende Maßnahmen der sozialen Sicherung (z.B. Familienbeihilfen, Wohngeld, vorbeugende Maßnahmen), Sozialförderungsmaßnahmen (z.B. Ausbildungsförderung für Schüler und Studenten) und Sozialleistungen zur sozialen und beruflichen Eingliederung von schwächeren Gruppen (z.B. Behinderte) wurden wesentlich später eingeführt als die Schutzmaßnahmen gegen die traditionellen Risikofälle. Anfänge zeichneten sich in der

Weimarer Republik und im Nationalsozialismus ab, ihr voller Durchbruch setzte jedoch erst in der Bundesrepublik Deutschland ein.

Wachstum der Sozialleistungsgruppe

Die Sozialleistungsquote (öffentliche Sozialleistungen nach ILO- oder ILO-ähnlichen Kriterien in Prozent des BIP) stieg in Deutschland — wie auch in anderen westlichen Ländern — sehr stark an. Eine Ausnahme ist der Nationalsozialismus; in dieser Zeit stagnierte die Sozialleistungsquote, freilich bei insgesamt stark zunehmender gesamtwirtschaftlicher Wertschöpfung. Die stärkste Expansion der Sozialleistungsquote fällt auf die 60er und die frühen 70er Jahre. Ab der zweiten Hälfte der 70er Jahre schwankte diese Quote dann um das Mitte der 70er Jahre erreichte Niveau.

Der Löwenanteil der Sozialausgaben entfällt auf die Alterssicherung (1983 knapp 40 Prozent), die Sicherung gegen Krankheit, Invalidität und Unfall (ca. 32 Prozent 1983), Ehe- und Familienangelegenheiten (1983 ca. 12 Prozent) und auf die Arbeitslosenversicherung (1983 9 Prozent). Die steigende Sozialleistungsquote ermöglichte es, die Sozialleistungsempfänger (trotz wachsender Zahl und zunehmender relativer Größe der Sozialstaats-Klientel) am steigenden Wohlstand teilhaben zu lassen.

Teilhabe an Wohlstandsmehrung

Das Wachstum der Sozialleistungen hielt im großen und ganzen mit dem wachsenden Lebensstandard der erwerbstätigen Arbeitnehmer Schritt, jedenfalls in der Zeit nach dem Zweiten Weltkrieg bis Mitte oder Ende der siebziger Jahre. Das war eine Folge von gesetzgeberischen Eingriffen, mittels derer die Sozialleistungen gegen Kaufkraftverluste geschützt oder sogar real erhöht wurden. Auch in verfassungsrechtlicher Hinsicht stehen die Empfänger von Sozialleistungen bzw. die Anwärter auf solche Leistungen besser als je zuvor da. 1980 stellte das Bundesverfassungsgericht die Sozialleistungen unter Eigentumsschutz, jedenfalls beginnend mit Rentenansprüchen und Rentenanwartschaften (Bundesverfassungsgericht, Entscheidungen 53: 257). Damit wird auch verfassungsrechtlich ein wesentlicher Teil der Proletarität — die Eigentumslosigkeit — beseitigt. Zurecht wurde dieses Urteil als ,,einer der bedeutendsten Rechtsfortschritte auf dem Gebiet der sozialen Sicherheit" (*Tennstedt* 1986: 24) gewertet.

Ungleichheit unter Sozialleistungsempfängern

Unter den Sozialleistungsempfängern gibt es nach wie vor erhebliche Ungleichheit. Sie ist zu einem guten Teil politisch bedingt und politisch gewollt. Die relative Privilegierung, die Rentnern gegenüber anderen Sozialleistungsempfängern in Krisenzeiten zugute kommt (Weimar 1930-1933 und Bundesrepublik 1975-1983) ist ein Beispiel, die Differenz zwischen unterschiedlichen Sozialprogrammen ein anderes. Beispielsweise sieht das unterste Netz der sozialen Sicherung — die Sozialhilfe — wesentlich niedrigere Leistungen vor als Programme mit einer Einkommensersatzfunktion wie zum Beispiel Altersrenten, Krankengeld und Arbeitslosengeld, und in nicht wenigen Fällen reichen die Sozialhilfe-Leistungen nicht aus, um große materielle Notlagen zu verhindern oder zu beseitigen (*Alber* 1986b: 53ff.).

Allerdings bestehen auch unter den Lohnersatzleistungen erhebliche Unterschiede. Sie lassen sich jedoch weniger auf die unterschiedliche Verhandlungsmacht der jeweiligen Gruppen zurückführen, sondern vielmehr durch politisch-institutionelle Gegebenheiten erklären:

„Die im Vergleich zum Krankengeld niedrige Höhe des Arbeitslosengeldes geht wohl auf das Bestreben zurück, die Arbeitsbereitschaft aufrecht zu erhalten. Die Unterschiede zwischen den Invalidenrenten der Renten- und der Unfallversicherung (die letzteren sind wesentlich höher als die ersteren — der Verfasser) sind vor allem Ausdruck der Zählebigkeit des traditionellen Prinzips der deutschen Sozialpolitik, nicht den Grad der Hilfsbedürftigkeit, sondern deren Ursache zum Ansatzpunkt der Unterstützung zu machen" (*Alber* 1983a: 242).

Neue Ungleichheit Die Unterschiede zwischen den sozialen Sicherungen verschiedener Berufsgruppen sind vermindert, wenngleich nicht beseitigt worden. Signifikante Nivellierungen markieren beispielsweise die soziale Sicherung der Arbeiter und der Angestellten. Oftmals sind die verbleibenden Unterschiede kleiner als die Unterschiede, die entlang einer neuen Ungleichheits-Linie entstehen, die Versicherte ohne Anspruch auf zusätzliche betriebliche Altersversorgungsleistungen von den Versicherten trennt, die ihre gesetzlich zustehende Rente durch Leistungen aus betrieblicher Altersversorgung aufbessern können, was mittlerweile mehr als zwei Drittel aller Arbeitnehmer zugute kommt. Beim schwächeren Drittel konzentrieren sich die schmal bemessenen Einkommen (und nicht selten auch echte Notlagen bei älteren und zugleich alleinlebenden Rentnerinnen (*Alber* 1986b: 53ff.)).

Der Sonderfall der Beamtenversorgung Berufsgruppenspezifische Ungleichheit hat sich — trotz Nivellierung — in der sozialen Sicherung gehalten, wenngleich in geringerem Maße als in früheren Phasen der politischen Geschichte Deutschlands. Beispielsweise ist die Alterssicherung der Beamten in der Regel großzügiger bemessen als die der privatwirtschaftlich Beschäftigten. Die Alterssicherung für Beamte ist nach dem Versorgungs-Prinzip konzipiert; sie ist Teil der Fürsorge des Dienstherrn gegenüber dem Beamten. Vor allem vier Merkmale der Beamtenversorgung wecken die Begehrlichkeit anderer Versicherter in Arbeiter- und Angestellten-Kreisen: Relativ früh wird der vergleichsweise großzügige Höchstanspruch auf Altersruhegeld erreicht; nach 35 Jahren Dienstzeit erreichen die Versorgungsbezüge 75 Prozent des zuletzt erreichten Bruttolohnes (während bei Arbeitern und Angestellten mit 60 Prozent nach 40 Jahren Beitragszeit gerechnet wird); ferner führt auch schon eine relativ geringe Dienstzeit zu ansehnlichen Altersruhegeldern (was vor allem drei Gruppen zugute kommt: Frühinvaliden, Witwen und Arbeitnehmer, die erst spät zu Beamten ernannt wurden); schließlich haben die Beamten — aufgrund des Versorgungs-Prinzips — keine Beiträge zur Altersversicherung zu entrichten.

Freilich sollte die relativ günstige Alterssicherung von Beamten nicht überschätzt werden. Ein Teil der Besserstellung von pensionierten Beamten im Vergleich zu Arbeitern und Angestellten im Rentenalter ist nicht Folge der Berufsgruppenzugehörigkeit, sondern Ergebnis unterschiedlicher formaler Qualifikationen und unterschiedlicher Stellungen in der Hierarchie der Berufe. Ferner muß man berücksichtigen, daß Beamtenversorgungseinkünfte zu versteuern sind, Altersruhegelder der Angestellten und Arbeiter jedoch nicht. Und zu guter Letzt relativieren differenzierte Studien über das Lebens-Einkommen von qualifikations- und hierarchiemäßig ähnlichen Gruppen von Beamten und privatwirtschaftlich Beschäftigten die These, daß die Beamten privilegiert seien. Beispielsweise ist die Rente von ehemaligen Beamten des mittleren Dienstes nicht höher als die von ehemaligen Meistern in der Industrie, und beim Lebenseinkommen stehen sich die Beamtenpensionäre schlechter als die Vergleichsgruppe der Meister in der Industrie (*Merklein* 1986: Kapitel 7).

Die Sozialversicherung wurde in ihrer hundertjährigen Geschichte zahllosen Änderungen unterzogen. Bis auf wenige große Reformen lag den Änderungen jedoch kein großer Plan zugrunde. Meistens ging es um Stückwerk-Reformen, die sich *einem* Sozialversicherungszweig und *einem* Problembereich zuwendeten. Am häufigsten und mit den weitreichendsten Folgen wurde die Rentenversicherung reformiert, während sich die Krankenversicherung gegenüber Reformversuchen als wesentlich resistenter erwies. Hier liegt einer der Gründe für die in den 70er und 80er Jahren akut werdenden Probleme der Kostenexplosion im Gesundheitswesen. Stückwerks-Reform, vielgliedrige Struktur

Bei allen Reformen im einzelnen blieb die vielgliedrige Struktur des Systems der sozialen Sicherung in Deutschland bemerkenswert konstant. Im großen und ganzen behielt auch das Kausalitätsprinzip, das den Anfängen der Sozialpolitik zugrunde lag, gegenüber dem Finalitätsprinzip die Oberhand: Voraussetzung, Art, Höhe, Dauer und Umfang sozialer Leistungen werden weniger von deren Zweck und vom Schadensfall her bestimmt (Finalitätsprinzip) als von den Ursachen des Schadens und der institutionellen Zuordnung des Falles (Kausalitätsprinzip). Hier liegt ein Grund für kostspielige Kompetenzüberschneidungen und suboptimale Leistungen der Sozialpolitik — sowohl im Hinblick auf die Effektivität (Ausmaß, zu dem ein Ziel mit gegebenen Mitteln erreicht wird) als auch im Hinblick auf die Effizienz (im Sinne des günstigsten Verhältnisses zwischen Aufwand und Ertrag). Kausalitäts- und Finalitäts-Prinzip

Bei aller Kritik an Effektivitäts- und Effizienzproblemen der Sozialpolitik läßt sich nicht übersehen, daß die soziale Sicherung die Lebenslage von Millionen von Sozialleistungsempfängern verbesserte. Im Kaiserreich reichten die Sozialleistungen oftmals nur als Zubrot aus, später nahm das Leistungsniveau pro Empfänger zu (wenngleich mit krisenbedingten Einbrüchen wie 1930 und in den folgenden Jahren). Heutzutage sichert es immerhin für die große Mehrheit der Empfänger eine leidliche soziale Existenz. Hier machte sich ein neues Leitbild der Sozialpolitik bemerkbar: aus der ehemaligen ,,Zuschuß-Versicherung'', die ein Zubrot zu anderweitigen Einkommen brachte, sollte eine ,,Lebensstandard-Versicherung'' werden. Größere soziale Sicherheit

Das System der Sozialleistungen hat, den Untersuchungen der Transfer-Enquete-Kommission (*BMAS* 1981) nach zu urteilen, in erheblichem Maße zur Umverteilung beigetragen. Die Transfer-Kommission sollte eine Gesamtbilanz der auf die verschiedenen Empfängergruppen entfallenden Leistungen und Belastungen durch das System der öffentlichen Einkommensübertragungen (Transfers) ermitteln. Ihren Studien zufolge fallen in beinahe allen Haushalten — ob reich oder arm — positive und negative Transfers an. Beide Haushaltstypen gehören demnach sowohl zu den Finanzierern als auch zu den Empfängern von Transferleistungen. Jedoch fließen die Leistungen überwiegend den Haushalten zu, die keine oder nur geringe Arbeitseinkommen erzielen. Ferner verringern die Transferleistungen die Spannweite zwischen den durchschnittlichen Einkommen der Selbständigenhaushalte und der Arbeitnehmerhaushalte. Umverteilungswirkungen

Insgesamt wird das verfügbare Einkommen durch die Transfer-Systeme gleichmäßiger verteilt als das Bruttoerwerbs- und Vermögenseinkommen. Der Sozialstaat der Bundesepublik verteilt demnach nicht nur in horizontaler Richtung (z.B. zwischen den Generationen) sondern auch in der Vertikalen (zwischen sozialen Gruppen ein und derselben Generation), wenngleich die horizontale Umverteilung weitaus stärker ins Gewicht fällt als die vertikale.

Sozialpolitik im engeren und im weiteren Sinn

In der vorliegenden Analyse steht die staatliche Sozialpolitik im engeren Sinne im Vordergrund. Damit wird notwendigerweise ein unvollständiges Bild vom wirklichen Ausmaß der sozialen Sicherung gezeichnet. Parallel zur Ausweitung der sozialen Sicherung im engeren Sinne wuchs die Sozialpolitik im weiteren Sinne, insbesondere in der Weimarer Republik und in der Bundesrepublik. Die soziale Sicherung und die Einführung und Erweiterung betrieblicher, arbeitsplatzbezogener, mitbestimmungs- und arbeitsmarktpolitischer Sozialprogramme wären hier als Beispiele anzuführen.

Nicht-staatliche Sozialleistungen

Hinzuzurechnen wären Sozialleistungen, die auf betrieblicher Basis, von Wohlfahrtsverbänden und auf Basis freiwilliger privater Versicherung gewährt werden (*Rein/Rainwater 1986; Zapf* 1986). Insoweit wird das tatsächliche Ausmaß der sozialpolitischen Anstrengungen durch das in dieser Studie gewählte Verfahren sogar unterschätzt, wenngleich hinzuzufügen ist, daß der größte Teil der sozialen Sicherung insgesamt durch den Focus auf die Sozialpolitik im engeren Sinne erfaßt wird.

7 Bestimmungsfaktoren der Entwicklung der Sozialpolitik in Deutschland

,,Die Geschichte der Sozialversicherung in Deutschland ist eine Geschichte ihrer Expansion". Mit diesen Worten hat Detlev *Zöllner* (1981: 126) einen der wichtigsten Trends der Sozialpolitik charakterisiert. Welches waren die treiben-den und welches die hemmenden Kräfte in diesem Prozeß? Welche ökonomi-schen, demographischen, sozialen und politischen Bestimmungsfaktoren haben die Einführung der Sozialversicherungen und die Expansion der Sozialpolitik begünstigt bzw. gehemmt? Unter dieser Fragestellung sollen zum Abschluß des ersten Teils dieser Studie die bisher präsentierten Materialien ausgewertet wer-den. Das Erklärungsmodell, das hier vorgestellt wird, basiert demnach auf ei-ner Längsschnittuntersuchung der Sozialpolitik in Deutschland. Es wird in den folgenden Kapiteln anhand eines internationalen Vergleichs der Sozialpolitik vertieft werden. *Fragestellung*

Für die Einführung der Sozialpolitik in Deutschland war eine komplexe Mi-schung aus wirtschaftlichen, demographischen, sozialen und politischen Be-dingungen verantwortlich. Den Hintergrund bildeten fundamentale Verände-rungen des gesellschaftlichen und wirtschaftlichen Gefüges. Industrialisierung, Bevölkerungswachstum, zunehmende Verbreitung von lohnabhängiger Arbeit, Verstädterung und räumliche Konzentration der Industriearbeiterschaft verän-derten das soziale und wirtschaftliche Antlitz Deutschlands von Grund auf. *Gründe für die An-fänge der Sozialpo-litik in Deutsch-land:* *— Wirtschaftlicher und sozialer Wandel*

Die Folgen für die Sozialpolitik hat Detlev *Zöllner* so beschrieben: Die Ver-änderungen des wirtschaftlichen und sozialen Gefüges

> ,,höhlten die Funktionsfähigkeit älterer Formen der sozialen Sicherung aus und ließen neue Be-dürfnisse nach sozialer Sicherung entstehen, die diese älteren Formen nicht befriedigen konn-ten. Hinzu kam die politische Mobilisierung der Arbeiterschaft, die von der neuen Situation in erster Linie betroffen wurde. Diese Politisierung führte vor dem Hintergrund der im 19. Jahr-hundert hervorgetretenen Tendenz zur Rationalisierung, Individualisierung und Demokratisie-rung zur Verbreitung der vom Liberalismus abweichenden Auffassung, daß eine staatliche Ver-antwortung für die Lösung sozialer Probleme gegeben sei" (*Zöllner* 1981: 124). *— Politisierung der sozialen Miß-stände*

Auf diese Weise gewannen soziale Notstände eine politische Dimension. Die-sem Prozeß kamen die Motive eines feudalherrschaftlichen Führungsstils und einer gesellschaftlichen Stabilisierungspolitik entgegen, die insbesondere unter Reichskanzler *von Bismarck* eine große Rolle in der Innenpolitik des Deutschen Kaiserreiches spielten. Die sozialen Notstände und ihre politischen Folgen wur-den als regelungsbedürftige Probleme und als Gefahr für die innere Stabilität des Kaiserreiches angesehen. Diese Gefahr einzudämmen, die Arbeiterschaft *— Bedrohung poli-tischer und sozi-aler Stabilität* von der Sozialdemokratie abzuspalten und an den monarchistischen Staat zu binden, war eines der zentralen Motive für die frühe Einführung der Sozialpolitik in Deutschland. Sie war das „Zuckerbrot", das der Arbeiterbewegung zur „Peitsche" des Sozialistengesetzes gereicht wurde.

Gründe für die Expansion der Sozialpolitik:

Im preußisch-deutschen Kaiserreich wurde in den 80er Jahren des 19. Jahrhunderts die Grundlage für die Sozialpolitik geschaffen. In den folgenden Jahrzehnten erfolgte der Ausbau der sozialen Sicherung. Welche Faktoren haben die Expansion der sozialen Sicherung vorangetrieben und welche erwiesen sich als Hemmnisse?

In der sozialwissenschaftlichen Forschung über die Determinanten der Sozialpolitik besteht weitgehend Einigkeit darüber, daß die folgenden Bedingungen den Ausbau der Sozialpolitik vorantrieben:

— Politisch-bürokratische Eigendynamik

— Zu den wichtigsten Faktoren für den Ausbau der Sozialpolitik zählt die politisch-bürokratische Eigendynamik eines institutionalisierten Systems der sozialen Sicherung. Das gilt in zweifacher Hinsicht: im Hinblick auf die Politik der Bürokratie und im Hinblick auf die Konstruktionsprinzipien der Sozialversicherung in Deutschland. Eine spezialisierte Bürokratie entfaltet Beharrungs- und in der Regel auch schon allein aus Eigeninteressen Wachstumstendenzen. Sie versucht, ihre Position im politischen Prozeß und im innerbürokratischen Verteilungskonflikt um Haushaltsmittel, Befugnisse, Prestige und Karrierechancen zu sichern oder zu verbessern. Zum bürokratischen Wachstumsfaktor kommt — unter den Bedingungen eines Rechtsstaates — ein rechtlicher Wachstumsfaktor hinzu. Gesetzlich regulierte Materien sind nach unten hin inflexibel. Ihrer Rücknahme oder Beschneidung stehen in der Regel einklagbare Rechtsansprüche oder zumindest konfliktreiche Umverteilungsprozesse entgegen. In der Regel werden die gesetzlich verbrieften Besitzstände respektiert und nur in seltenen Fällen, etwa bedingt durch akute Krisen der Staatsfinanzen, angetastet. Häufiger werden alte Besitzstände beibehalten und neue mittels Erweiterung des Kreises der Anspruchsberechtigten (und nicht mittels Umverteilung) geschaffen.

— „Expansives" Konstruktionsprinzip

— Ein weiterer Wachstumsfaktor kommt hinzu. Das Konstruktionsprinzip der Sozialversicherung beinhaltet eine expansive Komponente. Es ist insbesondere auf die Risikofälle zugeschnitten, die sich in einer arbeitsteiligen Industriegesellschaft aus dem Status eines Arbeitnehmers ergeben. In dem Maße, in dem ein zunehmender Personenkreis in die Industriegesellschaft eingegliedert wurde, insbesondere in dem Maße, in dem sich die Zahl der lohn- und gehaltsabhängigen Arbeitnehmer vergrößerte, nahm der Kreis der Versicherten automatisch und ohne weiteres Zutun der Sozialpolitiker stark zu (*Zöllner* 1963).

— Trend zur Arbeitnehmergesellschaft und Wirtschaftswachstum

— Der Trend zur Arbeitnehmergesellschaft ist aufs engste mit dem Wirtschaftswachstum verknüpft. Man kann in ihm einen der wichtigsten Antriebsfaktoren für die Sozialpolitik sehen. Das gilt auch in anderer Hinsicht: In Zeiten länger anhaltender Prosperität verfügen die Sozialpolitiker über einen wachsenden Spielraum, der in der Regel von allen Regierungen zur Erweiterung und Verbesserung des sozialen Sicherungsnetzes genützt wurde.

Hinzu kommen Bestimmungsfaktoren auf der Nachfrageseite. Hierzu zählt Nachfragebedingte beispielsweise die wachsende Nachfrage von Menge und Qualität ärztlicher Expansion Versorgung, die sich ihrerseits aus zunehmender Lebenserwartung speist, ferner aus Verschiebungen im Krankheitsbild, Zunahme von Zivilisationskrankheiten, zunehmender Fähigkeit zur Diagnose und Therapie von Krankheiten, aber auch aus gesundheitlichem Fehlverhalten (Fehlernährung, Drogenkonsum), unterentwickeltem Kostenbewußtsein, mangelhafter Wissensstand über die Möglichkeiten der Prävention und über Möglichkeiten der Selbstbehandlung von Bagatellkrankheiten und anderem mehr (*Sachverständigenrat* 1987: 150).

Ferner zählt der Bedarf an Sozialpolitik, der durch Wirtschaftskrisen erzeugt Demographische wird (Arbeitslosigkeit und Sozialhilfebedürftigkeit sind hierbei die sozialpoli- Faktoren tisch ins Gewicht fallenden Größen) ebenso zu den Schubkräften der Sozialpolitik wie der Bedarf, der sich aus katastrophischen Ereignissen ergibt (zum Beispiel Kriege und ihre sozialen Begleiterscheinungen und Hinterlassenschaften).

Auch demographische Faktoren spielen eine bedeutende Rolle im Prozeß der Ausdehnung sozialpolitischer Leistungen. So wie der Trend zur Arbeitnehmergesellschaft automatisch zum Wachstum der Sozialpolitik beitrug, so gingen von demographischen Veränderungen unmittelbar automatische Wachstumsschübe auf die Sozialpolitik aus. Hierbei sind insbesondere zwei Trends maßgebend. Da ist zum einen die zunehmende Lebenserwartung. Sie vergrößert den Mitgliederkreis der Arbeitslosen-, Alters-, Krankheits- und Unfallversicherung und erhöht — unter sonst gleichen Bedingungen — die Zahl der Versicherungsfälle pro Versicherten. Zweitens kommen, mit der zunehmenden Lebenserwartung zusammenhängend, Verschiebungen in der Altersstruktur hinzu. In Deutschland wie auch in anderen entwickelten Ländern nahm der Anteil der älteren Personen an der Bevölkerung stark zu. Im ausgehenden 19. Jahrhundert waren gerade fünf Prozent der Gesamtbevölkerung im Rentenalter (nach heutigen Kriterien gemessen), heutzutage sind es jedoch über 15 Prozent, mit weiter zunehmender Tendenz. Hierdurch nimmt die Nachfrage nach Rentenversicherungsleistungen und — unter sonst gleichen Bedingungen — wächst folglich das Sozialbudget (von dem heutzutage etwa 40 Prozent auf die Alterssicherung entfallen) (*OECD* 1985; *Holzmann* 1986).

Die bisher genannten wirtschaftlichen, sozialen und demographischen Fakto- Erwartungsniveau ren veränderten das Erwartungsniveau auf seiten der Sozialstaats-Klientel. Die Sozialleistungsempfänger erheben in einer Gesellschaft, die sich dem Wachstum, steigendem Lebensstandard, Konsum und umfassender sozialer Sicherheit verschrieben hat, in der Regel Anspruch auf Teilhabe an den Früchten des Wachstums. Die Weichen sind somit mindestens auf gleichberechtigte Teilhabe am erwirtschafteten Reichtum gestellt, manchen soziologischen Theorien zufolge gar in Richtung auf eine „Erwartungsexplosion" (revolution of rising expectations).

Die letztere Diagnose scheint jedoch vorschnell entworfen zu sein. Sie spiegelt am ehesten noch die Dynamik von Erwartungen in Prosperitätsphasen wider. In wirtschaftlichen Krisenzeiten erweisen sich jedoch wirtschaftliche Erwartungen als begrenzt flexibel. Man ist beispielsweise bereit, vorübergehend den Gürtel enger zu schnallen. Dennoch ist der Kern der These steigender Erwartungen überzeugend: die untere Grenze des durchschnittlichen Erwartungsniveaus auf Seiten der Sozialleistungsempfänger wurde angehoben. Sie folgt in etwa dem Trend, der durch den mittel- bzw. den langfristigen Wachstumstrend des Sozialproduktes vorgezeichnet wird.

Angebotsseitige
ausgabensteigernde
Effekte

Für die Expansion der sozialen Sicherung sind jedoch nicht nur nachfrageseitige sondern auch angebotsseitige Determinanten maßgebend. Am deutlichsten läßt sich der Expansionseffekt auf der Seite der Leistungsanbieter in der Gesundheitspolitik nachweisen. Ausgabensteigernd wirken hierbei insbesondere — wie der Sachverständigenrat zur Konzertierten Aktion im Gesundheitswesen (1987: 150) gezeigt hat:

— der zunehmende medizinische Wissensstand und die dadurch verbesserten Möglichkeiten von Diagnostik, Therapie und Rehabilitation,
— die Hochleistungsmedizin, vor allem im Intensivbereich,
— die zunehmende Dichte und Spezialisierung des Leistungsangebotes,
— das unterentwickelte Kostenbewußtsein der Ärzte (...),
— die Einzelleistungshonorierung mit der Tendenz zur Mengenausweitung und
— oligopolitischen Angebotsstrukturen im medizinisch-technischen Bereich".

Politische Faktoren

Eine Erklärung der Wachstumsdynamik der Sozialpolitik kommt ohne Berücksichtigung politischer Faktoren nicht aus. In letzter Instanz ist Sozialpolitik das Produkt politischer Entscheidungsprozesse. Entscheidungsprozesse beinhalten immer ein gewisses Maß an Zufälligkeit, an ,,Möglichsein" (im Gegensatz zur Notwendigkeit). Sie könnten auch anders ausfallen. So wäre beispielsweise vorstellbar, daß die Politiker auf die sozialen Notstände, die sich mit der Entwicklung der kapitalistischen Industriegesellschaft im Kaiserreich herausbildeten, anders reagierten als sie es taten. Soziale Notstände können im Prinzip mittels Reform oder Repression ,,behandelt" werden oder mittels Nicht-Beachtung ignoriert werden. Das wurde in älteren Sozialpolitik-Analysen (z.B. *Zöllner* 1963: 115) häufig übersehen.

Selbstverständlich ist keine der drei Reaktionsweisen. Warum die Reform der Repression bzw. der Ignorierung vorgezogen wurde, läßt sich angemessen verstehen, wenn man sozial-kulturell bedingte Einstellungen und politisch-strategische Handlungskalküle auf seiten der Eliten, politische Machtverhältnisse, Institutionen und Ideologien berücksichtigt. In dieser Hinsicht vermittelt die deutsche Sozialpolitik einige überraschende Einsichten:

— Sozialpolitik
von oben

Die Anfänge der Sozialpolitik (und ein erheblicher Teil der späteren Expansion der sozialen Sicherung) sind einer Politik zuzuschreiben, die ,,von oben", von den politischen Eliten konzipiert und durchgeführt wurde. Bei ihnen kamen Gesichtspunkte eines paternalistischen Herrschaftsstils mit konfliktverhütenden und sozialintegrativen Motiven zusammen.

Die sozialpolitische Entwicklung im Deutschland des 19. Jahrhunderts läßt sich weniger durch den politischen Druck von unten erklären, wenngleich die sozialen Notstände unbestreitbar groß waren und die Arbeiterbewegung sich allmählich zu einem Machtfaktor entwickelte (freilich nicht zu einem dominanten). Für die Einführung und die erste Entwicklungsphase der Sozialpolitik war eine Stabilisierungspolitik ,,von oben" wichtiger. Die Arbeiterschaft sollte der

Sozialdemokratie abspenstig gemacht werden. Zugleich sollte die Sozialpolitik so konzipiert werden, daß sie die Autonomie und Wirtschaftskraft der Unternehmerschaft nicht einschränkte.

Mit dem Zusammenbruch des preußisch-deutschen Kaiserreiches änderten sich die Bestimmungsfaktoren der Sozialpolitik. Auf die paternalistisch-repressive Politik im Kaiserreich folgte die Sozialpolitik der Weimarer Demokratie. Hier war — wie später in der Bundesrepublik — die Parteienkonkurrenz um Wählerstimmen ein zentraler Motor der Sozialpolitik. Überdies spielte die größere Macht der Arbeiterbewegung und die Regierungsbeteiligung von Parteien, die für soziale Fragen sensibel waren (Sozialdemokratie, Zentrum bzw. Christdemokratie) eine gewichtige Rolle.

— vom Paternalismus zur demokratischen Parteienkonkurrenz

Im Nationalsozialismus sind die herrschaftsstrukturellen Rahmenbedingungen für die Sozialpolitik wieder anders gelagert. Jedoch betrieben auch die nationalsozialistischen Machthaber phasenweise eine expansive Sozialpolitik. Sie wurzelt in herrschaftstechnischen Motiven, in dem populistischen Hang vieler nationalsozialistischer Politiker und in dem Bestreben, die eigene Volksgemeinschaftsideologie in die Praxis umzusetzen (,,Sozialpolitik für die schaffenden Deutschen").

— ,,Sozialpolitik für die schaffenden Deutschen"

Zu guter Letzt haben Regierungsparteien einen spürbaren Einfluß auf die Sozialpolitik gehabt. Zahlreiche sozialpolitische Entscheidungen tragen die Handschrift der jeweiligen politischen Färbung der Regierungsparteien. Beispielsweise zogen die von der Union geführten Regierungen der 50er und 60er Jahre dem skandinavischen Modell eines vergleichsweise egalitären Wohlfahrtsstaates zweifellos das Modell eines beitragsabhängigen, auf Erwerbsarbeit bezogenen und soziale Differenzierungen befestigenden Sozialstaat vor.

— Politische Ideologie von Regierungsparteien

Umgekehrt sind in der sozialpolitischen Programmatik und Praxis der Sozialdemokratie mehr Parallelen zur skandinavischen Variante der Sozialpolitik zu erkennen. In der Sozialpolitik kommen demnach Parteien-Differenzen zwischen der Christdemokratie und der Sozialdemokratie zum Tragen. Ein historischer Vergleich verdeutlicht jedoch, daß die Unterschiede zwischen beiden Parteien geringer sind als die ideologische Distanz, die im ausgehenden 19. Jahrhundert zwischen Sozialdemokratie und bürgerlichen Parteien bestand und überdies geben sozialdemokratische christdemokratische Regierungsparteien solange viel Geld für Sozialpolitik aus, wie die Wirtschaft wächst. Beide Parteien haben — zumindest bis Mitte der 70er Jahre — für hohe und wachsende Sozialleistungsquoten gesorgt, die SPD noch etwas mehr als die CDU/CSU (*Alber* 1986b: 99).

Gemeinsamkeiten und Unterschiede zwischen christdemokratischer und sozialdemokratischer Sozialpolitik sind einer Vielzahl von Bedingungen geschuldet. Zu den wichtigsten zählen programmatische und sozialstrukturelle Faktoren. Beide Parteien hatten aus den politischen Krisen und Tragödien der deutschen Geschichte ähnliche Schlußfolgerungen gezogen. Beiden galt Sozialpolitik als unverzichtbare Voraussetzung für die innenpolitische Stabilität der Bundesrepublik. Freilich differieren die genauen Zieldefinitionen und die Mittel; auf der einen Seite spielt die Tradition der katholischen Soziallehre herein, auf der anderen die Tradition der sozialistischen Arbeiterbewegung.

Parallelen und Differenzen markieren auch die soziale Basis beider Parteien, namentlich ihre Wählerschaft. Beide Parteien verfügen über Wählerschaften, die soziologisch heterogen sind, und beide beziehen große Stimmenblöcke aus der Arbeitnehmerschaft und aus der Gruppe der Sozialleistungsempfänger. Insofern haben SPD und CDU/CSU ein strukturelles Interesse an Sozialpolitik. Freilich unterscheiden sich die sozialen Basen von Unionsparteien und Sozialdemokratie. Die SPD ist eine Arbeitnehmerpartei. Die CDU und die CSU sind das ebenfalls, beide haben aber auch zahlreiche Anhänger unter den Selbständigen, den Landwirten und Freiberuflichen und folglich Wähler aus sozialen Klassen, die dem Sozialstaat gegenüber oppositionell gesinnt sind. In Zeiten wirtschaftlicher Krisen wirkt dies als Zügel des christdemokratischen Sozialinterventionismus, in Prosperitätszeiten hingegen wird diese Opposition in der Regel überspielt.

In der Zeit nach dem 2. Weltkrieg kam in Deutschland ein weiterer Faktor hinzu. Die Spaltung Deutschlands und seine exponierte Stellung im Ost-West-Konflikt sensibilisierte die Regierungspolitiker für die System-Konkurrenz zwischen den demokratischen kapitalistischen Ländern und den Ländern des Ostblocks. Die Sozialpolitik wurde hierdurch zu einem der Terrains, auf dem der System-Wettbewerb ausgetragen wurde. Ihr war auch die Funktion zugedacht, die bundesrepublikanische Bevölkerung gegenüber sozialistischer und kommunistischer Programmatik und Propaganda resistent zu machen. So hieß es sinngemäß in Bundeskanzler *Adenauers* Vorwort zum Tätigkeitsbericht der Bundesregierung für das Jahr 1955. Zugleich sollte die Sozialpolitik die bundesdeutsche Sozialordnung für die Bevölkerung der DDR attraktiv halten und auf diese Weise einen Beitrag dazu leisten, die Spaltung Deutschlands nicht unüberbrückbar werden zu lassen.

Bislang haben wir nach den Antriebskräften der Sozialpolitik gefragt. Wie steht es demgegenüber um die bremsenden Faktoren? Eine Antwort erhält man, wenn man die obigen Ausführungen mit umgekehrten Vorzeichen liest.

Beispielsweise ist das Sozialleistungsniveau bei niedrigen Anteilen der Arbeitnehmer und der Alten an den Erwerbspersonen bzw. der Wohnbevölkerung unter sonst gleichen Bedingungen niedriger. Ferner ist die Stärke oder Schwäche der Arbeiterbewegung und die Stärke oder Schwäche von Unternehmerverbänden und wirtschaftsliberalen Parteien wichtig. Die letzteren stehen der Sozialpolitik reserviert bis ablehnend gegenüber. Sozialpolitik wird von ihnen vor allem als kostentreibender Faktor gesehen. Insbesondere in der Endphase der Weimarer Republik und in den späten 70er und frühen 80er Jahren spielte die wirtschaftsliberale Opposition gegen den Sozialstaat eine erhebliche Rolle.

Daß die wirtschaftsliberale Opposition gegen den Sozialstaat in diesen Phasen so stark wurde, hing aufs engste mit der Wirtschaftskrise zusammen. Wirtschaftskrisen, insbesondere Wirtschaftskrisen struktureller Natur, bremsen den sozialpolitischen Zug. In Krisenzeiten geraten die Sozialversicherungen in eine finanzpolitische Klemme. Die Einnahmen sinken (oder nehmen weniger rasch zu als erforderlich), während die Nachfrage nach Sozialleistungen zunimmt.

Bei ausbleibendem Wirtschafts- und Beschäftigungsaufschwung wird es dann unvermeidbar, die Sozialleistungen den knapper werdenden Ressourcen anzupassen — es sei denn, die Politiker riskierten drastische Beitragserhöhungen

Marginalien:
Spaltung Deutschlands und System-Konkurrenz

Bremsende Faktoren:

— Arbeitnehmerquote und demographische Trends

— Politische Kräfteverhältnisse

— Wirtschaftskrisen

drastische Beitragserhöhungen und/oder eine drastische Ausweitung der Staatsverschuldung in der Hoffnung, deren Kosten im nächsten Wirtschaftsaufschwung abzutragen. Letztere Option wurde freilich in der Bundesrepublik Deutschland nur in der zweiten Hälfte der 70er Jahre, und auch dann nur halbherzig gewählt. Vielmehr zog man es vor, die Sozialfinanzen mittels Beitragserhöhungen und Leistungseinschränkungen zu sanieren.

Auch wenn man die Geschichte der Sozialpolitik — langfristig betrachtet — als „Geschichte ihrer Expansion" (*Zöllner* 1981: 1926) schreiben kann, sind doch ihre mageren Jahre nicht zu übersehen: Die Kriegsjahre sind hier zu nennen, mit Abstrichen auch die Jahre 1921 bis 1923, die Endphase der Weimarer Republik (1930 - 1933), die ersten vier Jahre nach Ende des 2. Weltkrieges und — mit größeren Abstrichen — die späten 70er und frühen 80er Jahre. Obendrein muß man berücksichtigen, daß die Sozialpolitik — zumindest in den entwickelten Wohlfahrtsstaaten und in einigen Bereichen der sozialen Sicherung — an ihre natürlichen Sättigungsgrenzen herangewachsen ist (*Flora* 1986c). Hierdurch entfällt ein Faktor, der bislang ausgabensteigernd wirkte. Nur rechnerisch, aber nicht in der Sache, zeigen Sättigungsgrenzen verlangsamtes Wachstum, Stagnation oder Schrumpfung von Sozialleistungen an. — Expansion, magere Jahre und Sättigungsgrenzen

Deutschland gehört zu den westlichen Industrieländern, die mehrere radikale Regime-Wechsel in einer vergleichsweise kurzen Zeitspanne erlebten. Die konstitutionelle Monarchie wird 1918/19 von der Demokratie abgelöst. Wirklich zur Ruhe kommt die Weimarer Republik jedoch nie. Ihr Zusammenbruch wird 1930 eingeläutet. Die Präsidialkabinette, gestützt auf die Notverordnungspraxis des Reichspräsidenten, markieren den Übergang vom demokratischen zum autoritären Staat. 1933 ergreifen die Nationalsozialisten die Macht. Ihre Herrschaft währt nicht — wie geplant — 1000 Jahre, sondern deren zwölf. Dann bricht das System unter den militärischen Schlägen der Alliierten zusammen. In den Westzonen Deutschlands tritt eine „Liberalisierungs-Diktatur" (Lutz *Niethammer*) an seine Stelle. Sie leitet den Wiederaufbau einer konkurrenzdemokratischen und verbandspluralistischen Ordnung ein, die 1949 mit der Gründung der Bundesrepublik Deutschland verfassungsrechtliche Form gewinnt. Regimewechsel in Deutschland

In welchem Ausmaß haben die unterschiedlichen politischen Regimes in Deutschland den Inhalt der Sozialpolitik geprägt? Vielleicht überrascht das hohe Maß an Kontinuität — im Sinne von regime-unspezifischer Konstanz und im Sinne von regime-unspezifischer Trends —, das die Sozialpolitik der letzten 110 Jahre kennzeichnet (*Ritter* 1987: 138). Aber natürlich schlugen die Regime-Eigenschaften und Regime-Veränderungen auch auf die Sozialpolitik durch. Regimewechsel und Sozialpolitik

Kontinuität trotz Regimewechsel

Betrachten wir zunächst die Kontinuitätslinien der Sozialpolitik. Der Sozialpolitik im Deutschland bis zum Kriegsende 1945 und in der Bundesrepublik ist eine zählebige Struktur zu eigen, die unterschiedliche politische Regime bis zum heutigen Tag überdauerte. Jens *Alber* hat die besonders auffälligen Konstanten wie folgt beschrieben: Die grundlegenden Prinzipien der sozialen Sicherung

„sehen vor, daß die Versicherung obligatorisch ist, aber von einer Vielzahl autonomer Kassen in Selbstverwaltung organisiert wird, daß die Leistungen sich nicht am Bedarf, sondern an der Ursache eines Einkommensausfalles sowie an der Höhe bisheriger Beitragszahlungen orientieren, daß Beiträge wie Leistungen einkommensbezogen sind und daß die Finanzierung bei nur geringer Staatsbeteiligung im wesentlichen den Versicherten und deren Arbeitgeber überlassen bleibt" (*Alber* 1986a: 24).

Die institutionelle Struktur der Kernsysteme der sozialen Sicherung bleibt demnach resistent gegenüber dramatischen Veränderungen im politischen Umfeld der Sozialpolitik, sei es beim Übergang von Monarchie zu Demokratie oder von Demokratie zu NS-Diktatur oder vom NS-Staat über die Herrschaft der Besatzungsmächte zur Bundesrepublik. In der Tat: eine ganz erstaunliche Konstanz!

Kontinuität sollte nicht nur im Sinne der Gleichartigkeit eines Zustandes über die Zeit hinweg verstanden werden, sondern auch die Gleichartigkeit der Veränderungs-Richtung einschließen. Kontinuität im Sinne von Fortschreibung überlieferter Entwicklungstrends (und demnach von ausbleibenden Trendwenden) läßt sich auch anhand anderer Meßlatten ablesen. Die Sozialleistungsquote stellt ein Beispiel für andere. Ihr ist ein Wachstumstrend zu eigen, dessen Antriebskräfte weiter oben erläutert wurden. Der Wachstumstrend der Sozialleistungsquote kommt im Wilhelminischen Kaiserreich zum Zuge, in der Weimarer Republik ebenso und besonders deutlich in der Bundesrepublik Deutschland bis zur Wende von den 70er auf die 80er Jahre. Die Präsidialregimes der Endphase der Weimarer Republik waren die ersten in Deutschland, die die Wachstumsdynamik der Sozialleistungsquote brechen wollten. Erfolglos, wie der Leser aus der Lektüre des Kapitel 3 dieser Studie weiß: die Weltwirtschaftskrise und die deflationistische Politik in Deutschland ließen das Sozialprodukt noch stärker als die Sozialleistungen schrumpfen. Erfolgreich gestoppt wurde die Wachstumsdynamik der Sozialhaushalte erst unter dem politisch extremsten Regime der politischen Geschichte Deutschlands: im Nationalsozialismus. In allen anderen Regimes Deutschlands nahm die Sozialleistungsquote im Trend zu (im übrigen auch — wenngleich sehr gemächlich — in der DDR, deren Sozialpolitik im Kapitel 6 des Teiles 2 dieser Studie näher analysiert wird).

Noch stärker ungebrochen von Regime-Wechseln verlief die Wachstumsdynamik des sozialversicherten Personenkreises (vgl. *Alber* 1982). Die Expansion des Anteils der Versicherten an allen Erwerbspersonen setzte sich nahezu unabhängig von Regime-Typus durch — bis zum Erreichen der natürlichen Sättigungsgrenze und abgesehen von vorübergehenden Trendabweichungen wie in der Endphase der Weimarer Republik.

Kontinuität und Diskontinuität

Freilich wäre es verfehlt, die Sozialpolitik in Deutschland nur aus der Perspektive der Kontinuität zu beleuchten. Die Mischung von Kontinuitäts-Elementen und Anhalten von Trends oder gar Umkehr überlieferter Entwicklungsmuster, die für die Entwicklung der Sozialpolitik in Deutschland besonders kennzeichnend ist, würde sonst übersehen werden. Zweifellos verrät die Geschichte der Sozialpolitik zahlreiche regime-spezifische Kontinuitäts-Brüche. Natürlich unterscheidet sich beispielsweise die Art und Weise wie Sozialpolitik gemacht wird von Regime zu Regime.

Regimespezifische Unterschiede im „wie" der Sozialpolitik

Typisch für das Kaiserreich war eine vergleichsweise aktivistische Sozialpolitik, geprägt vom paternalistischen Führungsstil und von politischen Schachzügen gegenüber Gruppen und Bewegungen, die als bedrohlich wahrgenommen wurden. Die Sozialpolitik in der Weimarer Republik war stärker als zuvor von der Arbeiterbewegung und ihr nahestehender Kräfte gekennzeichnet. Auf die expansive „sozial-interventionistische Politik" in der Weimarer Republik der 20er Jahre folgte in den Jahren der Präsidialkabinette eine restriktive Sozialpolitik, die in großem Maße nur noch abhängige Variable der deflationistischen Politik war, der sich die Kabinette unter *Brüning* verschrieben. Sie leitet zur nationalsozialistischen Ära über, in der sich repressive und ausgrenzende Sozialpolitiken mit expansiver Sozialpolitik mischt, freilich auf Basis einer stagnierenden Sozialleistungsquote. In der Bundesrepublik Deutschland dominiert bis zur zweiten Hälfte der 70er Jahre der rasche Wiederaufbau und der Ausbau der sozialen Sicherung. Ohne Demokratie sind beide nicht zu denken. Insoweit macht auch in Deutschland die Demokratie in der Sozialpolitik einen Unterschied. Besonders ergiebig wird die sozialpolitische Wirkung der Demokratie jedoch erst im Zusammenwirken mit zwei anderen Bedingungen, insbesondere, wenn demokratisches Regime *und* Hegemonie einer sozialreformerischen Partei (wie zum Beispiel die schwedische Sozialdemokratie) *oder* demokratisches Regime *und* Konkurrenz zwischen zwei prinzipiell sozialreformerisch gestimmten Volksparteien jeweils zusammenkommen mit längeren Perioden hohen Wirtschaftswachstums. Letztere Variante war in der Bundesrepublik bis Mitte der 70er Jahre gegeben.

Die Sozialleistungsquote im Nationalsozialismus bietet ein weiteres Beispiel für den Zusammenhang zwischen Regime-Typ und Politikinhalt. Im Gegensatz zu den meisten anderen Perioden bleibt die Sozialleistungsquote im Nationalsozialismus in etwa konstant. Das reflektiert nicht nur den Erfolg der Wirtschaftspolitik seit 1933, der — unter sonst gleichen Bedingungen — den Bedarf an sozialer Sicherung via klassische Sozialpolitik vermindert; vielmehr spiegelt die konstante Sozialleistungsquote auch die gezielte Finanzpolitik des NS-Staates wider, in der die Sozialpolitik der ökonomischen und militärischen Mobilisierung der „Volksgemeinschaft" untergeordnet wird.

Andere Eigenschaften der nationalsozialistischen Sozialpolitik, wie z.B. die Repressionspolitik gegenüber mißliebigem Personal und mißliebigen Versicherten stützen ebenfalls die These regime-spezifischer Sozialpolitik. Aber nicht in allen Belangen markiert die Sozialpolitik der NS-Zeit, die zweifellos das Paradebeispiel für regime-spezifische Elemente der sozialen Sicherung bietet, einen reaktionären Bruch mit Traditionslinien. Einige der Trendbrüche, die auf das Konto des Nationalsozialismus gehen, werden unter demokratischen Bedingungen fortgesetzt: der Abbau der ungleichen Sozialpolitik für Rentner der Arbeiterrentenversicherung und Altersrenter der Angestelltenversicherung beispielsweise und die Erweiterung der Arbeitnehmerversicherung in Richtung Volksversicherung sind prägnante Beispiele.

Insoweit kann man folgern, daß die Sozialpolitik eine Funktion regime-spezifischer Trends ist. Sie ist aber eben auch von regime-unspezifischen Prozessen beeinflußt: politisch-bürokratische Eigendynamik, expansive Konstruktionsprinzipien der sozialen Sicherung, Trend zur Arbeitnehmerschaft, zunehmende Lebenserwartung und zunehmende Altenquote wirkten weitgehend unabhängig von der jeweiligen politischen Ordnung als Stimuli für die Sozialpolitik. Ferner standen alle politischen Regime in Deutschland unter Legitimierungszwang.

Wenngleich sich Art der Legitimierung und Empfindlichkeit bzw. Dickfellig-keit gegenüber delegitimatorischen Prozessen von Regime zu Regime erheblich unterscheiden, so läßt sich doch festhalten, daß alle Regimes in Deutschland mittels Sozialpolitik sich Unterstützung oder zumindest Wohlverhalten zu ver-schaffen suchten. Das war ein weiterer Faktor, der für Konstanz bzw. für stabile Trends in der Sozialpolitik sorgte.

Teil II: Sozialpolitik in westlichen Industrieländern — Historisch und international vergleichende Analyse

Einleitung

Im ersten Teil dieser Studie stand die geschichtliche Entwicklung der Sozialpolitik in Deutschland im Vordergrund. Im zweiten Teil wird die Sozialpolitik aus der Perspektive eines internationalen und historischen Vergleichs beleuchtet. Hierbei geht es vor allem um die Beschreibung und Erklärung internationaler Gemeinsamkeiten und Unterschiede der Sozialpolitik.

Fünf Themen stehen im Vordergrund des zweiten Teils:

Themen und Fragen

— *Die Anfänge der staatlichen Sozialpolitik.*
  Hier interessiert beispielsweise die Frage, warum Deutschland zu den Pioniernationen der Sozialpolitik gehört und warum andere Länder erst später starteten.
— *Die Expansion der Sozialpolitik vom Ende des 19. Jahrhunderts bis zum Beginn der weltweiten Rezession 1973/74.*
  Hier interessiert vor allem die Frage, wie sich die unterschiedlichen Tempi erklären lassen, die in der Sozialpolitik in den westlichen Ländern eingeschlagen wurden. Die Analyse wird hier in zwei Schritten durchgeführt, zunächst anhand des Ausdehnungsgrades der Sozialversicherung (Mitglieder der Sozialversicherung in Prozent der Erwerbspersonen bzw. in Prozent der Personen im erwerbsfähigen Alter zwischen 15 und 64 Jahren), sodann anhand der Sozialleistungsquoten (öffentliche Sozialausgaben in Prozent des Bruttoinlandsproduktes).
— *Die Entwicklung der Sozialausgaben vom Beginn der weltweiten Rezession von 1973/74 bis Mitte der 80er Jahre.*
  Hier wird insbesondere der Frage nachgegangen, wie und in welchem Ausmaß die Regierungen der westlichen Länder in ihrer Sozialpolitik auf die Wirtschaftskrise reagiert haben und wie sich die Unterschiede zwischen einzelnen Ländern erklären lassen.
— *Gestaltungsprinzipien der sozialen Sicherungssysteme.*
  In diesem Abschnitt wird die Sozialpolitik der westlichen Länder drei Typen der Sozialpolitik zugeordnet (liberales Modell, konservatives Modell und sozialdemokratisches Modell) und die Zuordnung durch eine politikwissenschaftliche Erklärung untermauert.
— *Vergleich der Sozialpolitik in westlichen Industrieländern mit der Sozialpolitik in ausgewählten sozialistischen und ausgewählten Dritte-Welt-Ländern.*

Die Methode des internationalen Vergleichs, die in dieser Kurseinheit zur Anwendung kommt, ist in mehrerlei Hinsicht lehrreich. Sie gibt eine Möglichkeit zur Hand, von Erfahrungen anderer Länder zu lernen. Sie erlaubt es ferner, die Besonderheiten des eigenen Landes (oder auch dasjenige, was dieses Land mit benachbarten Ländern gemeinsam hat), herauszuarbeiten. Überdies, und vielleicht am wichtigsten, kommt ein methodologischer Gesichtspunkt hinzu: In der Politikwissenschaft (wie überhaupt in den Sozial- und Wirtschaftswissenschaften) kann man verallgemeinerungsfähige Aussagen über Grund-Folge-Verhältnisse oder über wahrscheinliche Zusammenhänge nur in den seltensten Fällen mittels kontrollierter, wiederholbarer Experimente gewinnen. Andere Hilfsmittel sind als Ersatz erforderlich. Eines dieser Hilfsmittel ist der Vergleich. Er gibt ein Instrument zur Hand, mittels dessen kausale oder wahrscheinliche Zusammenhänge entdeckt und/oder Aussagen über solche Zusammenhänge anhand einer systematischen Analyse der Fälle (oder einer repräsentativen Auswahl aus der Gesamtheit dieser Fälle), bei denen ein Grund-Folge-Verhältnis zwischen zwei oder mehr Größen vermutet bzw. vorhergesagt wird, überprüft werden (vgl. *Berg-Schlosser* und *Müller-Rommel* 1987).

1 Die Anfänge staatlicher Sozialpolitik im internationalen Vergleich

Die Leitfragen für dieses Kapitel lauten wie folgt: Wann entstehen die öffentlichen Systeme der sozialen Sicherung in den westeuropäischen Ländern, warum werden sie eingeführt, und wie lassen sich die Unterschiede der Einführungstermine zwischen den einzelnen Ländern erklären? Inwieweit gibt es dabei allgemeine Gesetzmäßigkeiten (oder zumindest auffällige Regelmäßigkeiten) zwischen Einführungstermin einerseits und dem Stand der wirtschaftlichen Entwicklung und politischen Bedingungen andererseits? Inwieweit steht die Einführung der Sozialpolitik in Deutschland für einen Sonderfall? Oder muß man sie als Begleiterscheinung eines allgemeineren Modernisierungsprozesses begreifen, der alle Industrieländer erfaßte? *Fragestellung*

Bei der Beantwortung dieser Fragen stützen wir uns in erster Linie auf die bahnbrechenden Analysen, die Jens *Alber* (1982) zur Entwicklung der Sozialversicherung in Westeuropa verfaßt hat; ferner auf die Materialsammlungen und Analysen des HIWED-Projektes unter Leitung von Peter *Flora* und unter Mitarbeit von Jens *Alber* und anderen Sozialwissenschaftlern (*Flora* u.a. 1977 und 1983), sowie schließlich auf Studien zur Entstehungsphase der Sozialpolitik in ausgewählten Ländern (z.B. *Rosenberg* 1976; *Heclo* 1974; *Rimlinger* 1971; *Köhler* und *Zacher* 1981; *Flora* und *Heidenheimer* 1981; *Flora* 1986a und 1986b). *Materialbasis*

Die Anfänge der Politik der sozialen Sicherung sind auf das ausgehende 19. Jahrhundert zu datieren. In dieser Zeit werden in den meisten westeuropäischen Ländern grundlegende „Kerngesetze" zur sozialen Sicherung gegen Unfall, Krankheit, Alter und Invalidität verabschiedet. Bei der Einführung der sozialen Sicherungssysteme ist eine gewisse Regelmäßigkeit auffällig. Im allgemeinen wurden zunächst Unfallversicherungen, anschließend die Sicherungssysteme gegen Alter, Krankheit und Invalidität und erst mit erheblicher Zeitverzögerung die Arbeitslosenversicherung eingeführt. Die nachfolgende Tabelle 1 vermittelt einen Überblick über die Einführungstermine der wichtigsten Kerngesetze. *Typische Sequenz bei der Einführung der Sozialversiche-rungssysteme*

Die Daten in der Tabelle 1 provozieren eine Fülle von Fragen: Wie läßt sich die Regelmäßigkeit in der Abfolge erklären, mit der unterschiedliche Sicherungssysteme eingeführt werden? Warum kommt in den meisten Ländern die Unfallversicherung zuerst, die Arbeitslosenversicherung jedoch erst sehr viel später zustande? Und wie ist zu erklären, daß manche Nationen früher, andere hingegen mit erheblicher Verzögerung sozialpolitisch aktiv wurden? Man schaue sich zum Beispiel die letzte Spalte der Tabelle 1 an. Sie informiert über *Fragen zu Tabelle 1*

117

Tabelle 1: Die Einführung der sozialen Sicherungssysteme in Westeuropa[1]

Land	Unfallversicherung	Rangplatz[2]	Krankenversicherung	Rangplatz	Rentenversicherung	Rangplatz	Arbeitslosenversicherung	Rangplatz	Gesamtrangplatz für die Einführung der Sozialversicherung
Belgien	1971 (1903)	15	1944 (1894)	11	1924 (1900)	8	1944 (1920)	7	11
Deutschland	1884 (1871)	1	1883	1	1889	1	1927	5	1
Dänemark	1916 (1898)	9	1933 (1892)	10	1921/22 (1891)	7	(1907)	12	10
Finnland	1895	4	1963	14	1937	12	(1917)	13	13
Frankreich	1946 (1898)	12	1930 (1898)	9	1910 (1895)	2	1967 (1905)	10	8
Großbritannien	1946 (1898)	12	1911	5	1925 (1908)		1911	1	6
Irland	1966 (1897)	14	1911	5	1960 (1908)	15	1911	1	9
Island	1925 (1917)	11	1946 (1911)	12	1946	13	1956	9	14
Italien	1898	5	1928 (1886)	7	1919 (1898)	6	1919	3	3
Luxemburg	1902	7	1901	3	1911	3	(1921)	14	6
Niederlande	1901	6	1929	8	1913	4	1949 (1916)	8	5
Norwegen	1894	3	1909	4	1936	11	1938 (1906)	6	4
Österreich	1887	2	1888	2	1927	10	1920	4	2
Schweden	1916	9	1953	13	1913	4	(1934)	15	11
Schweiz	1911 (1881)	8	(1911)	15	1946	13	1976 (1924)	11	15

1 Ohne Klammern: Pflichtversicherungsgesetze; in Klammern: subventionierte freiwillige Versicherungen (bzw. Haftpflichtgesetze oder Rentenprogramme mit partiellem Fürsorgecharakter sowie Arbeitslosenhilfe).
2 Rangplätze der Nationen: (Rang 1 = Pioniernation; Rang 15 = Nachzügler-Nation).
Primäre Basis: Pflichtversicherungssysteme. Nach *Alber* 1982: 28; erweitert vom Verfasser.

die durchschnittliche Rangfolge der westeuropäischen Länder im Hinblick auf die Schnelligkeit bzw. Langsamkeit, mit der ihre Regierungen Sozialversicherungssysteme einführten. Deutschland führt die Rangliste an, gefolgt von Österreich, Italien und Norwegen. Zu den „Spätzündern" zählen hingegen Länder wie zum Beispiel Dänemark, Schweden, Belgien, Finnland und die Schweiz. Warum? Verbirgt sich hinter diesen Profilen eine Regelmäßigkeit oder gar eine Gesetzmäßigkeit?

Zunächst zur ersten Frage. Warum besteht die typische Sequenz der Einführung der sozialen Sicherungssysteme darin, daß die Unfallversicherung vor der

Krankheits- und Altersversicherung und diese wiederum zeitlich erheblich früher als die Arbeitslosenversicherung eingeführt wurden? In den Analysen aus dem HIWED-Projekt wurde folgende Antwort vorgeschlagen (*Flora* u.a. 1977: 731ff. und *Alber* 1982: 49ff.): Die typische Sequenz der Einführung sozialer Sicherungssysteme läßt sich vor allem durch zwei Erklärungsfaktoren plausibel machen. Da ist erstens der unterschiedliche Grad administrativer Steuerungsprobleme, die dem Aufbau der einzelnen Sicherungssysteme entgegenstehen; zweitens kommt das Ausmaß hinzu, zu dem diese Sicherungssysteme einen Bruch mit den bis dahin wirtschaftspolitisch vorherrschenden Prinzipien der Selbsthilfe und der staatsfreien, verbandsmäßig organisierten Versicherung markieren.

Gründe für die typische Sequenz der Einführung von sozialen Sicherungsgesetzen
Zwei kritische Variablen: administrative Probleme und ideologische Brüche

Die wirtschaftsliberalen Traditionen wurden in der Sozialpolitik durch das Prinzip der staatlich auferlegten Versicherungspflicht gebrochen, aber auch dadurch, daß nunmehr der Staat die Verantwortung für die Verwaltung und Finanzierung von Programmen übernahm, die bisher auf gemeindlicher oder verbandlicher Ebene durchgeführt wurden. Von allen Sozialversicherungszweigen stellte die Einführung der Unfallversicherung, relativ gesprochen, den geringsten Bruch mit liberalistischen Praktiken dar. Sie schloß an die ältere Vorstellung von einer Haftpflicht für individuell verursachte Schäden an.

— Versicherungspflicht

Die Sicherung gegen Risiken des Alters und der Krankheit markierten demgegenüber einen tieferen Bruch mit den alten Vorstellungen von der rechten Wirtschaftsordnung. Sie hoben die Alters- und Krankheits-Risiken, die beide zu den Hauptursachen weitverbreiteter Not und Armut zählten (*Fischer* 1982: 73f.), aus der Sphäre individueller Verantwortung und Schuldzumessung. Zugleich erforderten die sozialen Sicherungssysteme gegen Alter und Krankheit ein höheres Maß an administrativer Innovation als die Unfallversicherung, deren Durchführung oftmals den Selbstverwaltungskörperschaften der Unternehmen überlassen blieb. Hinzu kam die Kostenfrage. Die Finanzierung der Alters- und Krankheitsversicherung verschlang weit größere Finanzmittel als die Finanzierung der Unfallversicherung. Außerdem stellte die Berechnung der Relationen zwischen Beiträgen und Leistungen die Bürokratie vor erhebliche versicherungstechnische, mathematische und administrative Aufgaben.

— Alters- und Krankheits-Versicherungen

Die größten Hindernisse standen der Arbeitslosenversicherung entgegen. Hier kam zum ökonomischen Bruch mit den Liberalismus (Pflichtversicherung und staatlich besorgte Finanzierung) der Bruch mit der Tradition einer paternalistischen Herrschaftsordnung (Herrschaftsform in nichtfamiliären Bereichen, bei denen ein Herrschender eine der väterlichen Rolle entsprechende Autorität beansprucht und sich auf diese Weise legitimiert). In diesem Zusammenhang fällt insbesondere die Abkehr vom Prinzip der (fallweise gewährten, prinzipiell unstetigen) Wohltätigkeit für arbeitslose Arme ins Gewicht. Ferner erschwerten rechtliche und administrative Hindernisse die rasche Einführung einer Arbeitslosenversicherung (vgl. *Leibfried* 1977a). Hier konnte man nicht an bestehende Rechtsformen anknüpfen (wie zum Beispiel in der Unfallversicherung, die den Haftpflichtgedanken weiterentwickelte), vielmehr mußten neue Rechtsformen geschaffen werden. Weiterhin beinhaltete die Arbeitslosenversicherung und die Arbeitsvermittlung eine Aufgabenstellung, die organisatorisch schwierig zu be-

— Arbeitslosenversicherung

werkstelligen war: die unmittelbare hoheitliche Erbringung sozialer Dienstleistungen durch die Staatsbürokratie.

Gründe für den unterschiedlichen Zeitpunkt des Bruches mit der Vergangenheit

Wie die Geschichte der Sozialpolitik zeigt, kamen die Brüche mit der liberalen Wirtschaftsordnung und der paternalistischen Herrschaftsordnung in manchen Ländern früher und in anderen mit einiger Verspätung zustande. Warum? Wie lassen sich die internationalen Unterschiede bei der Einführung der ersten großen Sozialgesetze erklären?

Traditionelle Antwort:

Lange Zeit lautete die Antwort der Fachwelt auf diese Frage etwa so: Die Einführung der Sozialpolitik ist eine Reaktion auf die großen Umwälzungen, die die westeuropäischen Länder des 19. Jahrhunderts kennzeichneten. Sie entwickelten sich zu industriell-kapitalistischen, bürokratisch organisierten, urbanisierten Gesellschaften. Die Folgeprobleme dieser „Großen Transformation" (*Polanyi* 1978) wurden von Beobachtern unterschiedlichster politischer Couleur ähnlich beschrieben: die ständischen Gesellschaftsverfassungen zersetzten sich allmählich; alte soziale Sicherungsnetze auf familiärer, verwandtschaftlicher, kirchlicher oder kommunalpolitischer Basis rissen, und mit der Entstehung einer Klasse von Lohnarbeitern brachen neue soziale Konflikte auf, die an den Fundamenten der politischen und ökonomischen Herrschaftsordnung rüttelten. Als Ausweg kam — wenn nicht die Repression — ein sozialer Ausgleich und die Integration der von Not und Armut bedrohten Mehrheit der Bevölkerung in Frage. Hier liegen, so die Argumentation, die Wurzeln der Sozialpolitik.

Folgeprobleme der „Großen Transformation"

Unterschiedliche Reaktionen auf die „Große Transformation"

So zutreffend die These der „Großen Transformation" den allgemeinen Hintergrund der Sozialpolitik schildert, so wenig reicht sie aus, um verständlich zu machen, warum die sozialpolitische Antwort auf die Probleme von Land zu Land in zeitlicher und sachlicher Hinsicht so unterschiedlich ausfiel. Wie die Tabelle 1 veranschaulicht, reagierten die politischen Eliten einiger Länder frühzeitig auf die Folgen der neuen Ordnung, während andere sich viel mehr Zeit ließen. Zu den Pioniernationen der Sozialpolitik zählen, wie oben erwähnt, beispielsweise Deutschland, Österreich, Italien und Norwegen. Zu den Spätstartern sind demgegenüber die Schweiz und Belgien zu rechnen, während Großbritannien, obwohl Mutterland der industriellen Revolution, nur einen mittleren Platz einnimmt.

Anfänge der Sozialpolitik auf unterschiedlichem Niveau wirtschaftlicher Entwicklung

Interessanterweise führten die westeuropäischen Länder ihre Sozialpolitik auf unterschiedlichen Niveaus der Industrialisierung und Verstädterung ein: manche schon auf einem sehr niedrigen Niveau der sozialökonomischen Entwicklung — insbesondere Österreich ist hier zu nennen; andere auf mittlerem Niveau — wie z.B. Deutschland — und wieder andere hingegen erst auf einem fortgeschrittenen Niveau der Industrialisierung (z.B. die Niederlande und Großbritannien). Ähnlich gelagert sind die Zusammenhänge zwischen den Einführungsterminen der Gewerbefreiheit und den ersten Sozialversicherungs-Gesetzen (vgl. *Alber* 1982: 125).

Keine 1 : 1 — Entsprechung zwischen Problemdruck und Sozialpolitik

Es gab demnach keine Eins-zu-Eins-Entsprechung zwischen dem Problemdruck, der durch Industrialisierung (meßbar durch die relative Größe der abhängig beschäftigten Arbeitnehmerschaft), Verstädterung (meßbar durch Urbanisierungsgrad) und Gewerbefreiheit erzeugt wurde sowie den darauf bezogenen sozialpolitischen Reaktionen auf seiten der Regierungen (*Flora* u.a. 1977; *Alber* 1982: 121f., 125; veraltet: *Cutright* 1965).

120

Jens *Alber* zog daraus die Folgerung, daß relativ wenig für die sogenannten funktionalistischen Erklärungsmodelle der Sozialpolitik spricht. Funktionalistische Erklärungsansätze (z.B. *Lenhardt/Offe* 1977) interpretieren die staatliche Sozialpolitik als überfällige Reaktion auf Funktionslücken, die im Rahmen eines Modernisierungsprozesses entstehen. Der Wert dieser Erklärungsmodelle bestehe zwar darin, so *Alber*, daß sie begründen können,

Grenzen funktionalistischer Erklärungsmodelle

,,daß alle Länder irgendwann im Industrialisierungsprozeß zur Errichtung staatlicher Sicherungssysteme schreiten, aber vor der Aufgabe, genauere Entwicklungsniveaus der Einführung zu bestimmen oder nationale Variationen in der Chronologie der Gesetzgebung zu erklären, versagen sie völlig" (*Alber* 1982: 124).

Neben funktionalistischen Erklärungsmodellen spielen konflikttheoretische Erklärungsansätze eine große Rolle in Analysen der Sozialpolitik. Sie richten die Aufmerksamkeit insbesondere auf kollektives politisches Handeln, organisierte Macht und Herrschaft und Konflikte zwischen sozialen Gruppen und Klassen (z.B. *Esping-Andersen* 1985a; *Rimlinger* 1971). Inwieweit eignet sich dieser Ansatz zur Erklärung der zeitlichen und sachlichen Unterschiede bei der Einführung sozialer Sicherungssysteme?

Konflikttheoretische Erklärungsmodelle

Die Analysen aus dem HIWED-Projekt vermitteln hierfür aufschlußreiche Einsichten (*Flora* u.a. 1977 und insbesondere *Alber* 1982: 126 - 133). Jens *Alber* hat seine umfangreichen Studien der Zusammenhänge zwischen der Einführung sozialer Sicherungssysteme und politischen Strukturen und Kräfteverhältnissen (gemessen mit Indikatoren wie Stärke der Gewerkschaften, Koalitionsfreiheit, Stimmenanteile linker Parteien und Wahlrecht) so zusammengefaßt:

Einführung sozialer Sicherungssysteme und politische Bedingungen:

— Die Einführungstermine der Sozialversicherungen stehen in keinem regelmäßigen Zusammenhang mit dem Ausmaß, zu dem das Wahlrecht demokratisiert ist. Mit anderen Worten: Sozialgesetzgebungen wurden in der Gruppe der Länder mit eingeschränktem Wahlrecht und in der Gruppe von Nationen mit fortgeschrittener Demokratisierung sowohl frühzeitig als auch relativ spät eingeführt. Es gibt keine systematische Differenz zwischen beiden Ländergruppen hinsichtlich des Starttermins der Politik der sozialen Sicherung.

— Demokratisierung des Wahlrechts

— Darüber hinaus lassen sich keine systematischen Zusammenhänge zwischen den Anfängen der staatlichen Sozialpolitik und dem Eintritt einzelner Arbeiterparteien in die nationalen Parlamente nachweisen. Nicht selten wurden Sozialversicherungssysteme vor dem Zeitpunkt der Demokratisierung des Wahlrechts und vor dem wirkungsvollen Auftritt von Arbeiterparteien in den Parlamenten auf den Weg gebracht.

— Arbeiterparteien im Parlament

— Schließlich gibt es auch keine engen Zusammenhänge zwischen den Anfängen der staatlichen Sozialpolitik und der jeweiligen Stärke der Gewerkschaften und der Arbeiterparteien. In nicht wenigen Ländern wurden die Kerngesetze der sozialen Sicherung auf einem geringen Niveau der politischen Mobilisierung der Arbeiterschaft eingeführt, wobei die politische Mobilisierung im allgemeinen durch den durchschnittlichen Prozentsatz der Stimmen berechnet wird, der bei nationalen Wahlen auf sozialdemokratische, sozialistische und kommunistische Parteien entfällt. Ein niedriges Niveau der Mobilisierung der Arbeiterschaft kennzeichnete beispielsweise die

— Stärke der Gewerkschaften und der Arbeiterparteien

Phase, in der in Deutschland und in Österreich die Grundlagen für die Sozialpolitik gelegt werden. Gleiches gilt im übrigen auch für die ersten großen Sozialversicherungsgesetzgebungen in Großbritannien zwischen 1908 und 1911, aber auch für die Einführung der Unfall- und der Rentenversicherung in Schweden (1916 bzw. 1913) (*Flora* und *Alber* 1981: 62; *Alber* 1982: 126 - 133 und 260f.).

Man muß sich deshalb von der veralteten Vorstellung lösen, daß sich die Anfänge der Sozialpolitik direkt mit der Sozialen Frage im allgemeinen und mit der relativen Stärke von Gewerkschaften und Arbeiterparteien im besonderen erklären ließen (so z.B. *Stephens* 1979: 89). Da die Sozialversicherungsprogramme ,,auf weit auseinanderklaffenden Niveaus der Stimmenanteile sozialistischer Parteien und in Unabhängigkeit von der Stärke der Gewerkschaftsbewegung errichtet wurden", so hat J. *Alber* kommentiert, ,,läßt sich die Vorstellung, daß die Sicherungsgesetzgebung eine Errungenschaft der Arbeiterbewegung darstellt, nicht halten" (*Alber* 1982: 133). Allerdings erweist sich das

— Indirekte Wirkung der politischen Mobilisierung der Arbeiterschaft

Gründungsdatum und die bloße politische Präsenz einer Arbeiterpartei als ein nicht unwichtiger Faktor. Im Regelfall wurden Sozialgesetze nämlich erst zu einem Zeitpunkt eingeführt, zu dem Arbeiterparteien bereits existierten und sich als politische Partei bemerkbar machte. Der politische Zusammenschluß der Arbeiterschaft und ihre politische Mobilisierung wirken nicht direkt als Machtfaktor, sondern indirekt. Beide sind Signale, die die nationalen Herrschaftsträger nach neuen ,,Mechanismen der Legitimitätssicherung" (*Alber* 1982: 134) suchen ließen. Die Einführung sozialer Sicherungssysteme bot hierfür ein geeignetes Mittel: Sie nahm typischen Risiken proletarischer Lebenslagen, wie z.B. Krankheit, Unfall und Alter, einiges an Schärfe.

Sozialpolitik ,,von oben"

Insgesamt lassen sich die Anfänge staatlicher Sozialpolitik im ausgehenden 19. Jahrhundert weniger als eine Sozialpolitik ,,von unten", als Errungenschaft der Arbeiterbewegung, sondern als ,,Sozialpolitik von oben" charakterisieren. Eine führende Rolle spielten dabei bemerkenswerterweise gerade nicht die parlamentarischen Regime (wie z.B. Belgien, Frankreich und Großbritannien), sondern die autoritären konstitutionellen Monarchien (wie z.B. Deutschland und Österreich). Insofern muß auch die oben skizzierte konflikttheoretische Erklärung der Sozialpolitik korrigiert und durch elitentheoretische Ansätze ergänzt werden. In der Gründungsphase der Sozialpolitik waren die Legitimierungsbestrebungen der politischen Eliten autoritär regierter Länder von zentraler Bedeutung:

,,Der Schlüssel zum Verständnis der frühen sozialpolitischen Entwicklung in Westeuropa (liegt) nicht in den Reformansprüchen der Arbeiterbewegung, sondern in den Legitimierungsstrategien der nationalen Eliten" (*Alber* 1982: 133).

Reichweite der sozialen Sicherungssysteme im internationalen Vergleich

Bei einer Analyse der Reichweite der einzelnen Sicherungssysteme ergibt sich das gleiche Bild wie bei der Untersuchung der Gesetzgebungschronologie:

,,Nicht die Reformforderungen der Arbeiterbewegung waren der Motor der frühen sozialpolitischen Entwicklung in Westeuropa, sondern die Legitimationsnöte der nationalen Eliten, die sich vor allem im Kontext autoritärer politischer Strukturen einstellten. Die frühe Sozialpolitik war eine Sozialpolitik ,von oben', nicht durch die Arbeiterbewegung, sondern gegen sie realisiert, einigen ihrer sozialen Ansprüche entgegenkommend, um ihre weitergehenden politischen Forderungen zu begegnen" (*Alber* 1982: 149f.).

Selbstverständlich gab es unterschiedliche Varianten der in sozialkonservativer Absicht verfolgten Stabilisierungspolitik „von oben". Ein Vergleich Österreichs mit dem Deutschen Kaiserreich ist dabei besonders instruktiv (*Rosenberg* 1976: Kapitel 6; *Talos* 1981). In *von Bismarck*s Deutschland war die Sozialpolitik das Werk einer sozialkonservativen protestantischen Regierung, die vom katholischen Zentrum unterstützt wurde. In Österreich hingegen war die Politik der sozialen Sicherung und die mit ihr verbundene Arbeitsschutz- und Kleingewerbegesetzgebung im wesentlichen eine Schöpfung des sozialkonservativen politischen Katholizismus, der auf niedrigerem wirtschaftlichem Niveau als in Deutschland und auf Basis einer härter verkrusteten autoritären Struktur regierte. Im deutschen Kaiserreich ging es zunächst nur um Sozialversicherungspolitik — und ausdrücklich nicht um Arbeitsschutzpolitik. In Österreich jedoch setzte eine politisch erzkonservative Kaste auf Sozialversicherung *und* auf Arbeitsschutz und obendrein auf den Schutz der Kleingewerbetreibenden.

Varianten der sozialkonservativen Stabilisierung: Deutschland und Österreich

In Deutschland, so könnte man verallgemeinernd sagen, war die Reaktion der Machthaber auf die Industrialisierung, den Aufstieg des Unternehmertums und den Aufstieg der Arbeiterbewegung anti-liberal und anti-sozialistisch; in Österreich hingegen war die Reaktion anti-liberal, anti-sozialistisch, antisemitisch und entschieden anti-kapitalistisch. In Deutschland wollten die Machthaber das Rad der Geschichte nicht rückwärts drehen, sondern vorwärts — freilich mit paternalistischem und solidarprotektionistischem Einschlag. In Österreich hingegen sollte der Kurs eigentlich nach rückwärts gehen, in Richtung auf ein modifiziertes Ständesystem der vorindustriellen Gesellschaft. Aus diesem Grunde kombinierte die österreichische sozialkonservative Führung die Sozialversicherungspolitik mit „fortschrittlichen Gewerbeordnungen" für die Arbeiter der gewerblichen Mittel- und Großbetriebe (1883 und 1885) und mit einer „rückschrittlichen Schutzgesetzgebung für die Handwerksmeister und Kleinladenbesitzer" (*Rosenberg* 1976: 237) — wobei freilich hinzuzufügen ist, daß die Sozialversicherung lückenhafter als in Deutschland ist: Erst 1927 wird die Altersversicherung zur Pflicht. In Österreich visierte der Staatseingriff zugunsten der Lohnarbeiter und mittelbar zu Nutzen des alten Mittelstandes ein dreifaches Ziel an. Erstens sollten durch die Gesetzgebung das

„politisch bereits stark geschwächte und diskreditierte deutsch-jüdische Großbürgertum nun auch in seiner Bewegungsfreiheit als Unternehmer und Arbeitgeber beschränkt und der Expansion des Industriekapitalismus durch Erschwerung fabrikmäßiger Erzeugnisse die Flügel beschnitten werden. Zweitens sollten die Handwerksmeister und Kleinladenbesitzer gegen die ‚unlautere' Konkurrenz des Großkapitals und der ‚Pfuscherarbeit' durch die Restauration unzeitgemäß gewordener Innungen und korporativer Vorrechte und Erschwerung des Zugangs zum kollektiven Kleingewerbemonopol durch Beschneidung der Aufstiegschancen der Gesellen geschützt werden. Die Wettbewerbsfähigkeit der kleinen selbständigen Geschäftsleute sollte durch die Erhöhung der laufenden Unkosten in den Mittel- und Großbetrieben mittels gesetzlicher Regulierung der Arbeitsbedingungen und Steigerung der Soziallasten verbessert werden, durch einen doppelten Staatseingriff also, der auf die Lohnarbeiter als unmittelbare Nutznießer und auf die Kleingewerbetreibenden als mittelbare Begünstigte abzielte" (*Rosenberg* 1976: 250).

So groß die Unterschiede zwischen den Pioniernationen der Sozialpolitik im einzelnen auch waren, gemeinsam war ihnen ein autoritärer Charakter des Herrschaftssystems und eine von oben in Gang gesetzte Sozialpolitik.

Autoritäre Länder
als Pioniernationen
der Sozialpolitik

Dieser Erklärungsschlüssel dient auch dem Verständnis der weiteren Entwicklung der Sozialpolitik bis zum Ende des 19. Jahrhunderts. Bis 1900 hatten die autoritären Regimes (Deutschland, Österreich, Dänemark bis 1901, Finnland und Schweden) in der Sozialpolitik einen klaren Vorsprung vor den parlamentarischen Demokratien (Belgien, Frankreich, Niederlande, Norwegen, Schweiz und Vereinigtes Königreich von Großbritannien). Die Differenz zwischen der in beiden Ländergruppen praktizierten Sozialpolitik läßt sich quantitativ so illustrieren: Die Regierungen der autoritären Regime errichteten fast doppelt so viele Sozialversicherungsprogramme insgesamt und etwa siebenmal so viel Pflichtversicherungssysteme. Entsprechend größer war die Ausdehnungsquote der Sozialversicherungen in den autoritären Ländern. Sie bot einer größeren Zahl von Arbeitnehmern mehr soziale Sicherung als die parlamentarischer Länder (*Alber* 1982).

1900 — 1914: Aufholen der Nachzügler-Nationen

Erst in der Phase zwischen 1900 und dem Vorabend des Ersten Weltkrieges holten die parlamentarischen Demokratien in der Sozialpolitik auf, zum Teil bedingt und angetrieben durch das Lernen von den Pioniernationen der Sozialpolitik. Am Ende dieser Periode zogen sie mit den autoritären Regimes in der Sozialpolitik in etwa gleich. Freilich hatten sie nach wie vor weniger Pflichtversicherungen, dafür aber eine größere Zahl an freiwilligen, staatlich subventionierten Sicherungssystemen als die autoritären Länder.

Gründe für das Aufholen der Demokratien

Die Aufholjagd der Demokratien in Sachen Sozialpolitik speiste sich aus ähnlichen Quellen wie die Sozialpolitik der autoritären Länder. Jens *Alber* hat diesen Zusammenhang so beschrieben:

> ,,Auch im sozialpolitischen Aktivismus der Demokratien in der Vorkriegszeit hat man wohl mehr ein herrschaftssicherndes Integrationsbemühen ,von oben' als ein Nachgeben gegenüber organisierten Forderungen der Arbeiterbewegung zu sehen. Erfolgreichen sozialpolitischen Initiativen der Arbeiter stand nicht nur die schwankende, sowohl von Land zu Land wie von Zeit zu Zeit variierende strategische Einschätzung sozialer Reformen durch ihre Führung entgegen, sondern auch die Tatsache, daß ihre parlamentarische Stärke noch nicht ausreichte, um politische Forderungen in Gesetze umzumünzen. Immerhin hatten die Arbeiterparteien mittlerweile aber Zugang zu sämtlichen nationalen Parlamenten gefunden, und nach den frühen Erfolgen in den autoritären Monarchien gelangen ihnen nun auch in den Demokratien erhebliche Stimmengewinne, die sie in Belgien und Dänemark über zwanzig, in den restlichen Demokratien rund zehn Prozent der Parlamentssitze erobern ließen. In dieser Situation sahen die liberalen Parteien, die außer in Belgien in allen Demokratien nach dem Jahrhundertwende dominierten, in sozialpolitischen Reformen vermutlich das geeignete Mittel, der Arbeiterbewegung das Wasser abzugraben und sich selbst an der Mehrheit zu halten" (*Alber* 1981: 150f.).

Sozialreform in Großbritannien

Natürlich unterscheiden sich auch die sozialpolitischen Wege, die in der Gruppe der liberalen Länder eingeschlagen wurden, stark voneinander. Besonders auffällig war die Politikwende, die sich in Großbritannien in den ersten zwei Dekaden des 20. Jahrhunderts ereignete. Großbritannien gehörte lange zu den Nachzügler-Nationen in der Sozialpolitik, obwohl es das wirtschaftlich mächtigste und höchstentwickelte Land in Europa war. Zwischen 1906 und 1914 werden dann jedoch in einer kurzen Zeitspanne andere Nationen eingeholt, wenn nicht gar überholt. Die Altersversicherung wird 1908 eingeführt, 1911 folgen Pflichtversicherungen gegen Krankheits-Risiken und gegen Arbeitslosigkeit. Bei der Arbeitslosenversicherung war Großbritannien sogar die Pioniernation. Hinzu kamen im selben Zeitraum im übrigen noch andere Sozialprogramme: Schulspeisung und ärztliche Versorgung für Kinder wurden eingeführt, ferner kam in einzelnen Industriezweigen sogar eine Mindestlohngesetzgebung zum Zuge. Warum ereignet sich in Großbritannien in den Jahren 1906-1914 eine drastische Politikwende in der Sozialpolitik?

Dem nahezu übereinstimmenden Urteil der Historiker zufolge reicht die These der wachsenden Macht der Arbeiterschaft bzw. die These der wachsenden konflikt- und organisationsfähigen massenhaften Nachfrage nach Sozialpolitik zur Erklärung nicht aus. Sie vermag nicht zu erklären, warum sich die Einstellungen der politischen Eliten zur Sozialreform geändert hatten. Neuere Analysen verdeutlichen, daß der Druck von unten, der Druck von außen, Machterhaltungsinteressen von innen und Lernprozesse von Regierung und Bürokratie zusammenwirkten. Zum Gesichtspunkt der Eindämmung von Sozialkonflikten und zum Motiv der Bindung von Arbeiterwählern an die Liberalen gesellten sich andere Antriebskräfte: die Sorge um den relativen Niedergang der britischen Ökonomie im Vergleich zu kontinentaleuropäischen Staaten, insbesondere im Vergleich zu dem sozialpolitisch so rührigen Deutschland; ferner die Suche nach geeigneten wirtschafts- und sozialpolitischen Maßnahmen, um die vieldiskutierte ,,nationale Effizienz" zu verbessern; sodann eine gemäßigtere Sichtweise der Armut und insbesondere das Motiv, die ,,ehrenwerten Armen" (respectable poor) vom eigentlichen ,,Lumpenproletariat" (*Marx*) zu trennen; bedingt durch Sozialstudien eine substantiell verbesserte Informationslage über die sozialen Verhältnisse Großbritanniens und nicht zuletzt Lernprozesse und innovatorische Suchprozesse auf Seiten der zuständigen Ministerialbürokratie (*Hay* 1975; *Heclo* 1974; *Ashford* 1986).

Gründe für die Sozialreform in Großbritannien

In den stärker parlamentarisierten und demokratisierten Ländern Westeuropas kam die Sozialpolitik erst im Laufe des 20. Jahrhunderts richtig zum Zuge. In den skandinavischen Ländern —mit Ausnahme des Spätkommers Finnland— waren die entscheidenden Stationen das erste Drittel des 20. Jahrhunderts und die 60er und 70er Jahre (*Kuhnle* 1981). In Belgien, in den Niederlanden und in Finnland kam der große Durchbruch der Sozialpolitik erst nach dem 2. Weltkrieg *van Langendonck* 1977; *de Leede* und *Schulte* 1979; *Alestalo/ Flora/Uuisitalo* 1985).

Sozialreformen in Skandinavien und in den Benelux-Ländern

In demokratischen Industrieländern außerhalb Westeuropas gab es ebenfalls unterschiedliche Kombinationen von wirtschaftlichem Entwicklungsniveau einerseits und Anfängen der Sozialpolitik andererseits. Neuseeland und Australien beispielsweise zählen zu den Frühstartern in der Sozialpolitik. Hier wurden noch im ausgehenden 19. Jahrhundert (Neu-Seeland) und im ersten Jahrzehnt des 20. Jahrhunderts (Australien) die Grundlagen für die staatlich organisierte soziale Sicherung (insbesondere Unfall- und Altersversicherung) *und* für weitergehende Arbeiterschutzpolitik geschaffen (zum Beispiel mittels Schlichtung bei Verteilungskonflikten). Zeitgenössische Beobachter waren verblüfft ob des hohen Ausmaßes an sozialer Sicherung, das die beiden ehemaligen britischen

Anfänge der Sozialpolitik in außereuropäischen Industrieländern

Kolonien geschaffen hatten. Vom ,,Socialism without Doctrine" und vom ,,State Socialism" sprachen manche Beobachter voller Anerkennung — also vom erfolgreichen Sozialismus ohne große Worte und ohne große Theorie und vom heimlichen Übergang zum Staatssozialismus (vgl. ausführlicher *Castles* 1985: insbes. 12 - 21).

USA u. Kanada   In den beiden anderen anglo-amerikanischen Demokratien außerhalb Westeuropas — die USA und Kanada — wurde die Sozialpolitik jedoch mit erheblicher Verspätung eingeführt und mit einem stark gedrosselten Tempo ausgebaut. Bis auf den heutigen Tag sind auch in beiden Ländern die sozialen Sicherungsnetze weitmaschiger und geringer belastbar als in Europa (*Kudrle* und *Marmor* 1981; *Piven* und *Cloward* 1977 und 1986; *Hasenfeld* und *Zald* 1985; *Peters* 1986: Kapitel 10; *Glazer* 1986; *Murswieck* 1987).

Japan   Ähnliches gilt im übrigen für Japan. In sozialpolitischer Hinsicht zählt es zu den Spätentwicklern. Lange Zeit war Sozialpolitik primär eine Angelegenheit betrieblicher Sozialpolitik und familiärer Netze der sozialen Sicherung. Zeitlich später und auf einem höheren wirtschaftlichen Entwicklungsniveau als in den meisten anderen westlichen Ländern begann in Japan der Vormarsch der Sozialpolitik — unter anderem bedingt durch den stark zunehmenden Anteil der älteren Bevölkerung und durch die Überlastung der traditionellen Netze der sozialen Sicherung (*Kato* 1987; *Maruo* 1986; *Noguchi* 1986; *Long Term Outlook Committee* 1985: insbes. 127).

Westeuropäische und außereuropäische Sozialpolitik   Die Geschichte der Sozialpolitik in außereuropäischen westlichen Industrieländern läßt sich nicht bruchlos in das Erklärungsmodell einpassen, das insbesondere *Alber* und *Flora* am Beispiel der westeuropäischen Wohlfahrtsstaaten entwickelt haben. Vor allem zwei Gesichtspunkte sperren sich gegen die Integration der außereuropäischen Länder in das ,,westeuropäische Modell". Da ist zum einen auffällig, daß in allen außereuropäischen westlichen Industrieländern ,,klassenpolitische Faktoren" den Zeitpunkt der Einführung von Sozialgesetzgebungen stärker und direkter beeinflussen als in Westeuropa. In Ländern mit starker und frühzeitig mobilisierter Arbeiterbewegung — wie z.B. Australien und Neuseeland um die Jahrhundertwende — wurden relativ frühzeitig die ersten großen Sozialgesetzgebungswerke errichtet. In Ländern mit schwacher Arbeiterbewegung und starker politischer und ökonomischer Stellung der Unternehmer und anderer nicht-sozialistischer Kräfte sah die Entwicklung ganz anders aus: in diesen Ländern kam die Sozialpolitik erst spät zu ihrem Recht, wenn sie überhaupt zum Zuge kam. Die USA und Japan sind hierfür die passendsten Beispiele, in abgeschwächtem Maße auch Kanada, das in der Politik im allgemeinen und in der Sozialpolitik im besonderen jedoch dem europäischen Modell etwas stärker folgte (*Kurdle* und *Marmor* 1981).

In den Ländern, in denen bürgerliche politische Strömungen die Oberhand behielten, wurden Sozialgesetzgebungen viel später eingeführt und insgesamt die Sozialpolitik mit stärker gedrosseltem Tempo ausgebaut als in Ländern, in denen die bürgerlichen Strömungen nicht unangefochten regierten oder gar die Macht mit sozialistischen Tendenzen teilen mußten, wie das nicht selten in westeuropäischen Ländern nach dem 2. Weltkrieg der Fall war (*Schmidt* 1982: Kapitel 2).

Freilich gibt es auch markante Besonderheiten in der im weiteren Sinne sozialinterventionistischen Politik der bürgerlich regierten Länder. Und hier stößt man auf einen weiteren Gesichtspunkt, der die Ergebnisse von J. *Albers* und *Floras* Studien über westeuropäischen Sozialpolitik ergänzt — wenn nicht gar relativiert. In den USA kam die Sozialpolitik sehr spät auf die Beine, und sie schlug auch dann nur ein gemächliches Tempo ein, aber im Gegensatz zum verspäteten Sozialinterventionismus wurde frühzeitig ein umfassendes und in sozialer Hinsicht egalitäres Bildungswesen aufgebaut (*Heidenheimer* 1981). Pointiert gesagt: der Auftakt zur amerikanischen Variante des Wohlfahrtsstaates besteht aus der egalitären Bildungspolitik; die Politik der sozialen Sicherung wird demgegenüber vernachlässigt. Ganz anders sieht die Prioritätenordnung in der Pioniernation der Sozialpolitik aus. Zwar zählt Deutschland auch zu den Pionieren der Bildungspolitik, aber unter dem Aspekt der Sicherheit und Gleichheit eröffnet dort erst die Sozialversicherungspolitik die Ära des Wohlfahrtsstaates; die egalitäre Ausrichtung der Bildungspolitik hingegen wird stark vernachlässigt. Diese Prioritätenordnung hat sich bis zur Periode der Expansion, Reform und sozialen Öffnung des Bildungswesens in den 60er und 70er Jahren gehalten.

Sozialreform versus Bildungsreform

Ein Blick auf außereuropäische Wohlfahrtsstaaten schärft demnach den Blick für die Besonderheiten der Sozialpolitik in westeuropäischen Ländern. Nicht alles, was für die westeuropäischen Länder gilt, läßt sich ohne weiteres auf ähnliche Länder außerhalb Westeuropas verallgemeinern. Aber immerhin überstehen zentrale Hypothesen über die Entwicklungsmuster der Sozialpolitik den Vergleich mit außereuropäischen Ländern relativ gut. Das gilt beispielsweise für eine der Schlüssel-Thesen von J. *Alber* und P. *Flora*: die These nämlich, daß die autoritär regierten Länder zeitlich früher als andere Ländern Sozialgesetzgebungen verabschiedeten, auf relativ niedrigem Niveau wirtschaftlicher Entwicklung und auf niedrigem Niveau politischer Mobilisierung der Arbeiterschaft.

Die autoritär regierten Länder, insbesondere Deutschland und Österreich, bleiben demnach auch dann Pioniernationen der Sozialpolitik, wenn man die frühen Sozialreformen in Neuseeland und Australien (die auf höherem wirtschaftlichem Entwicklungsstand und höherem Niveau politischer Mobilisierung eingeführt wurden) und die verspäteten bzw. ausbleibenden Sozialreformen in den USA und in Japan in den Vergleich aufnimmt. Daß die politischen Eliten der autoritär regierten Länder an der Sozialpolitik aus stabilisierungspolitischen Gründen interessiert waren, steht außer Zweifel. Erklärungsbedürftig ist jedoch, wie und warum ihr Wollen in Handeln umgesetzt werden konnte. Eine Antwort liegt auf der Hand: in straff und hierarchisch organisierten autoritären Regimes können die Eliten ihre Politik in der Regel schneller und wirksamer durchsetzen als die Regierungen in demokratisierten, dezentralisierten Ländern, in denen die Opposition obendrein über institutionelle Veto-Positionen verfügt.

Durchsetzungschancen für Sozialpolitik in autoritär regierten Ländern

Hinzu kommen zwei weitere Bedingungen: Die autoritär regierten Länder wurden von effizienten staatlichen Bürokratien verwaltet, die in der Lage waren, Sozialversicherungsprogramme zu entwickeln und in die Traditionsbestände einer paternalistischen Herrschaftsordnung einzufügen. Ferner kommt ein finanzpolitischer Grund hinzu. In den autoritär regierten Ländern dominierten Landbesitz-Interessen. Sie blieben von den Kostenbelastungen der Sozialversicherungssysteme zunächst weitgehend verschont. Die Kosten wurden auf die städtische Mittel- und Oberschicht (mittels Einkommens- und Gewinnsteuern und Versicherungsbeiträgen der Arbeitgeber) und auf die Arbeiterschaft (mittels indirekter Steuer und Pflichtversicherungsbeiträge) abgewälzt (*Flora* u.a. 1977: 671; *Talos* 1981).

2 Die Expansion der sozialen Sicherung im 20. Jahrhundert

Die Geschichte der Sozialpolitik läßt sich als Geschichte einer Expansion beschreiben, die nur in Zeiten tiefer wirtschaftlicher Krisen und unter totalitärer Herrschaft zum Stillstand kam oder vorübergehend einem Rückschritt Platz machte.

Die Expansion der sozialen Sicherung hat Deutschland mit allen westeuropäischen Ländern gemeinsam. Insbesondere in den ersten Jahren nach dem Ersten und nach dem Zweiten Weltkrieg und in den 60er und 70er Jahren wurden überall entscheidende Weichen für einen politischen Kurs gestellt, der auf den umfassenden Ausbau des Sozialstaates zielte. Auch wenn die Expansion der sozialen Sicherung allen westeuropäischen Ländern gemeinsam ist, so sind doch bedeutende nationale Unterschiede in ihrer Reichweite, Quantität und Qualität nicht zu übersehen. Manche Länder starteten ihre Sozialpolitik später als beispielsweise die Monarchien Deutschlands und Österreichs, und einige dieser Länder blieben auch später hinter den anderen westeuropäischen Nationen zurück (beispielsweise die Schweiz). Andere wiederum starteten spät, holten dann aber auf und überholten schließlich in den 60er und 70er Jahren die Pioniernationen der Sozialpolitik. Schweden und die Benelux-Länder sind hierfür die besten Beispiele (vgl. *van Langendonck* 1977; *de Leede* und *Schulte* 1979; *Schulte* 1980; *Alber* 1982; *OECD* 1985). [Expansiver Trend und nationale Variationen]

In diesem Kapitel geht es um die Gemeinsamkeiten und Unterschiede im Entwicklungstempo der Sozialpolitik. Welches sind ihre Gründe? In welchem Ausmaß waren wirtschaftliche, soziale und politische Faktoren für das unterschiedliche Expansionstempo der Sozialpolitik verantwortlich? Welche Rolle spielten dabei insbesondere die Parteien? Diese Fragen sollen in diesem Kapitel anhand eines Indikators der Sozialpolitik verfolgt werden: der Ausdehnungsgrad der Sozialversicherung steht hier im Zentrum (gemessen als Anteil der sozialversicherten Personen an der Gesamtheit der Erwerbspersonen). In den drei nächsten Kapiteln werden andere Indikatoren der Sozialpolitik verwendet: die Sozialleistungsquote in Prosperitäts- und in Krisenzeiten sowie Strukturmerkmale der sozialen Sicherungssysteme. [Fragestellung]

Bis zum Anfang des 20. Jahrhunderts hielten die sozialpolitischen Pioniernationen — insbesondere Deutschland und mit Abstand auch Österreich — einen klaren Vorsprung gegenüber den parlamentarischen Demokratien. Gemessen am Ausdehnungsgrad der Sozialversicherungen zogen einige Nachzügler-Nationen in den folgenden 15 bis 20 Jahren nach (insbesondere Belgien, die Nie- [Rangfolge der Nationen] derlande, Norwegen, Schweden und Großbritannien). Nach dem Ende des Ersten Weltkrieges hatte sich ihr sozialpolitisches Profil dem der Pioniernationen der Sozialpolitik angeglichen (*Alber* 1982: 152).

Auch bei den Sozialpolitikern der parlamentarischen Demokratien waren Motive der politischen und wirtschaftlichen Stabilisierung und Herrschaftssicherung maßgebend. In Großbritannien beispielsweise hatte die schlechte gesundheitlich Verfassung von Arbeitnehmern und Rekruten ebenso Anlaß für eine aktivere Sozialpolitik der Zentralregierung gegeben wie die finanzielle Überlastung der Kommunen durch soziale Aufgaben. Ferner kamen bürgerliche Regierungsparteien infolge der wachsenden Stärke der Arbeiterbewegung in Bedrängnis.

Darüber hinaus wirkte in den parlamentarischen Demokratien das Wahlrecht nunmehr als zusätzliches Antriebsmoment für sozialpolitische Eingriffe des Staates. Vor allem Regierungen, an denen liberale Parteien beteiligt waren, wurden in sozialpolitischen Fragen besonders aktiv (z.B. die britische Liberal Party). Hierfür war die dominierende Stellung der Liberalen im Parteien- und Regierungssystem vieler westeuropäischer Länder in den ersten beiden Dekaden des 20. Jahrhunderts verantwortlich. Im Konkurrenzkampf um Wählerstimmen standen sie unter besonders starkem Druck, waren sie doch auf der einen Seite mit Arbeiterparteien und auf der anderen Seite mit bürgerlich-konservativen Parteien konfrontiert. Die Sozialpolitik galt den Liberalen — über wirtschafts- und sozialpolitische Zwecke hinaus — als ein geeignetes Mittel, um Stimmen von Arbeiter-Wählern zu gewinnen und auf diese Weise zugleich auch die Schärfe des Klassenkonfliktes zu mildern (*Hay* 1975: 61 - 63; *Setzer* 1973: 155).

Beim Ausbruch des Ersten Weltkrieges (1914) war der Mitgliederkreis der Sozialversicherung noch auf eine Minderheit der Erwerbspersonen beschränkt. Im Durchschnitt der westeuropäischen Länder erfaßte die soziale Sicherung zu diesem Zeitpunkt gerade 20 Prozent der Erwerbspersonen. Die Entwicklung vor und nach 1914 wird durch die Daten in der Tabelle 2 dokumentiert.

Die Tabelle erfaßt den durchschnittlichen Prozentsatz der in der Unfall-, Kranken-, Renten und Arbeitslosenversicherung erfaßten Erwerbsbevölkerung in 13 westeuropäischen Ländern von 1885 bis 1975. Die Trends sind eindeutig:

— Im europäischen Durchschnitt gerechnet werden die Sozialversicherungssysteme kontinuierlich ausgeweitet. Interessanterweise wird das Wachstum der Sozialversicherung während der Weltwirtschaftskrise der 30er Jahre und während des Zweiten Weltkrieges nicht gestoppt, sondern nur gebremst.

— In der Mehrzahl der westeuropäischen Länder lassen sich besonders starke Expansionsschübe der Sozialversicherung in den Jahren nach dem Ersten und nach dem Zweiten Weltkrieg und während der zweiten Hälfte der 20er und der 30er Jahre nachweisen.

— Die Periode nach 1945 stand im Zeichen eines ,,allgemeinen und kontinuierlichen Siegeszuges der Sozialversicherung" (*Alber* 1982: 151). In den westeuropäischen Ländern wurden allmählich die Sozialschutzprogramme auf nahezu alle Erwerbspersonen ausgedehnt. 1975 waren durchschnittlich mehr als 80 Prozent der Erwerbsbevölkerung Mitglieder der Sozialversicherungssysteme.

Tabelle 2: Die Ausdehnung der Sozialversicherung in Westeuropa[1] im 20. Jahrhundert

Land	1885	1890	1895	1900	1905	1910	1915	1920	1925	1930	1935	1940	1945	1950	1955	1960	1965	1970	1975
Belgien			0,8	3,8	14,8	17,5	17,5	25,0	26,8	33,3	34,8	34,3	40,8	56,0	60,8	65,8	79,0	84,3	87,0
Bundesrepublik Deutschland[2]	9,8	24,5	41,0	40,8	40,3	44,5	42,8	45,5	48,8	61,3	57,8	67,3	(63,5)	64,5	73,3	75,8	75,9	78,5	81,8
Dänemark			3,8	10,5	13,8	25,8	30,8	44,0	66,0	67,8	70,8	71,5	72,5	74,0	74,8	78,8	78,8	78,8	81,0
Finnland				1,8	1,8	2,0	2,0	4,0	4,8	8,0	8,3	34,0	35,5	37,5	39,5	41,5	71,3	76,8	83,3
Frankreich				6,8	8,5	12,8	11,5	12,8	22,0	30,3	31,5	37,5	39,3	47,5	54,5	68,0	78,8	83,8	86,8
Großbritannien				9,8	9,3	17,5	36,3	43,3	52,5	72,5	71,8	79,0	83,3	92,3	90,0	89,3	89,5	88,3	86,8
Irland									30,3	30,3	33,3	46,3	47,3	53,0	58,5	61,3	63,8	68,8	75,3
Italien		1,5	1,5	2,8	4,0	4,8	4,8	27,3	29,0	31,0	36,0	44,0	(37,5)	38,5	45,0	66,8	72,3	74,3	71,3
Niederlande					6,3	7,0	7,3	25,3	27,3	41,3	38,5	41,5	41,8	47,5	62,0	70,0	73,5	81,3	85,0
Norwegen			3,8	3,3	3,0	4,5	17,8	23,3	20,0	22,3	24,5	64,8	65,5	72,8	74,5	82,5	83,5	83,5	91,5
Österreich		5,3	7,5	9,0	10,0	13,0	13,0	27,5	32,0	46,3	39,8			50,0	62,8	73,5	73,8	79,3	82,0
Schweden			1,0	3,3	9,5	11,8	37,0	46,0	45,0	47,5	47,8	54,5	70,5	75,5	78,9	78,3	79,5	83,5	86,8
Schweiz	2,8	3,3	3,5	4,0	4,3	4,8	10,8	18,8	22,8	31,3	34,5	36,8	37,5	64,5	67,8	69,0	68,9	68,3	71,3
Mittelwert	1,1	2,9	5,2	8,0	10,5	13,8	19,3	28,6	31,3	40,2	40,7	51,0	52,9	59,6	64,8	70,8	76,0	79,2	82,3

1 Durchschnittlicher Prozentsatz der in der Unfall-, Kranken-, Renten- und Arbeitslosenversicherung erfaßten Erwerbsbevölkerung.
2 Vor 1949: Deutschland.

Quelle: *Alber* 1982: 152.

— In den Ländern mit „universalistischen" Sozialschutz-Systemen (die für alle Staatsbürger bzw. alle Bewohner eines Landes gedacht waren) reichten die Sicherungsnetze ohnehin schon weit über die Grenze zwischen Erwerbspersonen und Nicht-Erwerbspersonen hinaus. Aber auch in den Ländern, die ihre Sozialpolitik ursprünglich als Arbeitnehmer-Versicherung oder als berufsgruppenbezogene Versicherung konzipierten, wurden die Leistungen zunehmend auf zuvor ausgeschlossene Gruppen verallgemeinert (z.B. mittels Öffnung der sozialen Sicherung für Hausfrauen, Studenten, Selbständige, Behinderte und — mittels der Einführung von Erziehungsgeld bzw. Erziehungsurlaub — für Eltern (*Schulte* 1980)). *[Tendenz zur „Universalisierung" des Sozialschutzes]*

— Aufschlußreich ist die Rangfolge der Nationen beim Tempo, das bei der Vergrößerung des geschützten Personenkreises eingeschlagen wurde. Bis 1915 hält Deutschland den ersten Platz. In den folgenden Jahrzehnten bleibt Deutschland in der Spitzengruppe, jedoch liegt der Ausdehnungsgrad der Sozialversicherung in Deutschland nun unter dem Niveau, das in Großbritannien und in den skandinavischen Ländern (mit Ausnahme von Finnland) erreicht wird. In den 50er und 60er Jahren stoßen Belgien und die Niederlande in die Spitzengruppe der sozialpolitisch besonders aktiven Nationen vor (vgl. *de Leede* und *Schulte* 1979; *van Langendonck* 1977; *Alestalo* u.a. 1985). *[Rangfolge der Nationen: Die Spitzenreiter]*

— Zu den permanenten Nachzüglern zählen demgegenüber Irland, Italien und die Schweiz. Die staatliche organisierte soziale Sicherung der Erwerbsbevölkerung dieser Länder liegt in der gesamten Periode von 1895 bis Mitte *[Permanente Nachzügler-Nationen der Sozialpolitik]*

70er Jahre des 20. Jahrhunderts unter dem Durchschnitt der westeuropäischen Länder. Ähnlich verlief im übrigen die Sozialpolitik in den USA und in Kanada. Die Sozialpolitikprofile beider Länder sind bis auf den heutigen Tag niedriger als die durchschnittlichen Sozialpolitikprofile der westeuropäischen Länder (*Kurdle* und *Marmor* 1981: 83ff.)

Nationalspezifische und international durchschnittliche Tempi der Sozialpolitik

— In der Sozialpolitik wurde ein nach Ländern und Zeitabschnitten unterschiedliches Tempo eingeschlagen. Pioniernationen der Sozialpolitik drosselten in späteren Phasen die Expansion der sozialen Sicherung, während manche Nachzügler die Pionierländer im Sturmschritt ein- und überholten. Interessante Einblicke in nationalspezifische und international durchschnittliche Tempi der Sozialpolitik verschafft die Antwort auf eine einfache Frage: Ab wann überschreitet der nationale Ausdehnungsgrad der Sozialversicherung (Versicherte in Prozent der Erwerbsbevölkerung) den international durchschnittlichen Ausdehnungsgrad (gemessen anhand der in Tabelle 2 arrangierten Daten über westeuropäische Länder)? Deutschland bzw. die Bundesrepublik Deutschland liegt als Pioniernation der Sozialpolitik über dem westeuropäischen Durchschnitt — bis 1965. In Österreich wurde der zügige Aufbau der Sozialpolitik von Phasen der Stagnation abgelöst. Aus diesem Grunde liegt Österreich bisweilen über, phasenweise aber auch unter dem westeuropäischen Durchschnitt.

Aufholer-Nationen

Zu den schnellsten Aufhol-Nationen zählen in der Sozialpolitik vier Länder: Dänemark (hier wurde die kritische Marke bereits 1900 überschritten), Großbritannien (hier setzte die nachholende Sozialpolitik kurz nach der Jahrhundertwende ein), Schweden (hier begann der Aufschwung der Sozialpolitik im zweiten Jahrzehnt des 20. Jahrhunderts) und Norwegen, das in den 30er Jahren in die Spitzengruppe der Sozialpolitik-Nationen vorstieß. Das sind allesamt Länder, in denen die Politik der sozialen Sicherheit auf eine Staatsbürgerversorgung zielt — und nicht auf berufsgruppenbezogene Sicherungssysteme.

Andere Länder waren viel langsamer als die eben erwähnten: Frankreich und Belgien beispielsweise und die Niederlande und Finnland, deren Sozialpolitik erst in den 70er Jahren über die Durchschnitts-Marke stieg. Wie erwähnt, kamen einige Nationen in der Sozialpolitik des 20. Jahrhunderts bis 1975 nie über das durchschnittliche westeuropäische Niveau hinaus (Irland, Italien, Schweiz sowie die USA, Kanada und im übrigen auch Japan).

Genug der Beschreibung, auch wenn sie Ranglisten von Nationen zu erstellen erlaubt, die aufschlußreich sind. Unterschiede — wie die eben beschriebenen — sind erklärungsbedürftig. Warum verhalten sich Nationen so unterschiedlich?

Hintergründe der Expansion und der nationalen Unterschiede im Entwicklungstempo

Wie läßt sich die Expansion der Sozialversicherung erklären, und welches sind die Gründe für die nationalen Unterschiede im Tempo, das bei der Ausdehnung der sozialen Sicherung eingeschlagen wurde? Als allgemeine Hintergrundbedingungen kommen die Faktoren in Betracht, die sich bei der Analyse der deutschen Sozialpolitik bewährt haben (vgl. Teil I): beispielsweise die günstige wirtschaftliche Entwicklung insbesondere nach dem Zweiten Weltkrieg, die zunehmende Arbeitnehmerquote außerhalb des landwirtschaftlichen Sektors, die demographisch bedingte Zunahme der Rentner, zunehmende Lebenserwartung, Parteien-Konkurrenz um Wählerstimmen, die Eigendynamik der institutionalisierten Systeme der sozialen Sicherung und ihre Struktur — insbesondere der Unterschied zwischen „universalistischem" Schutzsystem und berufsgruppenbezogenem Sicherungssystem ist hierbei wichtig.

Freilich gibt es keine Eins-zu-Eins-Entsprechung zwischen der Expansion der Sozialversicherung einerseits und ökonomischen, demographischen, politischen und institutionellen Bedingungen andererseits. Immerhin springen aber einige Parallelen zwischen zunehmendem Ausdehnungsgrad der Sozialversicherung und politischen Größen ins Auge. Für die Expansion der sozialen Sicherung waren Faktoren wie zum Beispiel Kräfteverhältnisse zwischen Parteien unterschiedlicher Couleur, Stärke der Links-Parteien, Präsenz und Stärke christdemokratischer Parteien und die politische Färbung der Regierungsparteien von Bedeutung. Dem zuletzt genannten Faktor wollen wir uns im folgenden ausführlicher zuwenden.

Parallelen zu demographischen und politischen Bedingungen

Haben unterschiedliche Kräfteverhältnisse im Parteiensystem und parteipolitisch unterschiedlich zusammengesetzte Regierungen auch spürbare Unterschiede in der Regierungspraxis zur Folge? Diese Frage wird in der Politikwissenschaft kontrovers diskutiert (*Schmidt* 1980 und 1982). Summarisch gesprochen lassen sich in dieser Debatte zwei gegensätzliche Positionen unterscheiden:

Wirkung der parteipolitischen Zusammensetzung von Regierungen

— Einer These zufolge führen Unterschiede in der politischen Zusammensetzung von Regierungen (insbesondere unterschiedliche Kräfteverhältnisse zwischen sozialistischen und nicht-sozialistischen Parteien) in der Regel zu unterschiedlichen Weichenstellungen in der Regierungspraxis.
— Die Gegenthese behauptet etwas anderes. Ihr zufolge besteht zwischen der politischen Couleur der Regierungsparteien und den Inhalten der Regierungspolitik kein systematischer Zusammenhang (jedenfalls nicht in dem Sinne, daß Unterschiede in der einen Größe mit den Unterschieden in der anderen Größe zusammenhängen). Die Inhalte der Regierungspolitik seien vielmehr, so wird hier weiter argumentiert, von einer Vielzahl anderer gewichtiger Faktoren abhängig.

Konträre Thesen

Was trägt das Studium der historischen Entwicklung der Sozialversicherung zu dieser Debatte um parteipolitische Unterschiede bei? Jens *Alber*s Analyse zur Entwicklung der Sozialversicherung in Deutschland gibt eine klare Antwort auf diese Frage (*Alber* 1982: 155 - 166). In der Geschichte der Sozialversicherung in Westeuropa, so führt er aus, lassen sich drei Etappen unterscheiden: In der ersten Phase, vor dem Ersten Weltkrieg, beherrscht die Sozialpolitik „von oben" das Feld. Die Zwischenkriegszeit kann demgegenüber als Phase der Sozialpolitik „von unten" bezeichnet werden. In dieser Periode schlagen parteispezifische Unterschiede in der Sozialpolitik durch: In der Zwischenkriegszeit war das Wachstum der Sozialversicherungen in den Ländern am größten, in denen sozialdemokratisch-sozialistische Parteien die Regierung stellten oder in denen Arbeiterparteien größere Wahlerfolge verzeichnen konnten. Nach dem Ende des Zweiten Weltkrieges beginnt eine dritte Phase. Hier zeigte sich nun

Befunde aus J. Albers Analyse

3 Etappen der Sozialpolitik

„eine Entpolitisierungstendenz, in deren Rahmen die Expansion der Programme unter sozialistischen und nicht-sozialistischen Regierungen ähnlich verlief. Im Zeichen einer internationalen Konvergenz trieben, unabhängig von der inneren Kräfteverteilung, vor allem jene Länder die Erweiterung der Programme voran, die bei Ausbruch des Krieges im westeuropäischen Vergleich zu den Nachzüglern der Sozialversicherungsentwicklung gezählt hatten" (*Alber* 1982: 164).

Sozialpolitik der Parteien der „breiten Mitte" in Prosperitätsphasen ähnlich

Parallele zur „Allerwelts-Parteien-These"

Würdigung der „Allerwelts-Parteien-These"

— Christdemokratische Parteien

— Gemeinsame Erfahrung aus historischen Krisen

— Sozialpolitik als Stifter sozialen Friedens und als Produktivkraft

Solange die wirtschaftlichen Ressourcen kontinuierlich fließen, würden in parlamentarischen Demokratien „alle Parteien der breiten Mitte" (*Alber* 1982: 164) zu einer ähnlich expansionistischen Sozialpolitik neigen. Im Gegensatz dazu trieben vor allem Linksparteien den Ausbau des Sozialstaates in Zeiten wirtschaftlicher Knappheit voran. Für Zeiten wirtschaftlicher Prosperität scheint demnach die „Allerweltsparteien-These" zur Sozialpolitik-Analyse zu passen. Der „Allerwelts-Parteien"-These zufolge haben Parteien, denen es allein um die Optimierung von Wählerstimmen geht und die konfessionell und klassenstrukturell unspezifisch sind, die alten Gesinnungs- und Kampfgemeinschaften auf konfessioneller und klassenstruktureller Basis abgelöst (*Kirchheimer* 1965).

Kann man mit der Allerweltsparteien-These die Annäherungsprozesse der Sozialpolitik in den westeuropäischen Ländern erklären? Zweifel sind angebracht. Der wichtigste Einwand ist dieser: „chemisch reine" Allerweltsparteien gibt es in Westeuropa nicht. Einige sozialdemokratische Parteien — allen voran die SPD — wären gerne „Allerweltsparteien" geworden, doch blieb ihrem Bemühen der ganz große Erfolg versagt, wie wahlsoziologische Studien über sozialstrukturelle Schwerpunkte sozialdemokratischer Parteien verdeutlichen. Nur einige Parteien in einigen westeuropäischen Ländern kommen dem Allerweltsparteien-Typus nahe: insbesondere christdemokratische Parteien, vor allem in Deutschland und mit Abstrichen auch in den Benelux-Ländern, Österreich und Italien (*Schmidt* 1985a). Diese Parteien haben tatsächlich eine breitere und heterogenere soziale Basis als liberale, konservative und sozialdemokratische Parteien; sie reicht von den Landwirten und gewerblichen Selbständigen bis zur Arbeiter- und Angestelltenschaft. Diese breite soziale Basis macht die christdemokratischen Parteien für sozialpolitische Fragen allein aus wahlpolitischen Gründen sensibel. Hier liegt ein Schlüssel zum Verständnis der expansiven Sozialpolitik unter Regierungen, die von christdemokratischen Parteien in den 50er und 60er Jahren geführt wurden.

Zu der breiten sozialen Basis der christlich-demokratischen Parteien kam ein zweiter Faktor hinzu, der ebenfalls die Sozialpolitik auf expansiven Kurs festlegte. In politisch-ideologischer Hinsicht haben alle größeren westeuropäischen Parteien, unabhängig von ihrer politischen Orientierung, aus den Erfahrungen mit der Weltwirtschaftskrise der 30er Jahre und der Weltkriegszeit Konsequenzen gezogen. Jens *Alber* hat diesen Zusammenhang treffend so charakterisiert:

„Die Erfahrung gemeinsamer Not in der Großen Depression (der 30er Jahre — der Verf.) und dem Zweiten Weltkrieg schuf... die Voraussetzungen für eine allgemeiner geteilte Leitidee der Sozialpolitik als Ausdruck nationaler Solidarität" (*Alber* 1982: 164).

Hinzu kamen politisch-ökonomische Argumente, die in Prosperitätszeiten bei christdemokratischen und sozialdemokratischen Parteien gleichermaßen

Anklang fanden: Sozialpolitik galt als Voraussetzung innenpolitischer Stabilität und der hierdurch bewahrte soziale Frieden als eine willkommene politisch-wirtschaftliche Produktivkraft.

Die Umsetzung einer an diesen Leitideen orientierten Sozialpolitik wurde durch die langanhaltende Prosperitätsphase der Nachkriegszeit natürlich erheblich erleichtert. Sie stellt die entscheidende Voraussetzung dafür dar, daß sozialdemokratische *und* christdemokratische Parteien zu einer expansiven Sozialpolitik neigten. In der Prosperitätsphase nach dem Zweiten Weltkrieg führten nunmehr zwei unterschiedliche Wege zum selben Ziel: der ,,sozialdemokratische'' und der ,christdemokratische'' Weg zum Sozialstaat.

Der ,,sozialdemo-kratische'' und der ,,christdemokrati-sche Weg'' zum Sozialstaat

Der ,,sozialdemokratische Weg'' wurde in den Ländern beschritten, in denen die Sozialdemokratie die dominante Partei war und in denen das Lager der bürgerlichen Parteien organisatorisch und ideologisch zersplittert war (zum Beispiel in Norwegen und Schweden).

Der ,,christdemokratische Weg'' wurde demgegenüber in den Ländern eingeschlagen, in denen drei Bedingungen gegeben waren: eine relativ schwache oder gemäßigt starke sozialdemokratische Partei, eine größere Zahl von miteinander konkurrierenden bürgerlichen Parteien und drittens eine für soziale Fragen sensibilisierte christdemokratische Partei (*Wilensky* 1981; *Wilensky* u.a. 1985: 80f.).

Im Quantitativen und im Spiegelbild hochaggregierter Daten hat der ,,christdemokratische Weg'' zum Sozialstaat viel gemeinsam mit dem ,,sozialdemokratischen Weg''. Freilich sind die Unterschiede ebenfalls unübersehbar: der ,,christdemokratische Weg zum Sozialstaat'' orientiert sich stärker an Leistungskriterien, Markteinkommen und Statusgruppen- oder Standes-Zugehörigkeit als der ,,sozialdemokratische Pfad''. Insofern hat der Konsens über den Sozialstaat, den alle ,,Parteien der breiten Mitte'' (*Alber* 1982: 164) getragen haben, zwar ähnlich hohe Ausdehnungsgrade der Sozialversicherung geschaffen, aber durchaus Raum für unterschiedlich ausgestaltete Modelle der Sozialpolitik gelassen.

Der ,,christdemo-kratische'' und der ,,sozialdemokrati-sche Weg zum So-zialstaat'' im Ver-gleich

Dieser Korrektur von *Albers* These der ,,Entpolitisierungstendenz'', die die Sozialpolitik nach 1945 charakterisiert habe, ist eine zweite hinzuzufügen. Die These vom Engagement der ,,Parteien der breiten Mitte'' kann zwar verdeutlichen, warum manche westeuropäische Länder in der Sozialpolitik überdurchschnittlich aktiv waren, sie versagt jedoch vor der Aufgabe, eine befriedigende Erklärung für die permanenten Nachzügler-Nationen der Sozialpolitik zu finden: die Schweiz, die USA, Kanada und Japan. Die ,,Entpolitisierungs''-These paßt nicht zur schmal dosierten staatlichen Sozialpolitik dieser Länder. Vielmehr handelt es sich im großen und ganzen um den Fall einer klassischen ,,Politisierung von rechts''. In diesen Ländern ist die Dominanz der nicht-sozialistischen Parteien und gesellschaftlichen Milieus letztlich unangefochten. Die Vorrangstellung der bürgerlichen Strömungen drückt ihren Stempel der Sozialpolitik auf. Die Sozialpolitik wird entweder insgesamt am kürzeren Zügel geführt oder zumindest selektiver gestreut als in Ländern mit gemischter — oder sich zur Sozialdemokratie neigender — Machtverteilung.

Würdigung der Entpolitisierungs-These

,,Politisierung von rechts''

Umgekehrt läßt sich die expansive Sozialpolitik in den meisten anderen westeuropäischen Ländern ebenfalls als ,,Politisierung'' begreifen — und nicht als

,,Entpolitisierung" wie bei Jens *Alber*: expansive Sozialpolitik wird tendenziell überall dort betrieben, wo die bürgerlichen Strömungen weder eine hegemoniale noch eine dominante Stellung haben, sondern sich die Macht mit der sozialdemokratischen Konkurrenzpartei teilen müssen, wenn sie nicht gar die Macht an die Sozialdemokratie dauerhaft abgeben müssen. Der Sozialstaats-Effekt, den *Alber* allen Parteien der ,,breiten Mitte" zuschreibt, wirkt demnach erst oberhalb einer spezifischen Schwelle: er setzt — annäherungsweise — ein Patt zwischen bürgerlichen und sozialdemokratischen Strömungen voraus oder eine stärker zur Sozialdemokratie geneigte Machtverteilung (zur Messung von ,,Hegemonie", ,,Dominanz" und ,,Patt" mittels Kabinettssitzsanteilen siehe *Schmidt* 1983b).

Die in diesem Kapitel vorgetragenen Befunde basieren auf vergleichenden Analysen über Niveau und Expansion des Ausdehnungsgrades der Sozialversicherung (gemessen mittels des Anteils der sozialversicherten Personen an der Erwerbsbevölkerung). Diese Befunde lassen sich demnach nicht ohne weiteres für andere Aspekte der Sozialpolitik verallgemeinern. Der Ausdehnungsgrad der Sozialversicherung erfaßt einen zentralen Aspekt der sozialen Sicherung, jedoch verrät er nichts über das Niveau der Sozialleistungen pro Empfänger, die Höhe der Entwicklung von Sozialleistungsquoten oder egalitäre bzw. inegalitäre Strukturen der Sozialpolitik. Mit diesen Dimensionen der Sozialpolitik beschäftigen sich die folgenden Kapitel.

3 Sozialausgaben im internationalen Vergleich (1950 - 1973)

Im letzten Kapitel wurde gezeigt, daß die sozialen Sicherungssysteme in allen westeuropäischen Ländern einen zunehmend größeren Personenkreis erfaßten. Nach dem Ende des Zweiten Weltkrieges wirkte ein ausgeprägter Konvergenz-Prozeß: die Unterschiede im Ausdehnungsgrad der Sozialversicherung wurden kleiner, die Ähnlichkeiten größer. Bei den Sozialleistungsquoten (öffentliche Sozialausgaben in Prozent des Bruttoinlandsproduktes) läßt sich ebenfalls ein Konvergenz-Prozeß nachweisen: der sogenannte Variations-Koeffizient, ein standardisiertes Maß für die Unterschiedlichkeit einer Meßwertreihe, ist bei den Sozialleistungsquoten im Jahre 1973 kleiner als bei den für 1950 berichteten Quoten (vgl. Tabelle 3, irreführend *Alber* 1983 a: 96, der fälschlicherweise nicht den Variations-Koeffizienten, sondern nur die Standardabweichungen analysiert).

Trend zur Konvergenz der nationalen Sozialleistungsquoten

Tabelle 3: Sozialleistungsquoten[1] in Westeuropa, 1950 - 1973

Länder	1950	1955	1960	1965	1970	1973
Belgien	12.5	13.2	15.3	16.1	18.1	20.0
Bundesrepublik Deutschland	14.8	14.2	15.0	16.6	17.0	18.9
Dänemark	8.4	9.8	11.1	12.2	16.6	20.9
Finnland	6.7	7.6	8.7	10.6	13.1	15.0
Frankreich		13.4	13.4	15.8	15.3	20.8
Großbritannien	10.0	9.5	11.0	11.7	13.8	14.6
Irland		9.3	9.6	10.3	11.6	13.5
Italien	8.5	10.0	11.7	14.8	16.3	19.0
Niederlande	7.1	8.4	11.1	15.7	20.0	22.8
Norwegen	5.7	7.5	9.4	10.9	15.5	18.0
Österreich	12.4	12.8	13.8	17.8	18.8	18.0
Schweden	8.3	9.9	11.0	13.6	18.8	21.5
Schweiz		6.8	7.5	8.5	10.1	12.5
Durchschnitt	9.3	10.2	11.4	13.4	15.8	18.1
Variations-Koeffizient[2]	0.31	0.23	0.21	0.22	0.18	0.18

1 Öffentliche Sozialausgaben in Prozent des Bruttoinlandsproduktes.
2 Standardabweichung dividiert durch Mittelwert. Die Standardabweichung einer Meßwertreihe ist definiert als die Quadratwurzel aus dem Durchschnitt der quadrierten Abweichungen aller Beobachtungswerte vom Mittelwert.

Quelle: *Alber* 1983a: 94, auf der Basis von ILO-Daten.

In der Tabelle 3 sind die Sozialleistungsquoten von 13 westlichen Ländern im Zeitraum von 1950 bis 1973 aufgelistet. Dieser Zeitraum schließt die langanhaltende wirtschaftliche Prosperität der Nachkriegsperiode ein. 1973/74 geht die Prosperitätsphase zu Ende. An ihre Stelle tritt eine Periode weltweiter Rezessionen bzw. reduzierter Wachstumsraten und hoher Arbeitslosigkeit (vgl. hierzu das nächste Kapitel). Die in diesem Kapitel vorgestellten Ergebnisse basieren auf der Analyse der Sozialpolitik in der Prosperitäts-Periode. Ihr liegen die Sozialausgaben nach der Definition des Internationalen Arbeitsamtes (ILO) in Genf zugrunde. Sie umfassen die Ausgaben für die klassischen Sozialversicherungssysteme sowie Aufwendungen für das öffentliche Gesundheitswesen, Beamtenversorgung, Familienbeihilfen, Sozialhilfe und Kriegsopferversorgung.

Die in der Tabelle 3 präsentierten Daten stützen aufs Eindrucksvollste eine These, die ein berühmter Nationalökonom vor fast 100 Jahren entwickelte: Adolph *Wagner* prognostizierte 1893 das Wachstum des „Cultur- und Wohlfahrtsstaates". Der „Staat *fortschreitend kulturfähiger Völker,* so namentlich der modernen, hört immer mehr auf, einseitig *Rechtsstaat,* im Sinne der möglichst alleinigen Verwirklichung des Rechts- und Machtzwecks zu sein und wird immer mehr Cultur- und Wohlfahrtsstaat in dem Sinne, daß gerade seine Leistungen auf dem Gebiete des Cultur- und Wohlfahrtszwecks sich beständig mehr ausdehnen und mannigfachen Inhalt gewinnen", so formulierte *Wagner* in der 1893 in 3. Auflage veröffentlichten Grundlegung der politischen Ökonomie (Teil I, S. 888). Daß sich der „Cultur- und Wohlfahrtsstaat" so beständig und so stark ausdehnen würde wie nach 1950, das war freilich Ende des 19. Jahrhunderts nicht vorauszusehen, denn damals galten Staatsquoten von 15 % schon als sehr hoch (*Kohl* 1985: 220). Auch das damalige Sozialversicherungsbudget war für unsere Verhältnisse eine zu vernachlässigende Größe: 1900 betrug sein Anteil am Bruttosozialprodukt gerade ein Prozent (*Alber* 1982: 60)!

Wagnersches Gesetz der wachsenden Staatsausgaben für „Cultur" und „Wohlfahrts"- Zwecke

Die Tabelle 3 zeigt ein rapides Wachstum der Sozialleistungsquoten an. In einer kurzen Periode von knapp 25 Jahren nahm der Anteil der Sozialausgaben am Bruttoinlandsprodukt — im Durchschnitt der westlichen Länder gerechnet — von knapp 10 Prozent auf knapp 20 Prozent zu. Vielleicht verdecken solche dürren Zahlen mehr als sie erhellen. Wenn man sie vor dem Hintergrund einer langanhaltenden Prosperitätsphase sieht, in der das inflationsbereinigte Bruttoinlandsprodukt in den kapitalistischen Ländern stärker zunahm als je zuvor (*Maddison* 1982), dann wird deutlicher, welch gewaltigen Aufschwung die Sozialpolitik nach 1945 nahm. Die größten Expansionsschübe lassen sich eindeutig datieren: In den 60er Jahren verdoppelt sich das Wachstumstempo gegenüber den 50er Jahren und in den frühen 70er Jahren beschleunigt sich die Zunahme noch weiter.

Starke Expansion der Sozialleistungsquoten bei hohem Wirtschaftswachstum

Die Sozialleistungsquote wächst in allen westeuropäischen Ländern. Das ist ein Hauptbefund. Ein zweiter Hauptbefund ist darin zu sehen, daß das Wachstumstempo von Land zu Land variiert. Die Unterschiede zwischen den Ländern sind erheblich. Am stärksten wuchs die Sozialleistungsquote in der Nachkriegszeit in den Niederlanden, in Norwegen, Schweden, Dänemark und Italien. In diesen Ländern nahm sie zwischen 1950 und 1973 um zehn Prozentpunkte oder mehr zu, beispielsweise in Schweden von 8,3 Prozent (1950) auf

Unterschiedliches Wachstum der Sozialleistungsquoten in den westlichen Ländern

21,5 Prozent (1973). Am langsamsten wuchs die Sozialleistungsquote in der Schweiz, in Irland, in der Bundesrepublik Deutschland und im Vereinigten Königreich von Großbritannien. Freilich muß man hier das hohe Ausgangsniveau der Sozialleistungsquote der Bundesrepublik am Beginn der 50er Jahre berücksichtigen.

Interessante Einsichten vermittelt ein Vergleich der nach der Höhe der Sozialleistungsquote ermittelten Rangordnungen der westeuropäischen Länder. Die Pioniernationen der Sozialpolitik, insbesondere Deutschland und Österreich, hielten bei den Sozialausgaben ihre Spitzenposition bis Mitte der 60er Jahre. Dann wurden sie von anderen Nationen — insbesondere Schweden und Niederlande — eingeholt und überholt.

Ein Vergleich der Sozialleistungsquoten in Westeuropa mit den Sozialleistungsquoten außereuropäischer demokratischer Industrieländer ist ebenfalls aufschlußreich. Die Sozialleistungsquoten in Japan, in den USA und in Kanada liegen unter dem westeuropäischen Durchschnitt: in Japan bei rund vier Prozent (1951 - 53) und bei rund 6 Prozent im Durchschnitt der Jahre 1972 bis 1974; in den USA bei knapp fünf Prozent Anfang der 50er Jahre und etwa 12 Prozent 1973. In Kanada steigen die Sozialleistungsquoten zwar von sieben auf rund 13 1/2 Prozent, jedoch nur bis zu einem Niveau, das unter dem Durchschnitt westeuropäischer Sozialleistungsquoten liegt (*Alestalo* u.a. 1985: 195).

Man kann demnach in der Gruppe der westlichen Industrieländer zwei Untergruppen unterscheiden: die Untergruppe der Länder, in der Sozialausgaben reichlich fließen und einen hohen Anteil am Sozialprodukt bilden, und die Gruppe, in der die Sozialausgaben — absolut und in relativen Größen — am kurzen Zügen geführt werden. Zu den „sparsameren" Nationen in Sozialausgaben-Angelegenheiten zählen neben den außereuropäischen Ländern USA, Kanada und Japan, die Schweiz, lange Zeit auch Irland und Finnland und seit den 60er Jahren zunehmend auch Großbritannien; zu den sozialpolitisch „großzügigen" Nationen zählen demgegenüber die Niederlande, Belgien, Schweden, Dänemark, die Bundesrepublik Deutschland und Frankreich — aus Gründen, die sich von Land zu Land im einzelnen unterscheiden (vgl. z.B. *Olson* 1986 für Schweden, *Becker* und *Kersbergen* 1986 für die Niederlande und *Ashford* 1986: insbes. 228 - 246 für Frankreich).

Für welche Aufgabenbereiche sind die Sozialausgaben vorgesehen? Die Rentenversicherung beansprucht in allen westeuropäischen Ländern seit den 60er Jahren mehr als ein Drittel der öffentlichen Sozialausgaben nach ILO-Definition; im Schnitt entfallen etwa 30 Prozent auf Krankenversicherung und öffentliches Gesundheitswesen; Beamtenversorgung, Kindergeld und Sozialhilfe beanspruchen in der Regel weniger als zehn Prozent der Sozialleistungen; die Arbeitslosenversicherung gehört zu den finanziell weniger bedeutsamen Zweigen der Sozialversicherung, selbst bei hoher Arbeitslosigkeit überschreitet sie nur selten die 10 Prozent-Marke, und für die Unfallversicherung wird nur ein Bruchteil des Sozialbudgets (1977 zwischen einem und zwei Prozent) ausgegeben (*Alber* 1983a: 98; *Flora* u.a. 1983: 456ff.).

Natürlich gibt es länderspezifische Muster der Verteilung der Sozialausgaben nach Aufgabenbereichen. Im Durchschnitt der Jahre 1949 - 1974 ist der Anteil der Renten an allen öffentlichen Sozialausgaben nach ILO-Kriterien in der Bundesrepublik Deutschland am höchsten und in Frankreich am niedrigsten. Umgekehrt sieht das Bild bei den Sozialleistungen für Familien aus. In Frankreich liegt ihr Anteil am höchsten, in der Bundesrepublik (zusammen mit der Schweiz) am niedrigsten (*Flora* 1985: 22). Kinderreichen Familien könnte demnach Frankreich als Modellfall empfohlen werden und Rentnern die Bundesrepublik Deutschland.

Finanzierungsmodus nach Typen und nach Ländern

Wie werden die Sozialausgaben finanziert? Hinsichtlich des Finanzierungsmodus lasen sich drei Ländergruppen unterscheiden: In einer Gruppe entfallen die Finanzierungslasten in ungefähr gleichen Teilen auf Staat, Arbeitgeber und Arbeitnehmer. Hierzu zählen die Bundesrepublik und die Niederlande, die Schweiz, Österreich und Norwegen. In einer zweiten Ländergruppe sind Staat und insbesondere Arbeitgeber die Haupt-Finanzierer der Sozialleistungen. Belgien, Finnland, Frankreich und Italien gehören zu diesem Typus. Bei einem dritten Finanzierungsmodus dominiert ebenfalls die zweiseitige Finanzierung durch Staat und Arbeitgeber, jedoch mit dem Unterschied, daß der größte Teil der Finanzierung auf den Staat entfällt (Dänemark, Großbritannien, Irland und Schweden) (*Alber* 1983a; *Flora* u.a. 1983: 459; *Flora* 1985: 21).

Gründe für das Wachstum (und die nationalen Wachstums-Unterschiede) der Sozialausgaben

Zurück zu den Sozialausgaben. Wie läßt sich ihr Wachstum erklären, und warum unterscheiden sich die Wachstumsraten trotz aller Konvergenz von Land zu Land so erheblich?

Diese Fragen führen in das Zentrum einer Debatte, an der sich zahlreiche Wirtschaftswissenschaftler, Soziologen und Politikwissenschaftler beteiligt haben (als Überblick vgl. zum Beispiel *Wilensky* 1975; *Flora/Heidenheimer* 1981; *Alber* 1982, 1983a und 1983b; *Castles* 1982; *Schmidt* 1982; *OECD* 1985; *Flora* 1986c). Die an dieser Debatte beteiligten Autoren lassen sich grobrastig vier unterschiedlichen Schulen der Sozialpolitik zuordnen:

Vier Schulen der neueren Sozialpolitik-Forschung

— die Schule der sozialökonomischen Analytiker,
— die Schule der neomarxistischen polit-ökonomischen Staatstheoretiker,
— die Schule der Durkheimianer, die einen makro-soziologischen Ansatz in der Tradition des Soziologen Emile *Durkheim* vertreten und
— die politisch-institutionalistische Schule der Sozialpolitikanalyse.

„Sozialökonomische Schule"

Die Schule der sozialökonomischen Analyse bevorzugt eine spezifische Art von Modellen zur Erklärung von (internationalen und historischen) Unterschieden in den Sozialausgaben: Vorrang genießen ökonomische, soziale und demographische Bestimmungsfaktoren; politischen Größen wird eine untergeordnete Bedeutung beigemessen. Ein perfekt passendes Beispiel für diesen Ansatz liefert die ausgezeichnete Studie von D. *Zöllner* (1963) über den Zusammenhang von Sozialleistungsniveau und wirtschaftlichem Entwicklungsniveau in ausgewählten Ländern der Ersten und der Dritten Welt. Dieser Studie zufolge gibt es drei besonders erklärungskräftige Größen für die unterschiedlichen Sozialleistungsquoten: der primäre Erklärungsfaktor ist die nichtlandwirtschaftliche Arbeitnehmerquote (Zahl der nichtlandwirtschaftlichen Arbeitnehmer in Prozent der Bevölkerung). Hohe Arbeitnehmerquoten sind letztlich ursächlich für hohe Sozialleistungsquoten; zunehmende Arbeitnehmerquoten führen zu wachsenden Sozialleistungsquoten und niedrige Arbeitnehmerquoten — wie z.B. in vielen Dritte-Welt-Ländern oder in sich industrialisierenden Ländern — sind letztlich für niedrige Sozialleistungsquoten verantwortlich.

Der zweitstärkste Erklärungsfaktor in *Zöllner*s Studie ist die Kriegsfolgelast in der sozialen Sicherung (Kriegsopferversorgung, Waisen- und Witwenrenten). Ihr Gewicht nimmt freilich mit zeitlichem Abstand vom Kriegsende ab. Drittens ist die Altersquote wichtig, d.h. der Anteil der älteren, im Rentenalter stehenden Bürger an der Wohnbevölkerung, und viertens kommt die Arbeitslosenquote ins Spiel. Je höher die Altersquote, desto höher die Sozialleistungsquote, und je höher die Arbeitslosenquote, desto höher die Sozialleistungsquote — so lassen sich die Zusammenhänge auf einen Nenner bringen. Politische Faktoren — so *Zöllner* — spielen eine untergeordnete Rolle. Die Sozialpolitik wird gleichsam von technischen und wirtschaftlichen Sachgesetzlichkeiten regiert und nicht von Politik: ,,Die Sozialleistungsquote entwickelt sich weitgehend unabhängig von politischen Wertvorstellungen", so heißt es in der Schlußfolgerung des Autors (*Zöllner* 1963: 115).

Das Problem dieser und anderer sozialökonomischer Analysen (z.B. *Boye* 1977; bedingt *Wilensky* 1975 und *Castles* 1986a) ist jedoch folgendes: sie können zwar verdeutlichen, warum die Sozialleistungsquote in entwickelten Arbeitnehmer-Gesellschaften im allgemeinen wesentlich höher als in wirtschaftlich weniger stark entwickelten Ländern ist — die reicheren Länder haben mehr Ressourcen für Sozialpolitik, weniger Alternativen zur sozialen Sicherung, und in ihnen wird der Bedarf an Sozialpolitik lautstarker angemeldet — und ferner profitieren die Sozialpolitiker aller Parteien und Regierungen von der langanhaltenden Wirtschaftsblüte der 50er und 60er Jahre. Insoweit spricht viel für sozialökonomische Erklärungsmodelle. Die sozialökonomischen Modelle eignen sich jedoch nicht sonderlich gut für Analysen der Unterschiede *innerhalb* der Gruppe der wirtschaftlich entwickelten Länder. Die Differenzen zwischen den sozialpolitisch ,,sparsamen" Industrienationen und den entwickelten Länder, die ihre Sozialpolitik ,,großzügig" finanzieren, sind nahezu unabhängig von den Schlüsselfaktoren der sozialökonomischen Schule der Sozialpolitik-Forschung, wie z.B. Wirtschaftswachstum, Niveau des wirtschaftlichen Entwicklungsniveaus, Arbeitnehmerquote und anderes mehr. Bei diesen Faktoren sind die Unterschiede beispielsweise zwischen den USA und der Schweiz auf der einen Seite und Schweden und die Niederlande auf der anderen nicht so groß, um die bedeutsamen Unterschiede im sozialen Sicherungsnetz beider Ländergruppen erklären zu können.

Man muß der kritischen Würdigung der sozialökonomischen Schule der Sozialpolitik-Forschung jedoch hinzufügen, daß der Vorwurf, sie leiste wenig zur Erklärung von sozialpolitischen Unterschieden innerhalb der Gruppe der reichen Länder, an einer Stelle zurückgenommen werden muß: demographische Variablen, insbesondere die Altersquote, eignen sich gut zur Erklärung internationaler Differenzen der Sozialpolitik in der Gruppe der westlichen Industrieländer. Zunehmende Altersquoten sind zu einem erheblichen Teil für die rapide wachsenden Rentenausgaben und diese wiederum für die Zunahme der Sozial-

Würdigung der sozialökonomischen Analyse der Sozialpolitik

Demographische Entwicklung

leistungsquoten verantwortlich. Im allgemeinen haben auch diejenigen Nationen höhere Sozialleistungsquoten und/oder schneller wachsende Sozialausgabenanteile, in denen die Altersquote schon auf einem hohen Niveau liegt und/oder rasch steigt (*Flora* u.a. 1983: 456f.; *Saunders/Klau* 1985; *Castles* 1986a; *Flora* 1985 und 1986c; *Holzman* 1986).

Komponenten der
Sozialausgaben:

Freilich sollte der Effekt der demographischen Entwicklung nicht überschätzt werden. Neuere Analysen der OECD zur Dynamik der Sozialausgaben haben gezeigt, daß neben der demographischen Komponente zwei andere Komponenten wirken: die Anspruchsberechtigten-Komponenten bzw. die Inanspruch-Nehmer-Komponente und die Leistungsniveau-Komponente.

Zum besseren Verständnis ist an dieser Stelle eine knappe Erläuterung des sozialökonomischen „Komponenten-Ansatzes" der *OECD* (1985b) angebracht. Das Wachstum der Sozialausgaben läßt sich mit Hilfe dieser Methode in die Preissteigerungs-Komponente, die demographische Komponente, die Anspruchsberechtigte-Komponente bzw. die Inanspruchnehmer-Komponente und die durchschnittliche, pro Sozialleistungsempfänger berechnete Leistungsniveau-Komponente zerlegen (zur Erläuterung der Methodik *OECD* 1985a: 26ff.; *OECD* 1985b: 101ff.).

Hauptergebnisse
der Komponenten-
Zerlegung für die
Jahre 1960 - 75

Mit Hilfe der Komponenten-Zerlegung haben OECD-Wissenschaftler die Entwicklung der Sozialausgaben in westeuropäischen und nordamerikanischen Ländern untersucht. Die Hauptergebnisse für die Periode 1960 - 1975 lassen sich wie folgt zusammenfassen: In diesem Zeitabschnitt entfällt der größte Teil des rapiden Wachstums der realen, preisbereinigten Sozialausgaben auf die Leistungsniveau-Komponente. Pro Empfänger wurden die durchschnittlichen Sozialleistungen in dieser Periode stark erhöht; die Erhöhung des Leistungsniveaus ist der wichtigste Faktor unter den Determinanten des Sozialausgabenwachstums. Der Anstieg des Leistungsniveaus pro Empfänger macht in der Krankenversicherung und im öffentlichen Gesundheitswesen fast zwei Drittel und bei der Renten- und Arbeitslosenversicherung etwa 50 Prozent des Wachstums der Ausgaben aus. Die Verbesserung der Sozialleistungen nahmen zum Teil die Form höherer Renten bzw. höheren Arbeitslosengeldes an, zum Teil die Form zunehmender Inanspruchnahme aufwendigerer medizinischer Diagnose und Therapie.

Der Rest des Sozialausgaben-Wachstums läßt sich der demographischen Komponente zurechnen — insbesondere der Anstieg der Altenquote ist hier erwähnenswert — und in abgeschwächterem Maße auch dem erweiterten Kreis der Anspruchsberechtigten bzw. der zunehmenden Quote der Anspruchsberechtigten, die die ihnen zustehenden Leistungen auch tatsächlich in Anspruch nehmen (*OECD* 1985: 28ff.; *Saunders/Klau* 1985: 95ff.; *Schierer* 1985 sowie für mittlerweile überholte Vorstudien *OECD* 1978).

Politisch bedingte
Leistungsverbesse-
rungen vorrangig

Mit anderen Worten: ein erheblicher Teil der wachsenden Sozialausgaben spiegelt nicht nur, und nicht einmal vorrangig, automatisch erfolgende Ausgabensteigerungen wider (als Folge von politisch nicht unmittelbar beeinflußbaren Wirkungen der demographischen und der Anspruchsberechtigten-Komponente). Vielmehr sind politische Entscheidungen, die zur Verbesserung der Sozialleistungen führten, zentral. Bewußte politische Entscheidungen waren wichtiger als die Wirkungen, die gleichsam automatisch von demographischen Komponenten und vom Verhalten der Anspruchsberechtigten ausgingen.

Das ist ein ganz wichtiges Ergebnis der Sozialpolitikforschung, und hierin liegt eine der Stärken des Komponenten-Zerlegungs-Ansatzes. Gleichwohl findet seine Erklärungskraft an dieser Stelle seine Grenzen. Die Frage, welche Faktoren im einzelnen den politischen Entscheidungsprozeß angetrieben haben, läßt sich im Rahmen der Komponenten-Zerlegungs-Methode der OECD nicht beantworten. Diese Lücken in der Erklärung können jedoch durch Beiträge aus anderen Schulen der Sozialpolitik-Forschung geschlossen werden, wenngleich in jeweils unterschiedlich großen Portionen. *Stärken und Grenzen der Komponenten-Zerlegungs-Methode*

Am wenigsten eignen sich hierfür die neomarxistischen Sozialstaats-Analysen. Sie konzentrieren sich auf die Strukturen, Probleme und Problembewältigungs-Versuche, die allen kapitalistischen Ländern gemeinsam sind. Unterschiede zwischen den kapitalistischen Ländern werden zwar wahrgenommen, aber nicht systematisch analysiert. Diesem Ansatz fehlt, von ganz wenigen Ausnahmen abgesehen (z.B. *Therborn* 1984), die Sensibilität und das Instrumentarium für eine systematisch vergleichende Analyse der Sozialpolitik. Demzufolge mangelt es den neo-marxistischen Sozialpolitik-Analysen an einer befriedigenden Beschreibung — ganz zu schweigen von einer Erklärung — der immerhin beträchtlichen Unterschiede in der Sozialpolitik in Ländern der westlichen Welt. *Neomarxistische Sozialstaats-Analyse*

Aber auch Sozialpolitik-Forscher, die der Tradition von E. *Durkheim* stärker verpflichtet sind als der marxistischen Tradition, haben Mühe, ihre Schlüsselbegriffe in einer Weise zu schärfen, die geeignet wäre, Gemeinsamkeiten *und* Unterschiede zwischen westlichen Industrieländern zu erfassen. Die Stärke der Sozialpolitik-Analyse der ,,Durkheimianer'' liegt in der Beschreibung und Erklärung langfristiger Entwicklungstendenzen; bei der Analyse kurz- oder mittelfristiger Prozesse und internationaler Unterschiede in einer Gruppe von kulturell und wirtschaftlich homogenen Ländern geraten sie jedoch in Atemnot.

Die Schwierigkeiten lassen sich an dem Versuch verdeutlichen, ein Schlüsselkonzept dieser Theorie — die durch Modernisierungsprozesse verstärkte Anomie (Zustand der Regel- bzw. Normlosigkeit) — auf die Analyse von Sozialpolitik anzuwenden. Man versuchte, anomische Prozesse annäherungsweise durch die Höhe und die Veränderung von Scheidungsraten zu erfassen und diese Größen in Zusammenhang mit Entwicklungstendenzen der Sozialpolitik zu bringen. Im internationalen Vergleich variieren Veränderungen der Scheidungsraten tatsächlich mit den Wachstumsraten der Sozialleistungsquoten (*Alber* 1983a: 104f.). Andererseits ist der statistische Zusammenhang zwischen beiden Größen nicht sonderlich stark, und überdies nur für die Zeit ab Mitte der 60er Jahre und nicht für frühere Perioden nachweisbar. Darüber hinaus sind Zweifel an der Gültigkeit des Indikators am Platz. Scheidungsraten messen nur einen sehr engen Ausschnitt aus dem Gesamtspektrum von Verhaltensweisen und Normen, die man anomischen Zuständen zuordnen kann (*Alber* 1983a: 111), und ferner wird man in der Sozialpolitik nur partielle und in gewisser Weise inadäquate Antwort auf Anomie-Probleme sehen können (*Flora* und *Heidenheimer* 1981b: 24). *Anomie und Sozialstaat*

Am besten eignet sich zur Erklärung international unterschiedlicher Sozialleistungsquoten und ihrer Veränderungen in der Nachkriegsphase bis Mitte der 70er Jahre ein Ansatz, der politisch-institutionelle mit politisch-soziologischen Faktoren kombiniert. Im Zentrum dieses Ansatzes stehen politische Institutionen, Machtverteilung zwischen kollektiven Gruppen, Handeln kollektiver Akteure (wie z.B. Interessengruppen, Parteien, Verwaltungen) und politische Ideologien. Dieser Schule der Sozialpolitik-Forschung zufolge finden politische Prozesse im Rahmen von restriktiven sozialen und ökonomischen und politisch-rechtlichen Bedingungen statt, jedoch wird in der Regel der Politik ein hohes Maß an Autonomie gegenüber Sonder-Interessen in Wirtschaft und Gesellschaft zugebilligt.

Die Stärke der politisch-institutionellen Beiträge zur Sozialpolitik-Forschung liegt insbesondere in der Erklärung von internationalen Unterschieden in der Politik der sozialen Sicherung. Sie werden auf Determinanten zurückgeführt, die in empirisch vergleichenden Analysen getestet wurden. Politische Determinanten stellen dabei zumeist wichtigere Erklärungsgrößen dar als sozialökonomische Faktoren, die man ohnehin besser als Hintergrund-Bedingungen und nicht als direkt die Substanz politischer Entscheidungen determinierende Größen versteht.

Wie wichtig die politischen Bestimmungsfaktoren der Sozialpolitik sind, zeigen zahlreiche international vergleichende Analysen der Sozialpolitik in den 50er, 60er und frühen 70er Jahren. Jens *Albers* (1983a) Studie über Höhe und Wachstum der Sozialleistungsquote in westlichen Ländern (1950 - 1977) beispielsweise überprüfte konkurrierende Erklärungsmodelle explizit an den Daten. Die Erklärungsmodelle marxistisch orientierter Analytiker schnitten schlechter ab; gleiches gilt im großen und ganzen für Aufsätze, die sich an die Durkheimische Sichtweise lehnen. In günstigerem Licht stand der politisch-soziologische bzw. politisch-institutionelle Ansatz:

— Parteipolitische Zusammensetzung der Regierungen

> „Sozialwissenschaftliche Theorien, die in der politischen Stärke der Arbeiterbewegung den Motor der sozialstaatlichen Expansion sehen, finden in den hier angestellten Analysen einige Unterstützung. Zwar haben alle Parteien der breiten politischen Mitte den Ausbau der Sozialleistungen vorangetrieben, aber unter von Linksparteien geführten Regierungen war das Wachstum der Ausgaben gewöhnlich am stärksten" (*Alber* 1983a: 112).

Man muß freilich hinzufügen, daß der Einfluß der parteipolitischen Zusammensetzung der Regierung auf die Ausgabenpolitik im Zeitverlauf abgenommen hat (*Alber* 1983a: 112).

Der parteipolitische Faktor wird jedoch auch in anderen Analysen über die Sozialausgabenpolitik betont, insbesondere in solchen, die nicht nur die Sozialpolitik in Westeuropa, sondern auch das geringere Maß sozialstaatlicher Sicherung in Japan, in den USA und mit Einschränkungen auch in Kanada hervorheben. Alle drei zuletzt genannten Länder sind in politischer Hinsicht durch die Dominanz nicht-sozialistischer Milieus und Parteien und die Schwäche von sozialdemokratischen oder links von ihr stehender Milieus und Parteien gekennzeichnet, und sie haben auch aus diesem Grund erheblich weniger soziale Sicherung als die westeuropäischen Länder (vgl. z.B. *Stephens* 1979; *Schmidt* 1982: 161 - 170; *Esping-Andersen* 1985c; *Swank* und *Hicks* 1985: 126ff.).

In eine ähnliche Richtung weist eine ebenso breit angelegte, international vergleichende Analyse über die Sozialausgaben in den 60er und frühen 70er Jahren, die der britische Politikwissenschaftler Francis G. *Castles* vorgelegt hat. *Castles* weist einen starken Zusammenhang zwischen wohlfahrtsstaatlichen Ausgaben (einschließlich Bildungsausgaben) und der politischen Präsenz und Regierungsbeteiligung von ,,rechten Parteien" (,,parties of the right") nach (1982b). Wohlfahrtsstaatliche Ausgaben (in Prozent des BIP) sind in den Ländern signifikant höher (und wachsen schneller), in denen ,,rechte Parteien" nicht an der Regierung beteiligt sind. Ferner sind wohlfahrtsstaatliche Ausgaben umso niedriger, je stärker ,,rechte Parteien" politisch präsent und regierungsbeteiligt sind. Zu den ,,rechten Parteien" werden Parteien gezählt, die auf dem rechten Flügel des Links-Rechts-Spektrums stehen *und* regelmäßig bei Wahlen mehr als zehn Prozent der Stimmen erwerben bzw. die christdemokratischen Parteien, die zu ihrer Rechten keine andere gewichtige, regelmäßig mehr als zehn Prozent der Stimmen erwerbende Partei aufweisen (die Bundesrepublik und Italien zählen beispielsweise zum letzteren Fall).

Ergebnisse der Studie von *Castles* (1982)

Die zentrale These von *Castles* lautet: die Schwäche der ,,rechten Parteien" ermöglicht den Siegeszug der Sozialpolitik in den 60er und 70er Jahren. Diese These liefert eine interessante Begründung für den Befund, der am Beginn dieses Kapitels vorgestellt wurde: einige der sozialpolitischen Nachzügler- und Spätstarter-Nationen der Sozialpolitik überholen in den 60er Jahren die Pioniernationen der Sozialpolitik. Die Niederlande, Norwegen und Schweden zählen nunmehr zu den sozialpolitisch aktivsten Ländern; *Castles* These paßt hier vorzüglich (vgl. auch *Whiteley* 1986: Kapitel 2). Diese Länder liegen nun deshalb vorn, weil sie nicht durch ,,rechte Parteien" gebremst wurden. Und die Pioniernationen der Sozialpolitik, Deutschland und Österreich beispielsweise wurden überholt, weil die ,,rechten Parteien" dieser Länder die übermäßige Expansion der Sozialpolitik erfolgreich verhinderten. Schließlich paßt die These von Francis G. *Castles* auch zu den Fällen Japan, Kanada und USA. Hier ist die dominante Stellung der ,,rechten Parteien" eines der entscheidenden Bollwerke gegen die Entstehung eines Sozialstaates nach dem Muster der skandinavischen oder der Benelux-Länder.

— Schwäche ,,rechter Parteien" als Bedingung für Siegeszug des Sozialstaates

Castles Studie ist bahnbrechend. Sie hat jedoch einen Fehler. Die Position, die christdemokratische Parteien in sozialpolitischen Fragen (zumindest in Prosperitätszeiten) einnehmen, wird nicht angemessen erfaßt. Hier spielt die inkonsistente Einstufung der christdemokratischen Parteien eine entscheidende Rolle. Die christdemokratischen Parteien mancher Länder werden als Parteien der Mitte und die einiger anderer Länder als ,,rechte Parteien" klassifiziert — je nachdem, ob eine weiter rechts stehende Partei mit mindestens zehn Prozent der Wählerstimmen präsent ist.

Würdigung der *Castles*-Studie

Diese Zuordnungsregel führt zu irritierenden Resultaten, denn hierdurch werden die christdemokratischen Parteien Italiens, Österreichs und der Bundesrepublik Deutschland als ,,rechte" (und folglich dem Sozialstaat abholde) Parteien eingestuft. Das mag für den Wirtschaftsflügel dieser Parteien angehen, nicht aber für ihren Arbeitnehmerflügel und auch nicht für die Sozialpolitik, die diese Parteien in der Nachkriegszeit praktizierten. Sie gehörten zusammen

Probleme der Operationalisierung des Konzeptes ,,rechte Partei"

mit den sozialdemokratischen Parteien zu den aktivsten Vertretern einer Sozial-
staatspolitik, aus Gründen, die in der Tradition der katholischen Soziallehre zu
suchen sind, aber auch in den Handlungszwängen, die sich aus der heterogenen
sozialen Basis der christdemokratischen Parteien ergeben (vgl. *Wilensky* 1981;
Schmidt 1985a). In den 60er und frühen 70er Jahren und im Hinblick auf die
Quantität der Sozialpolitik machte die christdemokratische Sozialpolitik der sozialdemokratischen durchaus Konkurrenz. Bei der Qualität sah das anders aus:
die Gestaltungsprinzipien der Sicherungssysteme unterscheiden sich hier erheblich nach der parteipolitischen Ideologie (vgl. dazu das übernächste
Kapitel).

Hauptergebnisse
der international
vergleichenden An-
alysen

Fassen wir die Hauptergebnisse der international vergleichenden Analysen
über die Sozialausgabenpolitik zwischen 1950 und 1973 zusammen. Zweifellos
hatten es die Sozialpolitiker der 50er und 60er Jahre mit außerordentlich günstigen Bedingungen zu tun. Die langanhaltende Prosperität der Wirtschaft — hohes Wirtschaftswachstum, niedrige Arbeitslosenquoten und relativ niedrige Inflationsraten — schufen eine historisch bislang einzigartige Möglichkeit für den

— Prosperität

großzügigen Ausbau der sozialen Sicherung. Zweifellos spielten auch die Folgen des Modernisierungsprozesses, die Soziologien, in der Tradition von *Durk-*

— Auffangen von
Folgen des Mo-
dernisierungs-
prozesses

heim stehend, als anomische Tendenzen einstufen, eine Rolle.

Andererseits sollte die wirtschaftliche und die modernisierungstheoretische
Hypothese nicht überstrapaziert werden. Gleiches gilt für die These der neomarxistischen Staatstheorie, derzufolge die Sozialpolitik eine Reaktion auf

— Funktionslücken
kapitalistischer
Wirtschafts-
ordnung

Funktionslücken und Funktionsimperative einer staatsinterventionistisch regulierten kapitalistischen Wirtschaftsordnung ist. Die aus den „Großen Theorien"
abgeleiteten Hypothesen kommen in größte Schwierigkeiten, wenn es um die
Erklärung der erheblichen historischen und nationalen Variationen der Sozial-

— Keine Eins-zu-
Eins-Entsprech-
ung zwischen
Sozialpolitik und
ökonomischen
Faktoren

politik geht. Empirisch zeigt sich: es gibt keine Eins-zu-Eins-Entsprechung
zwischen Niveau und Wachstum der Sozialleistungsquote einerseits sowie dem
ökonomischen Entwicklungsstand und dem Tempo des Modernisierungsprozesses andererseits. Vielmehr spielen intervenierende Variablen in den Zusammenhang von wirtschaftlicher Entwicklung und staatlicher Politik hinein. Zu
ihnen zählen vor allem politische Strukturen, Kräfteverhältnisse und Ideolo-

— Intervenierende
politische Vari-
ablen und Wir-
kungen demo-
graphischer Va-
riablen

gien, aber auch — wenngleich erst an zweiter Stelle — demographische Faktoren. Um mit dem letzteren anzufangen: ein kleinerer Teil des rasanten Anstiegs
der Sozialausgaben läßt sich auf das Konto von demographisch bedingten
Trends (z.B. die zunehmende Zahl der Rentner) und auf die Erweiterung des
durch die Sozialversicherung geschützten Personenkreises zurückführen. Der größere Teil des Wachstums der Sozialausgaben ist realen Leistungsverbesserungen zuzuordnen. Sie waren Resultat bewußter politischer Entscheidungen.

Hier kommen die politischen Determinanten ins Spiel: beispielsweise die Eigendynamik, die von institutionalisierten Sozialbürokratien und Sicherungssystemen ausgeht und ferner auch das Wollen, Können und Handeln auf seiten von

— Politische De-
terminanten der
Sozialausgaben-
entwicklung

Politikern und kollektiven politischen Akteuren. Sozialdemokratische und
christdemokratische Regierungsparteien spielten bei der Ausweitung der Sozialpolitik eine Hauptrolle. Ihr Tun wurde durch die Verfahrensregeln, die einer

demokratischen Ordnung zu eigen sind, verstärkt: der Konkurrenzkampf um Wählerstimmen war ein wesentliches Antriebsmoment der Sozialausgabenpolitik, die Präsenz großer, prinzipiell sozialreformerisch gestimmter Parteien ein weiteres, und die Schwäche „rechter Parteien", im Sinne von wirtschaftsliberal und anti-sozialstaatlich orientierten Gruppierungen ein drittes.

Keine der eingangs vorgestellten Schulen der Sozialpolitik-Forschung kann für sich allein erklären, warum die Sozialausgaben in allen westlichen Ländern zwischen 1950 und 1973 so schnell wuchsen und wie die erheblichen Unterschiede im Niveau und Wachstumstempo der Sozialleistungsquoten zu erklären sind. Jeder dieser Ansätze hat erhebliche Erklärungslücken: der „Komponenten-Zerlegungs-Ansatz" ebenso wie der „politisch-institutionelle Ansatz", der neomarxistische ebenso wie der makrosoziologische der „Durkheimianer". Solange die Politikwissenschaftler den Stein der Weisen nicht gefunden haben (worin sie sich von anderen sozial- und wirtschaftswissenschaftlichen Disziplinen nicht unterscheiden), solange kommt man mit einer gewichteten Kombination aus allen vier Ansätzen noch am besten weiter. — Grenzen der einzelnen Schulen der Sozialpolitikforschung

Die allen westlichen Ländern *gemeinsamen langfristigen Trends* der Sozialpolitik lassen sich am ehesten durch makrogesellschaftliche Ansätze in der Tradition von *Durkheim* und *Marx*, vermischt mit Analysen über politisch-bürokratische Eigendynamik, erklären. Die erheblichen *Unterschiede* in der Sozialpolitik der westlichen Industrienationen hingegen lassen sich gegenwärtig am besten durch politisch-institutionelle Ansätze erklären. Eine unverzichtbare Voraussetzung für alle diese Ansätze (und ihre Weiterentwicklungen) bildet die eingangs erwähnte Methode der Komponenten-Zerlegung.

4 Sozialausgabenpolitik in einer Periode weltweiter Krisen

Im vorangehenden Kapitel wurde die Entwicklung der Sozialleistungsquoten in den wirtschaftlich „fetten" Jahren 1950 bis 1973 untersucht. 1973/74 begannen die „dürren" Jahre. Die westlichen Industrieländer gerieten in den Strudel einer weltweiten Wirtschaftskrise. In den meisten Ländern sanken die Wachstumsraten des Bruttoinlandsproduktes, während die Inflationsraten zunahmen und insbesondere die Arbeitslosenzahlen rapide anstiegen, in einigen Ländern sogar bis auf ein Niveau, das seit der Depression der 30er Jahre nicht mehr erreicht worden war. Die westlichen Industrieländer, in denen man bis dahin glaubte, dank der staatlichen Finanz-, Geld- und Strukturpolitik strukturelle und konjunkturelle Wirtschaftskrisen vermeiden zu können, wurden nun mit einer ökonomischen Malaise konfrontiert, die sich als langanhaltende Strukturkrise entpuppte.

Fragestellung
Was passiert mit der Sozialpolitik in dieser Phase? Inwieweit wurde sie von der wirtschaftlichen „Trendwende" (*Dahrendorf* 1979) erfaßt? Um diese Fragen geht es in diesem Kapitel. Dabei steht die Analyse der Sozialausgaben wiederum im Vordergrund.

Datenbasis
Im Unterschied zum vorangehenden Kapitel, bei dem Sozialausgaben nach ILO-Definition verwendet wurden, stammen die Daten, die hier verwendet werden, aus einer neuen Veröffentlichung der Organisation für wirtschaftliche Zusammenarbeit und Entwicklung (*OECD* 1985a). Für die Wahl dieser Quelle waren pragmatische und inhaltliche Gesichtspunkte maßgebend. Die OECD-Studie über „Social Expenditures" präsentiert aktuelle und aussagekräftige Daten für die Jahre 1973 bis 1981. Zweitens beinhaltet diese Studie eine Analyse der einzelnen Komponenten der Sozialausgaben.

Bereinigung der OECD-Sozialausgaben-Daten
Für die Zwecke unserer Analyse, die sich auf die Sozialpolitik im engeren Sinne beschränkt, wurden die Daten der OECD-Studie bereinigt, und zwar so, daß sie einigermaßen vergleichbar mit den Sozialausgaben nach ILO-Definitionen sind (vgl. z.B. die Daten für 1973 in den Tabellen 3 und 4). Diese Daten-Bereinigung wurde aus folgendem Grund notwendig. Den OECD-Sozialausgaben-Daten liegt ein breit definiertes Konzept des Wohlfahrtsstaates zugrunde, das die durch das Bildungswesen produzierten Chancen und Qualifikationen miteinschließt. Entsprechend zählen zu den Sozialausgaben im Sinne der OECD nicht nur Ausgaben für die klassischen Sozialversicherungssysteme, Aufwendungen für das öffentliche Gesundheitswesen, Beamtenpensionen, andere Sozialausgaben, wie z.B. Familienhilfen, Kindergeld, Mutterschaftshilfen

und Sozialhilfe, sondern auch die Ausgaben für das Bildungswesen. In der folgenden Analyse wurden die Bildungsausgaben jedoch nicht berücksichtigt. Die Daten beziehen sich demnach auf öffentliche Sozialausgaben im engeren Sinne.

Was geschieht mit den Sozialausgaben in der Phase der weltweiten Rezessionen, von denen die OECD-Mitgliedsländer seit 1973/74 geplagt sind? Einer verbreiteten Ansicht zufolge haben die meisten Regierungen mit drastischen Kürzungen im sozialen Sicherungssystem reagiert. Man kann nachweisen, daß die Bemühungen, die Staatsfinanzen zu konsolidieren, vor den Sozialhaushalten tatsächlich nicht haltmachten. Freilich sieht der empirische Befund anders aus, als es das modische Gerede vom „Kahlschlag in der Sozialpolitik" nahelegt. Die Daten in der Tabelle 4 geben aufschlußreiche Einsichten. In dieser Tabelle sind die Sozialleistungsquoten für 1973 und 1981 (das letzte Jahr der Krisenphase, für das international vergleichbare Daten zugänglich waren), aufgelistet. Aus der Subtraktion der Quoten von 1973 von den Quoten des Jahres 1981 läßt sich ein Indikator für die Veränderungen der Sozialleistungsquoten in dieser Periode ermitteln. Er basiert auf Prozentpunkt-Differenzen der Sozialleistungsquoten (vgl. Spalte 3 der Tabelle 4). Ferner enthält die Tabelle 4 Daten für zwei weitere Indikatoren, auf die die folgende Analyse zurückgreifen wird: in der Spalte 4 findet der Leser Daten zum Wirtschaftswachstum und in der Spalte 5 Daten über die parteipolitische Zusammensetzung der nationalen Regierungen in 18 westlichen Industrieländern.

Dieser Tabelle lassen sich mehrere überraschende Trends entnehmen, die allesamt die Vertreter der These vom „allgemeinen Kahlschlag in der Sozialpolitik" verblüffen dürften: In den westlichen Industrieländern nehmen die Sozialausgaben zwischen 1973 und 1981 weiter zu. Sie wuchsen sowohl nach absoluten und preisbereinigten Größen gerechnet als auch relativ zum Bruttoinlandsprodukt. Mit anderen Worten: 1981, acht Jahre nach dem Beginn der ersten weltweiten Rezession der 70er Jahre, entfällt auf die Sozialausgaben ein größerer Teil des zu verteilenden Nationalprodukts als zu Beginn der Krise. Expansion lautet die Parole in der Sozialpolitik — zumindest bis Anfang der 80er Jahre — und nicht Kürzung! Freilich geht es nunmehr um Expansion auf niederer Stufenleiter als zuvor — aber eben immer noch um Wachstum (vgl. *Flora* 1985: 23; *Therborn* 1986). Dieser Befund gilt für alle 18 entwickelten westlichen Industrieländer. Und das ist ein weiteres überraschendes Ergebnis: wie auch immer die politische Machtverteilung, die parteipolitische Zusammensetzung und die ideologische Absicht der Regierungsparteien ausgesehen haben mag — der Trend der Sozialausgaben zeigt — jedenfalls bis Anfang der 80er Jahre — nach oben, trotz aller Kürzungs- und Sparmaßnahmen und trotz zunehmender sozialstaatskritischer Programmatik!

Gleichwohl gibt es innerhalb dieses Rahmens auffällige Unterschiede im Tempo, mit dem die Sozialleistungsquoten zunahmen. Am stärksten wuchs der Sozialstaatshaushalt in Schweden. Hier nahm die Sozialleistungsquote um fast zehn Prozentpunkte, von 18 auf 28 Prozent zu, und das in knapp acht Jahren. Aber auch in anderen Ländern standen die Sozialausgaben auf Expansionskurs: in Belgien beispielsweise mit acht Prozentpunkten, in Frankreich (sieben Prozentpunkte) und — vielleicht ebenfalls überraschend — auch in Großbritannien.

Überprüfung der These vom Sozialabbau

Expansion der Sozialausgaben, nicht Kürzung!

Länderspezifische Unterschiede im Wachstum-Trend der Sozialausgaben

Tabelle 4: Sozialleistungsquoten in 18 Industrieländern, 1973 - 1981

Land	Sozialleistungs-quoten[1]		Veränderungen der Soziallei-stungsquote zwischen 1973 und 1981[2]	Wirtschafts-wachstum 1974 - 1981[3]	Politische Zusammen-setzung der nationalen Regierungen 1974 - 1981[4]
	1973	1981			
Belgien	21.7 %	29.7 %[5]	+ 8.0	2.0	Bürgerliche Dominanz
BRD	21.3 %	25.1 %	+ 3.8	2.0	Sozialdemokratische Dominanz
Dänemark	20.0 %	24.7 %[6]	+ 4.7	1.4	Sozialdemokratische Dominanz
Finnland	15.2 %	20.2 %	+ 5.0	2.7	Patt
Frankreich	17.4 %	24.5 %	+ 7.1	2.5	Bürgerliche Dominanz
Großbritannien	13.8 %	19.1 %	+ 5.3	0.6	Patt
Irland	14.2 %	18.9 %	+ 4.7	3.7	Bürgerliche Dominanz
Italien	18.6 %	21.2 %	+ 2.6	2.4	Bürgerliche Dominanz
Niederlande	24.7 %	27.9 %	+ 3.2	1.8	Bürgerliche Dominanz
Norwegen	18.8 %	21.2 %	+ 2.4	4.2	Sozialdemokratische Dominanz
Österreich	19.0 %	22.9 %	+ 3.9	2.6	Sozialdemokratische Hegemonie
Schweden	18.1 %	27.8 %	+ 9.7	1.5	Patt
Schweiz	10.9 %	14.1 %[6]	+ 3.2	0.5	Bürgerliche Dominanz
Australien	8.7 %	12.6 %	+ 3.9	2.3	Bürgerliche Dominanz
Japan	6.2 %	10.0 %	+ 3.8	3.8	Bürgerliche Hegemonie
Kananda	14.4 %	16.8 %	+ 2.4	3.2	Bürgerliche Hegemonie
Neuseeland	11.1 %	15.2 %	+ 4.1	1.0	Bürgerliche Dominanz
USA	11.7 %	15.0 %	+ 3.3	2.3	Bürgerliche Hegemonie
Durchschnitt	15.9 %	20.4 %	+ 4.5	2.25	

Quellen: Spalte 1, 2 und 3: berechnet aus *OECD* 1985: Anhang (ohne Bildungsausgaben).
Spalte 4: Berechnet aus *OECD* 1985: Anhang (BIP zu Preisen von 1970).
Spalte 5: *Schmidt* 1983b: 374.

Anmerkungen zu Tabelle 4:
1   Öffentliche Sozialausgaben (s. Definition im Text) in Prozent des Bruttoinlandsprodukts.
2   Veränderungen in Prozentpunkt-Differenzen (Sozialleistungsquote von 1981 minus Soziallei-stungsquote von 1973).
3   Durchschnittliche jährliche Wachstumsraten 1974 - 1981;

$$g = ((\frac{BIP_{1981}}{BIP_{1973}})^{1/8} - 1) * 100$$

4 Auf der Basis von Kabinettssitzanteilen von sozialdemokratischen und links davon stehenden Parteien einerseits und konservativen, liberalen und christdemokratischen Parteien andererseits. Berechnet auf der Basis monatlich errechneter Kabinettssitzanteile in den Jahren 1974 bis Ende 1981. Für die Typen der politischen Zusammensetzung von Regierungen gelten folgende Zuordnungsregelungen:
  — Von „Bürgerlicher Hegemonie" wird gesprochen, wenn bürgerliche (i.S. von ideologisch rechts von der Sozialdemokratie stehende) Parteien im gesamten Zeitraum allein regierten und mithin 100 Prozent der Kabinettsitze gehalten haben.
  — Für „Sozialdemokratische Hegemonie" gilt ein analoges Zuordnungsverfahren.
  — „Bürgerliche Dominanz" bzw. „Sozialdemokratische Dominanz" bezeichnet diejenige Verteilung von Kabinettsitzen, bei der die bürgerlichen (bzw. sozialdemokratischen) Parteien mindestens zwei Drittel aller Kabinettsitze aber weniger als 100 Prozent der Kabinettsitze hielten.
  — „Patt" bezeichnet diejenige Verteilung der Kabinettsitzen, bei der bürgerliche und sozialdemokratische Parteien mindestens ein Drittel aber weniger als zwei Drittel aller Kabinettsitze hatten.
5 1980.
6 1979.

Hier betrug die Differenz immerhin fünf Prozentpunkte, wovon immerhin zwei in die Regierungsperiode der konservativen Thatcher-Regierungen (seit 1979) fallen.

Am unteren Ende der Rangordnung stehen die Länder mit den geringsten Zuwächsen bei den Sozialausgaben: die Niederlande, Norwegen, Kanada und Italien, aber auch die Schweiz und die USA zählen hierzu. Wie bei den meisten internationalen Vergleichen nimmt die Bundesrepublik einen Platz im oberen Mittelfeld ein. Das Wachstum der Sozialleistungsquote zwischen 1973 und 1981 lag bei knapp vier Prozentpunkten.

Die Entwicklung der Sozialausgaben zwischen 1973 und 1981 stellt alle international vergleichenden Erklärungsmodelle auf eine harte Probe. Man hat Schwierigkeiten, mit dem Instrumentarium und dem Wissen, das in der Forschung bislang aufgehäuft wurde, die empirischen Befunde zu erklären. Noch am einfachsten zu erklären ist der Wachstumstrend, der allen 18 untersuchten Ländern gemeinsam ist. Zu diesem Befund paßt die These der Eigendynamik einer fest institutionalisierten Sozialpolitik vergleichsweise gut. Ferner paßt auch die These, daß die Sozialstaats-Klientel eine so große und zentral plazierte und weiter zunehmende Wählergruppe ist, daß sich die meisten Regierungsparteien davor hüten, sie durch zu tiefe Schnitte ins Netz der sozialen Sicherung zu verprellen. Das mag keine voll befriedigende, wasserdicht abgesicherte, aber immerhin eine plausible partielle Erklärung sein.

Weit schwieriger gestalten sich die Versuche, die nationalen Unterschiede im Wachstum der Sozialleistungsquoten zu erklären. Warum expandiert der Sozialausgabenhaushalt in manchen Ländern sehr rasch, und warum begnügen sich andere Länder mit einem gemäßigten Wachstum der Sozialausgaben?

Das Problem ist: hier „greifen" diejenigen Erklärungsmodelle nicht recht, die sich bei der Analyse von Sozialpolitik, die unter wirtschaftlich günstigeren Bedingungen erfolgte, einigermaßen bewährten (mit Ausnahme der unmittelbar einleuchtenden These, daß die wirtschaftliche Entwicklung eben ein ganz entscheidender Hintergrund-Faktor ist; vgl. *Alber* 1987). Beispielsweise gibt

Schwierigkeiten einer Erklärung der Unterschiede

151

es keinen systematischen Zusammenhang zwischen dem Wachstum der Sozialleistungsquote von 1973 bis 1981 und der relativen Größe und der Struktur des Sozialstaats am Anfang dieser Periode. Das heißt: hohes wie auch mittleres und niedriges Wachstum der Sozialausgaben fand sowohl in Ländern statt, die sich eines voll entwickelten Sozialstaates rühmen konnten, als auch in Ländern mit schmalerem Sozialbudget, und ferner ebenso in Ländern, die ihre soziale Sicherung über das Versicherungsprinzip organisieren als auch in Nationen, in denen das Modell der Staatsbürgerversorgung die Richtung weist.

Kein regelmäßiger Zusammenhang mit politischer Machtverteilung
Ebensowenig läßt sich in den Jahren 1973 - 81 ein Zusammenhang zwischen Wachstum der Sozialleistungsquoten und Indikatoren für die politische Machtverteilung in den einzelnen westlichen Ländern nachweisen. Beispielsweise haben sowohl ,,linke'' wie auch ,,rechte'' Regierungen die Sozialleistungsquote expandieren lassen (vgl. Tabelle 4). Ähnliches gilt für Länder mit kleinem Sozialausgaben-Wachstum: In dieser Gruppe finden sich Länder, in denen bürgerliche Parteien dominierten (die USA und die Schweiz beispielsweise), aber auch Nationen, in denen sozialdemokratische Parteien maßgebend an der Führung der Regierungsgeschäfte beteiligt waren (z.B. Norwegen).

Anders als vor 1973 lassen sich die Unterschiede im Wachstum der Sozialleistungsquoten nicht mit parteipolitischen und machtpolitischen Erklärungsmodellen dingfest machen. Die von F.G. *Castles* favorisierte These der ,,rechten Partei'' als zentrale Bestimmungsgröße für die Größe des Sozialhaushaltes paßt zwar immer noch zum unterschiedlichen Niveau der Sozialleistungsquoten, jedoch nicht mehr zu den Veränderungen der Sozialausgabenquoten nach 1973. Aber auch klassische Rechts-Links-Erklärungsmodelle kommen in Schwierigkeiten: unter sozialdemokratischen Regierungen werden nach 1973 ganz unterschiedliche Sozialpolitiken praktiziert, und auch bürgerliche Regierungen stellen die Weichen in der Sozialpolitik in unterschiedliche Richtungen. Manche sozialdemokratisch geführten Regierungen begannen sogar früher und energischer zu sparen als bürgerliche Regierungen. Umgekehrt schalteten in einigen Ländern, die traditionell zu den wohlfahrtsstaatlichen Nachzüglern gehörten, Politiker in der Sozialen Sicherung auf Expansionskurs: in Japan beispielsweise, wo die klassischen familiären und betrieblichen Sicherungssysteme allmählich unter extremen Druck kamen, oder in der Schweiz, die 1977 eine nationale Pflichtversicherung gegen Arbeitslosigkeit einrichtete (vgl. die Debatte zwischen *Castles* 1986b und *Schmidt* 1986a).

Eine politisch-institutionalistische Erklärung der unterschiedlichen Wachstumsraten der Sozialleistungsquoten zwischen 1973 und 1981 ist bislang nicht in Sicht. Plausibel wäre die These, daß es erst nach 1981 zu einschneidenden Veränderungen oder zumindest zu stagnativen Tendenzen in der Sozialpolitik kam (vgl. *Johansen* 1986: 364; *Chan-Lee* u.a. 1987: 127f.) und daß demnach die traditionellen politischen Erklärungen erst für die Periode nach 1981 wieder greifen. Für diese Vermutung spricht die Beobachtung, daß dezidiert neoliberal bzw. neo-konservativ bestimmte Strömungen erst Ende der 70er Jahre (Großbritannien) oder Anfang der 80er Jahre an die Regierung kamen (USA 1980; Bundesrepublik Deutschland 1982; Dänemark 1982; Niederlande 1982 und Frankreich 1986). Freilich ist die Wirklichkeit der Sozialpolitik der frühen

Sozialpolitik der neo-konservativen Regierungen in den 80er Jahren

80er Jahre doch erheblich komplizierter als einfache Links-Rechts-Schemata: die bislang vorliegenden Studien lassen kein einheitliches Bild der sozialpolitischen Regierungspraxis der neo-liberalen bzw. neo-konservativen Regierungen erkennen (vgl. *Gough* u.a. 1984; *Nasenius* und *Veit-Wilson* 1985; *Windhoff-Héritier* 1985; *Alber* 1986c; *Johansen* 1986; *Therborn* 1986; *Hall* 1986: 115). Einige dieser Regierungen kürzten die Sozialprogramme sehr drastisch (z.B. in den Niederlanden), anderen blieb trotz großer Bemühungen der Spar-Erfolg versagt. Das war beispielsweise das Schicksal der *Thatcher*-Regierungen in den frühen 80er Jahren. Wieder andere kombinierten Kürzungs- mit Ausbaumaßnahmen, wie der wirtschaftsliberale Anhang der CDU/CSU/FDP-Koalition Mitte der 80er Jahre zu seinem großen Leidwesen zur Kenntnis nehmen mußte. Eine einheitliche Linie der Sozialpolitik entlang klassischer Links-Rechts-Muster ist jedenfalls bislang auch nicht in der Sozialpolitik der 80er Jahre in Sicht. Offenbar führte die durch die Wirtschaftskrisen erzeugte Turbulenz zu einer Fülle von ad-hoc-Maßnahmen und Korrektur- und Reparaturversuchen, denen bislang die große ordnende Hand versagt blieb.

Immerhin trägt aber die Methode der ,,Komponenten-Zerlegung" einiges zum Verständnis der Sozialausgaben-Dynamik in den OECD-Ländern nach 1973 bei (vgl. hierzu *OECD* 1985).

Bekanntlich ist die Sozialleistungsquote als prozentualer Anteil der öffentlichen Sozialausgaben am Bruttoinlandsprodukt definiert. Ein Teil der Unterschiede im Wachstum der Sozialausgaben läßt sich schlicht auf gegenläufige Veränderungen im Zähler und im Nenner zurückführen. In Rezessionszeiten schrumpft das Bruttoinlandsprodukt (oder zumindest nimmt es langsamer zu als zuvor). Zur gleichen Zeit nehmen jedoch die Sozialausgaben in der Regel weiter zu (oder bleiben zumindest konstant), bedingt durch gesetzlich verbriefte Leistungsansprüche und beispielsweise aufgrund von Veränderungen in der demographischen Komponente und der Anspruchsberechtigten-Komponente. Rechnerisch resultiert daraus eine zunehmende Sozialleistungsquote. Umgekehrt liegt der Fall bei Ländern, die ein vergleichsweise hohes Wirtschaftswachstum vorzuzeigen haben. Hier hält das Wirtschaftswachstum in der Regel Schritt mit dem Wachstumstempo der Sozialausgaben. Die Sozialleistungsquote nimmt unter diesen Bedingungen nur langsam zu, wenn sie nicht stagniert oder gar schrumpft.

Der Zusammenhang zwischen Veränderung der Sozialleistungsquote und Wachstum bzw. Schrumpfung des Sozialprodukts war in der Rezession von 1974/75 und in der Phase der relativen Erholung bis 1979/80 besonders stark ausgeprägt. Das läßt sich aus Zeitserienanalysen über Jahresdaten ablesen, die hier aus Platzgründen nicht dokumentiert sind. Aber auch anhand von Daten, die über die gesamte Periode von 1973 bis Anfang der 80er Jahre aggregiert sind, läßt sich ein Zusammenhang nachweisen — wenngleich dabei auch Abweichungen deutlich zutage treten (vgl. Tabelle 4). Das Wachstum der Sozialleistungsquote in Schweden, Belgien und Großbritannien beispielsweise kann zum Teil durch das niedrige Wirtschaftswachstum erklärt werden, das diese Länder in den Jahren 1973 bis 1981 charakterisierte (vgl. Tabelle 4). Und umgekehrt geht ein Teil der niedrigen Zuwächse der Sozialleistungsquoten in Norwegen,

Wirkung des BIP-Wachstums

Kanada und Österreich auf das Konto eines höheren Wirtschaftswachstums. Mit großen Abstrichen fügen sich auch andere Länder diesem Muster. Die Veränderung der Sozialleistungsquote korreliert invers mit den durchschnittlichen Wachstumsraten des Bruttoinlandsproduktes: je höher das Wirtschaftswachstum desto tendenziell niedriger das Wachstum der Sozialleistungsquote, und je niedriger das Wirtschaftswachstum desto tendenziell höher das Wachstum der Sozialleistungsquote. Jedoch ist der statistische Zusammenhang zwischen beiden Größen schwach. Die Profile nicht weniger Nationen weichen mehr oder weniger deutlich vom trendartigen Zusammenhang zwischen Wirtschaftswachstum und Wachstum der Sozialleistungsquote ab. Irland ist ein Beispiel: hier nehmen die Sozialleistungsquoten überdurchschnittlich stark zu, bei ebenfalls überdurchschnittlich starkem Wachstum des Inlandsprodukts. Die Bundesrepublik zählt ebenfalls zu den Abweichlern. Ihre Sozialleistungsquote steigt, aber sie wächst langsamer als die durchschnittliche Sozialleistungsquote im OECD-Bereich, obwohl das Wirtschaftswachstum in der Bundesrepublik 1974 bis 1981 unterdurchschnittlich stark ausfiel. Ähnliches gilt im übrigen für die Schweiz und die Niederlande.

Demographische Trends und Trends bei den Anspruchsberechtigten

Dies führt zu einem weiteren, die Sozialausgaben bestimmender Faktor. Sie wuchsen infolge demographischer Trends, insbesondere infolge des zunehmenden Anteils der Bevölkerung im Rentenalter (*OECD* 1985). Ferner kamen auf die Arbeitslosenversicherung und die Sozialhilfe-Programme größere Aufgaben zu. Die Massenarbeitslosigkeit, von der die meisten OECD-Länder seit Mitte der 70er Jahre geplagt wurden, ließ den Bedarf an Leistungen aus der Arbeitslosenversicherung und der Sozialhilfe stark wachsen. Speziell bei der Rentenversicherung kam eine Vergrößerung des Kreises der Anspruchsberechtigten hinzu, der arbeitsmarkt- und sozialpolitisch motiviert war. Insbesondere die Frühverrentung von älteren Arbeitnehmern wurde in mehreren Ländern (unter anderem in der Bundesrepublik, in Österreich und den USA) als eine Maßnahme geschätzt, die den Interessen der Betroffenen entgegenkam und zur Verringerung der registrierten Arbeitslosigkeit beitrug (vgl. *Casey* und *Bruche* 1983) und die zugleich eine erhebliche Steigerung der Ausgaben der Rentenversicherung verursachte.

Höhere Sozialleistungen pro Sozialleistungs-Empfänger

Die Zunahme der Sozialleistungen läßt sich jedoch nicht nur auf demographische und Anspruchsberechtigten-Komponenten zurückführen. Trotz ungünstiger wirtschaftlicher Bedingungen kamen viele Sozialleistungsempfänger in den Genuß höherer Sozialleistungen. In den meisten westlichen Ländern und in der Mehrzahl der Versicherungszweige stiegen die durchschnittlichen, pro Empfänger berechneten Sozialleistungen zwischen 1973 und 1981 weiter an, wenngleich langsamer als zuvor. Mithin spielt auch die Komponente des Leistungs-Niveaus eine Rolle beim Wachstum der Sozialbudgets in den 70er und frühen 80er Jahren. Freilich muß man berücksichtigen, daß das durchschnittliche Leistungsniveau pro Sozialleistungsempfänger von unterschiedlichen Kräften gehoben wird: a) von echten gesetzlichen Leistungsverbesserungen (z.B. Erhöhung der Jahresrente pro Rentner) oder b) von zusätzlichen Ausgaben die dadurch entstehen, daß bei einer ungünstigen Risikostruktur der Versicherungsfall häufiger und gewichtiger als zuvor eintritt oder c) davon, daß der Versicherungsfall nunmehr häufiger bei Besserverdienenden und zugleich besser Versicherten eintrat als zuvor.

Eine von der OECD vorgelegte Analyse der Komponenten der Sozialausgaben erlaubt überdies interessante Einblicke in das unterschiedliche Ausmaß, in dem die einzelnen Sozialprogramme von der Expansion der Sozialausgaben profitierten bzw. benachteiligt wurden (*OECD* 1985: 29 - 44).

Benachteiligung und Begünstigung einzelner Sozialversicherungszweige

— In nahezu allen Mitgliedsländern der OECD entfiel der größte Teil des Sozialausgabenzuwachs auf die Rentenversicherungen; mit Abstand folgen Gesundheitswesen und Arbeitslosenversicherung. Zumindest in den großen OECD-Ländern war das Wachstum der Rentenversicherungsleistungen zur Hälfte der zunehmenden Zahl älterer Bürger und zunehmenden Anspruchsberechtigten-Quoten und zur Hälfte Leistungsverbesserungen zuzuschreiben. Freilich muß einschränkend hinzugefügt werden, daß die lange Zeit praktizierte Indexbindung der Renten an die Erwerbseinkommen gelockert und auf diese Weise die Einkommenszuwächse für Rentner gemindert wurden (so beispielsweise in den USA und in der Bundesrepublik).

— Rentenversicherung

— In der Krankenversicherung hingegen fiel das Wachstum der Ausgaben in den meisten Ländern geringer als in der Rentenversicherung aus. In diesem Sozialversicherungszweig blieben die Anspruchsberechtigten-Quoten im Unterschied zur Rentenversicherung konstant. Das Ausgabenwachstum wurde vor allem durch zunehmende durchschnittliche Leistungen pro Empfänger verursacht, unter anderem bedingt durch technisch aufwendigere und finanziell kostspieligere Leistungen (*OECD* 1987: 57ff).

— Krankenversicherung

— Ganz anders sieht die Bilanz bei der Arbeitslosenversicherung aus. Sie wurde einer der Hauptleidtragenden der Spar- und Kürzungsmaßnahmen. Ähnliches gilt für Sozialhilfe-Programme. Bei der Arbeitslosenversicherung zeichnete sich — im Gegensatz zur Renten- und Krankenversicherung — seit 1974/75 und mehr noch seit Beginn der 80er Jahre ein fundamentaler Trendbruch ab (*OECD* 1985: 43; *OECD* 1984a; *Chan-Lee* u.a. 1987: 127f.).

— Arbeitslosenversicherung

Zwischen 1960 und 1975 hatten die Ausgaben der Arbeitslosenversicherung stark zugenommen, hauptsächlich bedingt durch zunehmend großzügiger bemessene Leistungen. Seit 1975 schrumpft jedoch ihr Wachstum, obwohl in diesem Zeitraum die Arbeitslosenquoten in den meisten westlichen Ländern zunahmen. Das langsamere Wachstum der Arbeitslosenversicherungsleistungen läßt sich vorrangig auf eine abnehmende Quote der Anspruchsberechtigten zurückführen (definiert als Anteil der tatsächlichen Empfänger von Leistungen aus der Arbeitslosenversicherung an allen Arbeitlosen).

Sinkende Quote der Anspruchsberechtigten trotz steigender Arbeitslosigkeit

Warum nahm die Anspruchsberechtigten-Quote gerade in der Phase ab, in der die Arbeitslosenzahlen stark zunahmen? Zum Teil war das ein Resultat von politischen Entscheidungen, mit denen der Zugang zur Arbeitslosenversicherung erschwert und die Bedingungen für den Bezug von Versicherungsleistungen drastisch verschärft wurden (vgl. *Roberti* 1984; *Bruche* und *Reissert* 1985). Zum Teil reflektierten die sinkenden Anspruchsberechtigtenquoten jedoch auch Veränderungen in der Zusammensetzung der Arbeitslosen, die sich entweder automatisch, ohne Zutun der Politiker, ergaben oder die man schlicht „sich ereignen" ließ. Unter den Arbeitslosen fanden sich mit zunehmender Dauer der Massenarbeitslosigkeit zunehmend Personen, die entweder nur einen zeitlich und sachlich begrenzten oder gar keinen Anspruch auf Versicherungsleistungen anmelden konnten. Jugendliche, erwerbssuchende verheiratete Frauen und Langzeit-Arbeitslose zählten hierzu (*OECD* 1984c).

Konstruktionsprobleme der Arbeitslosenversicherung

Hiermit wurde ein schwergewichtiges Konstruktionsproblem im System der Arbeitslosenversicherung sichtbar. Die Arbeitslosenversicherung der westlichen Industrieländer eignet sich gut zur Bewältigung vorübergehender, konjunkturell bedingter Arbeitslosigkeit, sofern die Arbeitslosen vorher bereits längere Zeit in regulären Arbeitsverhältnissen beschäftigt waren. In Perioden struktureller Krisen und chronischen Überangebots an Arbeitskräften wird die Arbeitslosenversicherung jedoch überlastet: Die Langzeitarbeitslosen fallen in der Regel nach kürzerer oder längerer Frist, die Arbeitslosen mit geringfügiger oder fehlender Berufswelt-Erfahrung jedoch oftmals sofort durch die Maschen des Sicherungsnetzes. Im günstigsten Fall landen beide in familiären Sicherungsnetzen oder in der Sozialhilfe. Das Sicherungsnetz der Arbeitslosenversicherung ist demnach vorrangig auf einen spezifischen Arbeitnehmertyp zugeschnitten: einen relativ gut qualifizierten, männlichen Arbeitnehmer, mit mindestens durchschnittlichem Einkommen und mit arbeitsrechtlich relativ gesicherter Stellung, die allenfalls von vorübergehender Arbeitslosigkeit kurzfristig unterbrochen wird. Arbeitsmarkt-Karrieren, die weniger günstig sind, erweisen sich in der Arbeitslosenversicherung als mißlich — ähnlich mißlich wie die sozialen Leiden, die außerhalb der Dienstzeit der Amstsstuben anfallen (*Achinger* 1959: 43).

— Beispiel: BRD

Am Beispiel der Arbeitslosenversicherung der Bundesrepublik Deutschland läßt sich die Lückenhaftigkeit der sozialen Sicherung demonstrieren, obwohl das bundesdeutsche System noch eine zusätzliche, in anderen Ländern häufig fehlende Sicherung beinhaltet: es sieht neben dem zeitlich befristeten Arbeitslosengeld auch die Zahlung von Arbeitslosenhilfe vor. Sie wird im Prinzip unbefristet gewährt — sofern der Tatbestand der Bedürftigkeit gegeben ist. Dennoch kennzeichnen auch das bundesrepublikanische Arbeitslosenversicherungssystem arge Löcher. Zwischen 1973 und 1976 und insbesondere zwischen 1979 und 1983 stieg die Zahl der Arbeitslosen sehr stark an. 1983 registrierten die Arbeitsämter im Jahresdurchschnitt 2.258.000 Arbeitslose. Die Leistungsempfängerquote (Zahl der Leistungsempfänger von Arbeitslosengeld in Prozent aller Arbeitslosen) hielt jedoch mit dem wachsenden Problemdruck nicht Schritt. 1974 bezogen 60 Prozent der 582.000 Arbeitslosen Arbeitslosengeld; 1983 waren es nur noch 45 Prozent von nunmehr 2,25 Millionen Arbeitslosen. Arbeitslosenhilfe wurde 1974 an sieben Prozent aller Arbeitslosen gezahlt, 1983 jedoch an 21 Prozent. Jeder dritte Arbeitslose geht jedoch leer aus: ihm stehen weder Arbeitslosengeld noch Arbeitslosenhilfe zu (*Bruche* und *Reissert* 1985: 22). Andere Berechnungen, die auch Arbeitslose berücksichtigen, die vorübergehend aus den Versicherungsleistungen „ausgesteuert" werden, weisen sogar einen zunehmenden Anteil von Nichtanspruchsberechtigten nach (*Bruche* und *Reissert* 1985: 163).

Spaltung im Sozialstaat

Zumindest in den größeren OECD-Ländern öffnet sich eine Schere zwischen der Arbeitslosenversicherung, deren Sicherungsnetz mit zunehmender Dauer der Massenarbeitslosigkeit löchriger wird, und den drei anderen Sozialversicherungssystemen, insbesondere die Rentenversicherung, deren Sicherungsnetze im großen und ganzen intakt bleiben. Hier zeichnet sich die Tendenz der Spaltung im Sozialstaat ab. Ihr liegt eine gewisse Systematik zugrunde:

— Relativ gut kommen diejenigen Sozialstaatsbereiche durch die Krise, die fern vom Produktionsprozeß und Arbeitsmarkt stehen und in denen sich eine große und in wahlpolitischer Hinsicht bedeutsame Gruppe von Wählern sammelt, wie zum Beispiel die Rentner. Ihnen kommen im übrigen auch die relative Wertschätzung des Alters, und das Empfinden, die Älteren hätten ihren Teil verdient, zugute.
— Erheblich schlechter kommen diejenigen Sozialstaatsbereiche weg, die unmittelbar mit dem Arbeitsmarkt, mit Löhnen und der Disziplin der Arbeitsplatzbesitzer zu tun haben. Die Arbeitslosenversicherung steht für diesen Fall.

Warum kommt dieser Bereich ins Hintertreffen? Zum Teil liegt es an der fehlenden Organisations- und Konfliktfähigkeit der Arbeitslosen. Anders als die Rentner ist die Gruppe der Arbeitslosen heterogener, überdies ändert sich ihre Zusammensetzung sehr rasch, und ferner ist Arbeitslosigkeit für viele eine vorübergehende Phase.

Ein zweiter Grund kommt hinzu. Arbeitslose befinden sich als Erwerbsfähige und potentiell Erwerbstätige an der Nahtstelle zwischen Sozialstaat und Wirtschaft. Von der zu großzügigen Absicherung der Arbeitslosen befürchten Wirtschaftswissenschaftler und Politiker schädliche Folgen: Die Arbeitsbereitschaft der Erwerbslosen würde untergraben, der Leistungsgedanke geschwächt, das Lohnniveau erhöht und die Disziplin der Beschäftigten aufgeweicht, möglicherweise mit der Folge weiter zunehmender Arbeitslosigkeit.

Kürzungen im sozialen Bereich setzen Politiker demnach lieber bei der politisch schwächeren und lohnpolitisch sensitiven Arbeitslosenversicherung durch als bei den politisch starken Kranken- und Rentenversicherungen.

5 Typen des Sozialstaates in westlichen Industrieländern

Rückblick In dieser Studie standen bislang drei Dimensionen der Sozialpolitik im Vordergrund: historische Anfänge und Entwicklung der Sozialgesetzgebung, Ausmaß des sozialen Sicherungsschutzes und finanzielle Aufwendungen für die Sozialpolitik. Diese Dimensionen wurden mit einer Reihe von Indikatoren erfaßt. Die wichtigsten waren: Termine der Einführung der Sozialversicherungssysteme, Ausdehnungsgrad der Sozialversicherungen (gemessen durch den Anteil der Erwerbspersonen bzw. der Bevölkerung im erwerbsfähigen Alter, der zum Mitgliederkreis der Sozialversicherungen zu rechnen ist) und Sozialleistungsquoten (öffentliche Sozialausgaben in Prozent des Bruttoinlandsproduktes).

"Tote Winkel" der bislang verwendeten Perspektiven Diese Dimensionen und Indikatoren erfassen nur einen Teil der staatlichen Sozialpolitik. Sie konzentrieren sich auf Aspekte der sozialen Sicherungen, die sich vergleichsweise einfach quantifizieren und vergleichen lassen. Ihnen entgeht jedoch die Bedeutung von qualitativen Weichenstellungen und institutionellen Strukturmerkmalen der Sozialpolitik (*Esping-Andersen* und *Korpi* 1984; *Esping-Andersen* 1985a und 1985c; *Jones* 1985). Das ist umso folgenreicher, als die länderspezifischen Unterschiede in diesen Bereichen in mancherlei Hinsicht größer sind als bei den Ausgaben und den Ausdehnungsquoten. Um einige dieser qualitativen Merkmale der Sozialpolitik geht es in diesem Kapitel. Zunächst werden ordnungspolitische Typen und anschließend die Umverteilungskapazität der sozialen Sicherungssysteme skizziert. Abschließend wird ein internationaler Vergleich der Sozialpolitik im engeren und im weiteren Sinne vorgestellt.

In der Sozialpolitik der westlichen Demokratien lassen sich drei grundlegende ordnungspolitische Konzeptionen der Sozialpolitik unterscheiden:

— Systeme der Staatsbürgerversorgung;
— Versicherungssysteme und
— selektive Sicherungssysteme.

Staatsbürgerversorgung Am stärksten ist das Sozialstaatsprinzip beim System der umfassenden Staatsbürgerversorgung entwickelt. Im Idealfall gewährt die Staatsbürgerversorgung ökonomische und soziale Sicherheit unabhängig vom ökonomischen, berufsgruppenspezifischen und Erwerbs-Status ("Sozialstaat für alle Staatsbürger"). In organisatorischer Hinsicht gilt hier das Prinzip der Einheitsversicherung. Die Sozialleistungen wirken stark umverteilend; sie verringern wirtschaftlich oder gesellschaftlich erzeugte Ungleichheit. Empirische Beispiele für den Typus der Staatsbürgerversorgung finden sich annäherungsweise in den skandinavischen Ländern (insbesondere in Schweden und Norwegen) und in Großbritannien. Der Dominanz der Staatsbürgerversorgung entspricht in der Regel ein spezifischer Finanzierungsmodus: ein erheblicher Teil der Sozialausgaben wird direkt aus dem Steueraufkommen finanziert (insbesondere in Dänemark, Großbritannien und Schweden). Zusätzlich zu den sozialpolitischen Einkommenstransfers (z.B. Renten) kommen den staatlich organisierten Sozialdienstleistungen (zum Beispiel in Form eines staatlichen Gesundheitsdienstes wie in Großbritannien) eine bedeutende Rolle zu.

Im Gegensatz zum Konzept der Staatsbürgerversorgung bemessen sich die Leistungen, die im Rahmen des ordnungspolitischen Typus ,,Versicherungssysteme" erbracht werden, in erster Linie nach den (einkommensabhängigen) Beiträgen der Versicherten. Hier hat man es mit einem ,,Arbeitnehmer-Sozialstaat" oder ,,Erwerbspersonen-Sozialstaat" zu tun. In organisatorischer Hinsicht sind die verschiedenen Sparten der Sozialversicherung in der Regel nicht in einer Einheitsversicherung untergebracht, sondern in nach Risikoart und Berufsgruppenzugehörigkeit gegliederten Versicherungen. Im Gegensatz zum stärker egalitär wirkenden Staatsbürgerversorgungssystem orientieren sich Sozialleistungen im Rahmen des Versicherungs-Modells primär am Ziel der sozialökonomischen Statussicherung der einzelnen Mitglieder. Indem Beiträge und Leistungen nach Arbeitseinkommen gestaffelt sind, übertragen sie den auf Arbeitsmärkten erzielten Einkommens- und Sozialstatus auf die Sozialpolitik. Der Umverteilungsgrad ist folglich geringer als die Umverteilung, die im Rahmen des Staatsbürgerversorgungs-Modells in Gang gesetzt wird. Das Modell der sozialen Versicherung spielt in der Realität vor allem in der deutschen, österreichischen, italienischen und französischen Sozialpolitik eine bedeutende Rolle. Die Finanzierung der Sozialpolitik erfolgt in diesen Ländern entweder im Rahmen eines Dreierbundes, der sich aus Staat, Arbeitnehmern und Arbeitgebern zusammensetzt (z.B. in der Bundesrepublik und in Österreich) oder im Rahmen eines Zweierbundes zwischen Staat und Arbeitgebern (wie z.B. in Italien und Frankreich). In den Ländern, in denen Versicherungs-Modelle in der Sozialpolitik dominieren, gibt es in der Regel ein eindeutiges Mischungsverhältnis zwischen staatlichen Dienst- und Geldleistungen: Einkommentransfers (z.B. Renten) spielen eine größere Rolle als staatlich organisierte Dienstleistungen. Der Staat tritt hier vor allem als Verteiler von Geld auf und nicht als Produzent sozialer Dienstleistungen.

Versicherungs-system

Ein drittes Modell der Sozialpolitik ist das des selektiven Sicherungssystems. Hier werden Sozialleistungen oftmals auf Basis freiwilliger Versicherungen organisiert. Staatliche Sozialleistungen werden zum Teil als Fürsorge, zum Teil als Versicherungsleistungen auf eng eingegrenzte, in der Regel besonders bedürftige Gruppen verteilt. In diesem Ordnungsmodell gelten Armenpflege und Markt-Konformität als oberste Ziele der Sozialpolitik. In der Regel hält sich der Staat in sozialpolitischen Angelegenheiten zurück; er beschränkt sich auf ordnungspolitische Vorgaben für freiwillige Versicherungssysteme und auf die Einrichtung weniger staatlicher Programme. Die öffentlichen Sozialleistungen, die

Selektives Sicherungssystem

159

im Rahmen dieses Modells gewährt werden, sind in zeitlicher und sachlicher Hinsicht eng begrenzt. Aufgrund ihrer Konzentration auf besonders bedürftige Gruppen zeichnen sie sich jedoch durch starke Umverteilungswirkungen zugunsten der Ärmsten aus. Das gilt insbesondere für Sozialleistungen, die im Rahmen von Fürsorgesystemen erbracht werden. Elemente dieses Sozialpolitik-Modells spielten in nahezu allen westlichen Ländern in der Frühphase der Sozialpolitik eine große Rolle. Gegenwärtig kommen die sozialpolitischen Programme in den Vereinigten Staaten, in Kanada, Australien, Neuseeland und bis Anfang der 70er Jahre auch in der Schweiz dem Typus der selektiven Sicherungspolitik nahe (vgl. *Castles* 1985; *Saxer* 1977; *Bossert* und *Merk* 1981).

Ordnungspoliti-
sche Typen der
Sozialpolitik
nach Ländern Man muß jedoch berücksichtigen, daß es sich bei den skizzierten Typen der Sozialpolitik um Modellbildungen handelt. In der sozialpolitischen Praxis der westlichen Länder treten diese Modelle nicht in Reinform, sondern in unterschiedlichen Mischungsverhältnissen auf. Mischformen aus Staatsbürgerversorgungs- und Sozialversicherungs-Modellen finden sich beispielsweise in Irland, in der Schweiz und den Niederlanden (*Alber* 1983a: 100). In diesen Ländern haben die Rentenversicherungen den Charakter umfassender Volksversicherungen, während die anderen Sozialversicherungszweige den Mitgliederkreis mittels Einkommensgrenzen oder anderer Kriterien eingrenzen. Überdies ergänzen oder ersetzen in diesen Ländern nicht selten private, oder ,,gemischte'' (öffentlich-private) Sicherungssysteme die staatlichen Sicherungssysteme. Freilich sind diese Netze der sozialen Sicherung bisweilen weitmaschig geknüpft. Beispielsweise gab es in der Schweiz bis zum Jahre 1977 keine obligatorische Arbeitslosenversicherung, mit der Folge, daß in der Wirtschaftskrise von 1973/74 nur jeder fünfte Arbeitnehmer in einer der zahllosen freiwilligen Arbeitslosenversicherungssysteme versichert war (vgl. *Schmidt* 1985, Kapitel 8).

— Mischformen

— Beispiel: Niederlande
Eine besonders interessante Mischform aus unterschiedlichen Sozialstaats-Modellen enthält das System der sozialen Sicherung der Niederlande. Bernd *Schulte,* ein führender Experte des Sozialrechtsvergleichs, hat ,,das niederländische Modell'' — zum Stand der endsiebziger Jahre — wie folgt beschrieben:

> ,,...dort gibt es ein Nebeneinander zwischen Volksversicherungen... die für die gesamte Bevölkerung gelten, und besonderen Arbeitnehmerversicherungen, die den abhängig Beschäftigten einen gehobenen sozialen Schutz gewähren... Das *niederländische* System der sozialen Sicherheit ist deswegen besonders interessant, weil es in gewisser Weise eine Synthese darstellt aus den ,,Systemen der Sozialversicherung im klassischen Sinne'', wie sie etwa in der *Bundesrepublik Deutschland, Frankreich* und *Italien* anzutreffen sind und die man verkürzt als ,,Bismarck-Systeme'' bezeichnen kann, einerseits, und dem britischen System der sozialen Sicherheit, dem ,,Beveridge-System'' andererseits. Die *niederländischen* Arbeitnehmerversicherungen, die Einkommensersatzleistungen vorsehen, deren Höhe sich am ausgefallenen Arbeitseinkommen orientiert, sind von den erstgenannten *kontinentaleuropäischen* Sozialversicherungssystemen beeinflußt, während die Volksversicherungen für jedermann aus *Großbritannien* übernommen worden sind; die Garantie eines Existenzminimums für jedermann im Namen der nationalen Solidarität ist das Konzept, das *Beveridge* dem klassischen Sozialversicherungsgedanken entgegengesetzt hat, und das *niederländische* System der sozialen Sicherung ist vielleicht das gelungenste Beispiel für eine ausgewogene Verbindung beider Konzepte'' (*Schulte* 1980: 330, Hervorhebungen im Text; vgl. *de Leede* und *Schulte* 1979; für neuere Tendenzen *Becker* und *van Kersbergen* 1986).

Im übrigen lassen sich auch in der sozialen Sicherung, die in der Bundesrepublik praktiziert wird, Mischformen nachweisen. Zwar dominiert das Sozialversicherungsprinzip, doch wird es durch Elemente der Staatsbürgerversorgung (zum Beispiel beim Kindergeld) und der Fürsorge (zum Beispiel bei der Arbeitslosenhilfe und der Sozialhilfe, die beide nach Maßgabe von Bedürftigkeitstests geleistet werden) ergänzt.

— Beispiel: Bundesrepublik

Zudem kennen auch die Länder, deren Sozialpolitik dem Staatsbürgerversorgungs-Modell nahekommt, Sozialleistungen nach dem Versicherungsprinzip. Beispielsweise sind in der Regel die Risikobereiche Arbeitsunfälle und Arbeitslosigkeit durch verbandlich regulierte, freiwillige Versicherungen (z.B. die Arbeitslosenversicherung in Schweden) oder durch staatliche Sozialversicherungssysteme geregelt (*Bossert* und *Merk* 1981).

Insgesamt lassen sich ländergruppenspezifische Schwerpunkte in den ordnungspolitischen Weichenstellungen der Sozialpolitik nachweisen: Das Prinzip der Sozialversicherung dominiert in den kontinentaleuropäischen Ländern. Außerdem spielt es in der Unfall- und Arbeitslosenversicherung nahezu aller OECD-Länder eine große Rolle. Das Sozialversicherungsprinzip wird jedoch vor allem in den skandinavischen Ländern, in Großbritannien (und im übrigen auch in Australien und Neuseeland) durch Elemente des Staatsbürgerversorgungs-Modells und/oder Fürsorge-Prinzipien ergänzt.

Länder- und ländergruppenspezifische Schwerpunkte in ordnungspolitischen Fragen sozialer Sicherung

Größere Unterschiede zwischen der Sozialpolitik der westlichen Länder lassen sich nicht nur bei einer Betrachtung der Sozialpolitik im enger definierten Sinne, sondern auch bei einer Analyse einer breiter definierten Sozialpolitik nachweisen. Ein laufendes Forschungsprojekt von zwei skandinavischen Wissenschaftlern — Gösta *Esping-Andersen* und Walter *Korpi* — liefert hierfür interessantes Material. Bei diesem Forschungsprojekt geht es um eine Bestandsaufnahme von Typen wohlfahrtsstaatlicher Politik und um eine Analyse des Zusammenhangs zwischen wohlfahrtsstaatlicher Politik (definiert als Sozialpolitik im engeren Sinne plus Umverteilung plus Beschäftigungspolitik) und politischer Stärke der in Parteien und Gewerkschaften organisierten Arbeiterbewegung (*Esping-Andersen* und *Korpi* 1984; *Esping-Andersen* 1985a und 1985c).

Wohlfahrtsstaatliche Politik (Sozialpolitik im weitestmöglichen Sinne)

Zur Messung des Konzepts „Wohlfahrtsstaat" verwenden die Autoren eine Reihe von Indikatoren, die dem Zielkatalog der skandinavischen Arbeiterbewegung entnommen sind. Dabei kommen sieben Indikatoren zur Anwendung:

Messung des wohlfahrtsstaatlichen Profils der westlichen Länder

— Das Ausmaß, in dem soziale Sicherungssysteme gegen marktbedingte und anderweitig verursachte Einkommensausfälle schützen (gemessen durch die öffentlichen Sozialausgaben in Prozent des Bruttoinlandsproduktes);
— das Ausmaß, in dem die soziale Sicherung auf Rechtsanspruch bzw. auf Fürsorge, die von Prüfungen der Bedürftigkeit abhängig gemacht wird, basiert (gemessen durch den Anteil der Sozialausgaben, die nach Fürsorge-Prinzipien verwendet werden, an allen öffentlichen Sozialausgaben);
— das Mischungsverhältnis zwischen öffentlichen und privaten Sozialausgaben (Aufwendungen für private Altersversicherungen auf individueller, gruppenspezifischer oder betrieblicher Basis in Prozent der öffentlichen Ausga-

ben für Alterssicherung; private Krankenversicherungsaufwendungen in Prozent der öffentlichen Aufwendungen der Krankenversicherung);

— das Ausmaß, in dem der Sozialstaat individuell oder kollektiv — auf Basis von Steuerfinanzierung — finanziert wird (gemessen durch den Anteil individueller Beiträge an allen Sozialabgaben);

— das Ausmaß, in dem die Systeme der sozialen Sicherung einheitlich bzw. differenziert nach Berufsgruppen und Risiken organisiert sind (gemessen durch die durchschnittliche Anzahl von — nach Berufs- bzw. „Standes"-Gruppen differenzierten — Sicherungssystemen gegen die Risikofälle Alter, Arbeitslosigkeit und Krankheit);

— Umverteilungsgehalt der Sozialpolitik (gemessen durch die Relationen zwischen Steuer- und Sozialabgabenbelastung zu Sozialeinkommen bei einkommensschwächeren und einkommensstärkeren Arbeitnehmern); und

— das Ausmaß, in dem sich Regierungen dem Ziel der Vollbeschäftigungssicherung verschrieben haben und in dem sie dieses Ziel auch tatsächlich erreichen (gemessen durch die jahresdurchschnittliche Arbeitslosenquote).

Typen des Wohl-
fahrtsstaates: Mit Hilfe dieser Indikatoren konstruieren die Autoren drei Grundtypen wohlfahrtsstaatlicher Politik: den Typus des „liberalen Wohlfahrtsstaates", den des „konservativen Wohlfahrtsstaates" (präziser wäre: „Wohlfahrtsstaat der politischen Mitte") und den Typus des „sozialdemokratischen Wohlfahrtsstaates". Die Merkmale dieser drei Grundtypen sind in der Tabelle 5 zusammengestellt.

Tabelle 5: „Liberaler", „konservativer" und „sozialdemokratischer Wohlfahrtsstaat" im Vergleich

Indikator	Typus des Wohlfahrtsstaates		
	Liberal	Konservativ	Sozialdemokratisch
(1) Schutz gegen Marktkräfte und Einkommensausfälle	Schwach	Mittel	Stark
(2) Sozialrechte oder Armenunterstützung	Armenunterstützung	Sozialrechte	Sozialrechte
(3) Anteil der privaten Sozialausgaben	Hoch	Mittel	Niedrig
(4) Ausmaß der individuellen Finanzierung	Mittel	Groß	Mittel
(5) Nach Berufsgruppen differenzierte Sicherungssysteme	Nein	Ja	Nein
(6) Umverteilungskapazität	Gemäßigt	Gemäßigt	Groß
(7) Vollbeschäftigungsgarantie	Nein	Nur in Prosperität	Ja

Quelle: *Esping-Andersen* und *Korpi* 1984 und *Esping-Andersen* 1985a und 1985c, mit Ergänzungen des Verfassers.

— Typus des „so-
zialdemokrati-
schen" Wohl-
fahrtsstaates Der Typus des „sozialdemokratischen Wohlfahrtsstaates" kommt dem Zielkatalog der skandinavischen Arbeiterbewegung am nächsten. Hier bietet die Sozialpolitik einen umfassenden, allen Bürgern gewährten Schutz gegen Einkommensausfälle. Bei der Finanzierung, Organisation und Leistungserbringung herrschen Gesichtspunkte der Kollektivität und der Egalität vor; überdies

garantiert dieser Wohlfahrtsstaats-Typus Vollbeschäftigung. Hierdurch wird die Sozialpolitik gegen Konjunktur- und Strukturkrisen geschützt, deren Wirkungen die anderen Wohlfahrtsstaats-Typen in Bedrängnis bringen.

Der Typus des ,,konservativen Wohlfahrtsstaates" bietet ebenfalls einen weitreichenden und in der Regel großzügigen sozialen Schutz. Freilich ist der Teil der Bevölkerung, der durch die soziale Sicherung erfaßt wird, kleiner als beim ,,sozialdemokratischen Wohlfahrtsstaat". Zudem spielt das Ziel Egalität eine geringere Rolle. Statt dessen schlägt das Leistungsprinzip weitgehend auf die Sozialpolitik durch. Überdies fehlt dem ,,konservativen Wohlfahrtsstaat" ein umfassender Schutz der Sozialpolitik gegen die Folgen von Wirtschaftskrisen. Die Vollbeschäftigungs-Garantie gilt in der Regel nur für Prosperitätszeiten. Historisch entstand der Typus des ,,konservativen Wohlfahrtsstaates" in Gesellschaften, in denen der Staat eine maßgebende Rolle im Industrialisierungsprozeß spielte und in denen ein paternalistischer Reformismus, üblicherweise verstärkt durch Traditionen der katholischen Soziallehre, vorherrschte.

— Typus des ,,konservativen" Wohlfahrtsstaates (,,Wohlfahrtsstaat der Mitte")

Der Typus des ,,liberalen Wohlfahrtsstaates" zeichnet sich durch relativ weitreichende Markt-Konformität und ein Minimum an Sozialstaatlichkeit aus. Sein Ziel besteht darin, einerseits die Bedürftigsten zu versorgen und andererseits den marktwirtschaftlichen Prozeß so wenig wie möglich zu stören. Das Niveau der Sozialleistungen ist niedrig. In zeitlicher und sachlicher Hinsicht werden Sozialleistungen selektiv vergeben. Ein umfassender sozialstaatlicher Schutz fehlt ebenso wie ein Schutz gegen konjunkturelle oder strukturelle Wirtschaftskrisen. Historisch wurzelt der Typus des ,,liberalen Wohlfahrtsstaates" in Gesellschaften, in denen sich die kapitalistische Wirtschaft weitgehend ungezügelt — oder zumindest unter ununterbrochener politischer Führung durch bürgerliche Kräfte — entfalten konnte und in denen marktwirtschaftliche Ideologien massenhaft verbreitet sind.

— Typus des ,,liberalen" Wohlfahrtsstaates

Welche Länder zeichnen sich durch ,,sozialdemokratische Wohlfahrtsstaaten" und welche durch ,,konservative" bzw. ,,liberale Wohlfahrtsstaaten" aus? Den Untersuchungen von *Esping-Andersen* und *Korpi* zufolge wurde der ,,sozialdemokratische" Typus des Wohlfahrtsstaates nur in wenigen Ländern verwirklicht: Schweden und Norwegen sind die besten Beispiele, mit Abstrichen kann man auch Dänemark hinzurechnen. In diesen Ländern wurde die kapitalistische Wirtschaftsordnung stärker als in den anderen Ländern sozialstaatlich flankiert. Hier entstand ein ,,sozialdemokratisierter Kapitalismus". Warum? Der Grund liegt — so die Autoren — in der gewerkschaftlichen und parlamentarischen Stärke der Arbeiterbewegung, ferner in einer über längere Zeit funktionierenden ,,rot-grünen" Allianz zwischen Arbeiterschaft und Bauernparteien und schließlich in der organisatorischen und ideologischen Zersplitterung (und folglich: Schwächung) der bürgerlichen Parteien. Dieses Ergebnis konvergiert mit Befunden aus früher publizierten international vergleichenden Untersuchungen über Einkommensungleichheit, Sozialpolitik und Wirtschaftspolitik (*Dryzek* 1978; *Schmidt* 1982).

Wohlfahrtsstaats-Typen nach Ländern:

— ,,Sozialdemokratischer" Wohlfahrtsstaat

Eine zweite Gruppe von Ländern gehört zum Typus des ,,konservativen Wohlfahrtsstaates", wenngleich hier die Übergänge zum semi-sozialdemokratischen Modell fließend sind. Die Benelux-Staaten, Deutschland und Österreich

— ,,Konservativer" Wohlfahrtsstaat

zählen hierzu, in abgeschwächtem Ausmaß auch Finnland und Frankreich. In den vier zuerst genannten Ländern ist die Arbeiterbewegung zwar ebenfalls einflußreich, jedoch insgesamt schwächer als in Schweden oder in Norwegen. Beispielsweise ist der gewerkschaftliche Organisationsgrad und der langfristig auf sozialdemokratische Parteien entfallende Stimmenanteil geringer. Das ist einer der Gründe dafür, daß die Sozialpolitiker dieser Länder nicht so weit gegangen sind (und nicht so weit gehen konnten) wie die Sozialpolitiker in Schweden. Aufs engste hängt damit die Stärke der nicht-sozialistischen Parteien zusammen und insbesondere ihre Verankerung in paternalistischen und durch konservativ-christliche Soziallehren inspirierten Wertsystemen.

— „Liberaler" Wohlfahrtsstaat   Elemente des „liberalen Wohlfahrtsstaates" kommen in den USA zum Tragen, zum Teil auch in Australien, Japan, Kanada und in der Schweiz (jedenfalls bis in die 70er Jahre). Zum „liberalen Wohlfahrtsstaat" führten verschiedene Wege: entweder der Weg einer starken, aber egoistischen und nur auf Löhne fixierten Arbeiterbewegung (Australien!, vgl. hierzu *Castles* 1985) oder der Weg, der über die Macht bürgerlicher Strömungen und die Ohnmacht der Arbeiterbewegung führt, die beispielsweise ablesbar ist an dem geringen Stimmenanteil von Arbeiterparteien, so überhaupt vorhanden, und an dem niedrigen Organisationsgrad und der organisatorischen Zersplitterung der Gewerkschaften.

Zusammenhänge zwischen Wohlfahrtsstaats-Typen und politischer Machtverteilung   Die Analysen von *Esping-Andersen* und *Korpi* zeigen, daß zwischen der Struktur des Wohlfahrtsstaates einerseits und der Stärke und Geschlossenheit der Arbeiterbewegung und ihrer Parteien, sowie der Stärke und relativen Geschlossenheit des „bürgerlichen Lagers" andererseits ein außerordentlich starker Zusammenhang besteht. Das globale Ergebnis dieser Studie konvergiert mit Befunden aus vergleichenden Analysen über die Wirtschafts- und Sozialpolitik in entwickelten kapitalistischen Demokratien (*Schmidt* 1982): das Ausmaß, zu dem der Kapitalismus sozialpolitisch gezügelt wurde, war (jedenfalls bis zu den frühen 80er Jahren) umso größer, je stärker und einheitlicher Gewerkschaften und sozialdemokratische Parteien an den Schalthebeln politischer Macht beteiligt waren und je schwächer und zersplitterter das bürgerliche Lager war. Und umgekehrt: das Ausmaß der sozialpolitischen Korrektur des Kapitalismus fiel tendenziell geringer und lückenhafter aus, je schwächer die Arbeiterbewegung im Parlament und in der Wirtschaft vertreten war und je stärker und geschlossener wirtschaftliche und konservative Kräfte im Parteiensystem und in der Wirtschaft waren (vgl. Tabelle 6).

Sonderstellung christdemokratischer Parteien   Eine gewisse Sonderstellung nahmen jedoch Länder ein, in denen sozialdemokratische Parteien mit christdemokratischen Parteien konkurrieren. Insbesondere in Prosperitätszeiten hat die Konkurrenz zwischen beiden großen Parteien (und der Umstand, daß beide Parteien auf Stimmen aus der Arbeitnehmerschaft und der Sozialstaats-Klientel angewiesen sind), Politikergebnisse zur Folge gehabt, die auf einer mittleren Linie zwischen dem „sozialdemokratischen Wohlfahrtsstaat" und dem „konservativen Wohlfahrtsstaat" liegen.

Alles in allem verdeutlicht ein internationaler Vergleich der Sozialpolitik im enger und weiter definierten Sinne mindestens zweierlei:

Tabelle 6: Politische Strukturdaten der westlichen Industrieländer

Land	Typus des Wohl-fahrtsstaates	Politische Zusammenset-zung der nationalen Regierungen[1]	Stimmen-anteile der „linken" Parteien[2]	Kohäsion des Lagers d. „linken" Parteien[3]	Kohäsion des Lagers d. „bürgerli-chen" Parteien[4]	Gewerk-schaftlicher Organisa-tionsgrad[5]	Organisatori-sche Einheit der Gewerk-schaften[6]
Australien	Liberal	Bürgerliche Dominanz	46.5 %	Kohäsiv	Zersplittert[8]	40 %	0.4
Belgien	Konservativ	Bürgerliche Dominanz	34.9 %	Kohäsiv	Zersplittert[8]	55 %	0.6
BR Deutschland	Konservativ	Patt	38.6 %	Kohäsiv	Zersplittert[8]	32 %	0.8
Dänemark	(Soziald.)	Patt	45.8 %	Zersplittert[8]	Zersplittert	54 %	0.8
Finnland	Konservativ	Patt	45.6 %	Zersplittert	Zersplittert	47 %	0.8
Frankreich	Konservativ	Bürgerliche Dominanz	39.1 %	Zersplittert	Zersplittert	24 %	0.2
Großbritannien	(Soziald.)	Patt	42.6 %	Kohäsiv	Zersplittert[8]	45 %	0.4
Irland	Konservativ	Bürgerliche Dominanz	11.3 %	Kohäsiv	Zersplittert[8]	32 %	0.4
Italien	Konservativ	Bürgerliche Dominanz	36.6 %	Zersplittert	Zersplittert[8]	41 %	0.2
Japan	Liberal	Bürgerliche Dominanz	28.4 %	Zersplittert	Zersplittert[8]	16 %	0.2
Kanada	Liberal	Bürgerliche Hegemonie	14.8 %	Kohäsiv	Zersplittert[8]	27 %	0.4
Niederlande	Konservativ	Bürgerliche Dominanz	33.4 %	Kohäsiv	Zersplittert	28 %	0.6
Norwegen	Soziald.	Sozialdemokr. Dominanz	49.3 %	Kohäsiv	Zersplittert	65 %	0.8
Österreich	Konservativ	Patt	48.2 %	Kohäsiv	Zersplittert[8]	50 %	1.0
Schweden	Soziald.	Sozialdemokr. Dominanz	51.0 %	Kohäsiv	Zersplittert	70 %	0.8
Schweiz	Liberal	Bürgerliche Dominanz	27.5 %	Kohäsiv	Zersplittert	24 %	0.6
USA	Liberal	Bürgerliche Hegemonie	0.0 %	—[7]	Zersplittert[8]	21 %	0.4

Zusammengestellt und berechnet aus *Schmidt* 1982 und 1983a; von *Beyme* 1984a (Anhang) und *Cameron* 1984: 165.
Die Daten beziehen sich auf die gesamte Periode vom Ende des Zweiten Weltkrieges bis zum Ende der Untersuchungsperiode (Anfang der 80er Jahre).

Anmerkungen zur Tabelle 6

1 Berechnet auf der Basis monatlicher Kabinettsitzanteile von sozialdemokratischen und weiter links stehenden Parteien einerseits und nicht-sozialdemokratischen (abkürzend als „bürgerlich" bezeichneten) Parteien andererseits. Die Zahlen geben Durchschnittswerte für die gesamte Nachkriegsperiode von 1945 bis Ende 1980 an.
Bürgerliche Hegemonie = Alleinregierung bürgerlicher Parteien im gesamten Untersuchungszeitraum (durchschnittlicher Kabinettsitz-anteil: 100 Prozent).
„Bürgerliche Dominanz" bzw. „sozialdemokratische Dominanz" = Auf bürgerliche bzw. sozialdemokratische Parteien entfallen wäh-rend der Untersuchungsperiode mehr als zwei Drittel aber weniger als 100 Prozent der Kabinettsitze (Monatsbasis).
„Patt" = Auf bürgerliche und auf sozialdemokratische Parteien entfallen im Untersuchungszeitraum mehr als ein Drittel, aber weniger als zwei Drittel aller Kabinettsitze.
Datenbasis: *Schmidt* 1982: 29 und *Schmidt* 1983a.
2 Durchschnitt aus allen nationalen Wahlen zwischen 1945 und Ende 1980. Stimmanteile der sozialdemokratischen und der links von der Sozialdemokratie stehenden Parteien. Datenbasis: *Schmidt* 1982: 31 und *von Beyme* 1984a.
3 „Zersplittert" = mehr als eine Partei mit mehr als 5 Prozent der Wählerstimmen in der Mehrzahl der nationalen Wahlen im Zeitraum von 1945 bis Ende 1980.
„Kohäsiv" = alle anderen Fälle.
Datenbasis: *von Beyme* 1984a (Anhang).
4 „Zersplittert" und „kohäsiv": wie bei Anmerkung 3.
5 Prozentanteil der gewerkschaftlich organisierten Erwerbspersonen an allen Erwerbspersonen (Durchschnitt der Jahre 1965 bis 1980). Nach: *Cameron* 1984: 165.
6 Maximalwert 1.0 (= organisatorische Einheit), Minimum: 0.0 (= absolute Zersplitterung). Zuordnung der Werte auf Basis der Zahl der gewerkschaftlichen Dachverbände und der Zahl der ihnen zugeordneten Einzelgewerkschaften. Nach: *Cameron* 1984: 165.
7 Keine signifikante „linke" Partei.
8 Jedoch eine größere bürgerliche Partei mit mehr als 33 Prozent der Wählerstimmen bei der Mehrzahl der nationalen Wahlen im Zeitraum von 1945 bis 1980. Datenbasis: *von Beyme* 1984a (Anhang).

— Bei allen Ähnlichkeiten zwischen den westlichen demokratischen Industrieländern sind die Unterschiede im Ausmaß der sozial- und wirtschaftspolitischen Korrektur der Marktwirtschaft beträchtlich groß.

— Ein erheblicher Teil dieser Unterschiede läßt sich nicht durch ökonomische Strukturen und Prozesse, wohl aber durch Unterschiede in der politischen Machtverteilung zwischen Gewerkschaften und Unternehmerschaft und zwischen bürgerlichen (konservativen, liberalen und christdemokratischen) und sozialdemokratischen Parteien erklären.

Damit sind Themen angesprochen, deren Analyse zum Aufgabenbereich der Politikwissenschaft gehören. Sie kann demnach zum Verständnis der wirtschafts- und sozialpolitischen Entwicklung der westlichen Industrieländer einiges beitragen. Sie kann überdies verdeutlichen, daß Ökonomie nicht gleich Ökonomie, Industriegesellschaft nicht gleich Industriegesellschaft und Kapitalismus nicht gleich Kapitalismus ist. Die Unterschiede zwischen den westlichen Industrieländern sind groß, und prinzipiell ist auch der Spielraum groß, den die Politik gegenüber der Ökonomie und der Gesellschaft besitzt. Ob und wie er genutzt wird, hängt von einer Vielzahl von früheren Weichenstellungen, kulturellen Traditionen, aber eben auch von politischen Bedingungen und politischen

Mischung aus öffentlicher und privater sozialer Sicherung Entscheidungen ab. In manchen Ländern wurde der Spielraum für ein hohes Maß an *staatlich* organisierter sozialer Sicherung genutzt. Deutschland ist ein historisch frühes Beispiel für diesen Fall, später kommen die skandinavischen Länder und die Benelux-Staaten hinzu. In einigen anderen Ländern knüpfte man soziale Sicherungsnetze auf andere Weise. *Private* Netze spielten lange Zeit eine weit bedeutendere Rolle als staatliche Sozial-Schutz-Netze in Ländern wie Japan, in den USA und in der Schweiz (*OECD* 1987). Auch in der Bundesrepublik sorgen Wohlstandsvermehrung im allgemeinen und hunderttausende amtliche oder ehrenamtliche Mitglieder der Wohlfahrtsverbände im besonderen für ein höheres Maß an sozialer Sicherung als es offizielle staatliche Sozialbudgets nahelegen (vgl. z.B. *Zapf* 1981, 1986; *Bauer* und *Thränhardt* 1987).

Insoweit geben die Daten über die *staatliche* Sozialpolitik, auf die sich unsere Ausführungen bislang stützten, einen unvollständigen Einblick in die Größe und Dichte aller sozialen Sicherungsnetze und mithin in das totale, aus privaten und öffentlichen Quellen gespeiste Wohlfahrtsniveau. International vergleichbare Daten lassen sogar den Schluß zu, daß sich das Ausmaß der gesamten, privat oder öffentlich erbrachten sozialen Sicherung von Land zu Land weniger stark unterscheidet als das Niveau der öffentlich finanzierten sozialen Sicherung (*Esping-Andersen* 1986; *Rein* und *Rainwater* 1986; *Rose* und *Shiratori* 1986; *Lawson* 1987).

Zwei Beispiele lassen sich hier anführen. Einmal wird das geringe Niveau der Sozialleistungsquote in der Schweiz zumindest teilweise kompensiert durch den hochentwickelten wirtschaftlichen Reichtum der Eidgenossenschaft und das hohe durchschnittliche pro Kopf berechnete verfügbare Einkommen der Eidgenossen. Ein zweites Beispiel läßt sich *Zöllners* Studie über Sozialleistungsquoten im internationalen Vergleich entnehmen. *Zöllner* (1963) zeigt, daß das Ausmaß der privaten Sozialvorsorge, gemessen durch Zahl und Volumen der Lebensversicherungen, invers mit der Höhe der öffentlichen Sozialleistungsquoten korreliert. Mit anderen Worten: In Ländern mit starkem Sozialstaat war eine private Sicherung weniger zwingend erforderlich, und sie wurde deshalb auch weniger stark nachgefragt. Ganz anders sah demgegenüber die Lage in Ländern mit einem kleinen und am kurzen Zügel geführten Sozialstaat aus. Hier mußten die Bürger — sofern sie es sich leisten konnten — für ihre soziale Sicherung in erheblichem Maße selbst aufkommen, sofern sie nicht von freiwilligen Arbeitgeber-Sozialleistungen profitierten (*Rose* und *Shiratori* 1986). Deshalb sind in diesen Ländern die Lebensversicherungen oder andere private Sozialschutz-Maßnahmen in der Regel zahlreicher und umfangreicher als in Ländern mit hochentwickelter Sozialpolitik.

Es gibt demnach von Land zu Land unterschiedliche Mischungsverhältnisse von privater sozialer Sicherung und staatlicher Sozialpolitik. Die Art der Mischung variiert wiederum sehr stark mit den oben erläuterten Unterschieden in den politischen Strukturmerkmalen der westlichen Industrieländer. Starke Arbeiterbewegung, einflußreiche Ideologien sozialdemokratischer Herkunft und anderes mehr haben in der Regel für einen starken Sozial*staat* gesorgt (und historisch den Niedergang der privaten Sozialsicherung beschleunigt), während ungebrochene Dominanz bürgerlicher Strömungen nicht selten eine Mischung schufen, in der die private Sicherung stärker zu spüren und die staatliche Sozialpolitik schwächer ausgebildet ist. Letztere bauten an einer Wohlstands-*Gesellschaft,* erstere an einem Wohlfahrts-*Staat.* Aber auch die Länder mit starker privater Sozialpolitik gerieten in den Sog der Verstaatlichungs-Tendenz, wenngleich mit großen Unterschieden von Land zu Land (*OECD* 1987: 11, 54). Der Staat wurde stärker in die soziale Sicherung eingeschaltet — wenngleich mit historischer Verzögerung — und die privaten Sicherungsnetze verloren an Wichtigkeit, bedingt durch Umwälzungen der Sozialstruktur. Gründe für unterschiedliche Mischung aus privater und öffentlicher Sozialpolitik

Ein Indiz für die Verstaatlichungs-Tendenz in der Sozialpolitik der meisten OECD-Länder ist darin zu sehen, daß die öffentlichen Sozialleistungsquoten auch in den sozialpolitischen ,,Spätstarter''-Nationen nach dem 2. Weltkrieg stark zunahmen. Im Prozeß der wirtschaftlichen und sozialen Modernisierung reichte der Schutz der privaten Sicherungsnetze nicht aus, ganz abgesehen davon, daß eine auf privater Sicherung basierende Sozialpolitik arge Lücken aufweist: sie geht mit mehr Ungleichheit einher als staatlich organisierte, auf Umverteilung bedachte Sicherungssysteme, weil sie die durch Markt und Status erzeugten Ungleichheiten unmittelbar und voll auf die soziale Sicherung durchschlagen läßt.

Die Überlastung der privaten Sicherungsnetze und die historische Tendenz zur Verstaatlichung der Sozialpolitik gehören denn auch zu den guten Gründen, die für unsere Konzentration auf die staatliche Sozialpolitik (und für die Vernachlässigung der privaten Sozialpolitik, die dem Mangel vergleichbarer Daten geschuldet ist), geltend gemacht werden können.

6 Sozialpolitik im entwickelten Kapitalismus, im Sozialismus und in Dritte-Welt-Ländern

Bis zu diesem Kapitel standen entwickelte Industrieländer Westeuropas im Zentrum der Analyse. Bisweilen wurde die westeuropäische Perspektive mit vergleichenden Betrachtungen außereuropäischer Industrieländer des Westens angereichert. Alle bisher berücksichtigten Länder zählen in politischer Hinsicht zu den Demokratien und in wirtschaftlicher Hinsicht zu den reichen Staaten der Erde. Demokratie und wirtschaftlicher Reichtum sind zweifelsohne günstige Bedingungen für den Auf- und Ausbau eines Sozialstaates.

Fragestellung Was passiert mit der sozialen Sicherung, wenn Demokratie oder Reichtum oder beide zugleich nicht vorhanden sind? Wie ist die soziale Sicherung in Ländern beschaffen, in denen es keine Demokratie gibt und in denen autoritäre Regime oder Armut oder beide zugleich herrschen?

Eine gesicherte Antwort auf diese Frage setzt eine umfassende vergleichende Analyse der Sozialpolitik in möglichst allen Staaten des sozialistischen Lagers und der Dritten Welt voraus. Das sprengte den Rahmen der hier vorgelegten Untersuchung. Immerhin lassen sich jedoch vorläufige Antworten auf die Frage nach der Sozialpolitik in Ländern, die arm sind oder die autoritär regiert werden (oder gar unter den Regimes von Armut und autoritärer Führung stehen), geben.

Ausgewählte Länder Die Antwort, die in dieser Studie vorgetragen wird, stützt sich auf exemplarische Beschreibung und vergleichende Analyse ausgewählter, besonders interessanter Fälle. Zu den „interessanten Fällen" zählen — zusätzlich zu den entwickelten westlichen Ländern und Verfügbarkeit vergleichbarer Daten vorausgesetzt — die Gruppe derjenigen westeuropäischer Länder, die wirtschaftlich relativ schwächer entwickelt sind und bis Mitte der 70er Jahre von autoritären Regimes regiert wurden (Griechenland, Portugal und Spanien), die sozialistischen Länder Osteuropas (für die ärmeren die sozialistischen Länder, wie z.B. Kuba und Nord-Korea standen leider keine vergleichbaren Daten zur Verfügung) und ausgewählte Dritte-Welt-Länder aus der lateinamerikanischen Region, in der relativ früh — und lange vor anderen Dritte-Welt-Ländern — mit sozialstaatlicher Politik experimentiert wurde (*Mesa-Lago* 1978; *Abranchez* 1981).

Unterschiede in der Sozialpolitik in der Ersten, der Zweiten und der Dritten Welt Die Unterschiede zwischen der Sozialpolitik der Länder der Ersten, der Zweiten und der Dritten Welt sind groß. Die differenziertesten und großzügigsten Systeme der sozialen Sicherung finden sich in westeuropäischen Ländern. Westliche und osteuropäische Industrieländer haben mittlerweile — auf unterschiedlichen Entwicklungsniveaus basierende — großflächige Netze der sozialen Sicherung gemeinsam (*ILO* 1985). Hierzu zählen engmaschige, aber auch weitmaschige Netze. Manche Netze sind altersschwach, rissig und von größeren Löchern verunstaltet. Aber dennoch ist der Unterschied zur sozialen Sicherung in Ländern der Dritten Welt groß: was hierzulande als weitmaschiges Netz gilt, würde dort oftmals als optimale Sicherung gesehen werden. Sofern in Dritte-Welt-Ländern überhaupt sozialstaatliche Programme entworfen wurden, bieten sie lückenhafteren Schutz — nach Art der erfaßten Risiken, Größe des erfaßten bzw. ausgeschlossenen Personenkreis, Ungleichheit und Leistungsniveau zu urteilen (vgl. z.B. die Daten in *Mesa-Lago* 1978, Kapitel 7 mit den Daten in *Alber* 1982).

Daten zu den von Sozialversicherungssystemen erfaßten Personenkreisen und zu den Sozialleistungsquoten lassen die Größe der Unterschiede zwischen der Ersten und der Dritten Welt — aber auch zwischen der Ersten und der Zweiten Welt auf der einen Seite und der Dritten Welt auf der anderen — zumindest erahnen. Die sozialen Sicherungssysteme Westeuropas gaben 1970 knapp 80 Prozent der Erwerbspersonen Schutz gegen eine Vielzahl von Risiken (*Alber* 1982: 152). Zum selben Zeitpunkt war der Ausdehnungsgrad der sozialen Sicherung selbst in den Dritte-Welt-Ländern, in denen die soziale Sicherung am höchsten entwickelt war, weit unter diesem Niveau — ganz zu schweigen von der geringeren Höhe und der stärkeren Ungleichheit der Sozialleistungen pro Kopf (*Mesa-Lago* 1978). Daten zur Illustration der Unterschiede zwischen der Sozialpolitik in den drei Welten: erfaßter Personenkreis

Zehn Jahre später sah es nicht wesentlich günstiger aus: 1980 zählten etwa 60 Prozent der ökonomisch aktiven Bevölkerung Lateinamerikas zu den Mitgliedern von Kranken- und Altersversicherungen (deren Leistungen jedoch oftmals nur als Zubrot ausreichten). Die vergleichsweise hohe Zahl verdeckt jedoch dramatische Unterschiede zwischen den Ländern und krasse regionale und soziale Ungleichheiten des Sicherungsschutzes in einzelnen Ländern. Zwischen 75 und 100 % der ökonomisch aktiven Bevölkerung — wozu die Beschäftigten des großen informellen Wirtschaftssektors nur am Rande zählen — waren in Kuba, Brasilien, Argentinien und Costa Rica versichert und zwischen 74 und 50 Prozent in Uruguay, Chile, Mexiko und Costa Rica. Venezuela und Bolivien liegen zwischen 25 und 50 Prozent, und in den übrigen lateinamerikanischen Ländern ist die Ausdehnungsquote der Sozialversicherung noch niedriger. Sie schwankt in diesen Ländern zwischen 1 und 24 Prozent: das Schlußlicht hält Haiti, davor rangieren — nach Größe geordnet — Salvador, Honduras, die Dominikanische Republik, Ekuador, Nikaragua, Kolumbien, Guatemala, Peru und Paraguay (*Mesa-Lago* 1986: 135; 1985, und zum Vergleich mit 1969: *Mesa-Lago* 1978: 266).

Noch deutlicher werden die Unterschiede zwischen der Sozialpolitik im Westen und der im Osten und in der Dritten Welt, wenn man die vom Internationalen Arbeitsamt veröffentlichten Daten über öffentliche Sozialausgaben auswertet. Die Sozialausgaben der entwickelten westlichen Länder sind im Durchschnitt deutlich höher als die der sozialistischen Länder. Das gilt für die pro Kopf berechneten (und in internationalen Preisen standardisierten) Sozialausgaben ebenso wie für die durchschnittliche Sozialleistungsquote. Mit weitem Abstand auf die sozialistischen Länder folgen die lateinamerikanischen Länder, Unterschiede in der Sozialleistungsquote

Tabelle 7: Sozialleistungsquoten und ökonomische und demographische Strukturmerkmale in westlichen, östlichen und Dritte-Welt-Ländern (1980)

Land	Sozialleistungs-quote[1]	BIP p.K.[2]	Arbeitnehmer-quote	Altersquote[4]
Australien	12,1	6308	37	9
Belgien	25,9	6293	35	14
Bundesrepublik Deutschland	23,8	6967	38	16
Dänemark	26,9	6746	48	15
Finnland	18,6	5939	36	12
Frankreich	26,8	6678	35	14
Großbritannien	17,7	4990	43	15
Griechenland	12,2	3946	19	13
Irland	21,7	3467	30	11
Israel	13,5	4041	30	9
Italien	18,2	4661	34	13
Japan	10,9	5996	43	9
Kanada	15,1	7521	45	10
Luxemburg	24,1	6634	41	13
Neuseeland	14,4	4553	28	10
Niederlande	28,6	5856	33	11
Norwegen	20,3	6825	44	15
Österreich	22,4	6052	38	15
Portugal	10,1	3092	33	10
Schweden	32,0	7142	48	17
Schweiz	13,8	6610	(38)	14
Spanien	16,1	4264	29	11
USA	12,2	8089	45	11
Bulgarien	15,1	3437	34	12
CSSR	18,9	4908	41	12
DDR	17,0	5532	44	16
Polen	15,7	3509	31	10
Ungarn	18,2	3861	37	13
UdSSR	14,1	3943	38	13
Argentinien	9,4	3209	(20)	9
Bolivien	2,7	1114	(16)	3
Brasilien	(6,0)	2152	(13)	3
Chile	10,6	2372	28	6
Ekuador	3,0	1556	(10)	3
Kolumbien	2,8	1882	13	3
Mexiko	3,0	2547	(10)	6
Paraguay	(2,0)	1753	(11)	3
Peru	(3,0)	1746	(14)	3
Uruguay	8,0	3269	18	11
Venezuela	1,3	3310	23	3

Quellen:
Spalte 1: Öffentliche Sozialausgaben in Prozent des BIP (bzw. des Nettomaterialprodukts in sozialistischen Ländern) 1980. ILO 1985: 56 - 59. Zahlen in Klammer: *Mesa-Lago* 1986: 137f.; diese Zahlen sind nur annäherungsweise mit den ILO-Daten vergleichbar. **Spalte 2:** Reales Inlands-Produkt
pro Kopf 1980 (zu internationalen Preisen von 1975) nach Methode *Summers*/Heston (*Summers/He-
ston* 1984). **Spalte 3:** Abhängige Erwerbspersonen im nicht-landwirtschaftlichen Sektor (in Prozent
der Wohnbevölkerung) 1980 nach Methode *Zöllner* 1963. Berechnet aus ILO Yearbook of Labour
Statistics (diverse Jahrgänge) und United Nations, Demographic Yearbook (diverse Jahrgänge).
Spalte 4: Altersquote (Anteil der Einwohner im Alter von 65 und mehr Jahren an der Bevölkerung,
1980). Quelle: Statistisches Jahrbuch der Bundesrepublik Deutschland (diverse Jahrgänge).

ganz zu schweigen von anderen Staaten der Dritten Welt (*Fuchs* u.a. 1987). Wie die Tabelle 7 zeigt, liegt die durchschnittliche Sozialleistungsquote der westlichen Industrieländer 1980 bei knapp 20 Prozent, wobei freilich — wie in den vorangehenden Kapiteln ausführlich erläutert wurde — große Unterschiede zwischen den Ländern zu beobachten sind. Die Sozialleistungsquoten jedes sozialistischen Staates liegen 1980 unter dem Durchschnittswert der Sozialleistungsquoten der westlichen Nationen. Sie schwanken zwischen 14 Prozent (UdSSR) und 19 Prozent (Tschechoslowakei). Die Sozialleistungsquoten der osteuropäischen Staaten liegen jedoch ihrerseits weit über dem Niveau, das in den lateinamerikanischen Ländern erreicht wurde. In Lateinamerika schwanken die Quoten zwischen 3 und 11 Prozent. Chile führt auf der Rangliste vor Argentinien und Uruguay.

Argentinien, Chile und Uruguay gehören zu den Frühstarter-Nationen der Sozialpolitik in Lateinamerika. Staatliche soziale Sicherungen wurden hier schon im 19. Jahrhundert aufgebaut — zunächst insbesondere für das Militär, ferner für die Staatsfunktionäre und Staatsbeamten und vor allem seit dem 20. Jahrhundert für andere strategisch wichtige Gruppen: die Arbeiteraristokratie der Erdölindustrie, der Eisenbahnen und der Elektroindustrie sowie die Polizei und Lehrer zählen hierzu. Erst später und lückenhaft kamen auch andere städtische Arbeitnehmer-Gruppen in die Reichweite sozialpolitischer Programme, und noch später erfaßte die Sozialversicherung Teile der ländlichen Arbeiter und des häuslichen Dienstpersonals. *Lateinamerikanische Frühstarter-Nationen der Sozialpolitik*

Art und Größe der jeweils sozialpolitisch gesicherten Bevölkerungsgruppe und Richtung, Umverteilungsgehalt und Tempo der Expansion der Sozialpolitik richteten sich in erster Linie nach der Verhandlungsmacht und der Konfliktfähigkeit politischer Gruppen (*Mesa-Lago* 1978). Im Ergebnis entstanden Systeme der sozialen Sicherung, die eine eigentümliche Struktur aufwiesen. Zum einen ist die Unstetigkeit der Sozialpolitik auffällig; sie wird von Stop-Go-Rhythmen erschüttert, die ihrerseits Folge der häufigen Regime- und Regierungswechsel und der schärferen Konjunkturschwankungen sind. Zweitens ist die Sozialpolitik charakterisiert durch *Charakteristika der Sozialpolitik in den lateinamerikanischen Frühstarter-Nationen*

„Fragmentierung und Ungleichheit, Massierung von Privilegien, Ausgrenzung ganzer Bevölkerungsgruppen, regressive Umverteilungswirkung, hohe Verwaltungskosten infolge institutioneller Zersplitterung" und durch einen ausgeprägten „Immobilismus aufgrund der Vetomacht privilegierter Gruppen" (*Wachendorfer* 1986: 113).

Von einem Sozialstaat westeuropäischen Zuschnitts sind die Systeme der sozialen Sicherung in Lateinamerika demnach weit entfernt. Das gilt für die Pioniernationen der Sozialpolitik in Lateinamerika und — mehr noch — für die Spät-Starter-Nationen dieser Region (*Mesa-Lago* 1986; *Wachendorfer* 1986).

Im Unterschied zu den Ländern der Dritten Welt sind die sozialistischen Staaten Osteuropas wirtschaftlich geradezu reich. Ihr Wirtschaftsprodukt pro Kopf der Bevölkerung ist ungleich höher als das der Dritte-Welt-Länder. In den sozialistischen Ländern fließt auch ein größerer Teil des wirtschaftlichen Reichtums in die Kassen der sozialen Sicherung und von dort in die Taschen der Sozialbü- *Sozialpolitik in Osteuropa* rokratie und ihrer Klientel. Den Sozialleistungsquoten der ILO zufolge wird die Rangliste der sozialistischen Länder traditionell von der Tschechoslowakei angeführt, gefolgt von Ungarn und der DDR. Polen, Bulgarien und die Sowjetunion halten demgegenüber die unteren Plätze der Rangordnung (*ILO* 1985: 59).

Relativ zur pro Kopf bezogenen Wirtschaftskraft halten sich die Sozialleistungsquoten der Mehrzahl der osteuropäischen Länder im Rahmen des trendartigen Zusammenhanges von Sozialleistungsquote und ökonomischem Entwicklungsstand, der für den Inter-System-Vergleich kennzeichnend ist, wenngleich im selben Atemzuge die relativ stark abweichenden Fälle UdSSR und DDR zu erwähnen sind, die uns weiter unten noch beschäftigen werden. Relativ zum Trend von Wirtschaftskraft und Sozialleistungsquote in den untersuchten 40 Ländern (vgl. Tabelle 7) haben die sozialistischen Länder mehrheitlich Gemeinsamkeiten mit der Mehrzahl der westlichen Industrieländer: reichere Länder haben tendenziell höhere und ärmere tendenziell niedrigere Sozialleistungsquoten. Das sollte jedoch nicht über die großen Unterschiede zwischen den sozialen Sicherungssystemen in Ost und West hinwegtäuschen.

Die Eigentümlichkeiten der osteuropäischen Sozialpolitik lassen sich anhand der Beispiele UdSSR und DDR besonders gut illustrieren (vgl. *von Beyme* 1975, 1977, 1981, 1984b; *Ruban* 1983; *Materialien* 1987).

An vorderster Stelle ist die nahezu vollständige Verstaatlichung der sozialen Sicherung zu erwähnen. In den führenden Nationen der sozialistischen Welt ist der Staat *der* Organisator der Sozialpolitik — und nicht, wie im Westen der Verbund von Staat, Markt und Wohlfahrtsverbänden. Die Verstaatlichung der Sozialpolitik schließt freilich nicht aus, daß ihre Durchführung den Gewerkschaften obliegt.

Die Sozialversicherung steht im Prinzip allen Staatsbürgern offen. Bemerkenswerterweise ist diese nahezu vollständige soziale Öffnung der Sozialversicherung auf einer niedrigeren Stufe der wirtschaftlichen Entwicklungen anvisiert worden als in den westlichen Ländern. Zweifellos sind hierfür politische Faktoren verantwortlich. Die soziale Sicherung sollte rasch auf- und ausgebaut werden. Das politische Regime des Sozialismus drückt der Sozialpolitik-Planung den Stempel auf. Freilich sind Planung und Planverwirklichung zwei Paar Stiefel. In der Sowjetunion plant man immer noch die Verwirklichung einer leistungsfähigen Sozialsicherung für alle Staatsbürger; die DDR ist auf diesem Weg schon viel weiter vorangeschritten.

In den sozialistischen Ländern zielt die soziale Sicherung auf Produktion, Wachstum und Produktivität. Schutz wird vorrangig gegen die Risiken gewährt, die die Arbeitskraft und Fragen des Wachstums und der Produktivität berühren. Priorität legt man deshalb auf soziale Sicherung gegen Unfall und Krankheit sowie auf Maßnahmen, mittels derer Erwerbsfähigkeit wiederhergestellt und Erwerbstätigkeit unterstützt und aufrechterhalten werden.

Spiegelbildlich zur Orientierung auf Wachstum und Produktivität werden produktions- und wachstumsferne Risiken vernachlässigt. Die Details variieren von Land zu Land und von Periode zu Periode, aber im Kern werden vor allem Altersrentner und andere arbeitsmarktferne und politisch schwache Gruppen vernachlässigt (*Materialien* 1974: 452 - 460; *Stiller* 1983; *Lane* 1985: 62; *Materialien* 1987: 578). Die relative Vernachlässigung der Rentner unterscheidet die sozialistischen Länder markant von den westlichen Ländern, während bei der Vernachlässigung anderer arbeitsmarktferner Gruppen zahlreiche Parallelen zwischen Ost und West auffallen.

Die bevorzugte Behandlung wachstumsrelevanter Risiken und die Vernach-lässigung arbeitsmarktferner Risiken hat erhebliche Folgen für die Erwerbstä-tigkeit: die Sozialpolitik der sozialistischen Länder beinhaltet einen starken An-reiz (wenn nicht gar stillen Zwang) zur Erwerbstätigkeit von sozialen Gruppen, die in den meisten westlichen Industrieländern niedrige Erwerbsquoten aufwei-sen (beispielsweise Frauen und Personen im Alter von 65 Jahren und mehr).

— Sozialpolitik und stiller Zwang zur Erwerbstä-tigkeit

Aus diesem Grund warten die sozialistischen Länder mit sehr hohen Er-werbsquoten von Frauen und in der Regel auch mit hohen Erwerbsquoten von älteren Personen auf. Normalerweise resultiert aus einer hohen Arbeitnehmer-quote — wie *Zöllner* (1963) gezeigt hat — unter sonst gleichen Bedingungen eine hohe Sozialleistungsquote. Normalerweise! Es sind jedoch auch Konstella-tionen denkbar, bei denen die Sozialleistungsquote — trotz hoher Arbeitneh-merquote — relativ niedrig ist: zum Beispiel infolge einer weit nach oben verla-gerten Altersgrenze in der Rentenversicherung (und der hierdurch bedingten kürzeren Zeitspanne der Inanspruchnahme von Altersversicherungsleistungen) und eines durchschnittlich niedrigen Leistungsniveau der Altersrenten. Genau diese Bedingungen sind in der DDR erfüllt, und deshalb ist die Sozialleistungs-quote in der DDR niedrig, obwohl die Arbeitnehmerquote zugleich sehr hoch ist.

Verringert wird die Sozialleistungsquote ferner durch die Vollbeschäftigungs-Garantie der sozialistischen Länder (*Lane* 1985: 61). Sie entlastet die sozialen Sicherungsnetze von der Aufgabe, für das Auskommen der Arbeitslosen zu sor-gen. In den westlichen Industrieländern macht dieser Bereich in Krisenzeiten immerhin knapp 10 Prozent des öffentlichen Sozialbudgets aus. In den soziali-stischen Ländern fallen diese Kosten nicht an; die Kosten für die Beschäfti-gungssicherung werden von anderen Instanzen — z.B. den Betrieben — getra-gen. Hierdurch erklärt sich, daß die Sozialpolitiker der meisten sozialistischen Länder auf eine spezielle Versicherung gegen Arbeitslosigkeit verzichten zu können glaubten. Bisweilen schafften übereifrige Ideologen die Arbeitslosen-versicherung sogar vor Erreichen die Vollbeschäftigung ab — beispielsweise in der Sowjetunion 1930 und in der Volksrepublik China 1950 (*von Beyme* 1975: 257). In der DDR waren die Sozialpolitiker klüger: die Verordnungen, die die Arbeitslosenversicherung begründeten, fielen zum 1. 1. 1978 weg. Sie wurden jedoch durch das neue Arbeitsgesetzbuch ersetzt, das geeignete betriebliche so-zialpolitische Maßnahmen für den Fall vorsah, auf den die alte Arbeitslosenver-sicherung zugeschnitten war: Unterstützung bei vorübergehendem, unverschul-detem Verlust des Arbeitsplatzes.

Die Politik der sozialen Sicherung in den sozialistischen Ländern beinhaltet in der Regel ein relativ hohes Maß an Egalität. Nicht selten wurden in diesen Ländern schicht-, klassen- und geschlechtsspezifische Unterschiede bei der Nutzung von Sozialleistungen eingedämmt. Namentlich die Gesundheitswesen

— Hohes Niveau der Egalität

der sozialistischen Länder sind in dieser Hinsicht mit guten Noten bedacht worden (vgl. z.B. *von Beyme* 1975, 1977; *Ruban* 1983).

— Mindestversorgung auf niedrigem Niveau

Die Politik der sozialen Sicherung in den sozialistischen Ländern enthält jedoch auch ein gerüttelt Maß an Widersprüchen. Auf der einen Seite steht der Tatbestand, daß die Sozialversicherung eine Mindestversorgung beinhaltet. Freilich handelt es sich um Mindestversorgung auf niedrigem Niveau; sie ist so bemessen, daß ein starker Anreiz (wenn nicht gar Zwang) besteht, zusätzliches Arbeitseinkommen zu erzielen oder die Renten mittels Leistungen aus freiwilligen Zusatzversicherungen aufzubessern.

— Gezielte Begünstigung einzelner Gruppen

Gezielte Begünstigung einzelner Gruppen gibt es in der Sozialpolitik aller Länder. Von Land zu Land unterschiedlich sind jedoch Art der begünstigten Gruppen und das Ausmaß der Begünstigung. In der DDR beispielsweise gelten sozialversicherungsrechtliche Sonderregelungen für Angehörige bestimmter Berufsgruppen oder in Anerkennung besonderer Leistungen. Hierzu zählen Führungskräfte in Politik, Wirtschaft und Kultur, Mitarbeiter des Gesundheits- und Sozialwesens, Militär, Polizei, Zollverwaltung, Beschäftigte in den Bereichen Volksbildung, Bahn und Post, Bergleute, ferner anerkannte ,,Kämpfer gegen den Faschismus'' und anerkannte ,,Verfolgte des Faschismus''.

Sozialpolitik in der UdSSR

Besonders krasse gruppenspezifische Sozialpolitiken charakterisieren die Geschichte der Sowjetunion sowohl in der stalinistischen Ära als auch — wenngleich abnehmend — in der nach-stalinistischen Periode. Die Alterssicherung bietet ein gutes Beispiel (*Stiller* 1983). Anspruch auf Altersruhegeld erhielten zuerst Lehrer und Offiziere (1924/25 und 1926) und nicht — wie im kaiserlichen Deutschland — als besonders gefährlich angesehene Gruppen von Industriearbeitern. Industriearbeiter rückten in der UdSSR erst in den Jahren zwischen 1928 und 1932 in den Personenkreis auf, der von der Alterssicherung erfaßt wurde. 1929 folgten die Ärzte. Ausgewählte Gruppen von Angestellten kamen 1937 zum Zuge. Aber selbst diese Öffnung der Alterssicherung war bescheiden dimensioniert. 1956 war gerade jeder zehnte im Rentenalter stehende Sowjetbürger im Besitz einer Altersrente.

Gebrochen mit der alten Tradition wurde erst nach Stalins Tod. Ab 1956 wurden nahezu allen Arbeitern und Angestellten des sozialisierten Wirtschaftssektors Renten-Ansprüche zuteil. Auch die Kolchosbauern — bis dahin die größte Gruppe der von der Rentenpolitik Benachteiligten — wurden erfaßt (1965, 1968 und 1980). Die Alterssicherung bietet nun nahezu allen Beschäftigten einen gewissen Schutz, wenngleich er oftmals nur zur Fristung einer kärglichen Existenz ausreicht. 1980 betrug die durchschnittliche Altersrente nur ein Viertel des durchschnittlichen Monatslohnes für manuelle und nicht-manuelle Arbeit (*Lane* 1985: 62).

Trotz der nachholenden Sozialpolitik der 50er, 60er und 70er Jahre blieben viele Mängel der Sozialpolitik in der Sowjetunion bestehen. Von ihrer Sozialpolitik wird behauptet, daß sie mit einer Zeitverzögerung von durchschnittlich 10 bis 15 Jahren hinter den Problemen herhinke und auch dann Probleme nur unzureichend bewältige (*Stiller* 1983: 302). Außerdem halten sich Privilegierungen und Diskriminierungen hartnäckig. Pavel *Stiller* hat sie am Beispiel gruppenspezifischer Durchschnittsrenten der Alterssicherung so beschrieben:

,,am besten sind, nach wie vor, die Rentenempfänger aus dem Partei- und Staatsapparat sowie den Intelligenz-Berufen versorgt, am schlechtesten die Kolchosbauern und die Rentenlosen (auf Sozialhilfe Angewiesene, privat Beschäftigte). Arbeiter und Angestellte, die nicht zum leitenden Personal gehören, nehmen in der Höhe ihrer Altersversorgung eine mittlere Position ein" (*Stiller* 1983: 297).

Die ,,Privilegierung der Arrivierten" wird auch der Sozialpolitik der DDR nachgesagt. So urteilen die Verfasser der ,,Materialien zur Lage der Nation" von 1974. In der DDR sichert die Mindestrente eine Mindestversorgung der Rentenempfänger (im Unterschied zur Bundesrepublik, in der die Rentenversicherung keine Mindestrenten kennt). Darüberhinausgehende Ansprüche sind durch eigene freiwillige Vorsorgeleistungen oder mittels Aufstieg zu privilegierten Sondergruppen zu decken. Bemerkenswerterweise begünstigt die Rentenpolitik die höheren Einkommen und insbesondere diejenigen, die nach der Gründung der DDR wirtschaftlich und sozial aufgestiegen sind (*Materialen* 1974: 461; *Materialien* 1987: 566 - 595). Sozialpolitik in der DDR

Ähnlich wie in anderen sozialistischen Ländern ist auch die Sozialpolitik der DDR auf Beschäftigung und Wachstum programmiert. Aufrechterhaltung und Wiederherstellung der Arbeitskraft zählen an erster Stelle, Sicherung gegen Risiken der Nicht-Erwerbstätigkeit rangieren auf dem zweiten oder dem dritten Platz (wenngleich die zuletzt erwähnten Risiken, wie beispielsweise altersbedingte Einkommensausfälle, im Zuge der Sozialpoliktik-Reformen der 70er Jahre deutlich besser berücksichtigt wurden als zuvor (vgl. *Michalsky* 1984b)). An der Alterssicherung kann man das besonders deutlich ablesen. Sie beinhaltet relativ viel soziale Gleichheit. Freilich ist das Niveau niedrig. Bis Anfang der 70er Jahre betrugen die Altersrenten im Durchschnitt 28 Prozent des durchschnittlichen Bruttolohnes eines beschäftigten Arbeitnehmers, in der Bundesrepublik hingegen immerhin 40 Prozent. ,,Das Verhältnis zwischen Renten und Arbeitsverdienst ist für den Durchschnittsverdiener in der DDR also erheblich ungünstiger als in der Bundesrepublik Deutschland", so schrieben die Autoren der ,,Materialien zum Bericht zur Lage der Nation 1974" (S. 455). Das gilt auch heute noch. Man muß jedoch im selben Atemzug die geringere Sozialabgabenbelastung der Arbeiter und Angestellten in der DDR hervorheben. Außerdem hat sich mittlerweile im Vergleich zur Sozialpolitik bis Ende der 60er Jahre das Niveau der Renten erhöht, bedingt durch die Neuregelung der freiwilligen Zusatzversicherung und andere Leistungsverbesserungen.

Im Vergleich zu westlichen Ländern (und im Vergleich zum volkswirtschaftlichen Reichtum der DDR) ist das Niveau der Altersrenten niedrig. Hierfür gibt es Gründe: das niedrige Renten-Niveau ist beabsichtigtes Ergebnis gezielter und bewußter politischer Entscheidungen. Beispielsweise hält man die Beitragsbemessungsgrenze (der Betrag, bis zu dem ein prozentual festgelegter Teil des Einkommens an die Sozialversicherung abgeführt wird) auf niedrigem Niveau; ferner ist eine automatische Dynamisierung der Renten und folglich ihre Anpassung an Kaufkraftverlust und zunehmende Erwerbseinkommen nicht vorgesehen (an ihrer Stelle wird fallweise, in der Regel im 2 1/2-Jahres-Turnus, über die Erhöhung der Altersrenten entschieden).

Die Leitlinie der niedrigen Renten (bei gleichzeitiger Chance individueller Aufbesserung mittels der Zusatzrente) hat ihren Sinn. In finanz- und investitionspolitischer Hinsicht geht es darum, den Fond für den sozialen Konsum so unter Kontrolle zu halten, daß er nicht den ehrgeizigen wachstumspolitischen Plänen in die Quere kommt. In arbeitsmarktpolitischer Hinsicht liegt die Rationalität niedriger Renten ohnehin auf der Hand: sie wirken als Anreiz zur Erzielung von Erwerbseinkommen auch im Rentenalter, und sie tragen auf diese Weise dazu bei, den chronischen Arbeitskräftemangel der DDR zu lindern. Ferner kommen lohn- und steuerpolitische Momente hinzu: niedrige Renten erfordern weniger Abgaben auf den Lohn, der in der DDR ohnehin nicht üppig bemessen ist. Hierzu paßt die zusätzliche Differenzierung der Renteneinkommen je nach Höhe der Zusatzversorgung bzw. nach Art der Sonderregelung für einzelne Gruppen (wie z.B. die ,,Intelligenzrente" für Führungskräfte in Wissenschaft und Kultur, Pädagogik und Medizin). Die alte teile-und-herrsche-Strategie macht vor den Toren des Sozialismus nicht halt. Niedrige Renten gibt es für die Masse der Bevölkerung, deutlich überdurchschnittliche oder gar hohe Renten hingegen sind die Belohnung für sozialen und politischen Aufstieg sowie für die Zugehörigkeit zu wichtigen Gruppen und die Besetzung strategischer Positionen in Staat, Wirtschaft und Gesellschaft.

Das niedrige Niveau der durchschnittlichen Rente ist jedoch auch Ergebnis tiefgreifender Reformen der Sozialpolitik in der DDR. Der Aufbau einer Einheitsversicherung an Stelle der gegliederten Sozialversicherung, die rasche Öffnung der Sozialpolitik für nahezu alle Arbeitnehmer und nicht-erwerbstätige Ältere sowie die Einführung einer Mindest-Rente bürdeten dem Sozialetat gewaltige Lasten auf. Hierdurch wurde der Spielraum für die Erhöhung der Renten drastisch beschnitten (*Michalsky* 1984b: 249f.).

Man sieht: die Unterschiede zwischen der Sozialpolitik der Ersten, der Zweiten und der Dritten Welt sind erheblich. Aber warum sind die Unterschiede so groß? Welches sind die Ursachen? Sind ,,systembedingte" Gründe verantwortlich, die sich auch dann nachweisen lassen, wenn die ärmeren Länder reicher werden? Oder sind es ,,entwicklungsbedingte" Gründe, die sich mithin nicht aus der politisch-ökonomischen Verfassung, sondern aus dem Niveau der wirtschaftlichen Entwicklung erklären lassen? Machen Kapitalismus bzw. Sozialismus bzw. Abhängigkeit eines Dritte-Welt-Landes den Unterschied aus, oder liegt der Schlüssel zum Verständnis der Unterschiede darin, daß die westlich-kapitalistischen Länder wirtschaftlich höher entwickelt als die sozialistischen und diese wiederum entwickelter als die Dritte-Welt-Länder sind? Oder sind beide Faktoren — Systemverfassung und Entwicklungsniveau — wichtig? Wenn ja, in welchem Mischungsverhältnis?

Über diese Frage streiten sich die führenden Experten des Ost-West-Vergleiches schon seit langem. Frederic *Pryor*, der 1968 die erste große vergleichende Studie der Ausgabenpolitik kapitalistischer und kommunistischer Nationen vorgelegt hat, kam zu einem eindeutigen und für viele Beobachter sensationellen Ergebnis: Die Regierungen im Westen wie im Osten waren oftmals mit ähnlichen Problemen konfrontiert und wenn man berücksichtigt, daß die östlichen Länder auf niedrigerem wirtschaftlichen Niveau reagierten als die westlichen und wenn man diese Entwicklungsunterschiede konstant hält, dann zeigte sich, daß auch die Politik-Reaktionen einander ähnelten. Die Systemverfassung, die

Ursachen für die Unterschiede der Sozialpolitik in den drei Welten: Systemverfassung oder wirtschaftliches Entwicklungsniveau?

Schulenstreit über Sozialpolitik in Ost und West

Frage, ob Kapitalismus oder Kommunismus entscheidend ist, machte nicht den Pryors Studie 1968 großen Unterschied aus — sofern man den Faktor wirtschaftlicher Entwicklungsstand gleichzeitig berücksichtigte (*Pryor* 1968).

Zu einem ähnlichen Ergebnis kam ein gutes Jahrzehnt später Harold *Wilensky* in einer großangelegten Studie über Sozialleistungsquoten in armen und reichen Wilenskys Studie 1975 Ländern. Die Höhe der Sozialleistungsquote, so sagte *Wilensky*, hängt im wesentlichen von drei Determinanten ab: vom ökonomischen Entwicklungsstand, von der Altersstruktur der Bevölkerung und vom Alter des Systems der sozialen Sicherung. Politische und ideologische Faktoren spielten demgegenüber weder erst- noch zweitklassige Rollen (*Wilensky* 1975; vgl. auch *Zöllner* 1963).

Harold *Wilensky* und Frederic *Pryor* konnten ihre empirischen Befunde mit einer Hypothese kombinieren, die sich insbesondere in den 60er Jahren einiger Beliebtheit erfreute: die sogenannte Konvergenz-Theorie. Sie besagt, daß Konvergenz-Theorie sich modernisierende Länder einander ähnlicher werden — nach Maßgabe des durch technologische Entwicklung und wirtschaftlichen Entwicklungsstand erreichten Komplexitätsniveaus. Die Konvergenz mache letztlich auch vor Ideologien und Systemverfassungen nicht halt, vor der Sozialdemokratie ebensowenig wie vor bürgerlichen Strömungen und vor kapitalistischen Ländern ebensowenig wie vor kommunistischen Nationen. Freilich war die Konvergenz-These nie Kritik an der Konvergenz-Theorie unumstritten, zumal es Anhaltspunkte für Konvergenz und für Divergenz der Gesellschaftssysteme in Ost und West gibt (*von Beyme* 1977). Die Sozialpolitik ist ein Beispiel für die zunehmende Divergenz: seit 1960 wird die Sozialpolitik in einer Reihe westlicher Länder (insbesondere in Ländern mit starker sozialdemokratischer Regierung oder mit heftiger Konkurrenz zwischen Christdemokratie und Sozialdemokratie) sehr stark ausgebaut; in den sozialistischen Ländern Osteuropas wird die Sozialpolitik demgegenüber nur in gemächlichem Tempo erweitert, sogar langsamer als in den von bürgerlichen Strömungen beherrschten westlichen Ländern (vgl. *ILO* 1985: 56-59; *Castles* 1986c).

Im Ergebnis vergrößerte sich der Abstand zwischen den führenden Sozialstaaten Westeuropas und den Sozialstaaten Osteuropas. Die Sozialleistungsquoten der ersteren schwanken zwischen 25 und 32 Prozent, die der sozialistischen Länder Osteuropas jedoch nur zwischen 15 und 18 Prozent. Wirtschaftliche systemstrukturelle und politische Ursachen für Unterschiede in der Sozialpolitik

Solche Unterschiede lassen sich teilweise durch Unterschiede im wirtschaftlichen Entwicklungsniveau und teilweise durch Unterschiede im Profil der Nachfrage nach Sozialleistungen (gemessen beispielsweise durch die Altenquote) erklären — aber eben nur teilweise. Offensichtlich spielen Wirtschaftsverfassung, Ideologie und Politik doch eine größere Rolle, als es Anhänger der Konvergenz-Theorie vermuteten (vgl. auch *Rimlinger* 1971; *Castles* 1986c).

Zur Illustration dieser These soll eine Analyse des Zusammenhanges zwischen Sozialleistungsquoten einerseits und Höhe des wirtschaftlichen Entwicklungsstandes, Größe der Arbeitnehmerquote und Altersquote andererseits dienen. Alle diese Variablen sind durchaus erklärungskräftig, jedoch lassen sie erhebliche Erklärungslücken offen, die sich mittels politisch-struktureller und „Zöllnersches Gesetz": Arbeitnehmerquote und Sozialleistungsquote politisch-ideologischer Determinanten schließen lassen.

Das „*Zöllner*sche Gesetz" vom engen Zusammenhang der Arbeitnehmerquote mit der Sozialleistungsquote (*Zöllner* 1963) wird auch in der Analyse der von uns ausgewählten 40 Länder bestätigt (vgl. Tabelle 7). Der rechnerische Zusammenhang zwischen beiden Größen ist sogar fast deckungsgleich mit der von *Zöllner* identifizierten Korrelation (*Zöllner* 1963: 40). Die Korrelation liegt bei einem Niveau von 0,76 (*Pearsons* Korrelationskoeffizient; Maximum: 1,0, was einen perfekten, ,,100%igen" Zusammenhang anzeigt) und gemäß der Schätzung, die sich aus einer statistischen Analyse (lineare Regression) der Arbeitnehmerquote und der Sozialleistungsquote ableiten läßt, bewirkt eine Veränderung der Arbeitnehmerquote um einen Prozentpunkt eine Veränderung der Sozialleistungsquote um einen halben Prozentpunkt.

Sozialleistungsquote und wirtschaftliches Entwicklungsniveau

Ähnliche Befunde ergeben sich für die beiden anderen Erklärungsfaktoren. Die Korrelation zwischen Sozialleistungsquote und wirtschaftlichem Entwicklungsniveau ist ebenfalls hoch. Sie beträgt 0,75. Das reflektiert den mit dem bloßen Auge aus der Tabelle 7 ablesbaren Zusammenhang: reiche Länder haben in der Regel höhere Sozialleistungsquoten, ärmere Nation niedrige und Mittelklasse-Länder mehrheitlich mittlere Sozialleistungsquoten. Beim Inter-System-Vergleich erweist sich demnach das wirtschaftliche Entwicklungsniveau als eine wichtige Größe zur Erklärung unterschiedlicher Niveaus der sozialen Sicherung — ganz im Gegensatz zu einem Vergleich, der auf die entwickelten westlichen Länder beschränkt ist und bei dem sich unterschiedliche Sozialleistungsquoten nicht auf unterschiedliche wirtschaftliche Entwicklungsniveaus zurückführen lassen.

Sozialleistungsquote und Altersquote

Ähnlich eng wie der Zusammenhang von Sozialleistungsquote und wirtschaftlicher Entwicklung ist im übrigen der Zusammenhang zwischen Altenquote und Sozialleistungsquote: Je höher die Altenquote (gemessen durch den Anteil der mindestens 65jährigen an der Bevölkerung); desto tendenziell höher die Sozialleistungsquote. Korrelationstechnisch ausgedrückt ist der Zusammenhang sogar sehr stark: der Korrelationskoeffizient liegt bei 0,85 und gemäß einer linearen Regressionsschätzung resultiert aus der Veränderung der Altersquote um ein Prozentpunkt eine Veränderung der Sozialleistungsquote um etwa 1,6 Prozentpunkte. Von der Altersquote geht demnach ein kräftiger Impuls auf die Sozialleistungsquote aus.

Mehrvariablen-Analyse: Sozialleistungsquote in Abhängigkeit von wirtschaftlichem Entwicklungsstand und Altersquote

Wie sieht das Ergebnis aus, wenn man Indikatoren der Nachfrage nach sozialen Leistungen mit Indikatoren der wirtschaftlichen Entwicklung kombiniert? Im folgenden werden aus statistisch-methodologischen Gründen nur die Zusammenhänge von Altersquote und ökonomischem Entwicklungsniveau einerseits und Sozialleistungsquote andererseits erfaßt; die Variablen ökonomische Entwicklung und Arbeitnehmerquote sind so stark miteinander korreliert, daß man legitimerweise nur einen Indikator von beiden in einer Mehrvariablen-Analyse verwenden darf.

Ergebnisse der Mehrfach-Regression

Bei einer solchen Analyse wird noch deutlicher, wie stark die unterschiedlichen Sozialleistungsquoten als Funktion des Entwicklungsstandes und der Altersstruktur begriffen werden können. Gemeinsam erklären beide Größen im statistischen Sinne ca. drei Viertel der Unterschiede der Sozialleistungsquote in den Ländern der Ersten, der Zweiten und der Dritten Welt (wobei die Unterschiede rechnerisch ermittelt werden aus dem Durchschnitt der quadrierten Abweichungen der Sozialleistungsquote jedes einzelnen Landes vom Mittelwert der Sozialleistungsquoten).

Die Schätzgleichung der Mehrfach-Regression der beiden erklärenden Variablen wirtschaftlicher Entwicklungsstand (X_1) und Altersquote (X_2) führt zu folgendem Ergebnis (vgl. die Daten in Tabelle 7):

$$Y' = -3.15 + 0.00098(X_1) + 1.285\ (X_2)$$
$$R^2 = 0.747$$
$$N = 40\ ,$$

wobei Y' = der für jeweils gegebene X_1- und X_2-Werte geschätzte Wert der Sozialleistungsquote 1980 ist (Beispiel: für die Bundesrepublik wird gemäß Tabelle 7 für X_1 (Wirtschaftliches Entwicklungsniveau) 6967 und für X_2 (Altenquote)[1] 16 ermittelt und folglich mittels der obigen Regressions-Gleichung die Sozialleistungsquote der Bundesrepublik geschätzt auf:

$Y_{Bundesrepublik}$ = -3,15 + 0.000984 x 6967 + 1.285 x 16 = 24,3%);

X_1 = Wirtschaftliches Entwicklungsniveau 1980 (vgl. Tabelle 7);

X_2 = Altenquote 1980 (vgl. Tabelle 7);

R^2 = Determinationskoeffizient (Proportion der statistisch erklärten Variation, Maximum: 1,0, das Maximum steht für eine „100%-ig" passende Erklärung);

N = Zahl der Fälle (hier: Zahl der untersuchten Länder).

In allgemeinverständliche Sprache übersetzt, besagen die Ergebnisse der statistischen Analyse das Folgende:

Ergebnisse der Mehrfach-Regression: Unterstützung für sozialökonomisch-demographisches Erklärungsmodell

— Die Sozialleistungsquote ist umso höher, je höher entwickelt ein Land ist, und umso höher, je größer der Anteil der älteren Bevölkerung ist.
— Und umgekehrt: die Sozialleistungsquote ist umso niedriger, je weniger entwickelt ein Land ist, und umso niedriger, je kleiner der Anteil der Bevölkerung im Rentenalter ist.
— Für die Höhe der Sozialleistungsquote sind demnach vor allem der Stand der wirtschaftlichen Entwicklung und sozialdemographische Gegebenheiten maßgebend — und *nicht* die Wirtschaftsordnung eines Landes.
— Im Detail läßt sich die Wirkung der Determinanten der Sozialleistungsquote so beschreiben: eine Erhöhung des ökonomischen Entwicklungsstandes um 1000 Einheiten pro Kopf (vgl. zur Messung Tabelle 7) zieht — so die Schätzergebnisse — eine Erhöhung der Sozialleistungsquote um knapp ein Prozentpunkt nach sich. Zusätzlich wirkt jedoch der Effekt der Altenquote. Steigt sie um ein Prozentpunkt, so nimmt hierdurch die Sozialleistungsquote um etwa 1,3 Prozentpunkte zu. Liegt nun beispielsweise zwischen 2 Ländern ein Abstand im ökonomischen Entwicklungsstand von 2000 Einheiten und eine Differenz in der Altenquote von 5 Prozentpunkten, dann beträgt der — durch die Regressions-Gleichung ermittelte — Unterschied der Sozialleistungsquote beider Länder 8,4 Prozentpunkte (0,00098 x 2000 + 1,285 x 2 = 8,4).

Das hier skizzierte sozialökonomisch-demographische Erklärungsmodell der Sozialleistungsquoten kommt — statistisch gesehen — zu guten Ergebnissen. Insoweit stützt es die These der Konvergenz der Gesellschaftssysteme. Spätestens bei der Erklärung von 75 Prozent der Gesamt-Variation der Sozialleistungsquoten stößt es jedoch an eine obere Grenze, sofern man überhaupt unterstellt, daß keine anderen Faktoren außer den sozialökonomisch-demographischen Determinanten direkt auf die Sozialleistungsquote wirken — was eine durchaus zweifelhafte Unterstellung ist. In unserem Zusammenhang kommt es auf folgendes an: obwohl die sozialökonomisch-demographische Erklärung zu guten Ergebnissen führt, läßt sie einige Lücken offen. Und noch wichtiger: diese Lücken können mit Hilfe politisch-struktureller und politisch-ideologischer Erklärungsfaktoren gefüllt werden.

An dieser Stelle kommt die Methode der Restgrößen-Analyse zum Einsatz. Sie zeigt, zu welchen Ländern der sozialökonomisch-demographische Ansatz (im statistischen Sinne) besonders gut und zu welchen er besonders schlecht paßt und bei welchen Ländern die Berücksichtigung zusätzlicher Variablen mithin besonders wichtig ist (wobei unsere Hypothese unterstellt, daß unter den zusätzlichen Variablen politische Determinanten an vorderster Stelle rangieren). Der Restgrößen-Ansatz nimmt als Ausgangspunkt die Schätzwerte der Regression der Wirtschaftskraft und der Altersquote auf die zu erklärende Sozialleistungsquote. In die aus den Daten ermittelte Regressionsgleichung werden Land für Land die jeweiligen Werte des wirtschaftlichen Entwicklungsstandes und der Altersquote eingesetzt, hieraus wird Land für Land die geschätzte Sozialleistungsquote errechnet und die auf diese Weise ermittelte Quote von der tatsächlichen Sozialleistungsquote abgezogen. Im Ergebnis erhält man die sogenannten Restgrößen (oder Residuen) des ökonomisch-demographischen Erklärungsmodells.

Eine zahlenmäßig kleine Restgröße zeigt, daß die Sozialleistungsquote des betreffenden Landes nahe beim ,,Trend" liegt und demnach gut zu dem ökonomisch-demographischen Erklärungsmodell paßt; eine große Restgröße macht hingegen auf einen vom Trend stark abweichenden Fall aufmerksam. Positive Vorzeichen ergeben sich bei den Restgrößen der Länder, deren tatsächliche Sozialleistungsquote höher als die geschätzte Sozialleistungsquote ist. In diesem Fall haben wir es mit einem ,,Sozialpolitik-Überschuß" zu tun — relativ zum Trend. Diese Länder geben überdurchschnittlich viel für soziale Zwecke aus — relativ zum Trend. Negative Vorzeichen der Restgrößen kennzeichnen Länder mit einem ,,Sozialpolitik-Defizit": diese Länder haben ,,zu niedrige" Sozialleistungsquoten — relativ zum Trend.

Viele der untersuchten Länder liegen voll im Trend oder nahe beim Trend. Die Bundesrepublik Deutschland ist hierfür ein Beispiel. Neben ,,Trend-Ländern" gibt es jedoch auch ,,abweichende Fälle". Dabei lassen sich zwei Typen von ,,Abweichlern" unterscheiden: Länder mit einem ,,Überschuß" an Sozialpolitik und Nationen mit einem ,,Sozialpolitik-Defizit". Zu den ,,Überschuß-Ländern" gehören die Benelux-Länder und Schweden. Das sind die Repräsentanten des christdemokratischen bzw. des sozialdemokratischen Weges zum Wohlfahrtsstaat (vgl. hierzu die Kapitel 3 - 5 im Teil 2 dieser Studie). Aber auch Irland und Chile zählen zu dieser Gruppe — und Chile überraschenderweise nicht nur vor dem Putsch von 1973, sondern auch unter dem Regime der Militär-Junta (vgl. hierzu die Analyse von *Wachendorfer* 1986; für den Sonderfall Irland: *Maguire* 1986).

Welches sind die „Defizit-Länder" der Sozialpolitik — relativ zu Wirtschaftskraft und Altersquote? Auch hier greifen Erklärungsmodelle, die politisch-strukturelle und politisch-ideologische Erklärungsvariablen beinhalten. Japan, die Schweiz und die USA zählen zu den „Defizit-Ländern", mithin die Nationen, in denen bürgerliche Strömungen den Ton und Takt für Wirtschaft und Politik angeben und in denen aus diesem Grunde das Sozialstaats-Profil flach ist. Von den westeuropäischen Ländern gehört im übrigen auch Großbritannien zur Gruppe der „Defizit-Nationen" der Sozialpolitik. Mangels finanzieller Masse und bedingt durch die relative wirtschaftliche Schwäche wurde die Sozialpolitik in Großbritannien knapper als in anderen westeuropäischen Ländern gehalten. „Sozialpolitik-Defizit"-Nationen finden sich jedoch auch außerhalb der Ersten Welt. Besonders erwähnenswert sind in diesem Zusammenhang zwei sozialistische Länder: die DDR und die UdSSR gehören zu den „sparsamen" Sozialpolitik-Nationen, während alle übrigen osteuropäischen Länder, für die ILO-Daten verfügbar sind, sozialausgabenpolitisch im Trend liegen.

Warum liegen die DDR und die UdSSR sozialpolitisch unter dem Trend? Warum sind die Sozialbudgets beider Länder zu schwach gepolstert — relativ zum wirtschaftlichen Entwicklungsstand und zur Altersstruktur der Bevölkerung? Länderspezifische Gesichtspunkte schlagen in beiden Fällen zu Buche. In der DDR sind die weiter oben erwähnten fiskal- und investitionspolitischen Überlegungen sowie die beschäftigungs- und die lohn- und steuerpolitischen Gesichtspunkte maßgebend. Im Gegensatz zu anderen sozialistischen Ländern litt die DDR-Wirtschaft lange an einem erheblichen Mangel an Arbeitskräften — nicht zuletzt in Folge des gewaltigen Verlustes der in den Westen Deutschlands geflüchteten Arbeitskräfte (ca. 3 Millionen). Folglich bestand in der DDR ein stärkerer Anreiz als in anderen Ländern, die Sozialpolitik so zu gestalten, daß Arbeitsfähigkeit und Arbeitswilligkeit belohnt und Nicht-Arbeit finanziell bestraft wird, beispielsweise mittels knapp dosierter Renten und karg bemessener Sozialleistungen für andere Nicht-Erwerbstätige auf der einen Seite und ansehnlich dosierten Sozialleistungen für Erwerbstätige auf der anderen Seite. Wie die Erwerbsstatistik zeigt, war diese Politik erfolgreich: die DDR gehört zu den Ländern mit sehr hoher Erwerbsquote und insbesondere mit hohen Erwerbsquoten von Frauen und der älteren Bevölkerung im Alter von 65 und mehr Jahren. Hierdurch sowie infolge des niedrigen Niveaus der durchschnittlichen Altersrenten wird das Sozialbudget ebenso entlastet wie durch die Vollbeschäftigungs-Garantie. In der DDR wird somit — zumindest bereichsweise — das „*Zöllner*sche Gesetz" außer Kraft gesetzt.

Ferner gehörte die DDR in politischer Hinsicht lange Zeit zu den orthodoxen, stark am sowjetischen Modell orientierten Ländern. Aus diesem Grund wurden — bis etwa Anfang der 70er Jahre — Fragen des Konsums im allgemeinen und des Sozialkonsums im besonderen länger und hartnäckiger hintangestellt als in anderen sozialistischen Ländern. Hinzu kommt, daß ein erheblicher Teil der besonders publikumswirksamen Sozialpolitik in der DDR außerhalb des Horizontes liegt, der von der Sozialleistungs-Statistik der ILO erfaßt wird: die expansive Wohnungsbaupolitik besonders der 70er und 80er Jahre ist hier erwäh-

„Defizit-Länder"

— USA, Japan, Schweiz

— Großbritannien

— DDR und UdSSR

Gründe für „Sozialpolitik-Defizit" in der DDR und in der UdSSR

Der Fall DDR

nenswert. In der Sozialpolitik im engeren Sinne, auf die sich unsere Analyse konzentriert, bleibt es jedoch dabei: die DDR hat — ebenso wie die Sowjetunion — eine zu niedrige Sozialleistungsquote, relativ zu ihrem Entwicklungsniveau und ihren demographischen Bedingungen.

Der Fall UdSSR　　Die Sozialpolitik in der Sowjetunion hinkt nicht nur den eigenen Sozialproblemen mit einer Zeitverzögerung von 10-15 Jahren hinterher, die im übrigen aus wirtschaftlichen Gründen nicht zu rechtfertigen ist (*Stiller* 1983); sie hat auch einen Rückstand gegenüber den sozialistischen Nachbarländern. Ein Hauptproblem der sowjetischen Politik der sozialen Sicherung liegt darin, daß ihre kontinuierliche Entwicklung von einer Vielzahl von Faktoren gebremst — wenn nicht gar lange Zeit verhindert — wurde. Die Diskrepanz zwischen Schwäche der sowjetischen Wirtschaft und militärischem Weltmacht-Status ist hier an erster Stelle zu nennen. Das Butter-oder-Kanonen-Dilemma stellt sich in der Sowjetunion schärfer als in reicheren Ländern. Gemessen an ihrer drittklassigen Wirtschaftskraft leistet sich die Sowjetunion viel zu viel Luxus bei Militärmacht und Rüstung. Zum Teil sind die militärpolitischen Anstrengungen und Ambitionen aufgezwungen worden, zum erheblichen Teil aber hausgemachter Art. Zur Militärpolitik kamen weitere ressourcenverschlingende Prestige-Programme, wie zum Beispiel die Raumfahrt. Ferner drückte die nachholende, rasante Industrialisierung auf den Konsumtions-Fonds und mithin auch auf das Budget der sozialen Sicherung. Viertens kamen die notorischen Effektivitäts- und Effizienzprobleme der zentralgesteuerten und partei-politisierten Wirtschaft hinzu. Fünftens schließlich stand dem kontinuierlichen Ausbau der sozialen Sicherung und der effizienten und effektiven Bewältigung von Sozial-Risiken auch der ,,kastenartige Aufbau der sowjetischen Gesellschaft" (*Stiller* 1983: 298) mit ihren zahllosen Privilegierungen und Benachteiligungen verschiedener Gesellschaftsgruppen im Wege.

Wie Politik einen Unterschied macht　　Man sieht: politisch-strukturelle und politisch-ideologische Bedingungen tragen nicht nur zum Verständnis der sozialpolitischen Unterschiede der westlichen Industrieländer bei; als wichtige Erklärungsfaktoren erweisen sie sich auch beim Vergleich der Sozialpolitik in Ländern der Ersten, der Zweiten und der Dritten Welt. ,,Does politics matter?" — machen (unterschiedliche) politische Strukturen und Prozesse einen Unterschied in der Regierungspraxis und in der politischen Entwicklung? So lautete eine Frage, die in der Politikwissenschaft der 60er und 70er Jahre häufig gestellt wurde (vgl. den Überblick bei *Schmidt*, 1982: Kapitel 3). Wenn wir die Ergebnisse unserer bisherigen Analyse zusammenfassend bewerten, dann läßt sich diese Frage eindeutig beantworten: Ja! Und wie!

Teil III: Politische, soziale und wirtschaftliche Wirkungen der Sozialpolitik

Einleitung

Was wurde mit dem Sozialstaat erreicht? In welchem Ausmaß trug er zur Sta- Fragestellung
bilisierung politischer, sozialer und ökonomischer Verhältnisse bei, und in welchem Ausmaß hat er die Lebensbedingungen in den westlichen Ländern verbessert? Inwiefern hat der Sozialstaat neue Probleme geschaffen und zur Destabili-
sierung der westlichen Industrieländer beigetragen? Wie muß die Politik der
sozialen Sicherung in einer Periode, die durch reduziertes Wachstum und hohe
Arbeitslosigkeit gekennzeichnet ist, aussehen? Diese Fragen spielen in der aktuellen Diskussion über die Sozialpolitik eine große Rolle. Im Zentrum dieser
Diskussion stehen das ,,sozialdemokratische" und das ,,konservative Sozialstaatsmodell" (vgl. Kapitel 5 im Teil 2 dieser Studie).

Die drei folgenden Kapitel sollen Anhaltspunkte zur Beantwortung der in die- Überblick
ser Debatte aufgeworfenen Fragen liefern. Zunächst werden die wichtigsten
Hypothesen über wirtschaftliche, soziale und politische Wirkungen der Sozialpolitik vorgestellt und diskutiert. Hier wird sich zeigen, daß die modischen Kri-
tiken, die sich auf der konservativen wie auf der progressiven Seite des politischen Spektrums großer Beliebtheit erfreuen, an der Vielschichtigkeit der Problematik vorbeigehen. Abschließend wird die Frage aufgeworfen, inwieweit
unter den gegenwärtigen krisenhaften Bedingungen in den westlichen Ländern
noch an eine Fortsetzung der Sozialpolitik zu denken ist.

Die weltweite Rezession von 1973/74 markiert eine ,,Trendwende" in der Wirtschaftliche, po-
wirtschaftlichen Entwicklung der westlichen Länder (*Dahrendorf* 1979). Die litische und akade-
langanhaltende Prosperität, die, für viele Beobachter überraschend, den westli- mische Trend-
chen Ländern nach dem Ende des Zweiten Weltkrieges beschert war, ging of- wenden
fensichtlich zu Ende (vgl. *Boltho* 1982; *Lutz* 1984). Trendwenden ereigneten
sich auch auf anderen Gebieten, nicht nur auf den politischen Bühnen der westlichen Industrieländer, in denen die Übernahme der Regierungsgeschäfte durch
Regierungsparteien mit neoliberaler Programmatik einen bedeutsamen Bruch
signalisierten (z.B. die Regierungen der Conservative Party in Großbritannien
seit 1979, die *Reagan*-Administration in den USA 1980 und die seit 1982 amtierende CDU/CSU/FDP-Regierung in der Bundesrepublik Deutschland). Trendwenden kennzeichneten darüberhinaus die akademische und politische Diskussion über den Sozialstaat ,,konservativer" und ,,sozialdemokratischer Prägung" (vgl. Teil 2, Kapitel 5).

Die Kritik an der Sozialpolitik nahm an Breite und Intensität zu, sowohl bei
der neuen Linken als auch auf konservativ-liberaler Seite (vgl. als Überblick
Strasser 1979). Hatte der Sozialstaat lange Zeit als Garantie politischer, sozialer

und wirtschaftlicher Stabilität gegolten, so mehrten sich nun Stimmen, denen

Sozialpolitik als Problemlöser oder als Problemerzeuger?

zufolge die Sozialpolitik eher als Krisenverursacher denn als Krisenbewältiger angesehen werden muß (vgl. z.B. den Überblick bei *Flora* 1979 und *Saunders/ Klau* 1985b sowie die Beiträge von *Wittmann* 1981; *Adam* 1985 und *Jungblut* 1985). Die von der traditionellen Linken geäußerte Kritik am Sozialstaat hatte sich lange im Nachweis erschöpft, daß er grundlegende Konflikte einer kapitalistischen Gesellschaft behelfsmäßig kitte. Die erfolgreiche Stabilisierung der sozialen und wirtschaftlichen Ordnung wurde hier kritisch angeklagt. Ferner wurden die Lücken und Ungleichheiten im System der sozialen Sicherung hervorgehoben (vgl. z.B. *Westergaard* und *Resler* 1975; als Überblick *Strasser* 1979).

In den 70er Jahren kamen neue Argumente zur traditionellen Kritik am Sozialstaat hinzu. Man betonte nun die sozialen und politischen Kosten der sozialstaatlichen Praxis stärker als zuvor. Mehr soziale Sicherung beinhalte, so wurde argumentiert, mehr Verrechtlichung und Bürokratisierung und mehr Herrschaft und Kontrolle alltagsweltlicher Zusammenhänge. Liberal-konservative Kritiker verweisen beispielsweise darauf, daß die Entstehung einer sozialstaatlichen ,,Klientelgesellschaft" (*Baier* 1977: 141) traditionelle Staatsbürgertugenden und Freiheitsspielräume untergrabe; gesellschaftskritische Autoren versuchen demgegenüber nachzuweisen, daß das eigentliche Problem in der ,,Kolonisierung der Lebenswelt" (*Habermas* 1981, Band 2: 489ff.) durch Bürokratie und Kommerzialisierung liege (vgl. auch *Sachsse* und *Tennstedt* 1986).

These der Überlastung der Wirtschaft durch Sozialpolitik

Eine weitere, praktisch-politisch zunehmend einflußreichere Kritikvariante wurde von neoklassisch orientierten Wirtschaftswissenschaftlern und Wirtschaftspolitikern ins Spiel gebracht. Der Sozialstaat habe die private Wirtschaft überlastet und die Investitions- und Arbeitsbereitschaft unterminiert (als Überblick *Balassa* 1984; *Wittmann* 1981). Die Ursachen der Wirtschaftsmisere der 70er Jahre seien dort zu suchen, wo die Sozialpolitiker immer das Heil sahen: bei dem umfassenden Schutz und den hohen Leistungen der sozialen Sicherungssysteme und bei der Verdrängung des Marktes durch staatliche Steuerung. Zur ökonomisch begründeten Kritik gesellt sich eine politische Krisen-Hypothese: ein zu großzügig ausgebauter Sozialstaat gehöre zu den Ursachen für die in den 60er und 70er Jahren zunehmenden Konflikte in den westlichen Industrieländern (*Janowitz* 1976).

Inwieweit halten diese und andere Argumente, die in der aktuellen Diskussion über die Sozialpolitik eine bedeutsame Rolle spielen, den Befunden von sozial- und wirtschaftswissenschaftlichen Studien über die Wirkungen von Sozialpolitik stand? In welchem Ausmaß hat die Sozialpolitik zur Lösung von Problemen beigetragen, und in welchem Ausmaß wurde der Sozialstaat selbst zu einem Problemerzeuger? Die Tabelle 8 präsentiert einen Überblick über die wichtigsten Argumente zu diesen Fragen.

Tabelle 8: Der Sozialstaat als ,,Problem-Bewältiger" und als ,,Problemerzeuger" — ein Überblick über die wichtigsten Argumente

	,,Problem-Bewältiger"	*,,Problem-Erzeuger"*
I. Politische Dimension	+ Sicherung der Loyalität der Staatsbürger	+ Schaffung neuer Verteilungskonflikte (neue soziale Frage, Steuerprotest)
	+ Organisation des Klassen-Kompromisses	+ Befördert verantwortungslosen Konkurrenzkampf (,,Nehmen wichtiger als Geben")
	+ Entschärfung von Interessenkonflikten	+ Untergräbt Stabilität traditioneller Staatsbürgertugenden
	+ Entlastung der privaten Wirtschaft von Konflikten (kleines Streik-Volumen)	+ Unbeweglichkeit der Politik/Unregierbarkeit
	+ Verhindert Umschlagen ökonomischer Krisen in politische Krisen	
II. Soziale Dimension	+ Verbesserter Schutz gegen Armuts-Risiken	+ Macht alte und neue Ungleichheiten zum Dauer-Thema
	+ Umfassende staatliche Daseinsvorsorge	+ Unterminiert Eigeninitiative und individuelle Freiheit und Verantwortung
	+ Auffangen anomischer Tendenzen	+ Schafft neue Benachteiligungen
	+ Marginalisierung von Deprivation und Opposition	+ Destabilisierung der Klassenstruktur (Lockerung traditioneller Bindungen)
	+ Verminderung geschlechtsspezifischer Ungleichheit	+ Kolonisierung der Lebenswelt
III. Wirtschafts-Dimension	+ Eingebaute antizyklische Nachfragestärkung	+ Leistungs- und arbeitsplatzfeindliche Kostenbelastung von Unternehmen
	+ Sozialer Frieden als Produktivkraft	+ Leistungs- und arbeitsmoralgefährdende Überlastung der Arbeitnehmer
	+ Gesicherte Reproduktion und Reparatur von Arbeitskraft	+ Abwanderung in Schattenwirtschaft
	+ Anreiz zur (arbeitssparenden) technologischen Modernisierung (Sicherung der Anpassungsfähigkeit der Ökonomie)	+ Überlastung des Staatshaushaltes
	+ Länder mit starkem Sozialstaat meistern Krisen gleich gut oder besser als Länder mit schwachem Sozialstaat	+ Verzerrung oder Blockierung der Anpassungsfähigkeit der Wirtschaft
		+ Ineffektivität und Ineffizienz der öffentlichen Sozialpolitik

Zusammengestellt aus *Adam* 1985; *Alber* 1983a; *Badura* 1982; *Badura/Groß* 1976; *Baier* 1977; *Balassa* 1984; *Coughlin* 1980; *Flora* 1979; *Geißler* 1976; *Habermas* 1981, Bd. 2; *Habermas* 1985; *Janowitz* 1976; *Jungblut* 1985; *Kirchheimer* 1965; *Maddison* 1982; *Offe* 1983; *Paloheimo* 1984; *Ringen* 1987; *Saunders/Klau* 1985; *Therborn* 1984; *Wilensky* 1975; *Wittmann* 1981.

1 Wirtschaftliche Wirkungen

These der Überlastung der Wirtschaft und der Untergrabung der Arbeitsbereitschaft Die Sozialpolitik hat die Leistungsfähigkeit der Wirtschaft überlastet und die Arbeitsmoral der Arbeitnehmer untergraben, so lautet eine folgenreiche Kritik am Sozialstaat. Im einzelnen werden für diese Sichtweise folgende Gründe geltend gemacht:

— Die hohen Steuersätze hätten, in Verbindung mit hohen Sozialabgaben der Arbeitgeber und Arbeitnehmer, konterproduktive wirtschaftliche Wirkungen gehabt. Sie verminderten insbesondere den Anreiz zu arbeiten, zu sparen und zu investieren.

— Hohe Steuern und hohe Sozialabgaben übten insbesondere auf die Beschäftigung negative Effekte aus. Sie induzierten arbeitssparende Rationalisierungsinvestitionen, bedrohten die Wettbewerbsfähigkeit nationaler Industriezweige auf den Weltmärkten, reduzierten das Volumen oder zumindest das Wachstum von Investitionen und führten insgesamt zu erheblichen Beschäftigungsverlusten.

— Überdies würden hohe Steuer- und Sozialabgaben dazu beitragen, die Steuermoral zu unterminieren. Ferner stärkten sie den Anreiz, Arbeit und Produktion in die steuer- und sozialabgabenfreie Schattenwirtschaft zu verlagern.

— Hohe Steuerbelastung und hohe Sozialabgaben verminderten insgesamt das Ausmaß, zu dem eine Wirtschaft auf neue marktbedingte Gegebenheiten flexibel, effizient und effektiv reagieren können.

— Obendrein könnten die Sozialleistungssysteme nicht einmal ihren eigenen Anspruch wahren, Probleme effizient und effektiv zu bewältigen. Hierfür werden insbesondere die Abwesenheit von Markt-, Konkurrenz- und Leistungskriterien in der sozialen Sicherung verantwortlich gemacht.

— Zu einem guten Teil sei die wirtschaftliche Misere der 70er und frühen 80er Jahre, insbesondere das hohe Niveau der Arbeitslosigkeit, auf Folgeprobleme einer Sozialpolitik zurückzuführen, die das Netz der sozialen Sicherung zu rasch ausgebaut und zu engmaschig geknüpft habe (vgl. *Saunders/Klau* 1985).

Überlastungs-These von progressiver Seite Man muß sich vor raschen Zuordnungen dieser Kritik zu politischen Lagern hüten. Die kritische Sichtweise der wirtschaftlichen Folgeprobleme von Sozialpolitik ist keineswegs nur auf liberale und konservative Kritiker beschränkt; sie wird in Grundzügen von zahlreichen gesellschaftskritischen Analytikern geteilt.

So hat beispielsweise unlängst Jürgen *Habermas*, im Anschluß an Arbeiten von Claus *Offe* (1983), die Grenzen der Interventionsmacht und -fähigkeit des Staates im Innern so gekennzeichnet: Hier stoße der Sozialstaat

> „je erfolgreicher er seine Programme durchsetzt, umso deutlicher, auf den Widerstand der privaten Investoren. Es gibt natürlich viele Ursachen für eine verschlechterte Rentabilität der Unternehmen, für schwindende Investitionsbereitschaften und fallende Wachstumsraten. Aber die Verwertungsbedingungen des Kapitals bleiben eben auch vom Ergebnis der sozialstaatlichen Politiken nicht unberührt, weder tatsächlich — und erst recht nicht — in der subjektiven Wahrnehmung der Unternehmen. Zudem verstärken wachsende Lohn- und Lohnnebenkosten die Neigungen zu Rationalisierungsinvestitionen, die — im Zeichen einer zweiten industriellen Revolution — die Arbeitsproduktivität so erheblich steigern und die gesamtgesellschaftlich notwendige Arbeitszeit so erheblich senken, daß trotz des säkularen Trends zur Arbeitszeitverkürzung immer mehr Arbeitskräfte freigesetzt werden" (*Habermas* 1985: 149).

Für die These der wirtschaftlichen Folgeprobleme der Sozialpolitik lassen sich empirische Belege finden, angefangen bei allseits bekannten Fällen des Mißbrauchs sozialer Leistungen, über Studien zum Wachstum der Schattenwirtschaft, Analysen, die einen statistischen Zusammenhang beispielsweise zwischen Höhe der Sozialleistungsquote und Wachstumsschwäche (*Weede* 1986) bzw. zwischen ausgebauter Arbeitslosenversicherung und hohem Niveau bzw. rascher Zunahme der Arbeitslosenquoten nachweisen (vgl. z.B. *Saunders/Klau* 1985b: 146 - 152; *Cassel* 1982; *Weck* 1982). *(Empirische Anhaltspunkte für Belastungs-These)*

An dieser Stelle setzt ein Konzept an, das vor allem von neoklassischen Wirtschaftswissenschaftlern favorisiert wird: die Senkung der Arbeitskosten und insbesondere der Lohnnebenkosten auf ein Niveau, das sehr hohes Wachstum ermöglicht und die Zahl der Arbeitsplätze hält oder vergrößert. *(Praktische Folgerungen aus Überlastungs-These: Senkung der Arbeits- und der Lohnnebenkosten)*

Freilich stehen der Verwirklichung dieses Programms praktische Hindernisse im Wege, und überdies ist die Begründung, die für diese Therapie angeboten wird, weniger gut abgesichert als das auf den ersten Blick der Fall zu sein scheint. Praktische Hindernisse einer allgemeinen Arbeitskosten- oder Lohnnebenkosten-Senkung wären die folgenden: die Senkung der Kosten müßte substantiell sein. Pointiert formuliert: das Lohnniveau und das Niveau der Sozialabgaben müßte vermutlich auf ein Niveau heruntergedrückt werden, das dem Lohnniveau in sich industrialisierenden Ländern, wie zum Beispiel Süd-Korea, Taiwan, Hongkong und Singapur ähnelt. Daß bisher kein Politiker diesen Weg ernsthaft in Betracht gezogen hat, vermag nicht weiter zu verwundern. Eine solche Politik wäre nicht mehrheitsfähig; sie würde überdies enorme soziale und politische und mittelfristig auch enorme wirtschaftliche Kosten nach sich ziehen.

Prinzipiell aussichtsreicher wäre ein Programm, das die Lohnnebenkosten der Unternehmen (insbesondere die Sozialabgaben) reduziert und durch alternative Finanzierungsmodalitäten ersetzt (zum Beispiel durch Erhöhung indirekter Steuern). Auch diesem Programm stehen starke bürokratisch-politische Hindernisse im Wege. Es setzt überdies eine konfliktträchtige grundlegende Reform des gesamten Systems der sozialen Sicherung und des Steuerwesens voraus.

Gegen beide Programme — Senkung der Arbeitskosten insgesamt oder gezieltere Senkung der Lohnnebenkosten — sprechen jedoch auch andere Ge-

189

sichtspunkte. Da ist zum einen das Problem, daß die neuen Technologien der neuen Computergenerationen in Relation zur Arbeit konkurrenzlos billig sind. Die Folge liegt auf der Hand:

> ,,Arbeit kann unabhängig von ihrem Preis in immer mehr Bereichen mit modernen Techniken nicht mehr konkurrieren" (*Wahl* 1985: 13).

Hinzu kommt, daß solche Techniken in den nächsten Jahren zunehmende Bedeutung im Produktionsprozeß gewinnen. Da in der Bundesrepublik ein Nachholbedarf bei der Anwendung neuer Technologien besteht, kann man erwarten,

> ,,daß hier in den nächsten Jahren eine Lawine in Gang kommt, die weder durch niedrige Arbeitskosten noch durch hohe Kapitalkosten gebremst werden kann" (*Wahl* 1985: 13).

Empirische Anhaltspunkte, die der Belastungs-These widersprechen | Gegen die oben skizzierte kritische Bilanz der wirtschaftlichen Wirkungen der Sozialpolitik und gegen die Therapie der Senkung von Arbeitskosten bzw. Lohnnebenkosten spricht ein weiteres Argument: wir wissen über die Zusammenhänge zwischen Sozialpolitik und wirtschaftlichen Prozessen noch nicht ausreichend gut Bescheid.

Beispielsweise wurde oben gesagt, es gebe empirische Belege für die These, daß Sozialpolitik wirtschaftlich abträgliche Folgeprobleme erzeugt. Es liegen jedoch auch zahlreiche Studien vor, die gegen diese These sprechen (*Alber* 1983a, 1986b: 139f.; *Saunders/Klau* 1985; *Therborn* 1985; *Whiteley* 1986). Es gibt demnach beim gegenwärtigen Kenntnisstand kein gesichertes Wissen über systematische und verallgemeinerbare Zusammenhänge zwischen Sozialleistungen und Sozialabgaben einerseits und ökonomischer Leistungsfähigkeit, Effizienz und Effektivität andererseits. Insbesondere Ergebnisse aus international vergleichenden Untersuchungen sind geeignet, um modischer Kritik am Sozialstaat den Wind aus den Segeln zu nehmen: zahlreiche Autoren haben nachgewiesen, daß es keinen systematischen Beleg für die These gibt, daß ein hohes Niveau an Sozialstaatlichkeit notwendigerweise schädlich für Wachstum, Anpassungsfähigkeit der Ökonomie und Arbeitsbereitschaft gewesen sei (wenngleich unbestritten sei, daß die Lohn- und Sozialpolitik dazu beigetragen habe, daß die Löhne ,,starr" und nach unten nur wenig flexibel sind).

Wenig Belege für Belastungs-These in international vergleichenden Studien | Einige internationale vergleichende Studien zeigen sogar einen Zusammenhang an, der dem Tenor der neoliberalen Wirtschafts-Diagnose widerspricht: Länder mit relativ hohen Sozialausgaben (und mit einem hohen Ausmaß an sozialem Konsens, der seinerseits durch sozialstaatliche Politik gestützt wird), sind in der Regel nicht schlechter durch die weltwirtschaftliche Krise der 70er Jahre gekommen als Länder, die sozialpolitisch weniger zu bieten hatten (vgl. *Paloheimo* 1984; *Schmidt* 1983b; *Alber* 1983a; *Korpi* 1985; *McCallum/Blais* 1987). Sie waren sogar bei der Modernisierung ihrer Volkswirtschaften insgesamt erfolgreicher als die Länder mit kleineren Sozialleistungsquoten (mit Ausnahme von Japan), nicht nur aufgrund ihres breiteren Konsenses, sondern auch infolge des (durch hohe Sozialabgaben verstärkten) Zwanges zur Modernisierung und Produktivitätssteigerung (*Czada* 1983 und 1985).

Skeptisch wird die ökonomische Kritik an Folgen des Sozialstaates im übrigen auch in einer umfassenden Studie beurteilt, die von Wissenschaftlern der OECD unlängst veröffentlicht wurde (*Saunders/Klau* 1985). Insgesamt betrachtet, so die Autoren dieser Studie, sind die unerwünschten wirtschaftlichen Nebenfolgen von sozialen Leistungen in der Regel von geringerer Bedeutung oder für längere Zeiträume und mehrere Länder nicht systematisch nachweisbar. Keinesfalls reichten die unerwünschten Nebeneffekte der sozialen Sicherungssysteme aus, um aus sich heraus etwa den Anstieg der Arbeitslosenzahlen seit Ende der 70er Jahre zu erklären.

Insoweit wird man die wirtschaftspolitischen Argumente, die gegen den Sozialstaat vorgebracht werden, mit Vorsicht genießen müssen, was jedoch nicht zum Umkehrschluß verleiten sollte, daß die Argumente für den Sozialstaat hieb- und stichfest seien. Es ist einseitig, den Sozialstaat nur als Belastung der Wirtschaft zu verbuchen — ohne Berücksichtigung seiner ökonomisch stabilisierenden Funktionen (vgl. *Flora* 1985: 15). Es ist jedoch gleichermaßen einseitig, die Sozialpolitik schlicht als ,,Entlastung" (*Kleeis* 1928: 297) zu begreifen, nur weil sie in sozialer und politischer Hinsicht stabilisierende Wirkungen zeitigt. Sozialausgaben tragen unbestritten zu höheren Kostenbelastungen der Unternehmen bei. Jedoch fehlt bislang ein überzeugender Nachweis, daß sich diese Belastung immer und überall als gesamtwirtschaftlich schädlich erweist. Zu viele Variablen wirken auf mikro- und makroökonomische Größen ein, als daß man wirtschaftliche Fehlentwicklungen schlicht dem Konto der Sozialpolitik zuschreiben könnte (vgl. zum Beispiel die Analyse der Rezession der 70er Jahre bei *Boltho* 1982).

[Randnotiz: Zusammenhänge zwischen Sozialpolitik und wirtschaftlicher Leistung nicht eindeutig]

Man kann nicht ausschließen, daß die ökonomische Kritik am Sozialstaat und insbesondere ihre Kernthese von der Überlastung der Wirtschaft sich als sehr relativ erweist. Es wäre nicht zum ersten Mal, daß Analytiker die als kritisch erachteten Grenzen nach oben schieben müssen. Im 19. Jahrhundert haben Ökonomen beispielsweise die kritische Obergrenze für wirtschaftlich unschädliche Staatsausgaben bei einer Staatsquote von zehn Prozent festgemacht. Mehr als ein halbes Jahrhundert später (1945) sprach der Ökonom Colin *Clark* davon, daß 25 Prozent das obere Limit seien — in Friedenszeiten, fügte er hinzu. Von dem schwedischen Wirtschaftswissenschaftler Assar *Lindbeck* war demgegenüber unlängst die These zu hören, daß die kritische Grenze heutzutage bei 60 Prozent liege, also auf einem Niveau, das nunmehr von Schweden und den Niederlanden erreicht wurde, von den anderen OECD-Ländern jedoch noch weit unterschritten wird (*Maddison* 1982: 82).

[Randnotiz: Zweifel an der Existenz historisch invarianter Belastungsgrenzen]

Eindeutig definierte, historisch invariante obere Grenzen gibt es offenbar weder für die Staatsausgaben insgesamt noch für die Sozialausgaben im besonderen. Wichtiger ist vermutlich ein anderer Zusammenhang, auf den Jürgen *Habermas* in der oben zitierten Passage aufmerksam gemacht hat: die politische Psychologie von Investoren, Wirtschafts- und Sozialpolitikern spielt eine zentrale Rolle bei der Definition von kritischen Obergrenzen. In dieser Hinsicht hat die politisch-ideologische Trendwende den Sozialstaat unter erheblichen Druck gesetzt: der Sozialstaat wurde — zu Recht oder zu Unrecht — als Belastung wahrgenommen.

Wichtig ist ferner der Zusammenhang von Sozialausgaben, Abgabenbelastung und internationaler Konkurrenzfähigkeit gegenüber den wichtigsten konkurrierenden Nationen. Insofern ist nicht die Höhe der bundesrepublikanischen Sozialleistungsquote per se oder die Höhe der bundesrepublikanischen Abgabenquote per se die kritische Größe, sondern das Verhältnis zwischen Sozialleistungsquote bzw. Abgabenquote in der Bundesrepublik und der Sozialleistungsquote bzw. Abgabenquote in den wichtigsten konkurrierenden Ländern. Echte Probleme erzeugt die Sozialpolitik, wenn sie die bundesdeutsche Wirtschaft weitaus stärker belastet als die Wirtschaft der wichtigsten Konkurrenz-Nationen. Die Deutsche Bundesbank hat auf diesen Zusammenhang in aller Klarheit aufmerksam gemacht. In einer offiziellen Bundesbank-Studie über die ,,Belastung mit Sozialabgaben seit Beginn der siebziger Jahre" heißt es, daß die Wettbewerbssituation der Bundesrepublik Mitte der 80er Jahre ,,recht günstig" sei. Jedoch könnten sich die hohen Abgaben, insbesondere die hohen Sozialabgaben, ,,durchaus als Belastung bemerkbar machen, wenn einmal andere ungünstige Faktoren hinzukommen sollten". Und ferner wird ausgeführt:

> ,,Aus der Sicht der Bundesrepublik sind Unterschiede in der Abgabenbelastung zwar weniger ein Problem innerhalb der Europäischen Gemeinschaften; hier nimmt die Bundesrepublik — was den Anteil der Sozialversicherungsbeiträge an den Lohnkosten betrifft — einen Mittelplatz ein... Verglichen mit wichtigen außereuropäischen Konkurrenten auf den Weltmärkten ergibt sich ein anderes Bild: In den Vereinigten Staaten und in Japan... ist die Belastung mit Sozialabgaben allenfalls halb so hoch wie in der Bundesrepublik, und seit Beginn der siebziger Jahre hat sich der Abstand noch vergrößert" (Monatsberichte der Deutschen Bundesbank 1/1986: 23f.).

Zweifellos liegt hierin ein wirtschaftspolitisches Problem, das sich *nicht* durch den Vergleich des Sozialleistungsniveaus der Bundesrepublik mit dem deutlich höheren Sozialleistungsniveau der skandinavischen Länder und der Benelux-Nationen bagatellisieren läßt. Die Bundesrepublik gehört zu den dominanten Ökonomien auf dem Weltmarkt und unter den bevölkerungsreichsten und wirtschaftskräftigsten Ländern der westlichen Welt ist sie das Land mit den großzügigsten Sozialleistungen, einem hohen Maß an arbeitsrechtlicher Sicherheit für Arbeitsplatzbesitzer und den stärksten Gewerkschaften — wohlgemerkt: im Vergleich zu anderen großen reichen OECD-Ländern (und nicht im Vergleich zu kleineren, insbesondere skandinavischen Ökonomien). Aus diesem Grund schlägt die Diskussion über die Sozialpolitik und ihr Spannungsverhältnis zur Wirtschaftspolitik in der Bundesrepublik so hohe Wogen.

Ein weiterer Gesichtspunkt verschärft die bundesrepublikanische Debatte über den Zusammenhang von sozialer Sicherung und wirtschaftlicher Leistungskraft. Der Anteil der älteren Bevölkerung ist hierzulande sehr hoch und weiter im Steigen begriffen und der Anteil der Ausgaben für Alterssicherung an allen Sozialausgaben zählt zu den höchsten Alterssicherungsquoten in der ganzen Welt. Hier liegt sozialer und politischer Zündstoff: Angesichts rasch zunehmender Größe der Bevölkerung im Rentenalter gerät die Rentenversicherung in unlösbare Finanzierungsprobleme, sofern nicht die Abgaben für Beitragszahler drastisch erhöht bzw. durch steuerfinanzierte Zuschüsse von seiten des Bundes und der Länder die Einnahmedefizite ergänzt und/oder die Leistungen aus der Rentenversicherung drastisch gesenkt werden (vgl. z.B. *Merklein* 1986). Allen drei Varianten stehen größte politische und ökonomische Probleme und Widerstände im Wege. Der Widerstand der Beitragszahler, die einen erheblichen Teil ihres Bruttoeinkommens für Steuern und Sozialabgaben aufwenden müßten, der Widerstand der Finanzminister und der Steuerzahler und der Unmut der Versicherungsnehmer, die sich um die Früchte ihrer hohen Beitragszahlungen im Laufe des Arbeitslebens geprellt sehen würden, sind dabei an erster Stelle zu erwähnen. Insoweit läßt sich vermuten, daß die eigentliche Probe auf die Belastung der Wirtschaft durch Sozialausgaben vermutlich noch aussteht.

2 Soziale Wirkungen

Anhaltspunkte für
Problembewälti-
gungs-These
Im Gegensatz zur Diskussion über die wirtschaftlichen Wirkungen der Sozialpolitik gibt es bei der Debatte über die Auswirkungen der sozialen Sicherung auf das soziale Gefüge der westlichen Länder größeren Konsens. Im großen und ganzen herrscht Einigkeit darüber, daß die Sozialpolitik (insbesondere
diejenige, die im Kontext ,,konservativer" und ,,sozialdemokratischer Sozial-
staatsmodelle" praktiziert wurde) eine Reihe von Problemen bewältigt hat:

Schutz gegen mate-
rielle Not
— Sie bot einen vergleichsweise weitreichenden Schutz gegen materielle Not,
   die beim Eintreten der Risikofälle Alter, Krankheit, Unfall und Arbeitslosigkeit zu erwarten gewesen wäre. Dabei waren insbesondere diejenigen Länder erfolgreich, die beitragsbezogene und an Einkommenssteigerungen der
   beschäftigten Arbeitnehmer gebundene Sozialleistungen gewährten (*Kaim-
   Caudle* 1983).

Auffangen von Fol-
geproblemen der
Modernisierung
— Die Sozialpolitik hat insofern die Folgeprobleme aufgefangen, die von der
   wirtschaftlichen und gesellschaftlichen Modernisierung der westlichen Länder erzeugt wurde. Sie bot überdies einen mehr als vollwertigen Ersatz für
   die nachlassende Absorptionskraft von traditionellen Systemen der sozialen
   Sicherung auf familiärer oder gemeindlich-karitativer Basis. ,,Gäbe es die
   Sozialversicherung nicht", so hat ein Sozialrechtshistoriker über die Sozialpolitik in Deutschland gesagt, ,,dann müßte ein System mit vergleichbaren
   Effekten erfunden werden" (*Stolleis* 1980: 178).

Umverteilungswir-
kungen
— In der Fachliteratur besteht im übrigen auch Konsens darüber, daß der Sozialstaat gewaltige Summen verteilt und erhebliche Summen umverteilt. Unstrittig ist, daß die ärmsten Einkommensgruppen von der Umverteilung
   überproportional profitieren. Hier liegt ein entscheidender Grund für die
   drastische Verminderung von Fällen absoluter Armut. Wie groß der Umverteilungsgehalt im einzelnen ist und in welchem Ausmaß sich einzelne Umverteilungsarten gegenseitig verstärken oder dämpfen, darüber wird in der
   Fachwelt gestritten. Eine vergleichende Untersuchung über Systeme der sozialen Sicherung in OECD-Ländern liefert hierfür aufschlußreiche Einsichten (*Bossert* und *Merk* 1981). Die Autoren dieser Studie unterschieden drei
   Umverteilungsarten:

— Eine intertemporale Umverteilung findet immer dann statt, ,,wenn im
   Verhältnis zwischen Beitrag und Leistung ein im Lebenslauf variierender
   Erwartungswert des Risikoeintritts unberücksichtigt bleibt (z.B. eine hö-

here Krankheitshäufigkeit von älteren Versicherten im Verhältnis zu jüngeren Versicherten)".

— Von einer horizontalen Umverteilungswirkung wird immer dann gesprochen, ,,wenn bei gleicher Einkommenshöhe bestimmte Leistungsempfänger einen höheren Leistungserwartungswert aufweisen (z.B. in bezug auf familienbezogene Leistungen), ohne dafür höhere Beiträge zu entrichten".

— Von einer vertikalen Umverteilung ist immer dann die Rede, ,,wenn die Bezieher höherer Einkommen bei gleichem Leistungserwartungswert in größerem Umfang zur Finanzierung (über Beiträge oder Steuern) herangezogen werden als die Bezieher niedriger Einkommen (Beispiel: Pauschalleistungen, die durch einkommensbezogene Beiträge finanziert werden)" (alle Zitate aus: *Bossert* und *Merk* 1981: 160).

Im internationalen Vergleich der Umverteilungswirkungen von Sozialpolitik zeigt sich folgendes Ergebnis:

— In nahezu allen Ländern haben die sozialen Sicherungssysteme starke Umverteilungswirkungen in intertemporaler und horizontaler Hinsicht. Ein Beispiel sind medizinische Leistungen, ein anderes die Hinterbliebenen-Renten und ein drittes das Kindergeld. Diese Leistungen werden in der Regel — ohne höhere Beiträge — den nicht-erwerbstätigen Ehegatten und den Kindern des jeweilig Versicherten gewährt. Die intertemporale und horizontale Umverteilung ermöglicht somit einen Risikoausgleich im Lebenslauf einzelner Versicherter und ihrer Angehörigen. Zweitens tragen sie zum Ausgleich zwischen Personen bei, die unterschiedlich hohen Risiken und Belastungen ausgesetzt sind.

Intertemporale und horizontale Umverteilungen in westlichen Ländern

— Eine vertikale Umverteilung läßt sich in fast allen Ländern zumindest in einigen Bereichen der Sozialpolitik nachweisen, insbesondere bei einkommensabhängig finanzierten medizinischen Leistungen und Familienbeihilfen. In der Regel gibt es jedoch keine vertikale Umverteilung bei der finanziellen Sicherung gegen Einkommensausfälle, die durch Krankheit, Mutterschaft, Arbeitsunfälle oder Arbeitslosigkeit bedingt sind. Die Sozialleistungen, die beim Eintreten dieser Fälle gewährt werden, sind meist am Einkommen, das der Versicherte vor Eintritt des Schadenfalles bezogen hat (Äquivalenzprinzip), orientiert. Das gilt mit Einschränkungen auch für die Alters- und Invaliditätsversicherungen. Jedoch haben die meisten westlichen Länder versucht, bestimmte Mindestsicherungen einzubauen:

Vertikale Umverteilungswirkung der Sozialpolitik

,,Charakteristisch ist dabei für die stärker am Versorgungsprinzip orientierten Ländergruppen (skandinavische, ozeanische und angelsächsische Länder) eine pauschal gewährte Grundrente, für die süd-, mittel- und westeuropäischen Länder die Verwendung von Leistungsuntergrenzen, teilweise kombiniert mit Pauschalleistungen" (*Bossert* und *Merk* 1981: 161).

Ältere und neuere Studien zur Umverteilungswirkung der Sozialpolitik haben *Bossert* und *Merk's* Befunde im wesentlichen gestützt. Bisweilen gingen sie auch darüber hinaus. Da ist zum einen die Beobachtung wichtig, daß im Sozialstaat zwei Tendenzen zugleich zum Zuge kommen: eine egalitäre und eine statussichernde (*Flora* 1985: 15). Ferner kann man die Gewinner bzw. relativen

Zwei Tendenzen im Sozialstaat

195

Verlierer der Sozialpolitik in westlichen Industrieländern grobrastrig so skizzieren (vgl. hierzu insbesondere den Überblick bei *Uusitalo* 1985): zu den Gewinnern zählen die Rentner, insbesondere diejenigen, die in den 60er, 70er und 80er Jahren vergleichsweise hohe Renten bei vergleichsweise niedrigen Beitragssätzen während des Arbeitslebens erzielten (*Merklein* 1986). Ferner kann man diejenigen hinzurechnen, die mit den Risiken Krankheit, Unfall, Todesfall des Hauptverdieners und Arbeitslosigkeit konfrontiert sind. Für diese Gruppen funktioniert der Wohlfahrtsstaat als eine kollektive Versicherungsinstitution, die in horizontaler Richtung unter den Versicherten und ihren Angehörigen umverteilt. Überdies profitieren in der Regel die Armen vom Sozialstaat, während die reicheren oder reichen Bürger zu den Netto-Verlierern der Sozialpolitik zählen und aus diesem Grund oftmals nicht zu den Befürwortern aktiver Sozialpolitik zu rechnen sind.

Alles in allem, so lassen sich zahlreiche Verteilungswirkungs-Studien zusammenfassen, war die Verminderung vertikaler Ungleichheiten (zum Beispiel zwischen sozialen Gruppen oder Klassen) signifikant, wenngleich weniger durchschlagend als die Verminderung horizontaler Ungleichheit. Zum Teil läßt sich das ganz einfach erklären: die Verminderung vertikaler Ungleichheit ist *nicht* das primäre Ziel der Sozialpolitik. Zum Teil kommen jedoch auch andere Gründe zum Zuge: die Klassenstruktur in den westlichen Industrieländern erwies sich als resistent gegenüber allzu forschen Umverteilungs- und Verteilungsgelüsten der Politiker.

Wirkungen der Sozialpolitik auf Ungleichheit zwischen Männern und Frauen

Interessanterweise hat die Sozialpolitik auch signifikante Umverteilungswirkungen auf geschlechtsspezifische Ungleichheit. In der Anfangsphase der Sozialpolitik waren nicht-erwerbstätige Frauen von der sozialen Sicherung weitgehend ausgeschlossen. Später verbesserte sich die sozialpolitische Lage von Frauen, sofern sie kontinuierlich erwerbstätig oder verheiratet waren und ihr Ehemann eine sozialversicherungspflichtige Tätigkeit ausübte. Frauen partizipierten im letzteren Fall an der sozialen Sicherung, die ihrem Ehemann gewährt wurde. Die an den Ehestand gebundene soziale Sicherung ließ viele Probleme offen: sie benachteiligte beispielsweise nicht-verheiratete oder geschiedene nicht-erwerbstätige Frauen ganz offenkundig.

Zu einem gewissen Teil wurde die geschlechtsspezifische Benachteiligung in der Nachkriegszeit abgebaut. Dafür war zum einen der Abbau diskriminierender sozialrechtlicher Bestimmungen maßgebend, zum anderen auch ein Nebeneffekt der wirtschaftlichen Entwicklung. Die zunehmende Erwerbstätigkeit von Frauen war hier von zentraler Bedeutung. Sie wurde unter anderem durch das Wachstum der Sozialausgaben und der Sozialdienstleistungsberufe bewirkt.

Eindämmung geschlechtsspezifischer Ungleichheit durch Wachstum der Sozialpolitik

Mit dem Wachstum des Sozialstaates wuchs im öffentlichen Dienst und in der verbandlichen Wohlfahrtspflege die Zahl der Arbeitsplätze, die von Frauen besetzt wurden. Im Gesundheitswesen, in der Sozialarbeit und in der Sozialverwaltung (und im übrigen auch im Bildungswesen) nahm die Zahl der weiblichen Beschäftigten stark zu. Am stärksten fiel die Zunahme in den ,,personalintensiven" Sozialstaaten des skandinavisch-britischen Typs aus, nur abgeschwächt kam sie in den ,,transferintensiven" Sozialstaaten kontinentaleuropäischen Zuschnitts zum Tragen (*Rein* 1985).

Die Sozialpolitik hat geschlechtsspezifische Ungleichheit eingedämmt, und sie hat darüber hinaus erhebliche Umverteilungseffekte zugunsten von ärmeren Einkommensklassen entfaltet. Das gilt im übrigen sowohl für die „sozialdemokratische" als auch für die „konservative" Variante des Sozialstaates (vgl. dazu das Kapitel 5 von Teil 2). Das sollte jedoch nicht so mißverstanden werden, als habe die Sozialpolitik alte Ungleichheiten beseitigt und keine neuen Ungleichheiten geschaffen. Gegen dieses Mißverständnis schützt ein Blick auf die Lücken und die horizontalen Verteilungswirkungen der sozialen Sicherungsnetze. *(Umverteilungsgrenzen)*

Die geschlechtsspezifische Benachteiligung ist trotz aller Verbesserungen immer noch erheblich (vgl. *Maguire* 1985). Selbst bei zunehmender Erwerbsquote von Frauen sind die Sozialeinkommen von Frauen im Regelfall (und insbesondere in Ländern mit „konservativer" Sozialpolitik) geringer als die der Männer. Die Gründe liegen in den Konstruktionsprinzipien der Sozialpolitik dieser Länder. Die starke Anbindung des Sozialleistungsniveaus an Beschäftigungsdauer und Höhe des Erwerbseinkommens benachteiligt erwerbstätige Frauen aus einem einfachen Grund: sie sind meist kürzer und zu niedrigeren Löhnen beschäftigt als männliche Arbeitnehmer (*Schmidt* 1984).

Mit anderen Worten: in vielen Ländern, insbesondere im Rahmen von „liberalen" und „konservativen" Sozialstaatsmodellen, sind die Sozialleistungen auf einen Staatsbürger-Typus zugeschnitten, der sich durch folgende Merkmale auszeichnet: *(Konstruktionsprinzipien der Sozialversicherung in liberalen und konservaten Staaten)*

— dauerhafte Beschäftigung,
— gesicherter Arbeitsplatz,
— durchschnittliches oder überdurchschnittliches Erwerbseinkommen und
— Ehestand.

Staatsbürger, die nur einige dieser Merkmale (oder keines dieser Merkmale) aufweisen, haben in der Regel einen geringeren sozialen Schutz (sofern die Sicherungssysteme nicht Elemente einer Staatsbürgerversorgung beinhalten). Sie sind dann, in unterschiedlichem Ausmaß, auf Fürsorge-Systeme angewiesen, die in der Regel Bedürftigkeit voraussetzen und niedrige Leistungen beinhalten.

Ein weiteres Problem kommt hinzu. Der Sozialstaat, so wurde oben gesagt, verteilt Geld zugunsten der ärmeren Einkommensgruppen. Die Summen sind erheblich. Sie haben in der Regel das Problem der absoluten Armut beseitigt. Das heißt jedoch nicht, daß die Armen nicht mehr arm wären. Nicht selten bleiben Haushalte, die ausschließlich von Sozialleistungen leben, in einer *(Umverteilung durch Sozialpolitik und relative Armut)*

„Existenzunsicherheitslage, d.h. unter einem anständigen Existenzminimum. Ein wichtiger Teil der Bejahrten, langwierig Kranken und Mindervaliden, Arbeitslosen und unvollständige Familien sind in dieser Lage" (*Deleeck* 1984: 181).

Diese „moderne Armut" — so hat sie der britische Sozialpolitik-Forscher *Townsend* genannt — trifft insbesondere soziale Gruppen mit niedrigem Bildungsniveau, niedriger Berufsqualifikation, niedriger sozialer Herkunft und höherem Alter (*Deleeck* 1984: 181). *(Relative Armut nach sozialen Merkmalen)*

Wie man ein „anständiges Existenzminimum" (*Deleeck* 1984) definiert, darüber streiten sich die Gelehrten. In der Regel verwendet man eine „relative Ar- *(Meßlatten für relative Armut)* mutsgrenze" als Meßlatte, zum Beispiel das Ausmaß, zu dem die Einkommen von Haushalten das Niveau durchschnittlicher Lebenshaltung und das Niveau mittleren Konsums weit unterschreiten. Je nach Definition der „Armutslinie" kommt man zum Ergebnis, daß in den europäischen Ländern zwischen fünf und 20 Prozent der Bevölkerung zu den Armen zählen. Die Unterschiede von Land zu Land sind erheblich. Bernd *Schulte* hat sie in einem internationalen Vergleich der' „Politik der Armut" (*Leibfried* und *Tennstedt* 1985) so beschrieben:

> „Definiert man denjenigen als ‚arm', der über weniger als die Hälfte des durchschnittlichen nationalen Netto-Einkommens pro Kopf der Bevölkerung verfügt, dann sind in der gesamten EG etwa 10 Millionen (= rund 11,4 %) Haushalte (= 30 Millionen Menschen) arm. Der Prozentsatz der Haushalte unter dieser Armutsschwelle (= unter 50 % des Durchschnittseinkommens) ist in Irland (23,1 %) und Italien (21,8 %) am größten, also dort, wo auch der Lebensstandard am niedrigsten ist.
>
> Unter den Ländern mit überdurchschnittlichem Lebensstandard liegt die Armutsquote in Dänemark (13,0 %) und Frankreich (16,8 %) über dem EG-Durchschnitt von 11,4 %, während in Belgien (6,6 %), der Bundesrepublik (6,6 %) und den Niederlanden (4,8 %) die Armutsquote weniger als halb so hoch wie im Durchschnitt der Gemeinschaft ist. Obwohl Großbritannien innerhalb der Gemeinschaft einen vergleichsweise niedrigen Lebensstandard hat, ist die Quote dort ebenfalls gering (6,3 %). Hier treten die Erfolge der sehr stark armuts- (statt lohn-)orientierten britischen Sozialpolitik zutage" (*Schulte* 1985: 389 auf der Basis einer EG-Kommissions-Untersuchung von 1983).

Der Sozialstaat verteilt in vertikaler, aber auch in horizontaler Richtung um. Nicht selten kommt es dabei zum „Matthäus-Effekt" (*Deleeck* 1984): Wer hat, dem wird gegeben! Das gilt insbesondere für Systeme der Alters- und Arbeitslosenversicherung in Ländern, die durch das konservative Sozialpolitik-Modell geprägt sind. Man kann sich über den „Matthäus-Effekt" freuen oder ärgern — je nach Standpunkt und Interessenlage. Man kann jedoch nicht sagen, daß dieser Effekt unbeabsichtigt sei, und man kann ihm auch nicht nachsagen, er sei nicht populär. Er resultiert aus der Entscheidung, den im Erwerbsleben erzielten Status möglichst weitgehend auf das System der Alters- und Arbeitslosensicherung (und in begrenztem Maße auch auf die Krankenversicherung) zu übertragen.

Es ist nicht alles Gold was glänzt. Das trifft auch auf die Sozialpolitik zu. Sie hat zahlreiche Probleme gelöst, manche gut, manche weniger gut. Einige blieben links liegen. Die Sozialpolitik hat mehr soziale Sicherheit geschaffen, aber nicht notwendigerweise zugleich mehr Glück gebracht (*Allardt* 1977).

Manchen hat sie weder Glück noch soziale Sicherung gebracht, oder jedenfalls nicht genug vom letzteren. Einer systematischen Analyse der Lücken im sozialen Sicherungssystem der Bundesrepublik zufolge sind die Finanzmassen der Sozialhaushalte nicht immer zielgerichtet und treffsicher verteilt: an einer wirksamen Grundsicherung aller Staatsbürger mangelt es; hinzu kommt eine hohe Dunkelziffer der Armut; Armut trifft vor allem ältere, alleinstehende nicht-erwerbstätige Frauen; hoch ist auch die Zahl der Sozialhilfe-Fälle und das verweist auf größere Lücken in den Netzen der sozialen Sicherung; vor allem junge Arbeitslose sind davon betroffen, ferner eine nicht unbeträchtliche Anzahl von Rentnern, deren Einkommen unter oder nahe bei der durch Sozialhilfe-Sätze markierten Armutsschwelle liegen (*Alber* 1986b: Kapitel V).

Auch andere Mängel-Analysen legen die Schlußfolgerung nahe, daß es mit Angemessenheit, Effektivität (Wirksamkeit, mit der gesetzte Ziele erreicht werden) und Effektivität (optimales Aufwand-Ertrags-Verhältnis) der sozialstaatlichen Dienste in der Bundesrepublik und anderen Ländern nicht zum besten bestellt ist (vgl. u.a. *Badura* und *Groß* 1976; *OECD* 1985: 56 - 62; *Saunders/Klau* 1985: Kapitel 4). Ein profilierter Sozialpolitik-Experte hat das Problem in einer Kurzformel so skizziert: Effizienz- und Effektivitätsprobleme

„Wenn ein Versorgungssystem immer weiter wächst, wenn es immer mehr Mittel und Personal beansprucht, und wenn zugleich auch die Anzahl und der Umfang chronischer sozialer Probleme eher weiter zunehmen, dann stimmt hier einfach etwas nicht!" (*Badura* 1982: 70f.).

Vorbeugende Maßnahmen sind unterentwickelt und die nachträgliche Problembewältigung oder Reparatur ist oftmals um ein Vielfaches teurer als die Vorsorge (*Jänicke* 1986). Ferner schießen genau zu dem Zeitpunkt, da die Gesundheitsausgaben Rekordniveaus erreichen, die medizinische Technologie aufwendiger wird und die Zahl der Ärzte pro 1000 der Bevölkerung rapide zunimmt, Gesundheits-Selbsthilfegruppen geradezu aus dem Boden. „Es scheint", so folgert der zuvor erwähnte Kritiker, „als ob der Bürger auf der einen Seite von der Sozialversicherung immer mehr zur Kasse gebeten wird und zugleich zur Bekämpfung zahlreicher elementarer Bedürfnisse immer mehr auf Selbsthilfe und Eigeninitiative angewiesen bleibt" (*Badura* 1982: 70). Staatliche soziale Sicherung und Selbsthilfe

Hinzu kommen andere Schieflagen der öffentlichen Sozialpolitik: Kranke werden mit Hoch-Technologie-Medizin behandelt, Pflegebedürftige aber nahezu vergessen. Körperliche Leiden werden mit größtmöglichem Aufwand traktiert, bei Dienstleistungen für seelisch Kranke und geistig Behinderte geht jedoch schnell das Geld aus. Zivilisationsseuchen wie Alkoholismus und Drogensucht greifen um sich, und die Zahl der Herzinfarkte nimmt hierzulande weiter zu, während sie in den USA seit geraumer Zeit zurückgehen (*Badura* 1982: 70). Überdies benachteiligt die Sozialversicherung, sofern sie noch an Erwerbsarbeit geknüpft ist, all diejenigen Gruppen stark, die zwar hilfebedürftig aber nicht in reguläre und dauerhafte Erwerbsarbeit eingebunden sind. Schieflagen in der Sozialpolitik

Die Sozialversicherung stößt demnach — so das Urteil zahlreicher Kritiker — an ihre Grenzen: Sie hat sich im großen und ganzen bewährt, so lange es um Vorbeugung und Bewältigung materieller Schäden oder Nachteile ging. Ihre Grenzen erreicht sie dort, wo es um Vorbeugung oder Bewältigung psychischer, sozialer und körperlicher Schäden geht, die personalintensive, emotional unterstützende und aufbauende Dienstleistungen erfordern. Die bundesrepublikanische Sozialversicherung ist überwiegend

„auf kurzfristige Kompensation oder auf Bekämpfung akuter Schäden angelegt"; sie blieb jedoch bislang „unfähig zur Bewältigung chronischer Arbeitslosigkeit, chronischer Krankheit, chronischer psychosozialer Risiken und Belastungen" (*Badura* 1982: 71).

Zweifellos ist der Sozialstaat an manchen Problemen vorübergegangen. Das gilt insbesondere für den liberalen, aber teilweise auch für den konservativen Typus des Sozialstaates. Darüber hinaus kann man nicht ausschließen, daß die Sozialpolitik neue Probleme erzeugt (*Luhmann* 1981). Die wichtigsten Stichworte in diesem Zusammenhang lauten: Sozialstaat als Problemerzeuger

- ,,Verteilungskampf aller gegen alle" (*Adam* 1985),
- ,,komplexere Sozialstruktur" (*Janowitz* 1976),
- ,,Kolonisierung der Lebenswelt" (*Habermas* 1985 und
- Gefährdung persönlicher Freiheiten und Verantwortlichkeiten durch ,,Herrschaft im Sozialstaat" (*Baier* 1977).

Verteilungskampf aller gegen alle

Am einfachsten machen es sich die Kritiker, die den Sozialstaat als sozialistisches Übel sehen. Der Sozialstaat sei, so wird gesagt ,,das verkleinerte Abbild des großen Musters, des sozialistischen Staates" (*Adam* 1985). Genau wie dieser habe der Sozialstaat westlicher Prägung nicht mit dem guten, selbstlosen, sondern mit dem begehrlichen, nach Eigennutzmaximierung strebenden Menschen zu tun. Ihm sei Nehmen seliger als Geben. Er versuche, den Aufwand zu minimieren und den Ertrag zu maximieren. Die Devise laute demnach: So viel wie möglich aus dem Sozialstaat herauszuholen. Weil alle sich so verhielten, sei der ,,Verteilungskampf aller gegen alle" (*Adam* 1985) und letztlich die finanzielle Überlastung des Sozialstaats und des Gemeinwesens die Folge. Und dennoch:

,,Der Einsatz lohnt. Fünfhundert Millionen Mark im Jahr sind zu verteilen..." (*Adam* 1985).

Würdigung der Verteilungskampf-These

Zweifellos benennt diese Kritik wunde Punkte von sozialen Versicherungssystemen. Effektivitäts- und Effizienzprobleme und Versicherungsbetrug sind nicht selten. Sie als *die* dominanten Merkmale der Sozialpolitik zu bezeichnen, geht jedoch an der tatsächlichen Lage vorbei: Ineffektivität, Ineffizienz und Versicherungsmißbrauch, wenn nicht gar Versicherungsbetrug, gibt es zweifellos, sie machen jedoch nur einen kleineren Teil der anfallenden Kosten der sozialen Sicherung aus. Der Löwenanteil der Kosten entfällt auf die Bewältigung von Risiken, um deren Bewältigung eine Gesellschaft, die ein soziales Gewissen hat, nicht herumkommt. Wenn man kein Sozialdarwinist ist, kann man sich darüber streiten, in welcher Form die Bewältigung dieser Risiken zu erfolgen habe, aber nicht darüber, ob sie bewältigt werden sollten oder nicht.

Sicherungssysteme, die nur auf privater Initiative und Selbsthilfe aufbauen, sind keine praktikable Alternative zum Sozialstaat konservativer oder sozialdemokratischer Prägung. Das zeigt eine Analyse der Vorgeschichte und der Anfangsphase der Sozialpolitik. Ohne staatliche Pflichtversicherungen und ohne aktive staatliche Unterstützung lassen sich die sozialen Probleme einer modernen Industriegesellschaft aller Voraussicht nach nicht bewältigen. Selbst die wirtschaftsliberal gesinnten Politiker in der Schweiz haben 1977 ihre bis dahin freiwillige (und überaus löchrige) Arbeitslosenversicherung durch eine staatliche Pflichtversicherung ergänzt. Zu groß und zu anstößig waren die Lücken, die das alte freiwillige Versicherungssystem kennzeichneten (*Schmidt* 1985b: Kapitel 8).

Würdigung der These von der bedrohten Freiheit

Der von liberalen und konservativen Kritikern favorisierten These, der Sozialstaat beschränke die Freiheit der Bürger, läßt sich mit guten Gründen eine alternative Hypothese entgegenhalten: Gerade durch die Sozialversicherung hat die Freiheit von Not zugenommen. Insbesondere für das Heer der Arbeitnehmerschaft und ihrer Angehörigen waren nicht kleinere, sondern größere ,,Entfaltungsfreiräume" (*Stolleis* 1980: 176) die Folge:

„Die aus dem 19. Jahrhundert unzählige Male bezeugte Lebensangst der Arbeiterfamilien, durch Krankheit, Arbeitslosigkeit, Unfall oder im Alter vor dem Nichts zu stehen, wurde durch die Sozialversicherung gebannt. Die Befreiung von dieser Angst stellt reale Freiheit dar" (*Stolleis* 1980: 176).

Freilich gibt es Spannungsverhältnisse zwischen Sozialpolitik und Sozialstruktur. Eine der wichtigsten Diagnosen der sozialen Wirkungen der Sozialpolitik stammt aus der Feder des amerikanischen Soziologen Morris *Janowitz*. Ihm zufolge mache der Sozialstaat das ohnehin schon komplexe soziale Schichtungssystem noch komplexer und zweideutiger. Zur Einkommenserzielung durch Arbeit und Besitz tritt als dritte Kategorie die Einkommenserzielung durch Transferzahlungen und andere öffentliche Leistungen. Neben die — nach Quellen des Lebensunterhalts definierten — „Erwerbsklassen" und „Besitzklassenlage" tritt somit eine neue Klassenlage, die sich nach dem unterschiedlichen Zugang zu öffentlichen Leistungen bemißt. Unter diesen Bedingungen werde den Bürgern die Definierung ihrer politischen Interessen erschwert. Letztlich folgten hieraus unbeständige, schwankende politische Präferenzen. Die Beziehungen zwischen sozialen Gruppierungen und politischen Parteien lockerten sich. Hierin liege die Gefahr, daß klare politische Mehrheiten nur noch selten zustande kommen. Dadurch werde die Entscheidungsfähigkeit von Parlamenten und die Stabilität von Regierungen beeinträchtigt; hiervon gingen Gefahren eines Legitimitätsverlustes der politischen Institutionen aus. *(Spannungsverhältnisse zwischen Sozialpolitik und Sozialstruktur: Janowitz' Diagnose)*

Janowitz' Diagnose enthält eine Fülle von interessanten Hypothesen, die insbesondere als Erklärungsfaktoren für nachlassende politische Bindungen von Bürgern an Parteien oder andere Kollektive von Belang sein könnten. Andererseits basiert jedoch *Janowitz'* Szenario auf einer verlockenden „Verknüpfung von noch weitgehend ungeprüften Hypothesen" (*Flora* 1979: 114). *(Würdigung von Janowitz' Diagnose)*

Die politischen Trends, die *Janowitz* aus komplexer werdenden Schichtungsstrukturen insbesondere in den USA ableitet, passen beispielsweise schlecht zu den politischen Systemen Westeuropas. Hier sind die politischen Bindungen der Bürger an politische Gruppierungen in der Regel dauerhafter und stabiler als in den USA. *Janowitz* macht jedoch auf einen Wandel der Sozialstruktur aufmerksam, der politisch brisant werden könnte. Die Expansion des Sozialstaats hat tatsächlich die Klassenstruktur der entwickelten kapitalistischen Länder verschoben. Hier entstand eine neue Klassenlage, die sich nach dem unterschiedlichen Zugang zu öffentlichen Leistungen bemißt und die von dem Soziologen Rainer *Lepsius* als „Versorgungsklasse" (1979) bezeichnet wurde. Diese Klassenlage beinhaltet einen Konflikt, der zwischen der Sozialstaats-Klientel einerseits und den Hauptfinanzierern der Sozialpolitik (insbesondere Arbeitgeber und Arbeitnehmer) andererseits verläuft. *(Versorgungsklasse)*

Unter bestimmten Bedingungen kann dieser Konflikt offen ausbrechen, z.B. wenn „sichtbare Steuern" (wie z.B. indirekte Steuern) schon sehr hoch sind und weiterhin rasch zunehmen (vgl. *Wilensky* 1975). Die Steuerprotestpartei Mogens *Glistrups'* in Dänemark ist das markanteste Beispiel für diese brisante Konfliktstruktur, aber nicht das einzige (vgl. *Esping-Andersen* 1985b; *Murphy* u.a. 1979). Und selbst in den Ländern, in denen sich die etablierten Parteien nicht durch eine Steuerprotestpartei herausgefordert sahen, spielte bei den Re- *(Steuerprotest)*

201

gierungen die Angst vor möglicherweise eskalierenden politischen Konflikten als Folge wachsender Steuer- und Sozialabgaben eine nicht zu unterschätzende Rolle. Man kann hierin einen der Gründe für die Wende zum Sparen sehen, die von nicht wenigen Regierungen seit Mitte der 70er Jahre beabsichtigt wurde. Politisch-soziologische Studien zeigen jedoch, daß die Angst vor dem Steuerprotest nicht immer begründet war: die Konflikte, die sich um Steuer- und Sozialabgaben-Fragen gruppieren, blieben meist latent (vgl. dazu das folgende Kapitel).

Bürokratisierung, soziale Kontrolle und „Kolonialisierung der Lebenswelt"

Die Entwicklung des Sozialstaates kann noch in anderer Hinsicht Anlaß zu Opposition geben. Mehr staatliche Sicherung heißt notwendigerweise mehr Bürokratie und mehr soziale Kontrolle durch diese Bürokratie (wenngleich nicht notwendigerweise ein Mehr an Kontrolle insgesamt damit einhergeht; denn schließlich waren die Sozialleistungsempfänger vorher ebenfalls sozialen Kontrollen, z.B. auf familiärer oder nachbarschaftlicher Basis unterworfen). Das Spezifikum ist jedoch das zusätzliche Quantum an öffentlich-staatlicher sozialer Kontrolle.

An dieser Stelle setzt die Kritik ein. Jürgen *Habermas* hat die Problematik pointiert wie folgt beschrieben: Der Sozialstaat trage zur „Kolonisierung der Lebenswelt" der Bürger bei (*Habermas* 1981, Bd. 2: 198ff.). Der Interventionsstaat greife nicht nur aktiv in den Wirtschaftskreislauf ein, sondern auch in den „Lebenskreislauf" (*Habermas* 1985: 150). Das hätten die Architekten des Sozialstaats zu Unrecht als unproblematisch, ja als segensreich angesehen. Je erfolgreicher der Sozialstaat eingreife, desto sichtbarer sei jedoch die spezifische „Einäugigkeit" (ebd., S. 151) dieses Projektes geworden. Die Reformer blendeten „jede Skepsis gegenüber den vielleicht unerläßlichen, aber nur vermeintlich unschuldigen Medium der Macht" (ebd., S. 151) aus. Die rechtlich-administrativen Mittel der Umsetzung sozialpolitischer Programme stellten jedoch „kein passives, gleichsam eigenschaftsloses Medium dar. Vielmehr ist ihnen eine Praxis der Tatbestandsvereinzelung, der Normalisierung und Überwachung verknüpft" (ebd., S. 151). Auf diese Weise werde die Lebenswelt der Bürger reglementiert, zergliedert, betreut und kontrolliert. Dem sozialstaatlichen Projekt wohne der „Widerspruch zwischen Ziel und Methode" inne (ebd., S. 150): „Sein Ziel ist die Schaffung von egalitär strukturierten Lebensformen, die zugleich Spielräume für individuelle Selbstverwirklichung und Spontaneität freisetzen sollten. Aber offensichtlich kann dieses Ziel nicht auf dem direkten Wege einer rechtlich-administrativen Umsetzung politischer Programme erreicht werden. Mit der Hervorbringung von Lebensformen ist das Medium Macht überfordert" (ebd., S. 151f.).

Die „Kolonisierung der Lebenswelt" rufe eine Fundamental-Opposition hervor. Sie lasse eine Gruppe von Dissidenten entstehen, die dem Projekt einer auf Wachstum eingestellten Gesellschaft gegenüber kritisch eingestellt ist und dem Sozialstaat gegenüber eine ambivalente Haltung einnimmt. Hier sammelten sich Minderheiten der verschiedensten Herkunft zu einer „antiproduktivistischen Allianz" (*Habermas* 1985: 155), die sich aus Alt und Jung, Frauen und Arbeitslosen, Schwulen und Behinderten, Gläubigen und Ungläubigen zusammensetzt (ebd., S. 155). Sie einigt die Ablehnung der Wachstums- und

Fortschritts-Vision, die Neo-Konservative und Vertreter der traditionellen Linken gemeinsam haben. Im Gegensatz zur traditionellen, aus der Arbeiterbewegung stammenden Linken lautet die Diagnose der neuen „antiproduktivistischen Allianz", daß die Lebenswelt in gleichem Maße durch Markt, Macht und Hierarchie, durch kapitalistische Marktwirtschaft *und* staatliche Bürokratie bedroht sei.

Nun hat aber die Entwicklung des Sozialstaates auf der anderen Seite des politischen Spektrums ebenfalls neue oppositionelle Bewegungen wachgerufen. Sie sammeln sich unter dem Banner einer neuen Rechten oder unter den Fahnen von Parteien und Regierungen, die sich einer Wende der Wirtschafts- und Sozialpolitik — weg von „zu viel Staat" und hin zu „mehr Markt" — verschrieben haben. Der Sozialstaat ist auf diese Weise, so lautet die Diagnose bei *Habermas,* in eine „Sackgasse" geraten (1985: 157; vgl. *Offe* 1983). Mit ihm erschöpften sich auch die Energien der gesellschaftlichen Utopien, die auf dem Gefüge einer Arbeitsgesellschaft aufbauen konnten.

Auch bei dieser Diagnose der sozialen Folgeprobleme der Sozialpolitik verlockt die Faszination, die von der Komprimierung komplizierter Zusammenhänge ausgeht. Jedoch ist auch hier zu betonen, daß es sich — ähnlich wie bei der weiter oben vorgestellten Diagnose des Soziologen Morris *Janowitz* — um eine Verbindung aus empirisch plausiblen und empirisch ungeprüften Hypothesen handelt. Die neuen sozialen Bewegungen — wie z.B. Grüne, Frauenbewegung, Friedensbewegungen und Anti-Atomkraft-Bewegungen — schlicht aus dem Eindringen bürokratischer Strukturen in die Lebenswelt erklären zu wollen, greift zu kurz.

Würdigung der Kolonisierungs-These

Diese These greift in zweifacher Weise nicht: Erstens kann sie nicht erklären, warum sich die Mehrzahl der jüngeren, mit hoher formaler Qualifikation ausgerüsteten Bürger (aus denen die neuen sozialen Bewegungen sich überwiegend rekrutieren) ganz anders verhält — nicht oppositionell, sondern konform. Zweitens ist die Erklärungshypothese so allgemein gehalten, daß sie eigentlich auch für Länder gelten müßte, die der Bundesrepublik in politisch-ökonomischer Hinsicht ähneln. Aber hier versagt die These. Zu unterschiedlich fallen die oppositionellen und konformen Reaktionen auf die bürokratische und marktwirtschaftliche Durchdringung der Lebenswelt aus, und zu unterschiedlich ist die Struktur der Protestbewegungen in den westlichen Ländern, als daß man sie nur mit Hypothesen, die *Marx'* Kapitalismustheorie mit Max *Weber*s Bürokratie-Analyse verbindet, erklären kann (vgl. z.B. *Alber* 1985).

Hinzu kommt ein dritter Einwand gegen die These von der Kolonisierung der Lebenswelt. Für den sozialstaatlichen Interventionsbereich im engeren Sinne trifft sie nicht recht. Vom dichten kontrollierenden Netz des Sozialstaates sind die meisten Anhänger der neuen sozialen Bewegungen (die Arbeitslosen unter ihnen ausgenommen) gar nicht erfaßt. Überdies hat ein Teil des Protestes, wie bei vielen Arbeitslosen abzulesen, gerade damit zu tun, daß sie nicht Teil des (kontrollierenden) Sozialstaates sind, sondern vielmehr von seinem Schutz (und seiner Kontrollpraxis) ausgeschlossen sind.

Und schließlich verhält sich die große Mehrheit der Sozialstaats-Klientel, die es nun wirklich mit schützenden, aber eben auch kontrollierenden und reglementierenden Sozialbürokratien zu tun hat, ganz anders, als man es der Kolonisierungs-These zufolge erwarten würde. Sie fordern weder weniger Sozialstaatlichkeit noch Alternativen zum Sozialstaat, sondern ein Mehr an sozialer Sicherung. Die sozialstaatliche Politik ist populär. Sie hat eine überaus breite Massen-Basis. Das Hauptproblem besteht weniger darin, daß die große Mehrheit der Bürger den Sozialstaat vielleicht nicht akzeptiere, als vielmehr darin, daß der Sozialstaat die Ansprüche und Erwartungen seiner Klientel nicht in vollem Maße akzeptiert.

Schließlich ist die These der Kolonisierung der Lebenswelt mindestens an einer weiteren Stelle auf Sand gebaut. Die ihr innewohnende Vorstellung einer — infolge moderner Sozialpolitik — zunehmenden sozialen Kontrolle der Sozialstaats-Klientel (vgl. auch *Sachsse* und *Tennstedt* 1986) ist empirisch und methodologisch schlecht untermauert. Sie unterstellt implizit für vergangene Perioden eine sozialpolitische Idylle — jedenfalls soweit der Aspekt der sozialen Kontrolle betroffen ist. Sie geht darüberhinaus mit der problematischen Annahme einher, daß es praktikable staatsfreie, gering kontrollierende Alternativen zur bürokratisch verwalteten sozialen Sicherung gebe. Im übrigen verträgt sich die These der zunehmenden sozialen Kontrolle — als Folge der modernen Sozialpolitik — nicht recht mit empirischen Befunden über die historische Entwicklung der Sozialpolitik: Die Sozialpolitik ist großzügiger geworden, und die ihr zweifellos anhaftenden Elemente der sozialen Kontrolle (z.B. Bedürftigkeits-Tests, Wartezeiten, persönliche Vorsprache, direkte Beobachtung durch die Bürokratie) haben abgenommen und eben nicht zugenommen (vgl. u.a. *Alber* 1982: 62).

3 Politische Wirkungen

Wie im vorangehenden Kapitel gezeigt wurde, hat die Entwicklung des So- Stabilisierungs- zialstaates die Sozialstruktur nachhaltig verändert. Sie ist komplexer geworden. Effekte Die größere Komplexität der Sozialstruktur hat jedoch nicht generell politisch destabilisierende Folgen gezeitigt, sondern nur unter ganz spezifischen Bedingungen zu neuen politischen Konflikten geführt. Sicherlich hat der Sozialstaat neue politische Probleme geschaffen (vgl. Tabelle 8), jedoch hat er auch zahlreiche Probleme bewältigt und hierdurch zur politischen Stabilisierung der westlichen Länder beigetragen.

An vorderer Stelle ist die Sicherung von Massenloyalität zu nennen. Die So- Sicherung der Mas- zialpolitik erfreut sich bei der großen Mehrheit der Wahlberechtigten einer au- senloyalität ßerordentlich großen Beliebtheit (vgl. *Coughlin* 1980). Das schließt nicht aus, daß Teilbereiche der Sozialpolitik umstritten sind. Ebensowenig kann man ausschließen, daß die Wahlberechtigten insgesamt und die Sozialleistungsempfänger im besonderen bereit sind, in Krisenzeiten den Gürtel vorübergehend enger zu schnallen und Einschränkungen der Sozialleistungen zu tolerieren (vgl. z.B. *Alber* 1986c). Insgesamt steht jedoch eine kompakte Mehrheit hinter dem Sozialstaat. Seine Existenz und sein Funktionieren hat dazu beigetragen, daß Niveau politischer Konflikte niedrig zu halten. Die Akzeptanz der wirtschaftlichen, sozialen und politischen Ordnung der westlichen Länder ist ohne die Sozialpolitik nicht zu verstehen.

Ferner geht man in der Vermutung nicht fehl, daß die Sozialpolitik einen ent- Beitrag zur Organi- scheidenden Beitrag dazu geleistet hat, den Konflikt zwischen Arbeit und Kapi- sierung des Klas- tal in institutionalisierte Bahnen zu lenken und zu entschärfen. Die Schärfe alter senkompromisses sozialer und politischer Interessengegensätze wurde durch das steigende Wohlstandsniveau, das die westlichen Länder nach 1945 kennzeichnete, und insbesondere durch das rapide Wachstum der Sozialleistungen nach dem 2. Weltkrieg erheblich gemildert (vgl. *Kirchheimer* 1965). In diese Richtung weisen im übrigen auch Befunde aus international vergleichenden Studien über industrielle Streiks (vgl. z.B. *Hibbs* 1978; *Armingeon* 1983; *Paloheimo* 1984).

Untersucht man die Streikbereitschaft der Arbeitnehmerschaft anhand von Dämpfung und Ver- Indikatoren wie zum Beispiel Zahl der Streiks, Zahl der Teilnehmer und Dauer minderung von Ar- industrieller Konflikte, so zeigen sich signifikante Unterschiede zwischen zwei beitskämpfen Ländergruppen. In einer Ländergruppe wird wenig gestreikt. Das sind im wesentlichen die Länder, in denen ein entwickelter Sozial- und Interventionsstaat für ein hohes Maß an sozialer Sicherheit und Arbeitsplatzsicherheit gesorgt hat.

Die skandinavischen Länder zählen hierzu, ferner die Bundesrepublik, die Niederlande, Österreich und die Schweiz. In einer zweiten Gruppe von Ländern wurden Wirtschaft und Politik durch zahlreiche industrielle Konflikte erschüttert (beispielsweise in Großbritannien, Kanada, in den USA, in Italien und Frankreich). Hier handelt es sich um Länder, in denen die sozial- und wirtschaftspolitische Sicherung der Arbeitnehmerschaft geringer war als in der ersten Ländergruppe. Die Unterschiede zwischen beiden Ländergruppen lassen sich inhaltlich gut erklären. Ein entwickelter Sozialstaat und eine Politik, die Vollbeschäftigung oder zumindest Arbeitsplatzsicherheit für die Mehrheit der Arbeitnehmer sichert, entlastet die Wirtschaft von Konflikten. Die Auseinandersetzung um politische Entscheidungen über begehrte Güter und Dienstleistungen verlagern sich von betrieblichen oder überbetrieblichen Ebenen auf Parlament, Regierung und Verwaltung.

Produktionsfaktor sozialer Frieden   An dieser Stelle zeichnet sich eine wirtschaftliche Bedeutung der Sozialpolitik ab, die in wirtschaftswissenschaftlichen Kosten-Nutzen-Analysen der sozialen Sicherung sträflich vernachlässigt wird: ein hohes Niveau an sozialer Sicherung führt in der Regel zu einem höheren Maß an sozialem Frieden. Der soziale Friede ist seinerseits eine Produktivkraft, die der Wirtschaft zugutekommt.

Zu guter Letzt ist die Liste der Stabilisierungsfunktionen der Sozialpolitik durch ein weiteres zu ergänzen. Die weltweiten Rezessionen der 70er und 80er Jahre ließen in nicht wenigen Ländern die Arbeitslosenquote auf ein Niveau steigen, das an die Depression der 30er Jahre erinnern läßt. Im Unterschied zu den 30er Jahren gehört zu den überraschenden Begleiterscheinungen der Wirtschaftskrise der 70er und 80er Jahre das Ausbleiben einer großen politischen Krise. Die politischen Reaktionen auf Arbeitslosigkeit waren überaus gedämpft (was Wählerwanderungen infolge von Arbeitslosigkeit nicht ausschließt, jedoch bedrohten diese in keiner Weise den Bestand der politischen Systeme). Hiervon wurden sowohl sozialwissenschaftliche Krisenforscher als auch Politiker überrascht. Man hatte mit schwerwiegenden Legitimationsproblemen gerechnet, nicht zuletzt aufgrund der Erfahrung mit dem Untergang der Weimarer Republik, der ohne die Weltwirtschaftskrise der 30er Jahre nicht zu verstehen ist.

Gedämpfte politische Reaktionen auf Arbeitslosigkeit   Phänomene, die sich nicht ereignen, lassen sich immer schwer erklären. Immerhin liegen jedoch einige Erklärungen für die gedämpften politischen Reaktionen auf Arbeitslosigkeit auf der Hand:

— Die geringe Organisations- und Konfliktfähigkeit der Arbeitslosen gehört dazu;
— ferner der Umstand, daß Arbeitslosigkeit für viele nur ein vorübergehendes Durchgangsstadium darstellt;
— sodann spielt die Konzentration der Arbeitslosigkeits-Risiken und der geringeren Wiedereingliederungschancen der sogenannten Problemgruppen des Arbeitsmarktes eine wichtige Rolle (insbesondere Ausländer, Frauen, geringer Qualifizierte);
— überdies standen nicht wenigen Arbeitslosen Alternativrollen außerhalb der Ökonomie offen (z.B. Selbsthilfeprojekte, Schattenwirtschaft, Frühverrentung für ältere Arbeitnehmer).

Die gedämpfte Reaktion auf die Massenarbeitslosigkeit hat jedoch auch mit dem Niveau der sozialen Sicherung zu tun. Für die große Mehrzahl der Arbeitslosen beinhaltet Arbeitslosigkeit eine große soziale und psychische Belastung, jedoch geht die Arbeitslosigkeit nicht mehr mit materieller Verelendung einher. Die Leistungen der Arbeitslosenversicherung lindern bei den meisten Empfängern die Einkommensausfälle. Hinzu treten Maßnahmen der sogenannten ,,aktiven Arbeitsmarktpolitik" (z.B. Umschulung und Weiterbildung), die die Wiedereingliederungshoffnungen und -chancen der Arbeitslosen verbessern. Freilich spielt auch ein Individualisierungseffekt mit. Der sozialstaatliche Schutz und die arbeitsmarktliche Weiter-Qualifizierung oder Umschulung individualisiert die Adressaten. *Rolle der sozialen Sicherung bei Dämpfung*

In gewisser Weise wirkt der Sozialstaat somit als zweifache Sicherungsinstanz: als Instanz der kollektiven sozialen Sicherung und als Sicherung gegen eine kollektive politische Organisierung der Arbeitslosen. Insofern sind die Netze der sozialen Sicherung auch Sicherungsnetze für die politische Ordnung. Wenn diese Diagnose zutrifft, dann ist eine Gefahrenzone angesprochen, auf die die Finanz-, Arbeitsmarkt- und Sozialpolitiker der meisten westlichen Länder in den letzten Jahren zusteuerten. Man hat im Kapitel 4 von Teil 2 und im Kapitel 5.5 von Teil 1 gesehen, daß das Netz der Arbeitslosenversicherung und im übrigen auch dasjenige der ,,aktiven Arbeitsmarktpolitik" in Krisenzeiten merklich löchriger wurde. Wenn dieser Kurs beibehalten werden sollte, riskierten die zuständigen Politiker einiges: sie schneiden an einem Netz, das nicht nur den unmittelbar von Arbeitslosigkeit Betroffenen, sondern auch der politischen Stabilität des liberaldemokratischen Staates Halt gibt. *Gefahren einer Sparpolitik in der Arbeitslosenversicherung*

Der Sozialstaat ist teuer. Er kostet in der Bundesrepublik mittlerweile mehr als 500 Millionen Mark im Jahr. Die Sozialabgaben sind hoch. Die Abführung der Sozialabgaben und Steuern gehörten schon immer zu den ungeliebten Pflichten der Staatsbürger. In den 70er Jahren verdichteten sich in den westlichen Ländern die Anzeichen dafür, daß kritische Schwellen der Abgabenbelastung erreicht oder überschritten wurden (vgl. *Wilensky* 1975). Die Steuerprotestpartei in Dänemark und Steuerprotestbewegungen in den USA gehörten zu den markantesten Beispielen. Das hat nicht wenige Beobachter zu der Vermutung veranlaßt, daß ein ausgebauter Steuer- und Sozialstaat mit hoher Wahrscheinlichkeit neue Konflikte und Protestbewegungen wachrufe. *Steuer- und Sozialabgaben-Protest*

Auch hier sind die Zusammenhänge jedoch komplizierter, als das schnell fabrizierte Analysen vermuten lassen. Politisch-soziologische Studien zeigen, daß sich Steuer- und Sozialabgabenbelastungen keineswegs regelmäßig oder gar notwendigerweise in offene politische Konflikte umsetzen. *Keine automatische Grund-Folge-Kette*

Von Jens *Alber* stammt eine Untersuchung, die für diese Problematik eine erhellende Antwort gibt. Diese Studie widmet sich der Frage, ob und unter welchen Bedingungen die neuen, durch staatliche Politik geschaffenen ,,Versorgungsklassenlagen" in der Bundesrepublik zu neuen offenen Konflikten führen (*Alber* 1984). Die Antwort fällt negativ aus. In der Bundesrepublik sind Bedingungen gegeben, die politische Gruppenbildungen und Konflikte auf Basis von Versorgungsklassenlagen wenig wahrscheinlich machen. Dafür sind insbesondere folgende sechs Gesichtspunkte maßgebend: *Jens Albers Studie über die Bundesrepublik*

— In der Bundesrepublik haben ältere gesellschaftliche Spannungslinien (beispielsweise Spannungslinien zwischen Arbeit und Kapital und zwischen den Konfessionen) in Verbänden und Parteien einen festen Ausdruck gefunden. Diese Bindungen zeichnen sich durch Beharrungsvermögen und Stabilität aus. Sie lassen sich nicht ohne größere und länger dauernde Krisen aufweichen.

— Konflikte über sozialpolitische Fragen werden von bereits existierenden Interessengruppen aufgegriffen und kanalisiert. Folglich gibt es weniger Raum für neue politische Gruppierungen.

— Hinzu kommt, daß die sozialen Sicherungssysteme die große Masse der Bevölkerung erfassen. Somit hat nahezu jeder Haushalt ein unmittelbares Interesse an dem Bestand der Sozialpolitik. Auch das wirkt dem Ausbruch eines Konfliktes entgegen.

— Ferner sind die meisten Sozialeinkommen an das Arbeitseinkommen gebunden. Folglich ist das Ausmaß von konfliktträchtigen Umverteilungen zugunsten von einkommensschwächeren Gruppen geringer und die Wahrscheinlichkeit kleiner, daß besser gestellte Einkommensbezieher politisch gegen eine ,,zu starke Umverteilung" opponieren.

— Darüber hinaus ist die Verwaltung der Sozialpolitik nicht nur Sache des Staates, sondern auch Aufgabe der traditionellen Interessengruppen. Folglich ist die Wahrscheinlichkeit höher, daß potentielle politische Opponenten eingebunden werden.

— Schließlich fehlen in der Bundesrepublik weitgehend die steuerpolitischen Bedingungen, die in Dänemark den Steuerprotest schürten: der Anteil der sichtbaren Steuern (insbesondere direkte Steuern) an allen Steuern und Sozialabgaben ist geringer und das Wachstum der Steuer- und Sozialabgaben insgesamt und der der sichtbaren Steuern im besonderen weit niedriger als in Dänemark.

Zukünftige Probleme der Sozialpolitik in der Bundesrepublik:

— Renten

Das sollte nun freilich nicht so mißverstanden werden, als ob die Sozialpolitik in der Bundesrepublik aller Probleme ledig sei. Aller Voraussicht nach werden sich in der Zukunft zwei Schwierigkeiten auftun. Die Gesetzliche Krankenversicherung und die Rentenversicherung steuern aller Voraussicht auf eine überaus schwierige Finanzlage zu: Die Zahl der Rentner wird weiter zunehmen, während die der Beitragszahler im besten Fall voraussichtlich nur langsam wächst und im schlimmsten Fall schrumpft, und die Krankenversicherung ist ohnehin seit längerem von einer Explosion der Kosten gekennzeichnet (*Sachverständigenrat* 1987; *OECD* 1987). Eine zweite Schwierigkeit hängt mit den Lücken des Arbeitslosenversicherungsnetzes zusammen. Es gewährt Arbeitslosen, die noch keine Beiträge oder nur geringfügige in die Kassen der Arbeitslosenversicherung einbezahlt haben, keine Arbeitslosenunterstützung.

— Arbeitslosenversicherung

— Hohe Zahl formal hoch qualifizierter Arbeitsloser

Besonders brisant ist das hiermit gegebene Problem im Zusammenhang mit der Expansion des Bildungswesens. Die Zahl der Studenten hat sich binnen der letzten 20 Jahre verdreifacht. Im Zuge der Arbeitsmarktkrise und der zögerlichen Einstellungspraxis im öffentlichen Dienst, der bis dahin einer der ,,Hauptabnehmer" von Studienabgänger war, stieg die Zahl der arbeitsmarktlich

„überflüssigen" Akademiker steil nach oben. Hier liegt eine Basis für die Entstehung der Grünen. Auch den Aufstieg anderer neuer sozialer Bewegung wird man — nicht ausschließlich, aber auch — in diesem Zusammenhang sehen müssen (*Alber* 1985).

— Basis für Protestbewegungen

Horst *Heimann* hat in seiner 1929 erstmals veröffentlichten Schrift über die „Soziale Theorie des Kapitalismus" die These aufgestellt, daß die eigentümliche Bedeutung der Sozialpolitik in ihrer „Doppelstellung ... als Fremdkörper und zugleich als Bestandteil im kapitalistischen System" liege (*Heimann* 1980: 167f.). Diese These richtet sich gegen die auf *Marx* zurückgehende Auffassung, daß die Sozialpolitik nichts anderes als Bestandteil und Stütze des Kapitalismus sei; sie wendet sich zugleich gegen die von bürgerlich-liberaler Seite geäußerte These, daß die Sozialpolitik nichts anderes als ein systemfremdes Element im freien Spiel der Marktkräfte sei. Die Sozialpolitik beinhalte, so *Heimann,* beide Momente. Ihr komme ein konservativ-revolutionärer Doppelcharakter zu.

Doppelcharakter der Sozialpolitik

Das ist etwas widersprüchlich und obendrein zu pointiert: denn die Sozialpolitik tat mehr als nur Konservieren und zugleich weniger als Revolutionieren. Sie veränderte jedoch den wirtschaftlichen und politischen Ablauf einer kapitalistischen Wirtschaftsmaschinerie nachhaltig. Sie machte aus dem Kapitalismus einen Wohlfahrtsstaat auf marktwirtschaftlicher Grundlage. Damit gingen dramatische Veränderungen im Verhältnis von Ökonomie und Politik einher. Ein Beispiel mag zur Veranschaulichung dienen: Wenn man nach den Gründen fragt, die ein Umschlagen von ökonomischen Krisen in politische Krisen verhindern, so wird man die Politik der sozialen Sicherung an vorderster Stelle nennen müssen. Das ist viel wert, und das wiegt manche der Nachteile auf, die vor allem von konservativ und liberal orientierten Kritikern aufgeführt werden (beispielsweise die weitreichende Festlegung der Staatsfinanzen und folglich ein knapp bemessener Spielraum für zukünftige Weichenstellungen in anderen finanzintensiven Bereichen).

Würdigung der Doppelcharakter-These

Alles in allem deuten die vorliegenden Analysen darauf hin, daß man die Frage, ob der Sozialstaat ein „Problembewältiger" oder ein „Problemerzeuger" sei, einigermaßen eindeutig beantworten kann: er ist beides, aber das erstere in weit größerem Ausmaß als das zweite (vgl. auch *Flora* 1979: 121; *Ringen* 1987).

Problembewältigung durch Sozialpolitik dominiert

Während der langanhaltenden Prosperitätsphase nach dem Zweiten Weltkrieg hatten es die Sozialpolitiker zweifellos mit Bedingungen zu tun, die für den Ausbau der sozialen Sicherung überaus günstig waren. Die Handlungspielräume wurden seit Mitte der 70er Jahre merklich kleiner. Sie werden aller Voraussicht auch in der nächsten Zukunft klein bleiben und umso mehr schrumpfen, je länger die Massenarbeitslosigkeit andauert und je höher das Niveau der Arbeitslosigkeit ist.

Bisher: günstige wirtschaftliche Rahmenbedingungen

Und dennoch sind die Aussichten für die Sozialpolitik nicht ganz düster, solange sich die wirtschaftliche Lage gegenüber der zweiten Hälfte der 70er Jahre nicht weiter verschlechtert. Bleibt sie stabil oder bessert sie sich gar, dann stehen auch die Zeichen für die Sozialpolitik günstiger. Bei gleichbleibender wirtschaftlicher Lage muß der Sozialstaat nicht abgebaut werden, trotz widriger

Weitere Perspektiven: Projektionen der OECD

Probleme auf dem Arbeitsmarkt (Arbeitslosigkeit) und trotz ungünstiger demographischer Entwicklungen (wachsende Zahl der Rentner). Der Sozialstaat kann sogar — ohne gravierende Probleme zu erzeugen — weiter wachsen, solange das Wachstumstempo mit dem realen Wirtschaftswachstum Schritt hält. Die Probleme fangen erst dort an, wo der Sozialstaat stärker als das Bruttoinlandsprodukt wächst (was in den vergangenen drei Jahrzehnten in den meisten Ländern und in der Mehrzahl der Jahre der Fall war).

Zwei OECD-Szenarien zur sozialpolitischen Zukunft

Diese Pespektiven stammen aus einer von der OECD erstmals 1984 publizierten Studie über Trends der Sozialausgaben in westlichen Ländern (*OECD* 1984a; *OECD* 1985). Den Projektionen der OECD liegen zwei Szenarien über die wirtschaftliche Entwicklung zugrunde:

— Dem pessimistischen Szenario liegt die Annahme zugrunde, daß die Wirtschaft weiterhin nur so langsam wie seit Mitte der 70er Jahre wachse. Das optimistische Szenario hingegen basiert auf der Annahme, daß die wirtschaftliche Entwicklung günstiger voranschreite.
— Im pessimistischen Szenario wird unterstellt, daß das Wirtschaftswachstum nicht ausreicht, um die Arbeitslosenquoten auf weniger als acht Prozent zu drücken, während man beim optimistischen Szenario davon ausging, daß das höhere Wachstum des Bruttoinlandsproduktes die Arbeitslosenquote bis 1990 auf das Niveau von 1975 (5,6 Prozent) vermindert.

Schlußfolgerung der OECD-Projektionen

Die Schlußfolgerung, die aus beiden Szenarien gezogen wird, lautet wie folgt:

— *wenn* die demographische Entwicklung auf eine rasche Zunahme des Anteils der Älteren (65 Jahre und älter) an der Bevölkerung und auf eine rasche Abnahme des Anteils der Jüngeren (bis zu 14 Jahren) an der Bevölkerung im erwerbsfähigen Alter hinausläuft und
— *wenn* die Kostenzuwächse im Gesundheits- und Bildungswesen sich im Rahmen bewegen, der durch die Inflationsrate vorgegeben ist (bzw. wenn sie diesen Rahmen um nicht mehr als einen Prozentpunkt übersteigen) und
— *wenn* es nicht zu Erweiterungen des von der Sozialpolitik erfaßten Personenkreises kommt,
— *dann* müßte es möglich sein, die realen Sozialleistungen in einem Ausmaß wachsen zu lassen, das dem Wirtschaftswachstum nahekommt (*OECD* 1984a: 5f.; vgl. auch *OECD* 1987: 89f.).

Bilanz: hoher Preis, aber gute Qualität

Folgt man diesen Szenarien, so ist ein Abbau des sozialen Sicherungsschutzes nicht erforderlich. Mehr noch: die Chancen, die sozialstaatlichen Errungenschaften beizubehalten und die soziale Sicherung vorsichtig, im Schritttempo und im Rahmen eines vom Wirtschaftswachstum vorgegebenen Korridors auszubauen, stehen demnach nicht schlecht. Eine Wiederholung der mächtigen Wachstumsschübe der 60er und 70er Jahre ist unwahrscheinlich, aber eine derartig rapide Expansion des Sozialstaates ist heutzutage auch nicht mehr nötig — jedenfalls nicht in den entwickelten Ländern mit entwickelten Systemen sozialer Sicherung —, denn das Wachstum des Sozialstaates bis zu den 70er Jahren hat einen Sozialstaat reifen lassen, der sich bereichsweise Sättigungsgrenzen genähert hat (*Flora* 1986c). Viele noch ungelöste Probleme lassen sich überdies durch Verteilung zusätzlicher Ressourcen, aber eben auch durch Umverteilung gegebener Ressourcen erreichen. Allen Unkenrufen zum Trotz sind Bestand und dosierter Ausbau der sozialen Sicherung auch weiterhin finanzierbar — mit politisch und sozial insgesamt segensreichen Folgen. Das Ganze ist nicht gerade billig, aber relativ zum Nutzen ist der Preis annehmbar.

Gesamtverzeichnis der zitierten
und weiterführenden Literatur

Abelshauser, Werner, 1983: Wirtschaftsgeschichte der Bundesrepublik Deutschland, Frankfurt/M.
Abelshauser, Werner (Hrsg.), 1987: Die Weimarer Republik als Wohlfahrtsstaat, Wiesbaden.
Abelshauser, Werner/*Petzina,* Dietmar (Hrsg.), 1981: Deutsche Wirtschaftsgeschichte im Industriezeitalter, Königstein.
Abranchez, Sergio Henrique, 1982: The Politics of Social Welfare Development in Latin America, XIIth World Congress of the International Political Science Association, Rio de Janeiro.
Achinger, Hans, 1958: Sozialpolitik als Gesellschaftspolitik, Hamburg.
Achinger, Hans, 1959: Soziologie und Sozialreform, in: Soziologie und Moderne Gesellschaft. Verhandlungen des dreizehnten deutschen Soziologentages, Stuttgart, 39 - 52.
Adam, Konrad, 1985: Harte Hand und milde Gaben. Was den Sozialstaat zum Wachstum und seine Bürger in die Knie zwingt, in: Frankfurter Allgemeine Zeitung, 19. 10. 1985.
Adamy, Wilhelm und *Naegele,* Gerhard, 1985: Armenpolitik in der Krise, in: *Leibfried* und *Tennstedt* (Hrsg.), 1985, 94 - 124.
Alber, Jens, 1980: Der Wohlfahrtsstaat in der Krise. Eine Bilanz nach drei Jahrzehnten Sozialpolitik in der Bundesrepublik, in: Zeitschrift für Soziologie 9, 313 - 342.
Alber, Jens, 1982: Vom Armenhaus zum Wohlfahrtsstaat. Analysen zur Entwicklung der Sozialversicherung in Westeuropa, Frankfurt/New York.
Alber, Jens, 1983a: Einige Grundlagen und Begleiterscheinungen der Entwicklung der Sozialausgaben in Westeuropa, in: Zeitschrift für Soziologie 12, 93 - 118.
Alber, Jens, 1983b: Wohlfahrtsstaat, in: *Schmidt* (Hrsg.), 1983a, 530 - 541.
Alber, Jens, 1984: Versorgungsklassen im Wohlfahrtsstaat, in: Kölner Zeitschrift für Soziologie und Sozialpsychologie 36, 225 - 251.
Alber, Jens, 1985: Modernisierung, neue Spannungslinien und die politischen Chancen der Grünen, in: Politische Vierteljahresschrift 26, 211 - 226.
Alber, Jens, 1986a: Der Sozialstaat in der Bundesrepublik Deutschland 1950 bis 1983, Mannheim (Habilitationsschrift, Manuskript).
Alber, Jens, 1986b: Germany, in: *Flora* (Hrsg.), 1986b, 1 - 154.
Alber, Jens, 1986c: Der Wohlfahrtsstaat in der Wirtschaftskrise — eine Bilanz der Sozialpolitik in der Bundesrepublik seit den frühen siebziger Jahren, in: Politische Vierteljahresschrift 27, 28 - 60.
Alber, Jens, 1987: Cross-national evidence on the crisis of the welfare state, American Sociological Association, 82. Kongress, Chicago, Manuskript.
Alestalo, Matti; *Flora,* Peter; *Uusitalo,* Hannu, 1985: Structure and Politics in the Making of the Welfare State: Finland in Comparative Perspective, in: Risto *Alapuro* (Hrsg.), Small States in Comparative Perspective, Oslo, 118 - 210.
Alestalo, Matti und *Uusitalo,* Hannu, 1986: Finland, in: *Flora* (Hrsg.), 1986a, 197 - 292.
Allart, Erik, 1977: On Welfare, Happiness, and Discontent in the Scandinavian Countries, in: Karl H. *Czerny* (Hrsg.), Scandinavia at the Polls, Washington, D.C., 155 -180.
Andrain, Charles, 1985: Social Policies in Western Industrial Societies, Berkeley.
Armingeon, Klaus, 1983: Streiks, in: *Schmidt* (Hrsg.), 1983a, 419 - 426.
Ashford, Douglas E., 1982: Policy and Politics in France. Living with Uncertainty, Philadelphia.
Ashford, Douglas E., 1986: The Emergence of the Welfare States, Oxford.
Badura, Bernhard, 1982: Ende der Sozialversicherung?, in: *Mosdorf* (Hrsg.), 1982.

Badura, Bernhard und *Gross,* Peter, 1976: Sozialpolitische Perspektiven. Eine Einführung in Grundlagen und Probleme sozialpolitischer Dienstleistungen, München.

Bäcker, Gerhard, 1984: Sozialpolitik, in: Michael *Kittner* (Hrsg.), Gewerkschaftsjahrbuch 1984, Köln, 249 - 284.

Baier, Horst, 1977: Herrschaft im Sozialstaat, in: *von Ferber* und *Kaufmann* (Hrsg.), 1977, 128 - 142.

Balassa, Bela, 1984: The Economic Consequences of Social Policies in the Industrial Countries, in: Weltwirtschaftsarchiv 120, 213 - 227.

Bauer, Rudolf und *Thränhardt,* Anna Maria (Hrsg.), 1986: Verbandliche Wohlfahrtspflege im internationalen Vergleich, Opladen.

Becker, Uwe und *van Kersbergen,* Kees, 1986: Der christliche Wohlfahrtsstaat der Niederlande. Ein kritischer Beitrag zur vergleichenden Politikforschung, in: Politische Vierteljahresschrift 27, 61 - 77.

Behn, Hans-Ulrich (Hrsg.), 1971: Die Regierungserklärungen der Bundesrepublik Deutschland, München/Wien.

Berg-Schlosser, Dirk und *Müller-Rommel,* Ferdinand (Hrsg.) 1987: Vergleichende Politikwissenschaft, Leverkusen.

von Bethusy-Huc, Viola Gräfin, 1962: Demokratie und Interessenpolitik, Wiesbaden.

von Beyme, Klaus, 1975: Ökonomie und Politik im Sozialismus, München und Zürich.

von Beyme, Klaus, 1977: Sozialismus oder Wohlfahrtsstaat? Sozialpolitik und Sozialstruktur der Sowjetunion im Systemvergleich, München.

von Beyme, Klaus (Hrsg.), 1979: Die großen Regierungserklärungen der deutschen Bundeskanzler von Adenauer bis Schmidt, München/Wien.

von Beyme, Klaus, 1981: Soviet Social Policy in a Comparative Perspective, in: International Political Science Review 2, 73 - 94.

von Beyme, Klaus, 1984a: Parteien in westlichen Demokratien, München/Zürich.

von Beyme, Klaus, 1984b: Output policy in the GDR in comparative perspective, in: Klaus *von Beyme* und Hartmut *Zimmermann* (Hrsg.), Policymaking in the German Democratic Republic, 301 - 314.

von Beyme, Klaus und *Schmidt,* Manfred G. (Hrsg.), 1985: Policy and Politics in the Federal Republic of Germany, Aldershot.

Bieback, Klaus-Jürgen, 1984: Leistungsabbau und Strukturwandel im Sozialrecht, in: Kritische Justiz 17, 257 - 278.

Bogs, Walter, 1981: Die Sozialversicherung in der Weimarer Demokratie, München.

Böhret, Carl, 1966: Aktionen gegen die ,,kalte Sozialisierung" 1926 - 1930, Berlin.

Boltho, Andrea (Hrsg.), 1982: The European Economcy. Growth and Crisis, Oxford.

Borchardt, Knut, 1982: Wachstum, Krise, Handlungsspielräume der Wirtschaftspolitik, Göttingen.

Born, Karl Erich, 1957: Staat und Sozialpolitik seit Bismarcks Sturz. Ein Beitrag zur Geschichte der innenpolitischen Entwicklung des deutschen Reiches 1890 - 1914, Wiesbaden.

Bossert, Albrecht und *Merk,* Hans-Joachim, 1981: Die Systeme sozialer Sicherung in den OECD-Ländern — ein Vergleich ihrer Gestaltungsprinzipien, in: Vierteljahresschrift für Sozialrecht 9, 149 - 163.

Boye, S., 1977: The cost of social security, 1960 - 1971: some national economic aspects, in: International Labour Review 115, 305 - 325.

Brakel, Johannes,1986: Sozialbudget — Neuberechnung '65 bis '84, in: Bundesarbeitsblatt Nr.1, 8 - 11.

Bruche, Gert/*Reissert,* Bernd (1985b). Die Finanzierung der Arbeitsmarktpolitik, Frankfurt a.M./New York.

Büchtemann, Christoph F., 1985: Soziale Sicherung bei Arbeitslosigkeit und Sozialhilfebedürftigkeit. Datenlage und neue Befunde, in: Mitteilungen aus der Arbeitsmarkt- und Berufsforschung 18, 450 - 466.

Bundesminister für Arbeit und Sozialordnung, 1983: Sozialbericht, in: Deutscher Bundestag — 10. Wahlperiode, Drucksache 10/842, Bonn.

Bundesminister für Arbeit und Sozialordnung (Hrsg.), 1981: Das Transfersystem in der Bundesrepublik Deutschland. Schriften zum Bericht der Transfer-Enquete-Kommission, Stuttgart, 4 Bde.

Cameron, David R., 1984: Social Democracy, Corporatism, Labor Quiescence, and the Representation of Economic Interest in Advanced Capitalist Society, in: Goldthorpe (Hrsg.), 1984, 143 - 178.

Casey, Bernhard und *Bruche,* Gert, 1983: Work or Retirement. Labour Market and Social Policies for Older Workers in France, Great Britain, the Netherlands, Sweden and the USA, Frankfurt a.M./New York.

Cassel, Dieter, 1982: Schattenwirtschaft — eine Wachstumsbranche?, in: List Forum 11, 343 - 363.

Castles, Francis G. (Hrsg.), 1982: The Impact of Parties. Politics and Policies in Democratic Capitalist States, London/Beverly Hills.

Castles, Francis G., 1985: The Working Class and the Welfare State. Australia and New Zealand, Wellington/Sydney/Boston/London.

Castles, Francis G., 1986a: Economics, Politics and Needs, Canberra (Manuskript).

Castles, Francis G., 1986b: Social Expenditure and the Political Right: a Methodological Note, in: European Journal of Political Research 14, 677 - 680.

Castles, Francis G., 1987b: Whatever happened to the Communist Welfare State?, in: Comparative Communism 19, 213 - 226.

Castles, Francis G., 1987a: Thirty Wasted Years: Australian Social Security Development, 1950 - 1980, in Comparative Perspective, in: Politics 22 (im Erscheinen).

Chan-Lee, James H.; *Coe,* David T.; *Prywes,* Menahem, 1987: Micoreconomic Changes and Macroeconomic Wage Disinflation in the 1980s, in: OECD Economic Studies Nr. 8, 127 - 157.

Conze, Werner und *Lepsius,* Rainer M. (Hrsg.), 1983: Sozialgeschichte der Bundesrepublik Deutschland, Stuttgart.

Coughlin, Richard M., 1980: Ideology, Public Opinion & Welfare. Attitudes towards Taxing and Spending in Industrialized Societies, Berkeley.

Cutright, Phillips, 1965: Political Structure, Economic Development, and National Security Programs, in: American Journal of Sociology 70, 537 - 550.

Cutright, Phillips, 1967: Income Redistribution: A Cross-National Analysis, in: Social Forces 46, 180 - 190.

Czada, Roland, 1983: Konsensbedingungen und Auswirkungen neokorporatistischer Politikentwicklung, in: Journal für Sozialforschung 23, 421 - 440.

Czada, Roland, 1985: Zwischen Arbeitsplatzinteresse und Modernisierungszwang. Industriepolitische Performanz und gewerkschaftliche Orientierung im internationalen Vergleich, in: Hannes *Wimmer* (Hrsg.), Wirtschafts- und Sozialpartnerschaft in Österreich, Wien, 135 - 183.

Dahrendorf, Ralph (Hrsg.), 1979: Trendwende. Europas Wirtschaft in der Krise, Wien.

Dahrendorf, Ralph, 1983: Die Chancen der Krise, Stuttgart.

Deleeck, Hermann, 1984: Der Matthäus-Effekt. Die ungleiche Verteilung der öffentlichen Sozialausgaben, in: Sozialer Fortschritt 33, 173 - 182.

Die Belastung mit Sozialausgaben seit Beginn der siebziger Jahre, 1986 in: Monatsberichte der Deutschen Bundesbank 38, Nr. 1, 17 - 25.

Diehl, Karl und *Mombert,* Paul (Hrsg.), 1984: Ausgewählte Lesestücke zum Studium der politischen Ökonomie. Sozialpolitik. Mit einer Einführung von Rudolf *Hickel,* Frankfurt a.M./Berlin/Wien.

Dryzek, John, 1978: Politics, Economics, and Inequality: A Cross-National Analysis, in: European Journal of Political Research 6, 399 - 410.

Durkheim, Emile, 1983: Der Selbstmord, Frankfurt/M. (Originalausgabe 1897).

Eisenstadt, Shmuel N. und *Ahimeir,* Ora (Hrsg.), 1985: The welfare state and its aftermath, Beckenham.

Esping-Andersen, Gösta, 1985a: Der Einfluß politischer Macht auf die Entwicklung des Wohlfahrtsstaates im internationalen Vergleich, in: Frieder *Naschold* (Hrsg.), Arbeit und Politik, Frankfurt a.M./New York, 467 - 503.

Esping-Andersen, Gösta, 1985b: Politics against Markets. The Social Democratic Road to Power, Princeton.

Esping-Andersen, Gösta, 1985c: Power and Distributional Regimes, in: Politics & Society 14, 223 - 256.

Esping-Andersen, Gösta, 1986: State and Market in the Formation of Social Security Regimes, Florenz (unveröff. Manuskript).

Esping-Andersen, Gösta und *Korpi,* Walter, 1984: Social Policy as Class Politics in Post-War Capita-

214

lism: Scandinavia, Austria and Germany, in: *Goldthorpe* (Hrsg.), 1984, 179 - 208.

von Ferber, Christian, 1982: Hundert Jahre Sozialstaat — Versuch einer Zwischenbilanz, in: *Mosdorf* (Hrsg.), 1982, 13 - 30.

von Ferber, Christian und *Kaufmann,* Franz-Xaver (Hrsg.), 1977: Soziologie und Sozialpolitik, Opladen 1977.

Ferrera, Maurizio, 1986: Italy, in: *Flora* (Hrsg.), 1986b, 385 - 482.

Fischer, Wolfram, 1982: Armut in der Geschichte, Göttingen.

Fischer, Wolfram, 1985: Deutschland 1850 - 1914, in: Wolfram *Fischer* (Hrsg.), Europäische Wirtschafts- und Sozialgeschichte von der Mitte des 19. Jahrhunderts bis zum Ersten Weltkrieg, Stuttgart, 357 - 442.

Flora, Peter, 1979: Krisenbewältigung oder Krisenerzeugung. Der Wohlfahrtsstaat in historischer Perspektive, in: Joachim *Matthes* (Hrsg.), Sozialer Wandel in Westeuropa: Verhandlungen des 19. Deutschen Soziologentages, Frankfurt a.M./New York, 92 - 136.

Flora, Peter, 1985: On the History and Current Problems of the Welfare State, in: *Eisenstadt* und *Ahimeir* (Hrsg.), 1985, 11 - 30.

Flora, Peter (Hrsg.), 1986a: Growth to Limits. The Western European Welfare States Since World War II, Berlin/New York, Bd. 1.

Flora, Peter (Hrsg.), 1986b: Growth to Limits. The Western European Welfare States Since World War II, Berlin/New York, Bd. 2

Flora, Peter, 1986c: Introduction, in: *Flora* (Hrsg.), 1986a, XI - XXXVI.

Flora, Peter; *Alber,* Jens; *Kohl,* Jürgen, 1977: Zur Entwicklung der westeuropäischen Wohlfahrtsstaaten, in: Politische Vierteljahresschrift 18, 707 - 772.

Flora, Peter und *Heidenheimer,* Arnold J. (Hrsg.), 1981a: The Development of the Welfare State in Europe and America, New Brunswieck/London.

Flora, Peter und *Heidenheimer,* Arnold J., 1981b: Introduction, in: *Flora* und *Heidenheimer* (Hrsg.), 5 - 16

Flora, Peter et al (Hrsg.), 1983: State, Economy and Society in Europe, 1815 - 1975. Frankfurt a.M./New York/London.

Fraenkel, Ernst, 1979: Deutschland und die westlichen Demokratien, Stuttgart, 7. Aufl.

Fuchs, Maximillian; *Kaufmann,* Otto; *Mesa-Lago,* Carmelo, 1987: Soziale Sicherheit, in: Dieter *Nohlen* und Peter *Waldmann* (Hrsg.), Dritte Welt, München/Zürich, 510 - 524.

Geissler, Heiner, 1976: Die neue soziale Frage, Freiburg/Basel/Wien.

Gladen, Albin, 1974: Geschichte der Sozialpolitik in Deutschland, Wiesbaden.

Glazer, Nathan, 1986: Welfare and ,,Welfare" in America, in: *Rose* und *Shiratori* (Hrsg.), 1986, 40 - 63.

Goldthorpe, John H. (Hrsg.), 1984: Order and Conflict in Contemporary Capitalism, Oxford.

Görner, Regina, 1984: Die deutschen Katholiken und die soziale Frage im 19. Jahrhundert, in: Günther *Rüther* (Hrsg.), Geschichte der christlich-demokratischen und christlich-sozialen Bewegungen in Deutschland, Bd. 1, Bonn, 145 - 198.

Gough, Ian u.a., 1984: ,Thatcherism' and Social Policy: the First Four Years, in: Catherine *Jones* und June *Stevenson* (Hrsg.), The Year Book of Social Policy in Britain 1983, London, 42 - 75.

Habermas, Jürgen, 1973: Legitimationsprobleme im Spätkapitalismus, Frankfurt a.M.

Habermas, Jürgen, 1981: Theorie des kommunikativen Handelns, 2 Bde., Frankfurt a.M.

Habermas, Jürgen, 1985: Die Krise des Wohlfahrtsstaates und die Erschöpfung utopischer Energien, in: Jürgen *Habermas* (Hrsg.), Die neue Unübersichtlichkeit, Frankfurt a.M., 141 - 166.

Hall, Peter, 1986: Governing the Economy. The Politics of Stateintervention in Britain and France, Cambridge.

Hartwich, Hans-Hermann, 1970: Sozialstaatspostulat und gesellschaftlicher Status quo, Opladen.

Hartwich, Hans-Hermann, 1977: Sozialstaatspostulat und Reformpolitik, in: *Böhret,* Carl (Hrsg.), Politik und Wirtschaft. Festschrift für Gert von Eynern (PVS Sonderheft 8/1977), Opladen, 137-155.

Hasenfeld, Yeheskel und *Zald, Mayer* N., (Hrsg.), 1985: The Welfare State in America: Trends and Prospects (The Annals of the American Academy of Political and Social Sciences Bd. 497), Beverly Hills/London/New Delhi.

Haverkarte, Görg, 1985: Der Staat und die Sozialversicherung nach 100 Jahren gesetzlicher Unfallversicherung, in: Internationale Revue für Soziale Sicherheit 38, 452 - 466.

215

Hay, J.R., 1975: The Origins of the Liberal Welfare Reforms 1906 - 1914, London/Basingstoke.

Heclo, Hugh, 1974: Modern Social Politics in Britain and Sweden, London.

Heclo, Hugh, 1985: The Welfare State in Hard Times, Washington, D.C.: APSA.

Heidenheimer, Arnold J., 1981: Education and Social Security Entitlements in Europe and America, in: *Flora* und *Heidenheimer* (Hrsg.), 269 - 306.

Heidenheimer, Arnold J.; *Heclo*, Hugh; *Adams*, Carolyn Teich, 1983: Comparative Public Policy. The Politics of Social Choice in Europe and America, London/Basingstoke.

Heimann, Eduard, 1980: Theorie der Sozialpolitik, Frankfurt (zuerst 1929).

Henning, Hansjoachim, 1979: Sozialpolitik III: Geschichte, in: Handwörterbuch der Wirtschaftswissenschaften, hrsg. von Willy *Albers* u.a., Bd. 7, New York/Tübingen/Göttingen/Zürich, 85 - 110.

Hennock, Peter, 1982: Die Ursprünge der staatlichen Sozialversicherung in Großbritannien und das deutsche Beispiel, in: *Mommsen* (Hrsg.), 1982, 92 - 114.

Hennock, Peter, 1985: Arbeitsunfallentschädigung und Arbeiterunfallversicherung. Die Britische Sozialreform und das Beispiel Bismarcks, in: Geschichte und Gesellschaft 11, 19 - 36.

Hentschel, Volker, 1983: Geschichte der Sozialpolitik in Deutschland 1880 - 1980, Frankfurt a.M.

Hibbs, Douglas A., 1978: On the Political Economy of Long-Run Trends in Strike Activity, in: British Journal of Political Science 8, 153 - 175.

Hicks, Alexander und *Swank*, Duane, 1984: On the Political Economy of Welfare Expansion. A Comparative Analysis of 18 Advanced Capitalist Democracies 1960 - 1971, in: Comparative Political Studies 17, 84 - 119.

Hildebrand, Klaus, 1984: Von Erhard zur Großen Koalition. 1963 - 1969, Stuttgart/Wiesbaden.

Hockerts, Hans Günter, 1980: Sozialpolitische Entscheidungen im Nachkriegsdeutschland. Alliierte und deutsche Sozialversicherungspolitik 1945 bis 1957, Stuttgart.

Hockerts, Hans Günter, 1981: German Post-War Social Policies against the Background of the Beveridge Plan: Some Observations Preparatory to a Comparative Analysis, in: Wolfgang J. *Mommsen* unter Mitarbeit von Wolfgang *Mock* (Hrsg.), The Emergence of the Welfare State in Britain and Germany, London, 315 - 339.

Hockerts, Hans Günter, 1983: Sicherung im Alter. Kontinuität und Wandel der gesetzlichen Rentenversicherung 1889 - 1979, in: *Conze* und *Lepsius* (Hrsg.), 1983, 296 - 323.

Hockerts, Hans Günter, 1986: Integration der Gesellschaft. Gründungskrise und Sozialpolitik in der frühen Bundesrepublik, Zeitschrift für Sozialreform 32, 25 - 40.

Hofmeister, Herbert, 1981: Landesbericht Österreich, in: *Köhler* und *Zacher* (Hrsg.), 1981, 445 - 730.

Hohorst, Gerd; *Kocka*, Jürgen; *Ritter*, Gerhard, 1975: Sozialgeschichtliches Arbeitsbuch. Materialien zur Statistik des Kaiserreichs 1870 - 1914, München.

Holzman, Robert, 1986: Pension Reform: Sharing the Burden, in: OECD Observer Nr. 138, 3-10.

ILO (=International Labour Organization), 1985: The Cost of Social Security. Bd. 11: 1978-80, Genf.

Janowitz, Morris, 1976: The Social Control of the Welfare State, New York.

Jänicke, Martin, 1986: Die Ohnmacht der Politik in der Industriegesellschaft, München/Zürich.

Jessop, Bob, 1986: Der Wohlfahrtsstaat im Übergang vom Fordismus zum Postfordismus, in: Probleme des Klassenkampfs 16, Heft 4, 4 - 33.

Johansen, Lars Norby, 1986: Denmark, in: *Flora* (Hrsg.), 1986a, 293 - 381.

Jones, Catherine, 1985: Types of Welfare Capitalism, in: Government and Opposition 20, 328 - 342.

Jungblut, Michael, 1985: Der Sozialstaat wird zum Moloch, in: Michael *Jungblut* (Hrsg.), Wirtschaftsjahrbuch 1985, München, 145 - 150.

Kaim-Caudle, Peter R., 1983: The Present Position of Social Security Provisions and their Future Trends, in: *Köhler* und *Zacher* (Hrsg.) 1983, 174 - 208.

Kato, Tetsuro, 1987: Der Neoetatismus im heutigen Japan, in: Probleme des Klassenkampfs 17, Heft 1, 91 - 105.

Kaufmann, Franz-Xaver; *Rosewitz*, Bernd; *Wolf*, Hartmut, 1983: Sozialpolitik: Stand und Entwicklung in der Bundesrepublik Deutschland, in: Jens Joachim *Hesse* (Hrsg.), Politikwissenschaft und Verwaltungswissenschaft, Opladen 1982 (Sonderheft 13 der Politischen Vierteljahresschrift), 344 - 365.

Kirchheimer, Otto, 1965: Der Wandel des westeuropäischen Parteiensystems, in: Politische Vierteljahresschrift 6, 20 - 41.

Kleeis, Friedrich, 1928: Die Geschichte der sozialen Versicherung, Berlin.

Kocka, Jürgen, 1979: 1945: Neubeginn oder Restauration?, in: Carola *Stern* und Heinrich A. *Winkler* (Hrsg.), Wendepunkte deutscher Geschichte, Frankfurt a.M., 141 - 168.

Kocka, Jürgen (Hrsg.), 1983: Arbeiterbewegung im 19. Jahrhundert, Göttingen.

Kohl, Jürgen, 1985: Staatsfinanzen in Westeuropa, Frankfurt a.M./New York.

Köhler, Peter A. und *Zacher*, Hans F. (Hrsg.), 1981: Ein Jahrhundert Sozialversicherung in Deutschland, Frankreich, Großbritannien, Österreich und der Schweiz, Berlin.

Köhler, Peter A. und *Zacher*, Hans F. (Hrsg.), 1983: Beiträge zur Geschichte und aktuellen Bedeutung der Sozialversicherung, Berlin, 174 - 204.

Korpi, Walter, 1985: Economic Growth and the Welfare State: leaky bucket or irrigation system?, in: European Sociological Review 1, 97 - 118.

Kramer, David, 1983: Das Fürsorgesystem im Dritten Reich, in: *Landwehr*, Rolf und *Baron*, Rüdiger (Hrsg.), Geschichte der Sozialarbeit, Weinheim/Basel, 173 - 218.

Kraus, Franz, 1981: The Historical Development of Income Inequality in Western Europe and the United States, in: *Flora* und *Heidenheimer* (Hrsg.), 1981, 187 - 238.

Krieger, Hubert, 1983: Die Bedeutung der Sozialpolitik für den Ausgang der Bundestagswahl vom 6. März 1983, in: Sozialer Fortschritt 32, 165 - 166.

Kudlien, Fridolf, 1985: Ärzte im Nationalsozialismus, Köln.

Kudrle, Robert T. und *Marmor*, Theodore R., 1981: The Development of Welfare States in North America, in: *Flora* und *Heidenheimer* (Hrsg.), 1981, 81 - 124.

Kuhnle, Stein, 1981: The Growth of Social Insurance Programs in Scandinavia: Outside Influences and Internal Forces, in: *Flora* und *Heidenheimer* (Hrsg.), 1981, 125 - 150.

Kuhnle, Stein, 1986: Norway, in: *Flora* (Hrsg.), 1986a, 117 - 196.

Lampert, Heinz, 1981: Die Wirtschafts- und Sozialpolitik im Dritten Reich, in: Jahrbücher für Nationalökonomie und Statistik 200, Bd. 2, 101 - 120.

Lampert, Heinz, 1985: Lehrbuch der Sozialpolitik, Berlin/Heidelberg.

Lane, David, 1985: Soviet Economy and Society, Oxford.

van Langendonck, Jef, 1977: Entwicklungstendenzen der sozialen Sicherheit in Belgien, in: Vierteljahresschrift für Sozialrecht 5, 55 - 71.

de Leede, L.J.M. und *Schulte*, Bernd, 1979: Zur Entwicklung der niederländischen Sozialversicherung, in: Vierteljahresschrift für Sozialrecht 7, 23 - 41.

Lawson, Roger, 1987: Gegensätzliche Tendenzen in der Sozialen Sicherheit: Ein Vergleich zwischen Großbritannien und Schweden, in: Zeitschrift für ausländisches und internationales Arbeits- und Sozialrecht 1, 23 - 44.

Lederer, Emil, 1927: Sozialversicherung, in: Grundriss der Sozialökonomik, IX. Abteilung. Das soziale System des Kapitalismus, II. Teil: Die autonome und staatliche soziale Binnenpolitik im Kapitalismus, Tübingen, 320 - 367.

Leibfried, Stephan, 1977a: Die Institutionalisierung der Arbeitslosenversicherung in Deutschland, in: Kritische Justiz 10, 289 - 301.

Leibfried, Stephan, 1977b: Vorwort, in: Frances F. *Piven* und Richard A. *Cloward*, Regulierung der Armut. Die Politik der öffentlichen Wohlfahrt, Frankfurt a.M., 9 - 67.

Leibfried, Stephan und *Tennstedt*, Florian (Hrsg.), 1985: Politik der Armut und Die Spaltung des Sozialstaats, Frankfurt a.M.

Leibfried, Stephan und *Tennstedt*, Florian, 1986: Health Insurance Policy and Berufsverbote in the Nazi Takeover, in: *Light*, D.W.; *Schuller*, H. (Hrsg.), Political Values and Health Care: The German Experience, Cambridge, Mass./London, 127 - 184.

Lenhardt, Gero und *Offe*, Claus, 1977: Staatstheorie und Sozialpolitik, in: *von Ferber* und *Kaufmann* (Hrsg.), 1977, 98 - 127.

Lepsius, M. Rainer, 1979: Soziale Ungleichheit und Klassenstrukturen in der Bundesrepublik Deutschland, in: Hans-Ulrich *Wehler* (Hrsg.), Klassen in der europäischen Sozialgeschichte, Göttingen, 166 - 209.

Lohr, Manfred, 1982: Langfristige Entwicklungstendenzen der Arbeitslosigkeit in Deutschland, in: *Wiegand* und *Zapf* (Hrsg.), 1982, 237 - 334.

Long-Term Outlook Committee, Economic Council — Economic Planning Agency, 1985: Japan in the year 2000. Preparing Japan for an Age of Internationalization, the Aging Society and Maturity, Tokio.

Luhmann, Niklas, 1981: Politische Theorie im Wohlfahrtsstaat, München.

Lutz, Burkhard, 1984: Der kurze Traum immerwährender Prosperität, Frankfurt a.M.

Machtan, Lothar, 1985: Risikoversicherung statt Gesundheitsschutz für Arbeiter. Zur Entstehung der Unfallversicherungsgesetzgebung im Bismarck-Reich, in: Leviathan 13, 420 - 441.

Machtan, Lothar und *von Belepsch*, Hans-Jörg, 1986: Vorsorge oder Ausgleich — oder beides. Prinzipienfragen staatlicher Sozialpolitik im Deutschen Kaiserreich, in: Zeitschrift für Sozialreform 32, 257 - 274.

Maddison, Angus, 1982: Phases of Capitalist Development, Oxford/New York.

Maddison, Angus, 1984: Origins and Impact of the Welfare States, 1883 - 1983, in: Banca Nationale del Lavoro Nr. 148, 55 - 87.

Maguire, Maria, 1985: Equal Treatment of Men and Women in Social Security, XIIIth International Political Science Association World Congress, Paris (Manuskript).

Maguire, Maria, 1986: Ireland, in: Flora (Hrsg.), 1986b, 241 - 384.

Mai, Günther, 1986: ,,Warum steht der deutsche Arbeiter zu Hitler?". Zur Rolle der Deutschen Arbeitsfront im Herrschaftssystems des Dritten Reiches, in: Geschichte und Gesellschaft 12, 212 - 234.

Maruo, Nuomi, 1986: The Development of the Welfare Mix in Japan, in: *Rose* und *Shiratori* (Hrsg.), 1986, 64 - 79.

Marx, Karl, 1970: Das Kapital. Kritik der Politischen Ökonomie. Erster Band, in: Marx-Engels Werke, Bd. 23, Berlin-Ost.

Materialien, 1974: Materialien zum Bericht zur Lage der Nation 1974, Bonn.

Materialien 1987: Materialien zum Bericht zur Lage der Nation im geteilten Deutschland, Deutscher Bundestag, 11. Wahlperiode, Drucksache 11/11, Bonn.

Maurer, Alfred, 1981: Landesbericht Schweiz, in: *Köhler* und *Zacher* (Hrsg.), 1981, 731 - 836.

McCallum, John und *Blais*, Andre, 1987: Government, special interest groups, and economic growth, in: Public Choice 54, 3-18.

Merklein, Renate, 1986: Die Rentenkrise, Reinbek bei Hamburg.

Mesa-Lago, Carmelo, 1978: Social Security in Latin America: pressure groups, stratification and inequality, Pittsburgh.

Mesa-Lago, Carmelo, 1985: El Desarrollo De la Seguridad Social en America Latina, Santiago.

Mesa-Lago, 1986: Seguridad social y desarrolllo en America Latina, Santiago, in: Revista de la Cepal No. 28, 131 - 146.

McCallum, John/*Blais*, André, 1987: Government, Special Interest Groups, and Economic Growth, in: Public Choice 54, 3 - 18.

Michalsky, Helga, 1984a: Parteien und Sozialpolitik in der Bundesrepublik Deutschland, in: Sozialer Fortschritt 33, 134 - 141.

Michalsky, Helga, 1984b: Social policy and the transformation of Society, in: Klaus *von Beyme* und Hartmut *Zimmermann* (Hrsg.), Policymaking in the German Democratic Republic, Aldershot.

Michalsky, Helga, 1985: The Politics of Social Policy, in: *von Beyme* und *Schmidt* (Hrsg.), 1985, 56 - 81.

Mommsen, Wolfgang J. (Hrsg., in Zusammenarbeit mit *Mock*, Wolfgang), 1982: Die Entstehung des Wohlfahrtsstaates in Großbritannien und Deutschland 1850-1950, Stuttgart.

Mosdorf, Siegmar (Hrsg.), Sorge um den Sozialstaat, Stuttgart.

Muhr, Gerd, 1977: Sozialpolitik in der Nachkriegszeit — Betrachtungen aus der Sicht des DGB, in: Reinhard *Bartholomäi* u.a. (Hrsg.), Sozialpolitik nach 1945, Bonn.

Müller, Wolfgang und *Neusüß*, Christel, 1970: Die Sozialstaatsillusion oder Der Widerspruch von Lohnarbeit und Kapitel, in: Sozialistische Politik 2, Nr. 6-7, 1 - 67.

Müller, Ferdinand F. und *Schmidt*, Manfred G., 1979: Empirische Politikwissenschaft, Stuttgart.

Murphy, Detlef; *Frauke*, Rubart; *Müller*, Ferdinand; *Raschke*, Joachim, 1979: Protest. Grüne, Bunte und Steuerrebellen, Reinbek bei Hamburg.

Murswieck, Axel, 1985: Health Policy-making, in: *von Beyme* und *Schmidt* (Hrsg.), 1985, 82 - 106.

Murswieck, Axel, 1987: Sozialpolitik in den USA, Opladen.

Nahamowitz, Peter, 1978: Gesetzgebung in den kritischen Systemjahren 1967-1969, Frankfurt a.M./New York.

Naschold, Frieder, 1967: Kassenärzte und Krankenversicherungsreform. Zu einer Theorie der Statuspolitik, Freiburg.

Naschold, Frieder, 1983: Sozialstaat und Politische Formationen bei ökonomischer Stagnation, in: Joachim *Matthes* (Hrsg.), Krise der Arbeitsgesellschaft, Frankfurt a.M./New York, 491 - 517.

Nasenius, Jan und *Veit-Wilson,* John, 1985: Social Policy in a Cold Climate: Sweden in the Eighties, in: Catherine *Jones* und Maria *Brenton* (Hrsg.), The Year Book of Social Policy in Britain — 1984/85, London, 144 - 173.

Neumann, Franz L., 1978: Behemoth. Struktur und Praxis des Nationalsozialismus, Köln/Frankfurt a.M.

Noguchi, Yukio, 1986: Overcommitment in Pensions: the Japanese Experience, in: *Rose* und *Shiratori* (Hrsg.), 1986, 64 - 79.

OECD (=Organisation for Economic Co-operation and Development), 1978: Public Expenditure Trends, Paris.

OECD 1984a: Social Expenditure: Erosion or Evolution, in: OECD Observer Nr. 126, 3 - 6.

OECD 1984b: High Unemployment. A Challenge for Income Support Policies, Paris.

OECD 1984c: OECD Employment Outlook, Paris.

OECD 1985a: Social Expenditure 1960-1990. Problems of growth and control, Paris.

OECD 1985b: The Role of the Public Sector, in: *OECD* Economic Studies Nr. 4, Paris.

OECD 1987: Financing and Delivering Health Care. A Comparative Analysis of OECD Countries, Paris.

Offe, Claus, 1983: Competitive Party Democracy and the Keynesian Welfare State, in: Policy Science 15, 225 - 246.

Olson, Sven, 1986: Sweden, in: *Flora* (Hrsg.), 1986a, 1 - 116.

Overy, R.J., 1982: The Nazi Economic Recovery 1932-1938, London/Basingstoke.

Paloheimo, Heikki, 1984: Distributive Struggle and Economic Development in the 1970s in Developed Capitalist Countries, in: European Journal of Political Research 12, 171 - 190.

Perry, Richard, 1986: United Kingdom, in: *Flora* (Hrsg.), 1986b, 155 - 240.

Peters, B. Guy, 1986: American Public Policy: Promise and Performance, Basingstoke.

Petzina, Dieter; *Abelshauser,* Werner; *Faust,* Anselm, 1978: Sozialgeschichtliches Arbeitsbuch III. Materialien zur Statistik des Deutschen Reiches 1914-1945, München.

Piven, Francis F. und *Cloward,* Richard A., 1977: Regulierung der Armut. Die Politik der öffentlichen Wohlfahrt, Frankfurt a.M.

Piven, Francis F., und *Cloward,* Richard A., 1986: Aufstand der Armen, Frankfurt a.M.

Polanyi, Karl, 1978: The Great Transformation. Politische und ökonomische Ursprünge von Gesellschaften und Wirtschaftssystemen, Frankfurt a.M. (Originalausgabe 1944).

Preller, Ludwig, 1978: Sozialpolitik in der Weimarer Republik. Kronberg/Düsseldorf.

Prinz, Michael, 1985: Sozialpolitik im Wandel der Staatspolitik? — Das ,,Dritte Reich und die Tradition bürgerlicher Sozialreform", in: Rüdiger *von Bruch* (Hrsg.), Weder Kommunismus noch Kapitalismus. Bürgerliche Sozialreform in Deutschland vom Vormärz bis zur Ära Adenauer, München, 219 - 244.

Pryor, Frederic, 1968: Public Expenditures in Communist and Capitalist Nations, Homewood, Ill.

Recker, Marie-Luise, 1985: Nationalsozialistische Sozialpolitik im Zweiten Weltkrieg, München 1985.

Rein, Martin, 1985: Social Policy and Labour Markets: The Employment Role of Social Provisions, XIIIth IPSA World Congress, Paris (Manuskript).

Rein, Martin und *Rainwater,* Lee (Hrsg.), 1986: Public/Private Interplay in Social Protection. A Comparative Study, New York.

Reinhard, Klaus, 1983: Wer hat, dem wird gegeben. Zur Sozialpolitik der Rechtskoalition, in: Blätter für deutsche und internationale Politik 30, 951 - 968.

Rimlinger, Gaston V., 1971: Welfare Policy and Industrialization in Europe, America and Russia, New York.

Rimlinger, Gaston V., 1983: Social Policy under German Fascism, Rice University (Manuskript).

Ringen, Stein, 1987: The Possibility of Politics. A Study in the Political Economy of the Welfare State, Oxford.

Ritter, Gerhard A., 1983a: Die Sozialversicherung in Deutschland 1881-1914, in: Aus Politik und Zeitgeschichte (Beilage zur Wochenzeitung Das Parlament) Nr. B 34/83, 30 - 38.

Ritter, Gerhard A., 1983b: Sozialversicherung in Deutschland und England. Entstehung und Grundzüge im Vergleich, München.

Ritter, Gerhard A., 1985: Die deutschen Parteien 1830-1914, Göttingen.

Ritter, Gerhard A., 1987: Soziale Sicherheit in Deutschland und Großbritannien von der Mitte des 19. Jahrhunderts bis zum Ersten Weltkrieg, in: Geschichte und Gesellschaft 13, 137 - 156.

Roberti, P., 1984: Trends in Expenditure on Unemployment Insurance and Factors Underlying Them, in: OECD 1984b, 186 - 230.

Roos, Lothar, 1984: Der Sozialkatholizismus und die Sozialpolitik der Zentrumspartei, in: Günther *Rüther* (Hrsg.), Geschichte der christlich-demokratischen und christlich-sozialen Bewegungen in Deutschland, Bd. 1, Bonn, 199 - 218.

Rose, Richard (Hrsg.), 1985: Public Employment in Western Nations, Cambridge.

Rose, Richard, 1986: The Development of the Welfare Mix in Britain, in: *Rose* und *Shiratori* (Hrsg.), 1986, 80 - 106.

Rose, Richard und *Shiratori,* Rei (Hrsg.), 1986: The Welfare State East and West, New York/Oxford.

Rosenberg, Hans, 1976: Große Depression und Bismarckzeit. Wirtschaftsablauf, Gesellschaft und Politik in Mitteleuropa, Frankfurt/Berlin/Wien (Originalausgabe 1967).

Ruban, Maria Elisabeth (Hrsg.) 1983: Wandel der Arbeits- und Lebensbedingungen in der Sowjetunion, Frankfurt a.M.

Sachsse, Christoph und *Tennstedt,* Florian (Hrsg.), 1986: Soziale Sicherheit und soziale Disziplinierung, Frankfurt a.M.

Sachverständigenkommission Alterssicherungssysteme (1983): Vergleich der Alterssicherungssysteme und Empfehlungen der Kommission, Berichtsband I, Bonn.

Sachverständigenrat für die Konzertierte Aktion im Gesundheitswesen (1987): Jahresgutachten 1987. Medizinische und Ökonomische Orientierung, Baden-Baden.

Saul, Klaus, 1980: Industrialisierung, Systemstabilisierung und Sozialversicherung. Zur Entstehung, politischen Funktion und sozialen Realität der Sozialversicherung des kaiserlichen Deutschland, in: Zeitschrift für die gesamte Versicherungswirtschaft 69, 177 - 198.

Saunders, Peter und *Klau,* Friedrich, 1985: The Role of the Public Sector (OECD Economic Studies Nr. 4), Paris.

Sawyer, Malcolm, 1982: Income Distribution and the Welfare State, in: *Boltho* (Hrsg.), 1982, 189 - 224.

Saxer, Arnold, 1977: Die soziale Sicherheit in der Schweiz, Zürich.

Scheur, Wolfgang, 1967: Einrichtungen und Maßnahmen der sozialen Sicherheit in der Zeit des Nationalsozialismus, Köln, Dissertation.

Schieber, George J., 1985: Health Spending: Its Growth and Control, in: OECD Observer Nr. 137, 13 - 17.

Schmidt, Manfred G., 1978a: Die ‚Politik der Inneren Reformen‘ in der Bundesrepublik Deutschland, in: Politische Vierteljahresschrift 19, 201 - 253.

Schmidt, Manfred G., 1978b: Reformpolitik im Gesundheitswesen. Entstehungsbedingungen, Probleme und Auswirkungen des National Health Service in England and Wales, in: Zeitschrift für Sozialreform 24, 737 - 767.

Schmidt, Manfred G., 1980: CDU und SPD an der Regierung. Ein Vergleich ihrer Politik in den Ländern, Frankfurt a.M./New York.

Schmidt, Manfred G., 1982: Wohlfahrtsstaatliche Politik unter bürgerlichen und sozialdemokratischen Regierungen. Ein internationaler Vergleich, Frankfurt a.M./New York.

Schmidt, Manfred G. (Hrsg.), 1983a: Westliche Industriegesellschaften. Wirtschaft — Gesellschaft — Politik, München/Zürich.

Schmidt, Manfred G., 1983b: Regierungen, politische Zusammensetzung der, in: *Schmidt* (Hrsg.), 1983a, 371 - 376.

Schmidt, Manfred G., 1983c: The Welfare State and the Economy in Periods of Economic Crisis: A comparative Study of Twenty-three OECD Nations, in: European Journal of Political Research 11, 1 - 26.

Schmidt, Manfred G., 1984: Zur wirtschaftlichen, sozialen und politischen Benachteiligung von Frauen, in: Ilona *Kickbusch* und Barbara *Riedmüller* (Hrsg.), Die armen Frauen. Frauen und Sozialpolitik, Frankfurt a.M., 73 - 102.

Schmidt, Manfred G., 1985a: Allerweltsparteien in Westeuropa. Ein Beitrag zu Kirchheimers These vom Wandel des westeuropäischen Parteiensystems, in: Leviathan 13, 376 - 397.

Schmidt, Manfred G., 1985b: Der Schweizerische Weg zur Vollbeschäftigung. Eine Bilanz der Beschäftigung, der Arbeitslosigkeit und der Arbeitsmarktpolitik, Frankfurt a.m./New York.

Schmidt, Manfred G., 1986a: Comment on Social Expenditure and the Political Right (by F.G. *Castles*), in: European Journal of Political Research 14, 677 - 680.

Schmidt, Manfred G., 1986b: Politische Bedingungen erfolgreicher Wirtschaftspolitik. Eine vergleichende Analyse westlicher Industrieländer, in: Journal für Sozialforschung 26, 251 - 273.

Schneider, Saundra, K. und *Ingraham*, Patricia, 1984: The Impact of Political Participation on Social Policy Adoption and Expansion: A Cross-National, Longitudinal Analysis, in: Comparative Politics 17, 107 - 125.

Schulte, Bernd, 1980: Reformen der sozialen Sicherheit in Westeuropa 1965 - 1980, in: Vierteljahresschrift für Sozialrecht 8, 323 - 361.

Schulte, Bernd 1985: Politik der Armut. Internationale Perspektiven, in: *Leibfried* und *Tennstedt* (Hrsg.), 1985, 383 - 426.

Setzer, Hans, 1973: Wahlsystem und Parteienentwicklung in England. Wege zur Demokratisierung der Institutionen 1832 bis 1948, Frankfurt a.M..

Shiratori, Rei, 1986: The Future of the Welfare State, in: *Rose* und *Shiratori* (Hrsg.), 1986, 193 - 206.

Shonfield, Andrew, 1969: Modern Capitalism. The Changing Balance of Public and Private Power, Oxford.

Spree, Reinhard 1985: Modernisierung des Konsumverhaltens der deutschen Mittel- und Unterschichten während der Zwischenkriegszeit, in: Zeitschrift für Soziologie 14, 400 - 410.

Standfest, Erich, 1979: Sozialpolitik als Reformpolitik, Köln.

Stephens, John D., 1979: The Transition from Capitalism to Socialism, London.

Stiller, Pavel, 1983: Sozialpolitik in der UdSSR, 1950-1980, Baden-Baden.

Stolleis, Michael, 1980: Hundert Jahre Sozialversicherung in Deutschland. Rechtsgeschichtliche Entwicklung, in: Zeitschrift für die gesamte Versicherungswirtschaft 69, 155 - 177.

Strasser, Johanno, 1979: Grenzen des Sozialstaats. Soziale Sicherung in der Wachstumskrise, Köln/Frankfurt a.M.

Stump, Wolfgang, 1973: Sozialpolitik im kaiserlichen Deutschland, in: Vierteljahresschrift für Sozialrecht 1, 204 - 217.

Summers, Robert und *Heston*, Alan, 1984: Improved International Comparisons of Real Product and its Composition: 1950-1980, in: Review of Income and Wealth 30, 207 - 262.

Swank, Duane H. und *Hicks*, Alexander, 1985: The Determinants and Redistributive Impacts of State Welfare Spending in the Advanced Capitalist Democracies, 1960-1980, in: Steven E. *Schier* und Norman J. *Vig* (Hrsg.), Political Economy in Western Democracies, New York: 115 - 139.

Talos, Emmerich, 1981: Staatliche Sozialpolitik in Österreich, Wien.

Talos, Emmerich, 1985: Krise der sozialen Sicherung in Österreich, in: Österreichische Zeitschrift für Politikwissenschaft 14, 275 - 294.

Tennstedt, Florian, 1976: Sozialgeschichte der Sozialversicherung, in: Maria *Blohmke* u.a. (Hrsg.), Handbuch der Sozialmedizin, Bd. 3. Stuttgart, 385 - 492.

Tennstedt, Florian, 1981: Sozialgeschichte der Sozialpolitik in Deutschland. Vom 18. Jahrhundert bis zum Ersten Weltkrieg, Göttingen.

Tennstedt, Florian, 1986: Sozialreform in Deutschland, in: Zeitschrift für Sozialreform 32, 10 - 24.

Tennstedt, Florian, 1987: Wohltat und Interesse. Das Winterhilfswerk des Deutschen Volkes: die Weimarer Vorgeschichte und ihre Instrumentalisierung durch das NS-Regime, in: Geschichte und Gesellschaft 13, 157 - 180.

Tennstedt, Florian und *Leibfried*, Stephan, 1979: Sozialpolitik und Berufsverbote im Jahre 1933, in: Zeitschrift für Sozialreform 25, 129 - 152 und 211 - 237.

Teppe, Karl, 1977: Zur Sozialpolitik des Dritten Reiches am Beispiel der Sozialversicherung, in: Archiv für Sozialgeschichte 17, 194 - 250.

Therborn, Göran, 1984: The Prospects of Labour and the Transformation of Advanced Capitalism, in: New Left Review Nr. 141, 5 - 38.

Therborn, Göran, 1985: Arbeitslosigkeit. Strategien und Politikansätze in den OECD-Ländern, Hamburg.

Therborn, Göran, 1986: Challenges to the Welfare State, Nijmwegen, unveröff. Manuskript.

Uusitalo, Hannu, 1985: Redistribution and Equality in the Welfare State: An Effort to Interprete the Major Findings of Research on the Redistributive Effects of the Welfare State, in: European Sociological Review 1, 163 - 175.

Vorländer, Herbert, 1986: NS-Volkswohlfahrt und Winterhilfswerk des Deutschen Volkes, in: Vierteljahreshefte für Zeitgeschichte 34, 341 - 380.

Wagner, Wolf, 1982: Die nützliche Armut. Eine Einführung in die Sozialpolitik, Berlin.

Wachendorfer, Ute, 1986: Sozialpolitik in Argentinien und Chile. Analyse einer Wende in Zeichen der Militärdiktatur, in: Probleme des Klassenkampfs 16, H. 4, 101 - 120.

Wahl, Stefanie, 1985: Langfristige Trends am Arbeitsmarkt, in: Aus Politik und Zeitgeschichte (Beilage zur Wochenzeitung Das Parlament) Nr. B 42/85, 3 - 17.

Weck, Hannelore, 1982: Wie groß ist die Schattenwirtschaft? Ein internationaler Vergleich, in: Wirtschaftsdienst 62, 392 - 396.

Weede, Erich, 1986: Verteilungskoalitionen, Staatstätigkeit und Stagnation, in: Politische Vierteljahresschrift 27, 222 - 236.

Wehler, Hans-Ulrich, 1973: Das Deutsche Kaiserreich 1871-1918, Göttingen.

Weisbrod, Bernd, 1982: Die Krise der Arbeitslosenversicherung und der Bruch der Großen Koalition (1928-1930), in: *Mommsen (Hrsg.) 1982, 196 - 212.*

Westergaard, John und *Resler*, Henrietta, 1975: Class in a Capitalist Society. A Study of contemporary Britain, London.

Whiteley, Paul, 1986: Political Control of the Macroeconomy, London.

Wiegand, Erich und *Zapf*, Wolfgang (Hrsg.), 1983: Wandel der Lebensbedingungen in Deutschland. Wohlfahrtsentwicklung seit der Industrialisierung, Frankfurt a.M./New York.

Wilensky, Harold L., 1975: The Welfare State and Equality, Berkeley.

Wilensky, Harold L., 1981: Leftism, Catholicism and Democratic Corporatism: The Role of Political Parties in Recent Welfare State Development, in: *Flora* und *Heidenheimer* (Hrsg.), 1981, 345 - 382.

Wilensky, Harold L.; *Luebbert*, Gregory M.; *Hahn*, Susan Reed; *Jamieson*, Adrienne, 1985: Comparative Social Policy. Theories, Methods, Findings, Berkeley.

Windhoff-Héritier, Adrienne, 1983: Sozialpolitik der mageren Jahre. Politik- und verwaltungswissenschaftliche Aspekte des Sparprozesses, in: Heinrich *Mäding* (Hrsg.), Sparpolitik, Opladen, 77 - 99.

Windhoff-Héritier, Adrienne, 1985: Politik (für die bedürftigsten und ehrlichen Armen. Ziele und Folgen der Sparpolitik Reagans im Sozialsektor, in: Politische Vierteljahresschrift 26, 107 - 128.

Wittmann, Walter, 1981: Der Steuerstaat am Wendepunkt, in: Frankfurter Allgemeine Zeitung Nr. 229, 3. 10. 1981.

Zacher, Hans F., 1979: Bedingungen für die Entstehung und Entwicklung von Sozialversicherung, Berlin.

Zacher, Hans F., 1984: Der gebeutelte Sozialstaat in der Krise, in: Sozialer Fortschritt 33, 1 - 12.

Zapf, Wolfgang (Hrsg.), 1977: Lebensbedingungen in der Bundesrepublik. Sozialer Wandel und Wohlfahrtsentwicklung, Frankfurt/New York.

Zapf, Wolfgang, 1981: Wohlfahrtsstaat und Wohlfahrtsproduktion, in: Lothar *Albertin* und Werner *Link* (Hrsg.), Politische Parteien auf dem Weg zur parlamentarischen Demokratie in Deutschland, Düsseldorf, 379 - 400.

Zapf, Wolfgang, 1983: Die Wohlfahrtsentwicklung in Deutschland seit der Mitte des 19. Jahrhunderts, in: *Conze* und *Lepsius* (Hrsg.), 1983, 46 - 65.

Zapf, Wolfgang, 1986: Development, Structure, and Prospects of the German Social State, in: *Rose* und *Shiratori* (Hrsg.), 1986, 126 - 155.

Zöllner, Detlef, 1963: Öffentliche Sozialleistungen und wirtschaftliche Entwicklung. Ein zeitlicher und internationaler Vergleich, Berlin.

Zöllner, Detlef, 1981: Ein Jahrhundert Sozialversicherung in Deutschland, Berlin.

Zöllner, Detlef, 1983: Soziale Sicherung in der Rezession — heute und vor fünfzig Jahren, in: Sozialer Fortschritt 32, 49 - 59.